신약성경 주해와 적용

New Testament Exposition & Application

by *Ju Hur*

신약성경 주해와 적용

2008년 2월 25일 초판 1쇄 발행
2020년 4월 10일 초판 3쇄 발행

저 자 • 허 주
발행인 • 조 경 혜
발행처 • 도서출판 그리심
07030 서울시 동작구 사당로2길 72 인정 B동(B01호)

등록번호 • 제 7-258호(1998. 4. 23)
출 판 사 • 전화 523-7589 팩스 523-7590
홈페이지 • http://grisim.biz
전자우편 • grisimcho@hanmail.net

값: 표지 뒷면에 있습니다. 잘못된 책은 구입한 곳에서 바꿔드립니다.

ISBN 978-89-5799-200-5 (93230)

시작하는 말

<신약성경 주해와 적용>이란 제목으로 여기에 실린 글들은 몇 가지 공통점을 갖고 있습니다. 그것은 먼저 신약성경 본문을 다루고 있다는 점입니다. 길게는 신약성경 한 권을 숲을 보듯 다루기도 했고(제 2부), 본문의 구조와 흐름을 헬라어 문장과 단어에 주시하면서 신약성경 한 장(chapter) 또는 한 절(verse)을 분석해 보기도 했습니다(제 1부). 한편 10절 내외의 신약성경 구절(passage)을 해설하기도 했습니다(제 3부). 신약성경 본문의 분량은 차이가 있지만 이 책의 각 파트(part)에 실린 글들은 모두 동일하게 헬라어 원어를 고려하면서 독자들(목회자와 신학생 그리고 의식있는 평신도)에게 일차적으로 성경이 담고 있는 메시지를 소개하고자 했습니다. 또 하나 공통점은 여기에 소개된 모든 글들(보록 제외)이 지난 몇 년 동안 국내 출판사의 원고 청탁을 통해 쓰여진 전력을 갖고 있다는 점입니다.

이런 점에서 여기에 채택된 신약성경 본문들은 사실 저의 선택이 아닌 제가 써내야 할 '의무 구절'들이었습니다. 그럼에도 제게 주어진 의무의 글들을 써 내면서 하나님의 말씀인 성경을 배우는 기쁨과 이 말씀을 주해하고 적용하는 고민 속에서 제 자신은 즐거웠습니다. 이 기회를 빌어 두란노 출판부의 『목회와신학』팀과 특히 『그말씀』팀 담당자들께 감사를 드립니다. 이 책의 제 1부와 제 2부의 글은 일차적으로 『그말씀』에 실렸던 것에 기초합니다(성서유니온선교회의 『매일성경』에 실린 제 2부 13장은 제외). 제 3부의 글은 목회교육연구원에서 매년 발간하는 『예배와 강단』에 기고된 글입니다. 보록에는 (1) 2007년 국내 4개 성서학 공동학회에서 발표한 논문 한편과 (2) ACTS 신학대학원 한국어과정 2006년 신입생 오리엔테이션 특강 원고 그리고 (3) 성경 주해/해석에 도움이 되는 문헌을 소개해 보았습니다.

이 책에 실린 글들은 본인이 재직하고 있는 아세아연합신학대학교(ACTS)

의 학부와 신학대학원 강의에서 활용되고 있었던 차 이번에 이렇게 단행본으로 출간하게 됨으로 인해 학우들이 더욱 유익하게 활용하리라 기대합니다. 2001년부터 ACTS에서 함께 동거동락 하는 동료 교수님들과 제자 학생들은 제 복음 사역의 면류관이자 영광입니다. 특히 지난 2년 동안 눈물과 웃음 속에 함께 했던 "우리들의 신앙 이야기"는 그 누구도 우리에게서 빼앗을 수 없을 것입니다.

이번에도 "그리심의 가족들"은 기쁨과 사명감으로 흔쾌히 본인의 글을 출간해 주었습니다. 이에 마땅히 그리심 사장이신 조경혜 권사님과 편집장이신 장종길 장로님께 깊은 감사를 드리면서 복음 가운네 사랑과 우정을 더욱 확인하게 됩니다.

원치 않는 가운데 질병을 만나 항암치료를 받으며 선한 싸움을 잘 하고 계신 어머니 권이돈(權彝敦) 권사님. 어머니의 믿음과 소망 앞에서 질병의 큰 산이 평지가 될 줄로 믿습니다. 고단한 이 땅의 현실 속에서도 하늘의 기쁨을 잃지 않으며 나를 든든히 후원해 주는 아내 인향(仁香)과 두 아들 혁(爀)이와 휘(煇)가 곁에 있음은 늘 내 삶과 사역의 소중한 힘과 위로가 됩니다. 아무쪼록 이 책을 통해 예수 그리스도 복음의 진리가 조금이나마 분명해질 수 있다면 제게 더 큰 기쁨이 없을 것입니다.

양평 남한강을 내려다보는 연구실에서
2008년 1월
저자 허 주

내 삶에 힘과 위로가 되는

사랑하는 아내 이인향(李仁香)에게

이 책을 드립니다

차 례

제 3부

보 록

PART 1

1장 하늘 나라의 비밀 (마태복음 13장 1-52절)

2장 예루살렘과 성전에 임하신 예수 (마가복음 11장 1-33절)

3장 이스라엘을 돌아보시는 하나님 (누가복음 1장 1-80절)

4장 잃어버린 자를 찾아 구원하시는 예수 (누가복음 19장 1-48절)

5장 초막절에 드러난 예수 사역의 의미 (요한복음 7장 1-44절)

6장 오순절 성령 강림과 베드로의 설교 (사도행전 2장 1-47절)

7장 다시 보는 은총 바울의 회심, 소명, 증거 (사도행전 9장 1-31절)

8장 구속 곧 죄 사함을 받았으니 (에베소서 1장 7절)

9장 성도다운 삶의 실제적 지침 (에베소서 5장 21절-6장 9절)

10장 거짓 교사들은 무엇으로 사는가 (베드로후서 2장 1-22절)

11장 진리와 사랑 안에 거하는 자 (요한2서 1-13절)

CHAPTER 1

하늘 나라의 비밀

(마태복음 13장 1-52절)

1 그 날 예수께서 집에서 나가사 바닷가에 앉으시매 2 큰 무리가 그에게로
모여 들거늘 예수께서 배에 올라가 앉으시고 온 무리는 해변에 서 있더니
3 예수께서 비유로 여러 가지를 그들에게 말씀하여 이르시되 씨를 뿌리는
자가 뿌리러 나가서 4 뿌릴새 더러는 길 가에 떨어지매 새들이 와서 먹어
버렸고 5 더러는 흙이 얕은 돌밭에 떨어지매 흙이 깊지 아니하므로 곧 싹
이 나오나 6 해가 돋은 후에 타서 뿌리가 없으므로 말랐고 7 더러는 가시떨
기 위에 떨어지매 가시가 자라서 기운을 막았고 8 더러는 좋은 땅에 떨어
지매 어떤 것은 백 배, 어떤 것은 육십 배, 어떤 것은 삼십 배의 결실을 하
였느니라 9 귀 있는 자는 들으라 하시니라 10 제자들이 예수께 나아와 이
르되 어찌하여 그들에게 비유로 말씀하시나이까 11 대답하여 이르시되 천
국의 비밀을 아는 것이 너희에게는 허락되었으나 그들에게는 아니되었나
니 12 무릇 있는 자는 받아 넉넉하게 되되 없는 자는 그 있는 것도 빼앗기
리라 13 그러므로 내가 그들에게 비유로 말하는 것은 그들이 보아도 보지
못하며 들어도 듣지 못하며 깨닫지 못함이니라 14 이사야의 예언이 그들에
게 이루어졌으니 일렀으되 너희가 듣기는 들어도 깨닫지 못할 것이요 보기
는 보아도 알지 못하리라 15 이 백성들의 마음이 완악하여져서 그 귀는 듣
기에 둔하고 눈은 감았으니 이는 눈으로 보고 귀로 듣고 마음으로 깨달아

돌이켜 내게 고침을 받을까 두려워함이라 하였느니라 16 그러나 너희 눈은
봄으로, 너희 귀는 들음으로 복이 있도다 17 내가 진실로 너희에게 이르노
니 많은 선지자와 의인이 너희가 보는 것들을 보고자 하여도 보지 못하였
고 너희가 듣는 것들을 듣고자 하여도 듣지 못하였느니라 18 그런즉 씨 뿌
리는 비유를 들으라 19 아무나 천국 말씀을 듣고 깨닫지 못할 때는 악한 자
가 와서 그 마음에 뿌려진 것을 빼앗나니 이는 곧 길 가에 뿌려진 자요 20
돌밭에 뿌려졌다는 것은 말씀을 듣고 즉시 기쁨으로 받되 21 그 속에 뿌리
가 없어 잠시 견디다가 말씀으로 말미암아 환난이나 박해가 일어날 때에는
곧 넘어지는 자요 22 가시떨기에 뿌려졌다는 것은 말씀을 들으나 세상의
염려와 재물의 유혹에 말씀이 막혀 결실하지 못하는 자요 23 좋은 땅에 뿌
려졌다는 것은 말씀을 듣고 깨닫는 자니 결실하여 어떤 것은 백 배, 어떤
것은 육십 배, 어떤 것은 삼십 배가 되느니라 하시더라 24 예수께서 그들
앞에 또 비유를 들어 이르시되 천국은 좋은 씨를 제 밭에 뿌린 사람과 같으
니 25 사람들이 잘 때에 그 원수가 와서 곡식 가운데 가라지를 덧뿌리고 갔
더니 26 싹이 나고 결실할 때에 가라지도 보이거늘 27 집 주인의 종들이 와
서 말하되 주여 밭에 좋은 씨를 뿌리지 아니하였나이까 그런데 가라지가
어디서 생겼나이까 28 주인이 이르되 원수가 이렇게 하였구나 종들이 말하
되 그러면 우리가 가서 이것을 뽑기를 원하시나이까 29 주인이 이르되 가
만 두라 가라지를 뽑다가 곡식까지 뽑을까 염려하노라 30 둘 다 추수 때까
지 함께 자라게 두라 추수 때에 내가 추수꾼들에게 말하기를 가라지는 먼
저 거두어 불사르게 단으로 묶고 곡식은 모아 내 곳간에 넣으라 하리라 31
또 비유를 들어 이르시되 천국은 마치 사람이 자기 밭에 갖다 심은 겨자씨
한 알 같으니 32 이는 모든 씨보다 작은 것이로되 자란 후에는 풀보다 커서
나무가 되매 공중의 새들이 와서 그 가지에 깃들이느니라 33 또 비유로 말
씀하시되 천국은 마치 여자가 가루 서 말 속에 갖다 넣어 전부 부풀게 한
누룩과 같으니라 34 예수께서 이 모든 것을 무리에게 비유로 말씀하시고
비유가 아니면 아무 것도 말씀하지 아니하셨으니 35 이는 선지자를 통하여
말씀하신 바 내가 입을 열어 비유로 말하고 창세부터 감추인 것들을 드러
내리라 함을 이루려 하심이라 36 이에 예수께서 무리를 떠나사 집에 들어
가시니 제자들이 나아와 이르되 밭의 가라지의 비유를 우리에게 설명하여
주소서 37 대답하여 이르시되 좋은 씨를 뿌리는 이는 인자요 38 밭은 세상

이요 좋은 씨는 천국의 아들들이요 가라지는 악한 자의 아들들이요 39 가
라지를 뿌린 원수는 마귀요 추수 때는 세상 끝이요 추수꾼은 천사들이니
40 그런즉 가라지를 거두어 불에 사르는 것 같이 세상 끝에도 그러하리라
41 인자가 그 천사들을 보내리니 그들이 그 나라에서 모든 넘어지게 하는
것과 또 불법을 행하는 자들을 거두어 내어 42 풀무 불에 던져 넣으리니
거기서 울며 이를 갈게 되리라 43 그 때에 의인들은 자기 아버지 나라에서
해와 같이 빛나리라 귀 있는 자는 들으라 44 천국은 마치 밭에 감추인 보
화와 같으니 사람이 이를 발견한 후 숨겨 두고 기뻐하며 돌아가서 자기의
소유를 다 팔아 그 밭을 사느니라 45 또 천국은 마치 좋은 진주를 구하는
장사와 같으니 46 극히 값진 진주 하나를 발견하매 가서 자기의 소유를 다
팔아 그 진주를 사느니라 47 또 천국은 마치 바다에 치고 각종 물고기를 모
는 그물과 같으니 48 그물에 가득하매 물 가로 끌어 내고 앉아서 좋은 것
은 그릇에 담고 못된 것은 내버리느니라 49 세상 끝에도 이러하리라 천사
들이 와서 의인 중에서 악인을 갈라 내어 50 풀무 불에 던져 넣으리니 거
기서 울며 이를 갈리라 51 이 모든 것을 깨달았느냐 하시니 대답하되 그러
하오이다 52 예수께서 이르시되 그러므로 천국의 제자된 서기관마다 마치
새것과 옛것을 그 곳간에서 내오는 집주인과 같으니라

마태복음 13장 비유들을 해석하는데 있어 예수와 그 당대 청중들의 역사-신앙적 문맥과 이것을 기록한 기록자 마태(와 그 공동체)의 역사-신앙적 문맥 그리고 하나의 완성된 이야기 형식으로 이 본문을 읽는 오늘날 독자들의 역사-신앙적 문맥은 바른 설교와 적용을 위해 오늘의 해석자/설교자가 정복해야 될 장벽이다. 이런 면에서 오늘날 설교자로서 마태복음 13장 독자들은 설교자 자신뿐 아니라 신앙 공동체 회원들의 '지금의 삶의 정황과 함께' 이 본문의 세계로 들어갈 수 밖에 없는 것이 사실이지만, 그럼에도 무엇보다 설교자는 성경 본문 중심의 역사-신앙적 문맥에 정초해서 '그 때 그 말씀의 비밀들'을 조심스럽게 풀어나가면서 '오늘의 이 말씀의 의미'를 제시해야 될 것이다.

하늘 나라 비밀들의 보화 창고

하늘 나라(천국/하나님 나라) 비유의 장으로 알려진 마태복음 13장은 모두 7/8개의 예수의 비유들을 집중적으로 소개함으로써 하늘 나라의 비밀을 의미 있게 계시하고 있는 본문이라 할 수 있다. 예수의 비유는 마태복음 전체 이야기 속에서 펼쳐지는 '또 하나의 작은 이야기'로 이해할 수 있는데, 리덜보스는 예수의 비유를 통한 천국 비밀에 대한 가르침이 "예수의 인격과 사역으로 말미암아 천국이 (현재의 단계에서는 감추어진 독특한 방식으로) 이미 도래했다는 이 큰 하나의 비밀에 전부 근기"하고 있음을 지적하고 있다.[1] 마태복음 13장에는 공관복음서에 모두 기록된 '씨 뿌리는 자의 비유'(마 13:1-9; 막 4:1-9; 눅 8:4-8)와 '겨자씨 비유'(마 13: 31-32; 막 4:30-32; 눅 13:18-19)가 있기도 하지만, 마가복음에는 없는 '누룩 비유'(마 13:33; 눅 13:20-21) 그리고 마태복음에서만 들을 수 있는 '알곡과 가라지 비유'(막 4:26-29의 '씨 자라는 비유'와 비교), '감춰진 보화 비유', '값진 진주 비유', '그물 비유' 그리고 '새 것과 옛 것의 비유'가 나오고 있다. 이 비유들을 종합적으로 연관시켜 고려해 본다면, 결국 마태복음 13장은 유대인들에게 거절 당하여 보잘것없어 보이는 예수의 하늘 나라 증거가 그 시작은 미미하게 보이지만, 이미 도래하여 시작되었다고 하는 종말론적 실재와 함께 이 하늘 나라의 엄청난 가치가 장차 예상치 못한 커다란 영적 결실로 나타나 마지막 때에 그 하늘 나라에는 거짓 백성들과 구별된, 그러니까 하나님의 계시의 은혜 가운데 깨닫게 되는 참 하나님의 백성들만이 거하게 될 것임을 드러내고 있다고 할 수 있다. 따라서, 마태복음 13장은 '하늘 나라 비밀'에 집중되어 있고, 그 하늘 나라의 비밀은 바로 예수의 정체성과 그 분의 입에서 나오는 비유를 통해 새롭게 드러나기도 하며, 여전히 감추어져 있기도 한 '예수 자신에 대한 비밀'이기도 한 것이다.

설교를 위한 마태복음 13장 단락 구분

마태복음의 전체 구조 속에서 13장의 위치는 베이컨(Bacon)의 견해와 특히, 엘리스(Ellis)를 중심으로 한 일군의 학자들의 견해에 따른 교차대칭구조의 차원에서 볼 때, 마태복음 전체 이야기의 중앙에 속하는 핵심적 문맥일 뿐 아니라, 마태복음 11장에서부터 더욱 발전되기 시작하면서, 아울러 13장 끝 단락에서도 언급되고 있는 예수 정체성에 대한 오해와 거절(11:19, 21, 23; 12:2, 24, 38; 13:53-58)의 주제 안에서 예수의 하늘 나라 비유들이 샌드위치 되어 소개된다고 이해할 수 있다.[2] 이럴 경우 우리는 마태복음 안에서 하늘 나라에 대한 중요성뿐 아니라, 이 하늘 나라의 비밀이 예수의 정체성에 대한 이해와 깊은 상관 관계가 있음을 우리의 본문 마태복음 13장의 구조적 위치와 그 전후 문맥의 흐름을 통해 설교자가 먼저 인식할 필요가 있다.

마태복음 13장 1-52절의 물리적 구분은 다음과 같다.

(1) 씨 뿌리는 자 비유(1-9절: 비유 1)
(2) 비유 목적에 대한 설명(10-17절)
(3) 씨 뿌리는 자 비유 해설(18-23절)
(4) 곡식과 가라지 비유(24-30절: 비유 2)
(5) 겨자씨 비유(31-32절: 비유 3)
(6) 누룩 비유(33절: 비유 4)
(7) 비유 목적에 대한 부연 설명(34-35절)
(8) 곡식과 가라지 비유 해설(36-43절)
(9) 감춰진 보화 비유(44절: 비유 5)
(10) 값진 진주 비유(45-46절: 비유 6)
(11) 그물 비유(와 해설)(47-50절: 비유 7)
(12) 새 것과 옛 것의 비유(51-52절: 비유 8)

마태복음 13장의 이런 내용에 있어, 킹스베리는 1-35절과 36-52절을 나눔으로써 크게 두 단락으로,[3] 데이비스와 알리슨은 1-23절, 24-43절, 44-52절의 세 단락으로 구분하고 있다.[4] 이 외에도 학자들은 13장에서의 조직적 또는 대칭적 구조를 다르게 제시하고 있는데,[5] 이것들은 다소 무리 있는 고안들이라고 판단된다.[6] 따라서 필자는 13장에서 예수의 비유를 듣는 청중과 그 배경이 36절부터 전이되고 있음에 주의하면서도("예수께서 무리를 떠나사 집에 들어가시니 제자들이 나아와 가로되": 1-2절과 비교할 것), 37절부터 43절까지가 앞에서 언급된 알곡과 가라지 비유(24-30절)에 대한 해설임을 또한 고려해야 한다는 입장에서, 마태복음 13장 1절에서 52절까지의 본문을 아래와 같이 편이상 적절하게 나누어 비유들 중심으로 해설하고자 하는데, 그 내용은 지면의 형편상 제한적으로 할 수 밖에 없을 것 같다. 여기서 구분되는 비유 단락들은 각각 한 편의 설교 본문으로 사용될 수 있음을 시사하는 것으로서 설교자는 그 비유를 사용하는 목적에 대한 예수 자신의 증언(10-17절; 34-35절)과 두 비유들에 대한 해설(18-23절; 37-43절)을 함께 고려하면서, 설교 본문으로서의 각 단락을 소화해야 될 줄로 안다.

1. 예수께서 무리들과 제자들에게 비유로 가르치심(1-35)
    1.1. 배경과 상황(1-2)
    1.2. 씨 뿌리는 비유와 그 해설(3-9; 18-23)
    1.3. 비유의 목적: 드러냄과 숨김(10-17; 34-35)
    1.4. 알곡과 가라지 비유와 그 해설(24-30; 37-43)
    1.5. 겨자씨 비유와 누룩 비유(31-33)
2. 예수께서 자신의 제자들에게 비유로 가르치심(36-52)
    2.1. 배경과 상황(36)
    2.2. 감춰진 보화 비유와 값진 진주 비유(44-46)
    2.3. 그물 비유와 그 해설(47-50)
    2.4. 새 것과 옛 것의 비유: 하늘 나라 서기관들을 위한 결론적 서술 (51-52)

하늘 나라 비유의 두 청중

마태복음 13장은 '그 날에'(ἐν τῇ ἡμέρᾳ ἐκείνῃ)라는 표현과 함께 시작함으로써, 13장의 비유가 예수께서 '무리들에게'(마 12:46) 하늘의 하나님께서 자신의 아버지이시며, 그 분의 뜻을 깨달아 행하고자 하는 자신의 '제자들'(13:49)이 하나님을 한 아버지로 모신 참 하늘의 가족임을 간접적으로 드러내신 바로 그 날에, 예수께서 비유를 강론하는 것으로 짜여 있다. 마태복음 13장 1-52절 가운데 비유 밖에서 등장하는 인물들은 비유를 직접 말씀하고 계시는 예수(13:1, 2, 3, 10, 24, 34, 36, 52)와 이 비유를 듣고 있는 두 그룹, 즉 '무리/저희/그들'(13:2, 3, 10, 11, 24, 34, 36)과 '제자들/너희'(13:10, 11, 16, 17, 18, 36)로 구분된다(개역성경).

예수의 제자들은 13장 1절부터 나오고 있는 것이 사실이지만, 비유의 주된 청중은 35절까지 '무리'(34절 참조)인 반면(이에 비해 10-23절의 비유의 목적과 그에 따른 그 해설은 제자들에게만 하는 것으로 비쳐짐), 36절부터는 '제자들'임을 보게 된다. 이와 함께 그 장면 배경은 전자의 경우, 가버나움에 있는 베드로의 것(마 8:14 참조)으로 추측되는 그 '집에서 나와'(ἐξελθὼν ὁ Ἰησοῦς τῆς οἰκίας) 바닷가와 해변을, 후자의 경우는 무리를(말하자면, 바닷가와 해변을) 떠나 그 '집에 들어가시는'(ἦλθεν εἰς τὴν οἰκίαν) 것으로 묘사되고 있다. 이와 같은 분위기가 말해주는 것은 하늘 나라 비유를 듣고 있는 예수의 청중들로서 '무리/저희'와 '제자/너희'가 갈라지고 있는 것을 효과적으로 드러내는 것으로써, 전자는 하늘 나라 밖의 사람들로서 그 비밀에 닫혀있어 듣고 보아도 무지하여 깨닫지 못하는 자들로(거절), 후자는 하늘 나라 안의 백성들로서 이 비밀에 열려 있어 듣고 보아서 깨달아 결실을 맺어야 할 자들로(영접) 그려지고 있는 것이다(13:11-17, 35).

이런 면에서 2절에 '큰 무리'(ὄχλοι πολλοί)가 예수께 모여든 것은 환영할 만한 일이긴 하지만, 사람들이 많이 모였다는 것 자체가 예수의 감동을 일으키지는 못한 것 같다(마 8:10-12와 비교해 보라). 그렇다고 예수께서는 자신에게 몰려온 수 많은 사람들을 무시하지도 않으셨다. 그는 좀 더 효과적으로 큰 무리를 향해 하늘 나라에 대해 강론할 작정으로 배에 올라가 앉으셨다.

주렁주렁 맺혀질 하늘 나라 말씀의 씨앗들(3-9절/18-23절)

배에 올라 타신 예수께서는 정성껏 여러 가지 교훈들을 비유로 가르치기 시작하셨다. 비유를 뜻하는 단어 파라볼레(παραβολή)는 마태복음 13장 3절에서 처음 나타나기 시작해서 본 장에서만 11번(10, 13, 18, 24, 31, 33, 34 [x 2], 35, 36, 53)이 더 사용되고 있는데(마 15:15; 21:33, 45; 22:1; 24:32 - 마태복음에서 모두 17번, 마가복음에서 13번, 누가복음에서 18번 그리고 히브리서에서 2번 합하여 신약성경에서 모두 50번 발견됨) 이것은 본문의 경우 예수께서 깊은 영적 진리 즉 하늘 나라(19, 24, 31, 33, 44, 45, 47)의 세계를 일상 생활의 평범한 소재들을 가지고 설명하기 원하실 때, 그 전달 수단으로써 이용하시던 일종의 수사적 어법(rhetorical act of speech)을 의미한다고 할 수 있다. 이런 가르침은 그 당시 청중들의 대부분 이었던 유대인들에게, 예수는 그 당시 랍비들과 같은 율법 교사로 간주되면서도 그들의 권세와 능력과는 비교할 수 없는 자로서 비춰지게 되었던 것이다(13:54; 7:28-29; 21:45-46). 그러나 예수께서 다윗의 후손이시며 하나님의 아들로서 그리고 자신들의 경전에 예언된 그 메시아 임을 깨닫고 알아보기에는 그들의 영적 눈과 귀와 마음이 너무 닫혀 있었던 것이다.

'씨 뿌리는 자의 비유'(the parable of the sower)라는 이름으로 알려진 이 비유는 처음 시작하는 3절 "씨를 뿌리는 자가 뿌리러 나가서"(ἐξῆλθεν ὁ σπείρων τοῦ σπείρειν)와 함께 예수 자신의 해설인 18절의 표현 "그런즉 씨 뿌리는 [자] 비유"(τὴν παραβολὴν τοῦ σπείραντος)에 근거해서 붙여진 것이라고 보는데, 이 비유는 그 주된 내용뿐 아니라, 비유 후에 주어진 예수 자신의 해설의 경향에 기초해 볼 때 '땅들의 비유'(the parable of soils)로도 명명될 수 있는 여지가 많이 있다.[7] 따라서 이 비유는 '씨 뿌리는 자'(3, 18절)의 주체적인 행위를 일차적으로 고려하면서(그리고, 이 '씨 뿌리는 자'에 대한 해설이 없는 것도 역시 고려하면서), '씨'가 떨어진 네 가지 땅들을 또한 주목하지 않을 수 없게 한다. 이 네 가지 다른 토양은 결국 두 가지 땅으로 구별할 수 있는데, 그것은 바로 '열매 맺지 못하는 땅(씨)'과 '열매 맺는 땅

(씨)'이다.

전자는 (1) '길 가'에 떨어진 씨로서 새들이 쉽게 먹을 수 있는 토양으로 '말씀은 들었으나'(19절의 ἀκούοντος τὸν λόγον은 4절의 씨가 '떨어지매'의 해설) 깨닫지 못한 자에게 악한 자가 그 뿌려진 씨를 빼앗아 가는 것으로, (2) '흙이 얇은 돌밭'에 떨어진 씨로 흙이 깊지 아니하여 싹이 빨리 나왔으나 해가 돋은 후에 말라버리는 토양으로써 '말씀을 듣고'(20절의 ὁ τὸν λόγον ἀκούων은 5절의 씨가 '떨어지매'의 해설) 즉시 기뻐하였지만, 그 말씀의 이해와 깨달음의 깊이를 더 해 주는 뿌리가 없어 (이 세상의) 환난과 핍박 때에 신앙을 버리는 자로, (3) '가시떨기'에 떨어진 씨로 그 씨가 자라기는 하지만, 가시로 인해 방해가 되어 성장을 멈추게 되는 토양으로써 '말씀을 듣기는'(22절의 ὁ τὸν λόγον ἀκούων은 7절의 씨가 '떨어지매'의 해설) 하였지만 이 세상의 염려와 물질의 유혹이 영적 성장을 질식시킴으로 결실을 맺지 못하는 토양이다. 이에 비해 이 비유의 마지막 끝 부분은 매우 극적으로 종결된다. 그것은 바로 '열매 맺는 땅'으로서의 '좋은 땅'에 떨어진 씨가 큰 결실을 하게 된 것으로, '말씀을 듣고 그리고 깨닫는 자가 결실을 하여'(23절의 ὁ τὸν λόγον ἀκούων καὶ συνιείς, ὃς δὴ καρποφορεῖ는 8절의 '떨어지매…결실을 하였느니라'의 해설) 각각 100 배, 60 배, 30 배로 나타나게 되는 것을 비유하고 있다.

'길 가', '흙이 얇은 돌밭' 그리고 '가시떨기'에 떨어진 씨들의 공통점은 무엇보다 '씨 뿌리는 자'가 씨를 떨어뜨려 각각의 땅에 그 씨가 떨어졌음에도 그 씨의 결실이 맺어지지 못함에 있다고 할 수 있다. 그렇다면, 땅은 '씨가 뿌려지는 것'으로 끝나는 것이 아닌 그 씨의 결실을 보아야 하는 땅이어야 하는 것이다. 예수의 해설 부분에서 의례적으로 그 설명이 없는 '씨 뿌리는 자'는 유대인 청중들뿐 아니라 예수의 제자들에게 있어(18절의 첫 단어는 강조적 표현으로 되어있는 '너희들은 그러므로 들으라'[ὑμεῖς οὖν ἀκούσατε]로, 이 비유 해설의 청중이 11절의 '저희들'[ἐκείνοις]과 대조를 이룬다) 일차적으로 하나님 자신에 대한 상징으로 이해될 수 있을 것이다(사 55:6-13, 특히 10-11절과 에스드라 2서 4:26-32와 후대 유대 랍비 문헌 아보트 랍비 나단 8:2가 고려될 수 있음). 그러나 여기서 뿌리는 자의 씨가 '그 (하늘) 나라의 말씀'(τὸν λόγον τῆς βασιλείας 19절)이라는 것은 '씨를 뿌리는 자'가 하늘 나라를 선포하기 위해 오신 예수 자신을 또한 의미한다(마 4:17; 5:1-20, 45-48; 6:9-13, 33; 9:35, 10:7; 11:4-6; 10:28; '하늘 나라의 말씀'은 예수께서 선포하신 '하늘 나라 복음'[마 4:23; 9:35; 24:14]으로 이해할 수 있음)고 볼 수 있는데, 이것은 또한 '알곡과 가라지 비유'에서 '좋은 씨를 제 밭에 뿌린 사람'(24절)을 '인자'(37, 41절)로 해설하는 것에서도 암시되어 있다. 이것은 또한 초대 교회와 오늘날 현대 교회에서 '씨 뿌리는 자'를, 예수와는 물론 구분되는 차원에서 예수께서 주와 그리스도 이심을 증거하는 모든 신실한 증인들에게도 적용할 수 있는 여지가 있을 것이다.

여기서 열매 맺지 못한 각각의 땅에도 '그 씨가 떨어졌다'는 것은, 열매를 맺지 못한 사람들도 '하늘 나라의 말씀'을 들었다(19, 20, 22절)는 것을 말해 주는 것이기에 복음의 말씀을 듣는 자리에 있는 자는 중요하고 축복된 자리에 있다는 것이 분명한 사실임에도, 그것만으로는 충분하지 않음을 분명히 보여준다고 할 수 있다. 즉, 하늘 나라 말씀과 복음을 들은 자들은 그것을 '깨달아야 하는' 자리에까지 나아가야 하는 자들이어야 하는 것이다. 여기서 23절의 συνιείς는 19절 μὴ συνιέντος와 대조를 이루는데, 이것은 19-22절에 나오는 자들 역시 모두 말씀을 받고 '하늘 나라 비밀'을 깨닫지 못했음을 시사하는 것이다.

이런 판단은 마태복음 13장의 7가지 비유들을 다 끝마치고서 예수께서 제자들에게 묻는 질문에서도 증거 될 수 있다(아래를 참조하라). 그리고 그 하늘 나라 비밀을 깨닫게 되면(비교, 막 4:20 '말씀을 듣고 받아'; 눅 8:15 '말씀을 듣고 지키어'), 그는 반드시 결실을 하여 열매를 맺게 되는 자(마 7:16, 20; 12:33; 21:43 참조)가 되고 마는 것이다.

말씀을 받고도 깨닫지 못하는 것과 관련하여 우리가 주목해야 될 것은 하늘 나라 복음의 말씀들이 뿌려지는 이 세상에 '악한 자'(ὁ πονηρὸς 19절 - 38절의 '악한 자'는 39절의 '마귀'와 같은 의미임을 참조; 막 4:15은 ὁ σατανᾶς로, 눅 8:12은 ὁ διάβολος로 기록)가 있다는 사실과 이 악한 자(들)의 방해가 말씀을 받은 자들에게도 미쳐, 어떤 이에게는 말씀 자체를 빼앗아가 버리고, 또 어떤 이에게는 환난이나 핍박의 환경으로, 또 다른 이에게는 세상의 염려와 재리의 유혹을 통한 인격적인 시험으로(눅 8:13 참조) 말미암아 받았던 말씀의 결실을 맺지 못한다는 사실이다. 이 세상에 악한 자(들)의 방해와 시험이 있다 할지라도, 이 비유와 그 해설의 강조점은 역시 마지막 부분에 있다. 그것은 바로 하늘 나라 말씀을 듣고, 깨달은(회개한) 자에게 따라오는 당연한 결실이다. 키스트메이커는 이 비유의 하이라이트가 그 당시 평균작인 십 배의 수확을 훨씬 능가하는 백 배, 육십 배, 삼십 배를 예수께서 말씀 하심으로써 하늘 나라의 (종말론적) 풍성한 수확에 있다고 하였다.[8] 누가는 단지 백 배의 결실 만을, 마가는 삼십 배, 육십 배, 백 배의 순서로 증언하고 있는데, 여기서 순서의 차이는 큰 신학적 의미가 없는 것으로 보이며 그 강조점은 역시 큰 결실/수확에 있다고 보여진다.

따라서, 이 비유의 핵심은 '씨 뿌리는 자'와 '씨가 뿌려진 토양'의 성격과 함께 뿌려진 '씨의 마지막 상태'에 있다고 보아야 할 것이다. 말하자면 뿌려진 씨는 실패(죽음)와 성공(생명/구원)의 결과 양쪽에 모두 열려 있는데, 씨가 성장하고 결실하게 되는 경우는 씨와 함께 씨를 뿌린 자가 있었기 때문이라는 당연한 이유('하나님의 은혜')와 함께 그 뿌려진 씨가 잘 자랄 수 있는 토양('말씀을 받은 자의 깨달음을 통한 인내와 헌신의 반응')의 중요함에 있다. 이것은 바로 천국의 비밀과도 연관되는 것으로써, 하늘 나라의 말씀을 뿌리며 그 나라의 비밀을 깨닫게 하시는 하나님의 주권적 사역과 그 은혜가 인간 차원에서의 책임과 무관할 수 없는 신비로움 속에서 – 한 편으론 그 말씀을 받는 자('좋은 땅')들의 깨달음(회개와 믿음)이 또 다른 한 편으론 그 말씀을 거부하는 자('좋지 못한 땅')들의 깨닫지 못함(교만과 인내치 못함)이 – 열매 맺히는 것을 보여준다. 현재 거절을 당하고 있는 예수의 사역을 통해 이미 시작된 하늘 나라의 운동이 그리고 지금도 예수의 제자/증인들이 모여 교회를 통해 계속 전파되어지고 있는 하늘 나라 복음 운동이 장차 놀라운 (종말론적) 결실로 열매 맺혀질 것을 약속하는 것이라 할 수 있다.

끝이 좋을 수 밖에 없는 하늘 나라 자녀들(24-30절/37-43절)

마태복음에서만 소개되고 있는 이 비유(막 4:26-29의 '씨가 자라는 비유'와 비교)는 앞에 서술된 '씨 뿌리는 자의 비유'와 같이 씨를 뿌리는 자와 그 뿌린 씨의 결과에 대한 언급, 그리고 이 비유에 대해 예수께서 직접 해설(여기서 36절 이하로부터 나오는 이 해설은 이전보다 훨씬 분명하게 '무리를 떠나' 제자들을 향하여 하고 있다는 것을 주목할 수 있다)을 하신다는 점에서 앞에 서술된 '씨 뿌리는 자의 비유'와 공통된 요소를 가지고 있다. 그러나 그 비유의 핵심은 다르다는 것을 보게 된다. 이 비유가 시작되는 24절에는 다음에 나오는 비유들의 첫 구절에서 공통적으로 발견되는 표현이 소개되고 있는데, 이것은 예수께서 가르치고 계신 것이 무엇보다 '드러냄과 감춤'(11-17절, 34-35절)의 의도를 가진 비유라는 사실과 이 비유는 바로 하늘 나라 비밀로서의 그 무엇에 초점이 있음을 의미하는 것이라고 본다: '그가[예수께서] 그들에게 다른 비유를 베풀면서, 가라사대'(ἄλλην παραβολὴν παρέθηκεν αὐτοῖς λέγων – 24, 31, 33절); '하늘 나라는 마치 ~과 같으니'(ὡμοιώθη ἡ βασιλεία τῶν οὐρανῶν – 24, 31, 33, 44, 45, 47절; 52절 참조).

이 비유에 나오는 주요 인물들과 단어들의 풍자적 의미는 37-39절에 종합적으로 소개되어 있다:

(1) '좋은 씨를 뿌리는 사람'(24절)은 '집 주인'(27절; 마 10:25; 20:1; 21:33 참조)으로서 '인자'(37절), (2) '밭'(24절)은 '세상'(38절), (3) '좋은 씨/곡식'(24절/29-30절)은 '하늘 나라의 아들들'(38절), (4) '가라지'(25절)는 '악한 자의 아들들'(38절), (5) '가라지를 심은 원수'(25절)는 '마귀'(39절), (6) '추수 때'(30절)는 '세상 끝'(39절), (7) '추수꾼'(30절)은 '천사들'(39절).

이 비유는 예수의 복음 사역을 통해 이미 하늘 나라가 이 땅에 도래했음에도 불구하고, 마지막 심판이 있기 전까지 하나님께서는 하늘 나라 운동이 벌어지는 이 세상 가운데 하나님의 자녀들과 하나님의 원수인 마귀의 자녀들이 함께 공존하는 것을 (종들의 생각과는 다른) 집 주인 그 분의 주권적 뜻 안에서(28-29절) 허락하시고 있음을 보여주고 있는 셈이다. 따라서, 하늘 나라에 이미 속하여 이 세상에 여전히 살고 있는 하나님의 사람들이 적지 않은 고난 또는 불이익 당할 수 있음을 시사하고 있는데, 악한 자(들)로 인한 이 세상에서 당하는 지금의 고통이나 어려움은 오히려 장래의 하나님의 자녀들의 안전을 더욱 확고하게 하기 위한 역설적 과정임을 보게 된다(29-30절).

이 비유의 핵심은 무엇보다 이 같은 두 부류가 공존하는 이 세상에 그 끝이 분명히 있음을 드러냄으로써, 마치 추수 때에 다 자란 알곡과 가라지처럼, 종말의 마지막 풀무불 심판 때(단 3:6; 말 4:1 참조)에 하나님의 사람들과 마귀의 사람들이 온전히 구별될 뿐 아니라, 마귀의 자녀들은 심판으로, 하나님의 자녀들은 그 아버지의 나라에서 영광을 함께 누리게 된다(단 12:3; 말 4:2 참조)는 것에 있다.

이 비유의 대상과 의도는 그 당시 예수를 거절하는(교만하여 회개치 않는) 자들에게 경고와 심판의 메시지를 주는 것이라 할 수 있지만, 그 초점은 오히려 예수가 거절 당하는 현실을 목도하고 있으면서도 자신을 따르고 있는 또는 따라야 하는 제자들(그리고 장차 모일 하나님의 백성들)에게 더 비중이 있는 것 같다(해설 부분들 참조). 따라서, 내용의 포인트는 하늘 나라에 속한 자녀들이 심판의 때까지 악한 마귀의 시험들을 인내하고 이겨냄으로써 마지막 영광의 자리에 앉을 수 있는, '이 세상에 이미 펼쳐진 하늘 나라 시작과 과정, 그리고 특히 그 마지막 때'에 펼쳐질 한 비밀을 드러냄에 있는 것으로 보인다.

믿음의 눈으로 미리 보아야 할 하늘 나라(31-33절)

세 번째로 소개되는 겨자씨 비유(막 4:30-32; 눅 13:18-19 병행구)에서도 예수께서는 하늘 나라의 비밀을 소개하는데 있어 앞의 비유들과 유사한 소재들('밭', '심은', '씨')을 사용하고 있다. 하지만, 그 형식의 간결성뿐 아니라 내용에 있어서도, 이 겨자씨 비유는 네 번째로 소개되는 누룩 비유와 한 짝으로 이해하는 것이 좋을 듯싶다(눅 13:18-21에서도 이 두 비유들은 함께 소개되고 있다). 즉, 겨자씨 비유는 하늘 나라 도래의 시작이 외형적으로 볼 때 보잘것

없고 초라하다는 점, 하지만 그 나라의 마침은 역시 외형적으로 매우 강력하고 풍성한 결과를 낳음으로써 그 시작과 마침의 차이가 비교될 수 없는 하늘 나라의 속성을 보여준다(겨자씨가 큰 나무로 장성한 묘사의 구약적 배경이 될 수 있는 단 4:10, 12, 21; 겔 17:23; 31:6; 시 104:12, 16-17을 참조하라).

이에 비해 누룩 비유(눅 13:20-21 병행구)는 역시 적은 양의 보잘 것 없어 보이는 누룩이 가루 서말(σάτα τρία는 약 50 kg으로 성인 150 명 가량을 먹일 수 있는 많은 양) 속 전체를 부풀게 하는 것처럼 하늘 나라의 나타남이 내부적으론 미미하게 보이고 은밀하지만, 이 나라의 영향력은 그 힘이 미치는 곳(사람)마다 분명하고도 풍성하게 나타난다는 것(마 16:6, 11-12; 고전 5:6; 갈 5:9 참조 및 비교)에 그 초점이 있다(겨자씨 비유에서의 모여드는 '공중의 새들'과 누룩 비유에서의 '여인'의 나타남은 그 당시 유대인의 집 안팎의 자연 환경과 부엌 상황을 자연스럽게 묘사하는 단순한 것으로 보아야 할 듯하다). 따라서, 이 두 가지 비유들은 하늘 나라의 외적이고 내적인 두 역설적 속성을 하나의 짝으로 보여줌으로써, 결국 하늘 나라의 보잘것없어 보이고 비밀스러운 시작(과 과정)에도 불구하고, 그 마침은 그 처음과 감히 비교할 수 없는 장성함과 풍성함에 큰 강조점이 놓여 있음을 알 수 있다.[9]

내 마음의 보화, 우리 마음의 진주(44-46절)

36절 이후로 예수의 가라지 비유 해설(37-43절)뿐 아니라, 44-52절까지의 비유들은 이제 예수의 제자들(또는 천국 백성들)에게 더욱 초점이 맞추어져 있다. 마태복음에서만 발견되는 다섯 째와 여섯 째의 '감춰진 보화 비유'(44절)와 '값진 진주 비유'(46-47절)는 앞에서 보았던 겨자씨 비유와 누룩 비유와 마찬가지로 그 비유의 모티브와 주된 핵심에 있어서 하나의 짝을 이룬다고 할 수 있다. 모티브와 관련해서 우리는 '감춤'(hiddenness)과 '작음'(smallness)을 언급할 수 있는데, 전자의 경우는 누룩과 보화의 비유에, 후자의 경우에는 겨자씨와 진주의 비유에 각각 어울린다고 볼 수 있다. 형식적인 면에 있어서 이 두 비유에는 5가지 공통된 요소들이 발견되는데, (1) 매우 가치 있는 것에 대한 실재(보화와 극히 값진 진주)가 있으며(θησαυρῷ 44절/ πολύτιμον μαργαρίτην 46절), (2) 그것을 발견하게 되고(εὑρὼν 44, 46절), (3) 돌아가서(ὑπάγει 44절/ ἀπελθὼν 46절), (4) 자신이 소유한 모든 것을 다 팔아(πάντα ὅσα ἔχει 44절/ εἶχεν 46절), 결국 (5) 그 가치 있는 것을 소유하게 된다(ἀγοράζει 44절/ ἠγόρασεν 46절)는 것이다.[10] 한편, 밭에 감춰진 보화를 발견한 자의 기쁨은 우연한 경우에 그리 되었음을 암시하는 반면 극히 값진 진주를 만난 상인은 계속해서 좋은 진주를 구하기 위해 노력한 것임을 다소 대조적으로 볼 수 있을 것 같다.

그러나, 보화(잠 2:4; 시락 20:30 참조)와 진주(욥 28:18; 잠 3:15; 8:11 참조)의 두 비유는 그 내용에 있어서 하나의 짝을 이루며 핵심적인 가르침을 던져주고 있다. 즉, 이 두 비유들은 하늘 나라의 엄청나고 기가 막힌 가치와 이 가치를 깨달은 하늘 나라의 백성들만이 과감한 결단과 희생을 (너무나 당연한) 행동으로 실천할 수 있음을 드러내 주고있는 것이다. 무엇보다 하늘 나라 비밀을 발견한(깨달은) 자는 이 세상에서 그 어떤 것과도 비교할 수 없는 그 나라의 가치를 체험하게 되는 것이다. 나아가서, 이 가치를 바로 깨달은 자는 이것의 존귀함으로 인해 자신이 그 동안 가장 귀하고 소중하게 생각했던 '모든 (상대적인) 것'들을 팔고(버리고) 천국의 절대적 가치와 바꾸게 되는 새로운 삶을 시작하게 되는 것이다.

끝까지 남아야 될 하늘 나라 의인들(47-50절)

그물 비유로 알려진 이 비유는 네 개의 절들로 구성된 짧은 것임에도 불구하고 비유와 함께 해설이 포함되어 있다. 이 비유(그물[어부]/좋은 물고기/나쁜 물고기)를 블롬버그는 앞에서 보았던 '알곡과 가라지 비유'(농부/알곡/가라지)와 마찬가지로 '단순한 세 요점 비유'의 범주 속에 포함시키고 있다. 그리고서, 그는 그물을 "하나님이 말세에 모든 사람을 모으는 것에 대한 (주권적 행위의) 상징"으로, '각종'(παντὸς γένουςους) 물고기는 서로 다른 민족 내지 종족을 대표하는 것으로 해석하고 있다.[11] 무엇보다 이 비유의 핵심은 마치 두 종류의 좋고(정결하고) 못된(부정한) 물고기들을 따로 구별하여 나누어서 못된 것은 버리고(심판), 좋은 것은 그릇에 담듯이(구원), 하나님께서 정하신 세상의 마지막 어느 한 때에 '의인 중에서도 악인을 따로 갈라내어'(ἀφοριοῦσιν τοὺς πονηροὺς ἐκ μέσου τῶν δικαίων) 그 악인들이 철저하게 버림을 당하는 것으로 묘사되어 있다. 이 비유는 또한 가라지 비유와 마찬가지로 그 마지막이 비극적이어서, 그물 비유와 함께 소개되고 있는 해설의 마지막 부분 50절은 가라지 비유의 마지막 해설 부분인 42절의 그것과 헬라어 원어가 동일한 것도 결코 우연이 아닌 것이다: "풀무불에 던져 넣으리니 거기서 울며 이를 갊이 있으리라"(그러나 43절과 같은 의인들의 소망에 대한 해설 구절이 그물 비유에는 없다). 이 비유는 하늘 나라가 이미 도래한 이 세상에도 의인들과 악인들이 함께 공존한다는 사실, 하지만 이 세상 마지막 때에는 분명히 하나님의 심판이 임하여 악인들은 의인들의 자리인 하늘 나라에 거하지 못한다는 사실을 가라지 비유의 교훈처럼 우리에게 보여주고 있는 셈이다.

그런데, 우리는 여기서 가라지 비유 해설과 그물 비유가 모두 예수의 제자들에게 일차적으로 주어졌다는 것을 목도할 필요가 있다. 말하자면, 여기서 '풀무불에 던져진 자'들이 '울며 이를 갊이 있음'은 '악인들로' 판명된 자들이 자신들의 그런 신분을 전혀 의식하지 못하고 오히려 '의인들로' 착각하고 있다가, 이 세상 마지막 때에 의인들의 자리인 하늘 나라에 들지 못하게 되자 그들 나름대로의 억울함과 분을 삼키지 못하는 형편을 빗대고 있는 것이라 볼 수 있다는 말이다("나더러 주여 주여 하는 자마다 다 천국에 들어갈 것이 아니요..."의 마 7:21-23절과 8:10-13절을 참조해 보라). 결국, 의인들은 악인들과 마찬가지로 마지막 때를 맞이하게 되지만, 그들은 마지막 심판 때 나타날 불가피한 갈라짐 속에서도 악인들과 달리 하늘 나라에 끝까지 남아있게 될 자들이다.

하늘 나라의 비밀을 전할 자들은 (51-52절)

51-52절에는 예수와 제자들 간의 짧은 대화와 함께 '새 것과 옛 것의 (보

물 창고) 비유'가 소개되고 있다. 하지만, 이 비유는 앞에서 살펴본 7가지 비유들처럼 실제적으로 하늘 나라의 그 무엇에 대한 묘사가 아니라는 점에서 차이가 있다. 오히려 이 마지막 비유는 예수께서 이제 하늘 나라의 비밀들을 듣고, 깨달은 자신의 제자들에게 그들의 신분과 사명을 새롭게 일깨우기 위한 것으로 그 교훈적 성격이 내포되어 있다고 볼 수 있다. 따라서, 51절에 나오는 예수의 제자들을 향한 질문, "이 모든 것을 깨달았느냐"(συνήκατε ταῦτα πάντα;)는 일차적으로 36-50절까지의 해설과 비유들을 의미할 뿐 아니라, 사실상 3절부터 시작되는 마태복음 13장의 비유들과 해설들을 모두 다 포함시킬 수 있다고 보여진다. 예수께서 비유들을 통해 하늘 나라 비밀들을 설명하신 후, 그가 최종적으로 자신의 제자들이 깨달았는지에(13, 14-15, 19, 23절; 마 16:12; 17:13 참조) 대해 묻고 있음은 하늘 나라를 위해 무언가를 하려고 하는 자는 무엇보다 먼저 하늘 나라의 비밀(특히, 예수로부터 이미 시작된 종말론적 현재로서의 하늘 나라와 이 세상 마지막 심판 때에 온전하여질 하늘 나라, 그리고 이 구속사적 과정 속에서 의인과 악인이 공존하는 이 세상에서의 잠정적인 하늘 나라)을 깨달아, 그 나라에 속하는 은혜를 입어('좋은 땅', '알곡', '좋은 물고기') 그 나라의 가치('감춰진 보화'와 '값진 진주')를 소유한 자로서의 결단과 헌신을 통해 장차 따라올 풍성한 영적 결실('좋은 땅', '겨자씨', '누룩')을 맺고 마지막 심판 때에 영광의 자리('알곡', '좋은 물고기')에까지 나아가야 하는 것이다. 제자들의 긍정적 답변에 따라 52절로 이어지는 예수의 마지막 비유는 '그러므로'(διὰ τοῦτο)로 시작함으로써, 위의 논의가 타당함을 입증해 준다.

하늘 나라 비밀을 깨달은 예수의 제자들(그리고 후에 예수의 일반 증인들)은 이제 하늘 나라 비밀에 대한 가르침과 교훈을 받은 진정한 서기관들(γραμματεὺς μαθητευθεὶς τῇ βασιλείᾳ τῶν οὐρανῶν)로서, 마치 '새 것과 옛 것'을 그의 보화 창고로부터 꺼낼 줄 아는 집 주인으로 간주된다. 이 비유에서 주목할 것은 하늘 나라 서기관으로서의 제자들은 무엇보다 그들의 '보화 창고'(마 6:20-21; 19:21참조)를 소유하고 있는 자들이라는 사실이다.[12] 그리고 이들은 바로 이 '보화 창고'로부터(ἐκ τοῦ θησαυροῦ αὐτοῦ) 하늘 나라의 계속되는 가르침과 교훈을 나눠주어야 할 자들인 것이다. 그렇다면 이 보화 창고는 하늘 나라의 비밀로서 하나님을 깨닫는 지식과 믿음'으로 해석해 볼 수 있을 것이다. 그리고, '옛 것'(παλαιά)은 하늘 나라 또는 하나님을 계시해 주던 율법(옛 언약)으로, '새 것'(καινὰ)은 예수의 이 땅에 오심을 통해 그의 새롭게 하시고 더 온전케 하시는 가르침(새 언약)으로 고려해 볼 수 있을 것이다(마 5-7장 참조). 그리고 이제 하늘 나라 복음을 전파할 자들은 예수로 말미암아 시작된 새 언약의 시대에서 옛 언약의 시대를 다시 바라보면서, 하늘 나라 증거에 있어 좀 더 능동적인 주인 의식을 갖춘 '집 주인'(τοῦ οἰκοδεσπότου - 27절 참조)으로 나서야 하는 것이다. 즉, 보물 창고를 소유하고 있는 집 주인으로서, 새 것과 옛 것을 꺼 내어서 적절하게 활용할 줄 알아야 하는 지혜로운 집 주인으로서 말이다. 이런 면에서, 마태복음 13장의 하늘 나라 비유들은 그 일차적 대상이 하늘 나라를 증거해야 될 예수의 제자들(그리고 후에 다른 예수의 증인들)에게 있다고 보여진다. 그럼에도, 또한 이 비유들 속에 나타난 '마지막 심판 때의 의인과 악인의 갈라짐'은 하늘 나라에 이미 속한 제자들(과 오늘 날 성도들)이라 할지라도 사역의 현장 가운데서 신령한 긴장을 늦추지 않고 주목해야 될 자신들을 위한 경계의 메시지라 할 수 있을 것이다.

마태복음 13장에 나오는 비유들을 설교할 경우 오늘의 설교자는 무엇보다 예수의 비유들이 하늘 나라의 비밀들을 계시하는 것에, 그리고 이 계시의 중심에는 바로 예수의 정체성(인격과 사역)에 대한 구속사적 메시지가 있음을 인식할 필요가 있다. 각각의 비유들을 해석하고 적용할 경우, 설교자가 또한 주의 깊게 살펴보아야 될 것은 비유 속에서 나오는 등장 인물(예, 좋은 씨를 뿌린 사람, 원수, 일하는 종들, 추수꾼, 의인화된 사물들인 곡식과 가라지)들을 잘 고려하면서 비유의 일차적 핵심을 문맥에 따라 파악하면서 그 적용을 시도해 보아야 할 것이다.

마태복음 13장의 비유들을 해설하면서, 예수의 이 땅에서 보여주신 인격과 사역은 그 당시 유대인들 뿐 아니라 오늘 날 지구촌의 모든 사람들에게 '비유 그 자체'로서 하늘 나라를 여전히 계시하고 있다는 사실을 생각해 보게 된다. 말하자면 오늘의 현대인들이 기록된 말씀의 계시인 예수의 비유를 깨닫지 못하고 그 말씀을 거절하는 것은 바로 하나님의 그 비유이신 예수 자신을 거절하는 것이며 이것은 결과적으로 이 땅에 예수를 보내주신 하나님을 거절하는 것이라 할 수 있다. 결국 하늘 나라의 드러냄과 감춤의 신비는 하나님의 계속되는 주권적 은혜와 회개치 못하는 인간의 자율적 교만함과 깨닫지 못하는 무지함 속에서 오늘 날 이 세상에 나타난 하나님의 '또 하나의 신적 비유인 교회'를 통해 여전히 그 신비를 더해 나가고 있는 것이다.

CHAPTER 2

예루살렘 성전에 임하신 예수: 점진되는 오해와 갈등

(마가복음 11장 1-33절)

1 그들이 예루살렘에 가까이 와서 감람 산 벳바게와 베다니에 이르렀을 때
에 예수께서 제자 중 둘을 보내시며 2 이르시되 너희는 맞은편 마을로 가
라 그리로 들어가면 곧 아직 아무도 타 보지 않은 나귀 새끼가 매여 있는
것을 보리니 풀어 끌고 오라 3 만일 누가 너희에게 왜 이렇게 하느냐 묻거
든 주가 쓰시겠다 하라 그리하면 즉시 이리로 보내리라 하시니 4 제자들
이 가서 본즉 나귀 새끼가 문 앞 거리에 매여 있는지라 그것을 푸니 5 거
기 서 있는 사람 중 어떤 이들이 이르되 나귀 새끼를 풀어 무엇 하려느냐
하매 6 제자들이 예수께서 이르신 대로 말한대 이에 허락하는지라 7 나귀
새끼를 예수께로 끌고 와서 자기들의 겉옷을 그 위에 얹어 놓으매 예수께
서 타시니 8 많은 사람들은 자기들의 겉옷을, 또 다른 이들은 들에서 벤
나뭇가지를 길에 펴며 9 앞에서 가고 뒤에서 따르는 자들이 소리 지르되
호산나 찬송하리로다 주의 이름으로 오시는 이여 10 찬송하리로다 오는
우리 조상 다윗의 나라여 가장 높은 곳에서 호산나 하더라 11 예수께서 예

루살렘에 이르러 성전에 들어가사 모든 것을 둘러 보시고 때가 이미 저물
매 열두 제자를 데리시고 베다니에 나가시니라 12 이튿날 그들이 베다니
에서 나왔을 때에 예수께서 시장하신지라 13 멀리서 잎사귀 있는 한 무화
과나무를 보시고 혹 그 나무에 무엇이 있을까 하여 가셨더니 가서 보신즉
잎사귀 외에 아무 것도 없더라 이는 무화과의 때가 아님이라 14 예수께서
나무에게 말씀하여 이르시되 이제부터 영원토록 사람이 네게서 열매를 따
먹지 못하리라 하시니 제자들이 이를 듣더라 15 그들이 예루살렘에 들어
가니라 예수께서 성전에 들어가사 성전 안에서 매매하는 자들을 내쫓으시
며 돈 바꾸는 자들의 상과 비둘기 파는 자들의 의자를 둘러 엎으시며 16
아무나 물건을 가지고 성전 안으로 지나다님을 허락하지 아니하시고 17 이
에 가르쳐 이르시되 기록된 바 내 집은 만민이 기도하는 집이라 칭함을 받
으리라고 하지 아니하였느냐 너희는 강도의 소굴을 만들었도다 하시매 18
대제사장들과 서기관들이 듣고 예수를 어떻게 죽일까 하고 꾀하니 이는
무리가 다 그의 교훈을 놀랍게 여기므로 그를 두려워함일러라 19 그리고
날이 저물매 그들이 성 밖으로 나가더라 20 그들이 아침에 지나갈 때에
무화과나무가 뿌리째 마른 것을 보고 21 베드로가 생각이 나서 여짜오되
랍비여 보소서 저주하신 무화과나무가 말랐나이다 22 예수께서 그들에게
대답하여 이르시되 하나님을 믿으라 23 내가 진실로 너희에게 이르노니
누구든지 이 산더러 들리어 바다에 던져지라 하며 그 말하는 것이 이루어
질 줄 믿고 마음에 의심하지 아니하면 그대로 되리라 24 그러므로 내가 너
희에게 말하노니 무엇이든지 기도하고 구하는 것은 받은 줄로 믿으라 그
리하면 너희에게 그대로 되리라 25 서서 기도할 때에 아무에게나 혐의가
있거든 용서하라 그리하여야 하늘에 계신 너희 아버지께서도 너희 허물을
사하여 주시리라 하시니라 26 (없음) 27 그들이 다시 예루살렘에 들어가니
라 예수께서 성전에서 거니실 때에 대제사장들과 서기관들과 장로들이 나
아와 28 이르되 무슨 권위로 이런 일을 하느냐 누가 이런 일 할 권위를 주
었느냐 29 예수께서 이르시되 나도 한 말을 너희에게 물으리니 대답하라
그리하면 나도 무슨 권위로 이런 일을 하는지 이르리라 30 요한의 세례가
하늘로부터냐 사람으로부터냐 내게 대답하라 31 그들이 서로 의논하여 이
르되 만일 하늘로부터라 하면 어찌하여 그를 믿지 아니하였느냐 할 것이
니 32 그러면 사람으로부터라 할까 하였으나 모든 사람이 요한을 참 선지

자로 여기므로 그들이 백성을 두려워하는지라 33 이에 예수께 대답하여 이르되 우리가 알지 못하노라 하니 예수께서 이르시되 나도 무슨 권위로 이런 일을 하는지 너희에게 이르지 아니하리라 하시니라

예수의 예루살렘 입성은 공관복음서 기자들(마 21:1-9; 막 11:1-11; 눅 19:29-38) 뿐 아니라 요한복음(요 12:12-15)에서도 동일하게 밝히는 사건으로서 예수의 생애와 사역을 이해하는데 있어 매우 의미심장한 사건이라 할 수 있다. 예수의 수난 사건에 대해 상대적으로 많은 집중을 보여주고 있는 마가복음은 우리의 본문 11장을 시점으로 이 수난 사건을 보여주기 위한 본격적인 준비를 시작하고 있다. 이 내러티브(막 11:1-15:41) 안에 나오는 인물들 - 예수의 열 두 제자들(막 11:11; 13; 14:17)을 포함하여 대제사장들, 서기관들과 장로들(막 11:18, 27; 12:28; 14:1; 14:43, 53; 15:1), 바리새인과 헤롯당(막 12:13), 그리고 사두개인(막 12:18)으로부터 계속되는 예수에 대한 이해는 마가복음 내러티브 안에서 아이러니(irony)를 통해 독자들이 깨닫게 되는 오해와 반전의 갈등 속에서의 예수로 나타나고 있다. 이런 면에서 마가복음 내러티브 안의 예수는 등장하는 다른 인물들과의 관계에 있어 철저한 이방인으로서 인물화 되어간다. 예수의 예루살렘 입성을 환영했던 주민들도 일주일이 채 못 되어 "저를 십자가에 못박게 하소서"(막 15:13-14)라고 고함치며 예수께 등을 돌리고 있다. 이에 앞서 예수의 수제자들인 베드로와 야고보와 요한까지도 예수께서 임박한 자신의 수난을 결연한 자세로 준비하시는 그 순간을 이해할 수 없었다(막 14:32-42). 아니 오히려 열 두 제자의 대표격인 베드로는 예수를 부인하고 저주하는(막 14:68, 71) 상태까지 나아가게 된다. 이 가운데 예수를 향하여 섰던 백부장의 증언("이 사람[십자가 상에서 죽음 당하신 예수]은 진실로 하나님의 아들이었도다" - 막 15:39)은 실로 마가복음의 수난 내러티브의 극적 반전을 가져옴으로써, 마가복음의 첫 머리 1장 1절("하나님의 아들 예수 그리스도 복음의 시작이라")을 확증하는 동시에 본 수난 내러티브의 갈등을 푸는 실마리를 제공하고 있다. 이런 면에서 마가복음 11장은

예루살렘, 특히 성전을 중심으로 펼쳐지는 예수의 마지막 이미지에 있어 더욱 점진 되어 나타나는 예수에 대한 오해와 갈등(막 3:6; 8:11; 10:2; 11:8, 27 참조)의 단락이 시작되는 본문이다.

마가복음 11장에 대한 내러티브적 관찰 및 구조

마가복음 11장의 주된 공간-지리적 문맥은 감람산, 벳바게, 베다니(1, 11-12절)로서 주로 예루살렘과 성전(1, 11, 15-17, 27절)을 중심으로 되어 있으며, 발생되는 사건들은 최소한 약 3일(1, 11-12, 19-20절) 간에 일어난 내용들로 소개되고 있다. 여기서 묘사되고 있는 주요 인물들은 예수(1-11, 12-7; 22-25, 29-33절), 열 두 제자들(1-7, 11, 15, 20-21절), 대제사장들과 서기관들과 장로들(18, 27절), 세례 요한(30-32절)이며, 주변 인물들로는 성전 안에서 매매하는 자들과 돈 바꾸는 자들(15절), 어떤 이들(5절)과 유대인 군중 또는 백성(8, 32절)이며, 인물은 아니지만 본 내러티브를 이해하는데 주목해야 될 주요 소재가 되는 나귀 새끼(2, 4, 5, 7절)와 무화과나무(13-14, 20-21절)가 있다.

한편, 본 장의 내러티브는 나레이터(narrator: 마가 또는 내재적 저자)의 묘사와 해설(1, 4, 6-9상, 11-13, 14상, 하, 15-16, 18-21상, 27, 31-32절) 가운데 예수(2-3, 14중, 17, 22-25, 29-30, 33하 절), 베드로(21하 절), 예루살렘 주민들(9하-10절), 대제사장들과 서기관들과 장로들(28, 33상 절)의 어법이 소개된다. 특히 '예수와 제자들,' 그리고 '예수와 대제사장들, 서기관들, 장로들' 사이에 오고 가는 대화('예수와 성전 안에서 매매하는 자들과 돈 바꾸는 자들' 간에 있어서는 쌍방 대화가 아닌 일방적인 행위와 그에 따른 선언이 나타남: 15-17절)를 통해 마가의 내재적 독자들(the Markan implied reader)은 11장 이전에 예시된 수난받아야 할 메시아 예수(막 8:31; 9:9, 31; 12-13; 10:32-34, 45), 제자들의 깨닫지 못하는 무지함(막 4:40-41; 6:52; 8:17-21, 33; 9:6, 32; 10:35-41; 참조, 14:10-11; 44, 68, 70, 71), 그리고 유대 종교 지도자들의 외식과 교만함(막 2:6-, 16; 3:6, 22; 7:5-6; 8:11; 10:2)을 회상하게 됨으로써, 메시아에 대한 예수 자신의 이해가 대제사장들, 서기관들, 장로들, 예루살렘 주민들/무리들, 나아가 열

두 제자들의 이해와도 큰 차이가 있어 이들이 서로 각각 오해와 갈등 속에 묘사되고 있음을 인식하게 된다. 이런 점에서 우리는 마가복음 전체 내러티브 안에서 드러나고 있는 마가의 이야기 관점과 함께 11장의 주요 인물(예, 예수, 제자들, 유대 종교 지도자들)과 다른 인물(예, 사탄, 일반 백성들)의 관점들의 차이를 이해할 필요가 있다.

마가복음 11장에 대한 이해는 다음과 같은 구조 속에서 고려해 볼 수 있다.

A 1-11절: 예루살렘의 입성에 있어 명령과 순종 (등장 인물들 – 예수와 동행했던 열 두 제자들; 어떤 이들; 많은 사람의 무리들; 나귀 새끼): 일요일 (감람산 벳바게와 베다니; 예루살렘과 성전에 들어갔다가 베다니로)

B 12-14절: 무화과나무를 책망함 (등장 인물들 – 예수와 열 두 제자들; 한 무화과 나무): 월요일 (베다니에서 나와 예루살렘 근처에서)

C 15-19절: 성전 심판에 대한 상징적 행위 (등장 인물들 – 예수와 제자들; 성전 안에서 매매하는 자들; 돈 바꾸는 자들; 비둘기 파는 자들; 성전 안에서 기구들 갖고 다니던 자들; 대제사장들과 서기관들): 월요일 (예루살렘에 다시 들어와 성전 안으로; 성전 심판 이후에 예루살렘 성 밖으로 나옴)

B′ 20-21절 + 22-25절: 무화과나무의 마름 + 제자들을 향한 교훈 (믿음, 기도, 용서; 등장 인물들 – 예수와 제자들, 특히 베드로): 화요일 (베다니를 나와 예루살렘 근처에서)

A′ 27-33절: 예수의 권위에 대한 질문과 답변 (등장 인물 – 예수와 제자들; 대제사장들과 서기관들과 장로들): 화요일 (예루살렘 안으로 다시 들어가 성전 안에서)

마태복음(마 21:12-13, 18-21; 참조, 눅 19:45-46)과 달리 마가복음에서는 소위 '성전 청결/정화'로 불리는 이 사건(15-17절)이 예수께서 무화과나무를 저주하시는 사건(마 21:18-19; 막 11:12-14, 20-21; 참조, 눅 13:6-9) 사이에 끼여 소개되고 있다.[1] 마가의 문학적 특징 중 하나인 샌드위치 기법(막 3:20-35; 4:1-20; 5:21-43; 6:7-30; 11:12-21; 14:1-11, 17-31; 53-72; 15:40-16:8)[2]은 본 사건들('무화과나무 저주'와 '성전 심판')뿐 아니라 본문에서 암시하고 드러내고자 하는 예수에 대한 이해에 있어서도 매우 중요한 역할을 담당하게 된다. 즉, 예루살렘 입성의 의미, 무화과나무 저주의 의미, 성전 심판의 의미, 그리고 성전 심판을 하신 예수의 권위에 대한 산헤드린 공회 대표자들의 질문은 하나 하나가 서로 깊게 상호 연결된 신학적 메시지를 담아내고 있다. 이것은 무엇보다 기독론, 구원론 및 종말론과 관련된 초점으로써(즉, 성전의 종말론적 심판에 대한 상징적 행위를 통한 예수의 자기 이해와 마가복음 저자의 예수에 대한 이해) 앞으로 펼쳐질 예수의 수난, 특별히 그의 십자가 죽으심과 그 결과에 따른 의미와 관련이 있다. 이와 함께 마가복음은 본 11장을 통해서 예수를 따르는 제자들을 향한 예수의 여전한 가르침을 보여줌으로써, 줄곧 이들에 대해 표현된 부정적 이미지(막 4:40-41; 6:52; 8:17-21, 33; 9:6, 32; 10:35-41)가 (마가복음 독자를 상대로) 그 자체 목적이 아닌, 말하자면, 복음서의 독자들에게 부정을 통한 긍정의 제자도 메시지를 주고자 함도 고려해 볼 수 있을 것이다.[3] 이제 위에서 밝힌 마가복음 11장의 구조를 따라 각 구절을 살펴 보도록 하자.

예루살렘 입성(1-11절)

공관복음서에 따르면 예수께서는 그의 공생애 초기 사역의 대부분을 그의 열 두 제자들과 함께 갈릴리에서 보내신 것을 알 수 있다. 갈릴리에서 예루살렘으로 이동하시는 예수와 그의 제자들을 묘사하는데 있어 마가복음에서는 가이사랴 빌립보에서 베드로의 예수께 향한 신앙 고백(막 8:27-30)과 변화산 사건(막 9:1-8) 이후, 예수께서 갈릴리 사역을 마치고(막 9:30), 가버나움에 들어가셨다가(막 9:33), 요단 강 동편을 통해 유대 건너편 베레아 지역을 지나(막 10:1; 참조, 마 19:1-20:28; 요 10:40-42) 예루살렘을 향해 올라가시는 길(막 10:32)에 여리고를 도착해서(막 10:46) 감람산 벳바게와 베다니에 이르러서(막 11:1) 마침내 예루살렘에 입성하여 성전에(막 11:11) 들어가게 되심을 기록하고 있다. 주목할 것은 제자들로부터 예수에 대한 메시아 고백이 있고(비록 이들의 메시아 이해는 온전한 것이 아니었음에도 불구하고) 예수로부터 자신의 수난 예고가 직접적으로 언급되면서(막 9:31-32; 10:33-34, 45; 참조, 막 12:6-11; 14:6-9, 18-21; 15:21-37), 이제 예수는 필연적으로 예루살렘에 들어가야 하는 목적(막 8:31; 10:45)이 더욱 분명해진 것이다. 이 점에서 마가복음 11장은 예수의 수난 내러티브(11-16장)가 마침내 예루살렘에서 시작되고 있음을 보여주는 마가복음 전환점 단락의 첫 장이다.

예루살렘에 들어가시기 전 예수께서는 제자 둘을, 벳바게로 추정되는 '맞은 편 마을'에 보내어 아직 아무 사람도 타 보지 않은 매어있는 나귀 새끼를 가져 올 것을 명하시는데, 나귀 새끼 주인이나 그 집 근처 사람들(5절 참조)에게 마땅히 무례하게 보일 이 행동과 관련하여 예수께서는 '주가 쓰시겠다 하라 그리하면 주께서 그것을(나귀 새끼) 이용하신 후 곧 다시 돌려보낼 것이다'(3절: The Lord needs it and will send it back here shortly - NIV 성경)라는 일방적 명령과 약속을 일러 주신다. 비록 마가복음에서 예수가 자신을 '주'로 표현하고 있지는 않지만(막 2:28; 5:19; 12:36; 13:35 참조) 여기서 주는 예수로 보는 것이 가장 자연스러운 것으로 이해된다. 예수의 명령에 순종하여 건너편 마을로 갔던 두 제자들은 '문 앞 거리에 매여 있는 나귀 새끼를 발견하고 주저함 없이 풀기'(4절) 시작했다. 이 때, 나귀 새끼 주인의 이웃들로부터 의심을 받으며 질문을 받게 된 제자들은 다시 한번 주저함 없이 예수께서 자신들에게 당부 하신대로의 말씀(3절의 내용)을 대신하고 의기양양하게 나귀 새끼를 예수께 끌고 온다.

이런 문맥에서 예수와 함께 했던 모든 제자들은, 나귀 새끼를 타시고 예루살렘에 입성하실 예수야말로 지금까지 고대해 왔던 '승리와 영광의 메시아'로 간주했던 것이다(창 49:10-11; 슥 9:9 참조). 말하자면, 이제 비로소 이스라엘의 땅에서 로마 황제의 권력을 전복시키고 영원한 하나님의 나라를 새롭게 건설하고 회복하실 다윗 왕의 후손으로서의 메시아를 잔뜩 기대했던 것이다(막 10:47; 삼하 7:10-17 참조). 제자들은 자신들의 겉옷을 나귀 새끼 위에, 예수와 제자들을 맞는 이스라엘의 적지 않은 주민들은 자신들의 겉옷과 밭에서 벤 (종려) 나뭇가지(요 12:13 참조)를 길가에 깔았는데, 이 상황은 기름 부음을 받아 이스라엘 왕으로 등극하게 되는 예후에게 그 예우를 갖추는 이스라엘 백성의 행위를 떠올리게 된다(왕하 9:12-13).

한편, 9-10절에서는 입성하시는 예수를 바라보며 제자들과 주민들을 중심으로 시편 118편 25-26절의 구절이 불려지고 있는데, 118편은 시편의 다른 찬양시(Hallel psalms: 104-106; 111-118; 135; 146-150)들과 함께 유대인의 절기 행사 때에 공동체적으로 함께 부르며 하나님을 찬양하며 감사하는 내용으로 짜여 있다. 이 시편들은 그 당시 매 년 유월절이 다가오면 예루살렘 성전을 향하여 유대 순례자들이 모여 들었고, 벳바게와 베다니의 주민들을 중심으로 예루살렘을 향해 원근 각지에서 찾아온 순례자들을 맞이하는 환영 인사의 구실을 하기도 했다.

말하자면, "호산나 찬송하리로다 주의 이름으로 오시는 이여 찬송하리로다 오는 우리 조상 다윗의 나라여 가장 높은 곳에서 호산나 하더라"(9-10절)는 유대 중간기 시기를 거치면서 점점 더 메시아적 도래를 소망하게 되었던 것도 사실이지만 이는 동시에 예수 당시의 유대인들의 큰 연중 행사 시기에 예루살렘 성전을 방문하는 순례자들을 향한 일종의 환영가로서 순례자들과 함께 하나님을 찬양하는 표현이기도 했던 것이다. 이런 면에서 우리는 마가복음에 암묵적으로 깔려있는 아이러니(irony)를 읽게 된다. 즉, 다른 순례자들처럼 환영을 받는 (그래서 예루살렘 주민들로부터 그 당시 갈망하던 메시아로 인정 받게 되었든 아니었든 관계없이), 그러나 다른 한편, 그의 제자들로부터는 왜곡된 메시아로 인정 받게 된 예수께서는, 실제로 그들의 입에서 (무의식 가운데 또는 의미의 심각성 없이) 쏟아낸 표현처럼, '주의 이름으로 오셔서 자신의 대속의 십자가 죽음을 통해(막 10:45) 언약의 피로 하나님의 나라를 영원히 세울 바로 하나님의 그 메시아' 이심을 내재적 독자들에게 보여주고 있기 때문이다.

그러나 한편, 다른 복음서에 비해(마 21:1-9; 눅 19:28-40; 요 12:12-19 참조) 예수의 예루살렘 입성이 무리들로부터 상대적으로 큰 환영과 열광을 받지 못함은, 마가복음이 장차 있을 예수께 향한 수난 기사의 중요성과 그 의미를 이 예루살렘 입성과 관련하여 의식적으로 보도하고자 하는 나레이터의 관점에 기인하는 것으로 보인다. 마태복음 21장 5절에 인용된 스가랴 9장 9절(민 19:2; 신 21:3; 삼상 6:7 참조)이 – 물론 이 구약의 배경이 암묵적으로 중요한 구실을 한 것은 틀림없겠지만 – 마가복음 11장에 직접적으로 언급되어 있지 않은 사실도 이와 무관해 보이지 않는다. 이 사실과 관련하여 로버트 스타인은 마치 하나님 나라에 대한 비유적 가르침과 인자라는 호칭의 암묵적 계시처럼, 마가복음에서의 예수의 메시아적 예루살렘 입성이 비밀스럽게 감추어져 소개됨을 지적하고 있다.[4]

다시 한번 11절을 통해 유월절에 예루살렘으로 올라오신 예수의 최종 목적지가 단순한 예루살렘이 아닌 이 예루살렘에 위치한 성전이었음을 보여준다. 성전에서 '모든 것을 둘러보신' 예수께서 날이 이미 어두워지자 그의 열두 제자들과 함께 다시 베다니로 나가셨다. 마침내 성전에 들어가신 예수께서 기도나 다른 어떤 경건한 예식을 했다는 보도 없이, 성전의 모든 것을 둘러보시고 나가셨다고 하는 구절을 통해 우리는 다음 날 펼쳐질 성전에서의 예수의 활동이 단순히 무의식 가운데 행한 행동과 말씀이 아님을 고려할 수 있다.

마가복음 1장 2절에서 이사야 40장 3절과 함께 인용되었던 말라기 3장 1절 상반 절이 세례 요한에게 성취된 것이라면, 이제 말라기 3장 1절 하반 절 이하가 예수를 통해 성취되는 것임을 시사해 주고 있다: "만군의 여호와가 이르노라 보라 내가 내 사자를 보내리니 그[세례 요한]가 내 앞에서 길을 예비할 것이요 또 너희의 구하는 바 주[예수]가 홀연히 그 전에 임하리니 곧 너희의 사모하는 바 언약의 사자가 임할 것이라 그의 임하는 날을 누가 능히 당하며 그의 나타나는 때에 누가 능히 서리요"(말 3:1-2 상).

무화과나무를 책망(12-14절), 성전 심판(15-19절), 무화과나무의 마름(20-21절)

앞에서 보았듯이 12-21절은 예수께서 무화과나무를 책망/저주하시는 선언(12-14절)에 기인하여 무화과나무가 저주 받는 결과(20-21절)를 보도해 주고 있는데, 이 문맥 사이에 소위 '성전 청결' 이라고 알려진 사건이 샌드위치 구조로 소개되고 있다. 이 구조에 대한 관찰과 해석이 그 동안 상당히 난제로 알려졌던 '무화과나무 저주' 에 대한 예수의 '파괴적 기적' (miracle of destruction)[5]을 이해하는데 큰 통찰력을 더해 주었다.[6] 먼저 이 두 사선들은 예루살렘에 입성하신 그 다음 날, 즉 같은 월요일에 예루살렘과 성전에서 의도적인 짧은 시차 가운데 예수께로부터 기인하여 발생된 사건들로 소개되고 있는 것이다. 본문이 오랫동안 성경 독자들을 당혹하게 만들었던 것은 시장하셨던 예수께서 열매 없이 잎사귀만 있다는 이유로 무화과나무를 저주한다는 점이다. 말하자면, 이 사건은 실제로 예수의 저주가 실현된 소위 '파괴적 기적' 으로서 메시아이신 예수의 인품에 잘 어울리지 못하는 이미지가 농후하다. 뿐만 아니라, 마가복음에서는 이 시기가 무화과나무의 열매가 맺힐 자연의 계절이 아님을 밝히고 있다는 점에서 더욱 독자들을 당황하게 했다. 이제 이 당혹스런 구절들을 제한적으로 관찰하면서 마가의 의도된 메시지를 추적해 보도록 하자.

먼저, 무화과나무가 구약에서는 종종 포도원과 함께 하나님의 백성인 이스라엘을 상징했다는 점을 인식할 필요가 있다. 그리고 이 무화과나무 잎의 무성한 가지는 이스라엘 백성의 하나님과의 건강한 영적 관계에 따른 하나님의 축복을 대변하는 동시에, 열매를 맺지 못한 무화과나무는 하나님과의 관계에 있어 신실치 못한 이스라엘 백성, 특히 그 종교-사회적 지도자들의 위선과 외식을 비유함으로써 하나님의 심판의 대상으로 그려지기도 한다(렘 8:13; 29:17; 호 9:10, 16-17; 합 3:17; 학 2:19; 욜 1:6-7; 미 4:4; 7:1-6; 슥 3:10; 참조, 사 34:4; 호 2:12; 눅 13:6-9). 이런 무화과나무가 지금 둘째 날 아침 예루살렘 성전을 재차 출입하시고자 하는 예수로부터 주목을 받고 있는 장면이 12-

14절의 문맥인 셈이다.

즉, 무화과나무(하나님의 언약 백성인 이스라엘)에 무엇이 있을까 하여 다가 가신(예루살렘과 성전 입성) 예수께서 이 나무를 보신즉(발견한 것은), 달려있는 것이 열매 없는 잎사귀 뿐(성전에 출입하는 이스라엘 종교 지도자들과 백성들의 형식적이고 외식적인 삶) 이었다는 사실이다. 이런 관점에서 볼 때 예루살렘에 오셔서 성전에서 행하신 예수의 의도적 행위는 무화과나무 저주 사건의 앞 뒤와의 깊은 상호 관련성 속에서 서로가 서로를 이해하는 데 있어 일종의 의미론적/해석학적 거울 역할을 더욱 극적으로 보여주는 경우이다. 즉, 잎만 무성하고 정작 있어야 할 열매를 갖추지 못한 무화과나무 같은 이스라엘의 열매 없는 외식적 삶과 이런 삶의 종교-형식적 중심 처소가 된 성전이 무화과나무가 저주 받은 것처럼 멀지 않아 곧 몰락 될 것임을 더욱 효과 있게 제시해 주고 있는 상징적 메시지인 것이다(막 13:1-2 참조). 이런 점에서 성전 안에서 행하신 예수의 행위는 성전에 대한 단순한 청결 내지 정화라기 보다는 메시아적 권위 가운데 앞으로 있을 성전 심판/몰락에 대한 상징적 행위로 보아야 한다. 그렇다면, '무화과나무 저주' 는 처음부터 다가올 '성전 심판' 에 대한 예수의 깊은 의식과 메시아적 자기 이해 속에서 행해진 '상징적 기적' 인 셈이다. 즉, 이 두 사건은 구약의 단단한 배경에 기초하여 표출된 예수의 '보여주는 비유들' (showing parables) 내지 '행동된 비유들' (enacted parables) 로 이해될 필요가 있다.[7]

그렇다면 마가가 증언해 주는 "이는 무화과의 때가 아님이라" (because it was not the season for figs: NIV; 미 7:1; 렘 8:13 참조)는 예수의 두 상징적 사건들을 가일층 고조시켜 주는 구절로서, 참 이스라엘 백성의 영적 회복을 위해 마지막 때에 이 땅에 오신 메시아 예수를 깨닫지도 못하고 또 그 분의 가르침에 순종치도 못하여 – 하나님 나라 법도에 맞는 합당하고 온전한 열매를 맺어야 할 때(참조, 막 12:2)임에도 불구하고 – 이 시기를 분별치 못하고 자신들의 전통과 아집 속에서 벗어나지 못하는 이스라엘 백성, 특히 이들의 지도자들의 무지와 어리석음을 자연의 계절에 유비 시킴으로 '무화과나무' 뿐 아니라 '무화과나무의 때' 를 함께 상징적 의미로 드러내고자 한 것이다.[8] 예수께서 '무화과나무에게' 책망과 저주("이제부터 영원토록 사람이 네게서 열매를 따먹지 못하리라")로 (인격체에게 하듯이) 응답하시는(ἀποκριθεὶς 14절 상) 것도 이 사건이 상징적 사건임을 더욱 보강시켜 준다.[9]

우리의 본문 14절 마지막은 '그[예수]의 제자들이 (무화과나무를 향해 하신 예수의 저주를) 들었다' 고 함으로써, 이 사건들을 담고있는 내러티브에 제자도에 대한 메시지(22-25절 참조)가 깔려있음도 보게 된다. 그리고 이 말씀을 들은 제자들이 예수와 함께 예루살렘 시내를 거쳐 성전에 들어가게 되면서 '성전 심판' 을 알리는 예수의 상징적 행위를 '보고 또 듣게' 되는 것이다. 실제로 우리의 본문은 월요일 오전에 성진에 들어가시는 예수의 목적이 바로 이것 때문인 것으로 묘사되고 있다. 말하자면, 성전 안으로 들어가신 예수의 다른 행위(가령 기도나 찬양)는 전혀 언급되어 있지 않은 반면, 성전에 들어가신 예수께서는 바로 성전 안에서(즉, 이방인의 뜰에서) 제사용 제물을 사고 파는 자들을 내어 쫓으시며, 성전 세금을 내기 위해 환전을 하는 자들의 상(출 30:11-16 참조)과 비둘기 파는 자들의 의자를 둘러 엎으시면서(레 12:6; 14:22; 15:14, 29; 눅 2:22-24 참조), 성전 제사에 쓰일 기구들을 들고 성전 안에서 오가는 사람들(사 52:11 참조)을 내어 쫓으시는 행위를 우리 본문은 즉각적으로 소개해 주고 있다(15-16절).[10] 그리고 그 곳 성전에서 (구약) 성경 말씀을 인용하시면서 그들을 향해 매서운 질타를 펴 부으셨다. "기록된바 내 집은 만민의 기도하는 집이라 칭함을 받으리라고 하지 아니하였으냐 너희는 강도의 굴혈을 만들었도다"(17절).

그 당시 성전 북서쪽에 자리잡았던 안토니아 요새(the Antonia fortress)에는 로마 특별 군인들과 유대 성전 경찰들이 상주하면서, 특히 유대 절기시에 운집한 이스라엘 민중들의 소요가 일어날 것을 대비하여 경계를 소홀히 하지 않았다. 그런데 예수의 이런 성전에서의 행위가 이것을 현장에서 목도한 자들에게는 적지 않은 놀램과 충격을 안겨 주었겠지만, 성전에 상주하면서 경비를 서는 로마 군인들과 유대 경찰들의 개입이 없었던 것으로 볼 때, 예수의 행위가 성전에 모여든 사람들이 자극을 받아 성전 안에서 소동을 일으켜 그야말로 성전과 그 제사 제도를 개혁 시키고자 하는 것을 의도했다고 보기에는 설득력이 없어 보인다. '성전 청결' 이란 제목으로 더 잘 알려진 이 사건(막 11:15-18; 막 21:12-16; 눅 19:45-47; 요 2:13-16)은 앞에서 무화과나무 저주 사건과 관련하여 언급했듯이, 예루살렘 성전에 대해 하나님의 대리자로서 하나님의 권세를 위임 받은 메시아 되신 예수께서 오히려 이 곳을 심판하시는 상징적 몸-언어로 보아야 한다(막 13:2; 14:58; 15:29-30, 38; 행 6:13-15 참조). 앞에서 나오는 무화과나무에 대한 저주(막 11:12-14, 20-21)뿐 아니라 이 사건 뒤에 나오는 '악한 농부의 비유' (막 12:1-11)와 종말론 강화(막 13장)로 인해 예수의 성전에서의 행위(막 11:15-17)는 예루살렘과 성전의 파괴/심판을 상징적으로 보여주고 있다는 점을 더욱 공고히 해 준다.

"만민의 기도하는 집"과 "강도의 굴혈"(17절)은 각각 이사야 56장 7절과 예레미야 7장 11절에 근거한다. 성전이 '만민이 기도하는 집' 이란 것은 마땅히 영적 열매를 맺어야 할 때가 되었음에도 무화과나무처럼 여전히 열매를 생산치 못하는 민족적 이스라엘의 맥 빠진 성전 중심의 시대가 종결되고 이제 예수를 중심으로 우주적 이스라엘 백성들의 새 성전 생활이 시작됨을 하나님의 구원 역사 속에서 증거하는 셈이다(참조, 사 2:1-3; 롬 11:11). 성전을 '강도의 굴혈' 로 소개하는 것은 이 성전(즉, 성전의 책임을 맡은 종교 지도자들과 이 성전에 들어와 제사 드리는 이스라엘 백성들)이 형식화 되고 타락됨으로 성전 본래의 의미와 가치를 잃은, 즉 성전의 내적 정신과 기능을 상실했음을 밝혀준다. 이것은 성전의 한 구석인 이방인의 뜰이 도저히 하나님께 기도할 수 없는 장사 터가 되었기 때문에 의한 것만은 아닌 것 같다. 오히려 성전의 가치가 상실된 진정한 이유는 이 성전의 중심 책임자들인 대제사장들과 서기관들과 장로들이 하나님께 부여 받은 자신들의 소임(과 결국 하나님 자신)을 만홀히 여기며 이미 참 기능을 상실한 성전에서 백성들에게 거짓 죄 사함과 거짓 평안을 남발하는 거짓 제사/예배에 있었다.[11] 성전에서 행한 예수의 이런 행위와 말씀이 대제사장들과 서기관들과 장로들의 마음을 찌르고 그들의 심사를 불쾌하게 했음은 두 말할 나위가 없을 것이다(18, 27절). 이들이 자신들의 종교적 특권과 경제적 이권에 방해가 될 예수를 죽이기로 모의한다는 사실이 다시 한번 '잎사귀 외에는 아무 열매도 갖고 있지 못한 무화과나무'

(13절)를 떠올리게 해 준다. 그리고 내재된 독자들은 이들이 성전과 함께 몰락해 갈 것이라는 사실을 20-21절을 통해 다시 한번 확인 받게 된다. 그것은 바로 그 다음 날 화요일이 되어 예수의 제자들이 "아침에 지나갈 때에 무화과나무가 뿌리로부터 마른 것을 보고" 베드로가 예수의 말씀을 기억하고 "랍비여 보소서 저주하신 무화과나무가 (벌써) 말랐나이다"고 진술해 주고 있기 때문이다.

제자들을 향한 교훈(22-25절)

베드로와 제자들은 무화과나무가 이미 뿌리 채 말라버린 기적과 관련하여 예수로부터 어떤 직접적인 설명을 기대하였을지 모른다. 그러나 이들의(그리고/ 또는 독자들의) 기대와는 다소 달리 예수께서는 위의 두 사건(무화과나무 저주와 성전에 대한 상징적 심판)들과 관련하여 간접적으로 그 의미를 풀이해 주고(!) 계신다. 여기서, 22-25절을 통해 상호 연계되어 나타나는 제자들을 향한 예수의 표면적 가르침은 믿음(22-24절), 기도(24-25절), 그리고 용서(25절)이다.[12] 그러나 이 표면적 가르침은 그 자체로서도 의미가 있겠지만, 이 주제가 소개된 우리의 문맥을 고려할 때 여기에 있는 이면적 가르침의 메시지를 포착할 필요가 있다. 그것은 성전의 심판으로 인해 야기될 새 영적 원리와 질서에 대한 가르침으로써, 이 내용은 특별히 예수의 제자들이 숙지할 필요가 있는 기독론적이며 종말론적 교훈인 셈이다.

구약에서는 산을 옮기는 것이 하나님 자신만의 일(출 19:18; 욥 9:5-6; 시 68:8; 90:2; 97:5; 114:4-7; 144:5; 렘 4:24; 나 1:5)이며, 산이 옮겨지는 것은 마지막 때에 일어날 특징으로 예언(시 6:2; 사 40:4; 49:11; 54:10; 64:1-3; 겔 38:20; 미 1:4; 합 3:6; 슥 14:1-4)되었다. 또한 대부분의 유대인들은 성전을 특별히 기도의 처소로 간주하였다(삼상 1:1-28; 왕상 8:27-30, 31-51; 왕하 19:14-33; 요나 2:7; 사 56:7; 참조, 마카비 3서 2:10). 그리고 성전에서는 백성들의 기도를 응답하시는 것뿐 아니라 백성들의 죄를 용서해 주시는 곳이기도 하였다(대표적으로 솔로몬의 성전 봉헌 기도가 있는 왕상 8:27-53을 보라).

그런데, 구약 시대에 역사하셨던 하나님께서는 다른 하나님이 아닌 과거와 동일하신 하나님으로서 이제 예수를 통해 구원의 새 계획－즉, 그의 죽으심을 통해 이스라엘 백성의 새 성전을 건축하심－을 열고 계시는 것이다.[13] 이런 점에서 예수의 제자들은 먼저 "하나님을 믿는 믿음을 가지고 있으라"(ἔχετε πίστιν θεοῦ)(22절)는 명령을 받게 되는 것이다. 그리고 나서 23절에서 예수께서는 독특한 권위의 메시지 형식구인 '아멘 레고 휘민'(ἀμὴν λέγω ὑμῖν－"내가 진실로 너희에게 이르노니")의 어법을 통해 누구든지 믿음을 갖고 의심치 않으면서 '이 산' (this mountain)에게 말하여 바다에 들어갈 것을 명하면 그대로 될 것을 선언함으로써, 예수와 제자들이 있는 예루살렘 '성전의 터가 자리잡은 시온 산' 바로 '이 산' 이 심판의 바다 사해 속으로 파멸될 것을 비유적으로 풀이함으로써 21절에 대한 베드로의 질문에 간접적으로 답변을 해 주면서 15-16절에 행한 자신의 상징적 행위를 또 다른 차원에서 해석해 주는 셈이다. 그렇다면, 이 사실을 믿고 여전히 동일하신 그 하나님께 의심치 않고 (성전에 대한 미련을 떨쳐 버리고) 믿음으로 기도할 수 있다면, 하나님께서 이제 옛 성전에서 드린 제사와 비교가 안 되는 '모든 사람의 대속물 되신 예수' (막 10:45)로 말미암아 우리의 죄와 허물을 용서해 주신다는(막 2:5-12 참조), 종말론적 시대에 따른 기독론적 메시지를 이 마가복음의 문맥 속에서 고려하게 되는 것이다.[14]

예수의 권위에 대한 질문과 답변(27-33절)

대제사장들과 서기관들은 성전 안에서 행한 예수의 행위와 선언을 직접 목격하게 되면서 그리고 적지 않은 무리가 예수의 가르침에 동요되는 듯한 분위기를 그들이 느끼게 되면서, '예수라는 인물을 어떻게 처치할까' 를 음모하게 된다(18절; 막 3:6; 8:31 참조). 그리고 최소한 하루가 지난 다음 날 예수와 그의 제자들이 예루살렘 성전에 다시 들어가게 되었을 때, 산헤드린 공회(막 14:53-65; 15:1 참조)의 대표성을 띤 대제사장들과 서기관들과 장로들이 예수께로 나아와 먼저 질문을 하게 되는 것을 보게 된다. "무슨 권세

(ἐξουσίᾳ)로 이런 일을 하느뇨 누가 이런 일 할 이 권세(ἐξουσίᾳ)를 주었느뇨"(28절). 이 질문의 초점은 지난 번 성전에서 행했던 예수의 행위와 선언('이런 일')과 관련된 예수의 권세(ἐξουσία)에 대한 자격과 출처("무슨 권세로," "누가…이 권세를")에 대한 것이었다(참조, 막 1:22, 27; 2:10; 3:15; 6:7; 11:28 x 2; 11:29, 33; 13:34). 즉, 이것은 그 당시 성전과 관련하여 거의 모든 권한을 소유하고 있던 대제사장들, 서기관들, 그리고 장로들로 구성된 산헤드린 공회의 허락을 받지 않고 행했던 예수를 질타하는 비난과 경고인 셈이다. 이 장면은 예수께서 자신이 사람들의 죄를 용서할 수 있다는 권세(ἐξουσία)를 주장했을 때, 이 권세를 부인했던 서기관들의 반응을 내재적 독자들에게 상기시켜 준다(막 2:1-12). 이들의 질문에 대해 예수께서는 이들에게 요한의 세례에 대한 권세의 출처를 역으로 질문함으로써 자신이 행한 행동의 권세의 출처와 합법성을 답하고 있다. 즉, 이스라엘 백성들로 하여금 회개와 죄 사함을 허락하는 요한의 세례(막 1:4)가 하늘/하나님께로부터 온 것처럼, 성전에서 행한 예수 자신의 행위와 선언 역시 동일하신 하나님께로부터 온 것임(막 1:14-15 참조)을 예수께서는 간접적인 방법으로 논증한 것이었다.

대제사장들과 서기관들과 장로들에게 "요한의 세례가 하늘(하나님)로서냐 사람에게로서냐 내게 대답하라"(30절)라는 예수의 질문에 따른 이들의 내적, 외적 입장은 실로 이들이 하나님의 집인 성전을 관리하고 다스릴 만한 권세가 없는 자들임을 보여주게 된다. 즉, 예수의 질문에 대한 이들의 답변은 "저희가 백성을 무서워하는지라"(32절)에 따른 무책임한 입장 표명이라는 점에서 이들이 마땅히 하나님을 두려워하면서 성전을 책임져야 하는 자신들의 소임과 거리가 먼 자들임을 읽게 된다. 이들이 예수께 답변한 "우리가 알지 못하노라"(οὐκ οἴδαμεν)(33절)는 짧은 두 단어는 마가의 전체 내러티브 문맥 상에서 볼 때, 단순히 요한의 세례에 대한 권세의 출처뿐 아니라, 이들 앞에 서 계신 예수에 대한 오해와 이 분의 권세 그리고 장차 이 분의 수난 받으심과 죽음에 대해 전혀 알지 못하고 있다(막 14:62-65 참조)는 사실을 아이러니컬하게 실토하는 것으로 읽을 수 있다. 말하자면, 이들이 궁여지책으로 예수의 질문을 피하려고 한 이 두 단어는 실제로 하나님 앞에서 자신들의 영적 무지함과 어리석음뿐 아니라 이들이 메시아로 오신 예수와 장차 올 성전의 심판을 전혀 깨닫지 못하는 자들임을 드러내 준 표현이기도 하다. 한편, 이들이 물었던 질문에 대해 예수께서는 또 다른 답변을 그들에게 할 필요를 느끼지 못하시는 것 같다. 그러나 내재된 독자들은 마가복음 11장 이전의 내러티브 문맥과 시간 가운데, 예수께서 자신의 권세를 이미 말씀하시고 보여주신 답변들(예, 막 1:11; 9:7)이 있었음을 알고 있음으로 해서, 마가복음 12장 이후로 말씀하시고 보여주실 계속되는 답변들(예, 막 12:35-37; 14:62; 15:39)을 통해 하나님께로부터 기인되는 예수의 말씀과 행위의 권세를 계속적으로 대적하는 이스라엘 종교-사회 지도자들이 받을 심판을 함께 예견할 수 있도록 해 준다. 바로 이어지는 마가복음 12장의 '악한 농부의 비유' 는 바로 이들이 당할 심판의 메시지(막 12:12 참조)에 대한 예수의 비유인 것이다.

본문을 주해하며 묵상하는 가운데 오늘날 내 자신과 우리 성도들은 어느 정도 성경적으로 '예수를 예수답게' 고백하며 신앙하고 있을까, 그리고 어느 정도 성경적으로 '교회를 교회답게' 인식하며 성도 간의 교제를 나누고 있을까를 생각해 본다. 오늘날 교회의 거룩성과 정직성 그리고 신성한 권위의 회복은 어떤 건물이나 장소 안에서의 구별된 열심이나 행사 또는 잘 조직화되어있는 체계에 앞서, 나와 우리 안에 늘 함께 성령으로 거하시며, 또 날마다 새롭게 거하기 원하시는 예수에 대한 우리의 새로운 깨달음, 그리고 그 분과의 신실한 교제를 통한 회개와 죄 용서(즉, 참 구원)의 감사와 감격이 있는 복음으로 시작되는 신앙 인식의 회복에서 출발되어야 할 일이다. 우리는 천국의 제자들로 부름 받은 오늘의 대제사장들과 서기관들과 장로들(마 13:52 참조)로서 우리들의 종말론적-선교적 삶 가운데 우리가 날마다 말하고 행하는 것들과 관련하여 우리가 하나님 앞에서 대답해야[15] 될 진실한 이유들이 잘 준비되어 있는지(벧전 3:13-16 참조) 스스로 물어보아야 할 일이다.

CHAPTER 3

이스라엘을 돌아보시는 하나님

(누가복음 1장 1-80절)

1 우리 중에 이루어진 사실에 대하여 2 처음부터 목격자와 말씀의 일꾼 된
자들이 전하여 준 그대로 내력을 저술하려고 붓을 든 사람이 많은지라 3
그 모든 일을 근원부터 자세히 미루어 살핀 나도 데오빌로 각하에게 차례
대로 써 보내는 것이 좋은 줄 알았노니 4 이는 각하가 알고 있는 바를 더
확실하게 하려 함이로라 5 유대 왕 헤롯 때에 아비야 반열에 제사장 한 사
람이 있었으니 이름은 사가랴요 그의 아내는 아론의 자손이니 이름은 엘
리사벳이라 6 이 두 사람이 하나님 앞에 의인이니 주의 모든 계명과 규례
대로 흠이 없이 행하더라 7 엘리사벳이 잉태를 못하므로 그들에게 자식이
없고 두 사람의 나이가 많더라 8 마침 사가랴가 그 반열의 차례대로 하나
님 앞에서 제사장의 직무를 행할새 9 제사장의 전례를 따라 제비를 뽑아
주의 성전에 들어가 분향하고 10 모든 백성은 그 분향하는 시간에 밖에서
기도하더니 11 주의 사자가 그에게 나타나 향단 우편에 선지라 12 사가랴
가 보고 놀라며 무서워하니 13 천사가 그에게 이르되 사가랴여 무서워하
지 말라 너의 간구함이 들린지라 네 아내 엘리사벳이 네게 아들을 낳아 주
리니 그 이름을 요한이라 하라 14 너도 기뻐하고 즐거워할 것이요 많은 사

람도 그의 태어남을 기뻐하리니 15 이는 그가 주 앞에 큰 자가 되며 포도
주나 독한 술을 마시지 아니하며 모태로부터 성령의 충만함을 받아 16 이
스라엘 자손을 주 곧 그들의 하나님께로 많이 돌아오게 하겠음이라 17 그
가 또 엘리야의 심령과 능력으로 주 앞에 먼저 와서 아버지의 마음을 자식
에게, 거스르는 자를 의인의 슬기에 돌아오게 하고 주를 위하여 세운 백성
을 준비하리라 18 사가랴가 천사에게 이르되 내가 이것을 어떻게 알리요
내가 늙고 아내도 나이가 많으니이다 19 천사가 대답하여 이르되 나는 하
나님 앞에 서 있는 가브리엘이라 이 좋은 소식을 전하여 네게 말하라고 보
내심을 받았노라 20 보라 이 일이 되는 날까지 네가 말 못하는 자가 되어
능히 말을 못하리니 이는 네가 내 말을 믿지 아니함이거니와 때가 이르면
내 말이 이루어지리라 하더라 21 백성들이 사가랴를 기다리며 그가 성전
안에서 지체함을 이상히 여기더라 22 그가 나와서 그들에게 말을 못하니
백성들이 그가 성전 안에서 환상을 본 줄 알았더라 그가 몸짓으로 뜻을 표
시하며 그냥 말 못하는 대로 있더니 23 그 직무의 날이 다 되매 집으로 돌
아가니라 24 이 후에 그의 아내 엘리사벳이 잉태하고 다섯 달 동안 숨어
있으며 이르되 25 주께서 나를 돌보시는 날에 사람들 앞에서 내 부끄러움
을 없게 하시려고 이렇게 행하심이라 하더라 26 여섯째 달에 천사 가브리
엘이 하나님의 보내심을 받아 갈릴리 나사렛이란 동네에 가서 27 다윗의
자손 요셉이라 하는 사람과 약혼한 처녀에게 이르니 그 처녀의 이름은 마
리아라 28 그에게 들어가 이르되 은혜를 받은 자여 평안할지어다 주께서
너와 함께 하시도다 하니 29 처녀가 그 말을 듣고 놀라 이런 인사가 어찌
함인가 생각하매 30 천사가 이르되 마리아여 무서워하지 말라 네가 하나
님께 은혜를 입었느니라 31 보라 네가 잉태하여 아들을 낳으리니 그 이름
을 예수라 하라 32 그가 큰 자가 되고 지극히 높으신 이의 아들이라 일컬
어질 것이요 주 하나님께서 그 조상 다윗의 왕위를 그에게 주시리니 33 영
원히 야곱의 집을 왕으로 다스리실 것이며 그 나라가 무궁하리라 34 마리
아가 천사에게 말하되 나는 남자를 알지 못하니 어찌 이 일이 있으리이까
35 천사가 대답하여 이르되 성령이 네게 임하시고 지극히 높으신 이의 능
력이 너를 덮으시리니 이러므로 나실 바 거룩한 이는 하나님의 아들이라
일컬어지리라 36 보라 네 친족 엘리사벳도 늙어서 아들을 배었느니라 본
래 임신하지 못한다고 알려진 이가 이미 여섯 달이 되었나니 37 대저 하나

님의 모든 말씀은 능하지 못하심이 없느니라 38 마리아가 이르되 주의 여
종이오니 말씀대로 내게 이루어지이다 하매 천사가 떠나가니라 39 이 때
에 마리아가 일어나 빨리 산골로 가서 유대 한 동네에 이르러 40 사가랴
의 집에 들어가 엘리사벳에게 문안하니 41 엘리사벳이 마리아가 문안함을
들으매 아이가 복중에서 뛰노는지라 엘리사벳이 성령의 충만함을 받아 42
큰 소리로 불러 이르되 여자 중에 네가 복이 있으며 네 태중의 아이도 복
이 있도다 43 내 주의 어머니가 내게 나아오니 이 어찌 된 일인가 44 보라
네 문안하는 소리가 내 귀에 들릴 때에 아이가 내 복중에서 기쁨으로 뛰놀
았도다 45 주께서 하신 말씀이 반드시 이루어지리라고 믿은 그 여자에게
복이 있도다 46 마리아가 이르되 내 영혼이 주를 찬양하며 47 내 마음이
하나님 내 구주를 기뻐하였음은 48 그의 여종의 비천함을 돌보셨음이라
보라 이제 후로는 만세에 나를 복이 있다 일컬으리로다 49 능하신 이가
큰 일을 내게 행하셨으니 그 이름이 거룩하시며 50 긍휼하심이 두려워하
는 자에게 대대로 이르는도다 51 그의 팔로 힘을 보이사 마음의 생각이 교
만한 자들을 흩으셨고 52 권세 있는 자를 그 위에서 내리치셨으며 비천한
자를 높이셨고 53 주리는 자를 좋은 것으로 배불리셨으며 부자는 빈 손으
로 보내셨도다 54 그 종 이스라엘을 도우사 긍휼히 여기시고 기억하시되
55 우리 조상에게 말씀하신 것과 같이 아브라함과 그 자손에게 영원히 하
시리로다 하니라 56 마리아가 석 달쯤 함께 있다가 집으로 돌아가니라 57
엘리사벳이 해산할 기한이 차서 아들을 낳으니 58 이웃과 친족이 주께서
그를 크게 긍휼히 여기심을 듣고 함께 즐거워하더라 59 팔 일이 되매 아이
를 할례하러 와서 그 아버지의 이름을 따라 사가랴라 하고자 하더니 60
그 어머니가 대답하여 이르되 아니라 요한이라 할 것이라 하매 61 그들이
이르되 네 친족 중에 이 이름으로 이름한 이가 없다 하고 62 그의 아버지
께 몸짓하여 무엇으로 이름을 지으려 하는가 물으니 63 그가 서판을 달라
하여 그 이름을 요한이라 쓰매 다 놀랍게 여기더라 64 이에 그 입이 곧 열
리고 혀가 풀리며 말을 하여 하나님을 찬송하니 65 그 근처에 사는 자가
다 두려워하고 이 모든 말이 온 유대 산골에 두루 퍼지매 66 듣는 사람이
다 이 말을 마음에 두며 이르되 이 아이가 장차 어찌 될까 하니 이는 주의
손이 그와 함께 하심이러라 67 그 부친 사가랴가 성령의 충만함을 받아 예
언하여 이르되 68 찬송하리로다 주 이스라엘의 하나님이여 그 백성을 돌

보사 속량하시며 69 우리를 위하여 구원의 뿔을 그 종 다윗의 집에 일으키
셨으니 70 이것은 주께서 예로부터 거룩한 선지자의 입으로 말씀하신 바
와 같이 71 우리 원수에게서와 우리를 미워하는 모든 자의 손에서 구원하
시는 일이라 72 우리 조상을 긍휼히 여기시며 그 거룩한 언약을 기억하셨
으니 73 곧 우리 조상 아브라함에게 하신 맹세라 74 우리가 원수의 손에
서 건지심을 받고 75 종신토록 주의 앞에서 성결과 의로 두려움이 없이 섬
기게 하리라 하셨도다 76 이 아이여 네가 지극히 높으신 이의 선지자라 일
컬음을 받고 주 앞에 앞서 가서 그 길을 준비하여 77 주의 백성에게 그 죄
사함으로 말미암는 구원을 알게 하리니 78 이는 우리 하나님의 긍휼로 인
함이라 이로써 돋는 해가 위로부터 우리에게 임하여 79 어둠과 죽음의 그
늘에 앉은 자에게 비치고 우리 발을 평강의 길로 인도하시리로다 하니라
80 아이가 자라며 심령이 강하여지며 이스라엘에게 나타나는 날까지 빈
들에 있으니라

누가복음은 신약성경 중 그 다루는 내용에 있어 분량이 가장 긴 문서이다. 뿐만 아니라 이 복음서의 기록자로 알려진 누가는 복음서 저자들 가운데 유일하게 자신의 역사적 증언과 신앙적 고백을 전편과 후편으로 구상하여, 이스라엘 땅에서 시작된 하나님 나라의 복음 선포뿐 아니라(누가복음) 이스라엘 땅을 넘어서까지 전파되는 하나님 나라 복음의 확장(사도행전)을 기록하여 증거하고 있다. 말하자면, 기록자 누가는 신약성경의 어떤 단독 저자들보다도 더 많은 분량의 내용을 우리에게 남긴 예수와 초대 기독교 신앙 공동체의 역사적 증인인 것이다. 우리가 누가의 기록 의도에 주의할 경우 누가복음은 구약 시대에 역사하신 동일한 그 하나님의 뜻 가운데 이 땅에 보냄을 받아 복음의 구원을 계시하고 증거하시는 예수의 지상 사역을 다루는 반면, 사도행전은 그 하나님의 뜻 가운데 십자가의 죽음으로 새 언약을 맺으시고 부활하시어 이제 하늘로 승천하셔서 계속되는 하나님의 목적을 따라 복음의 구원을 여전히 계시하고 증거하시는 예수의 천상 사역을 다룬다고 볼 수 있다. 이런 점에서 누가(복음) – (사도)행전 내러티브의 구원

사적 연결과 점진성은 기독론적 이해와 밀접히 관련되어 있으며, 이 두 주제(즉, 구원론과 기독론)는 누가의 성령 이해와 불가분리의 관계로 나타나고 있다.[1]

여기서 우리는 누가복음을 어떻게 읽어야 할 것인지에 대한 두 가지 필수적 가능성을 고려할 수 있게 된다. 첫째는 누가복음 원 저자의 의도에 따라 누가복음(전편)을 사도행전(후편)과의 상호관련성 속에서 읽어야 한다는 사실과 둘째는 누가복음을 다른 (공관)복음서와의 비교 내지 대조 속에서 읽을 수 있다는 점이다. 그리고 이 두 관심 내지 관점은 무엇보다 하나님 말씀으로서의 누가복음 본문 자체에 대한 경외와 사랑 그리고 이에 따른 끊임없는 반복적 읽기가 우선되고 전제되어야 할 것이다.

누가복음의 서문(1:1-4)

누가복음은 다른 공관복음서와 달리 잘 짜인 서문(마카비후서 2:19-32; 요셉푸스의 *Antiquities* 1; *Against Apion* 1:1; 2:1 참조)으로 시작하는 것이 특징이다.[2] 이 서문은 특히 헬라어 문법에 있어 (1) 원인절(1-2절), (2) 중심절(3절) 그리고 (3) 목적절(4절)로 구성되어 있는데 누가는 결과적으로 '우리(행 16:10-17; 20:5-15; 21:1-18; 27:1-28:16 참조) 가운데 성취된 복음의 역사적 사실에 대한 내력(διήγησις 1절)[3]의 확실함(ἀσφάλεια 4절)' 을 보여주려는 기록 의도를 밝히고 있다. 이 역사적 사실에 대한 내러티브는 누가에 의해 기록되어 보도되기 전 많은 다른 복음 증거자들에 의해 이미 나름대로 정리되어 전해져 내려 왔음을 알 수 있다. 누가에 앞서서 복음의 내력을 문서로 전달한 자들은 자신들의 정보를 예수의 사도/제자들과 같은 말씀의 일차적 목격자들로부터 그리고/또는 예수를 직접 눈으로 보지는 못하였지만 사도/제자들이 감당했던 복음의 사역을 곧 뒤이은 말씀의 신실한 일꾼들로부터 전수 받게(막 7:13; 고전 11:2, 23; 15:3; 유 3 참조) 된 것을 알려준다. 이런 점에서 기록자 누가를 그보다 앞서서 문서로 남긴 복음 전도자들(마가와 마태?)과 비교해 볼 때, 우리는 누가가 그 역할에 있어 이들과 동일선상에 있었던 신실한 복음 전파자요 기록자임을 새삼 기억할 필요가 있다. 반면 기록자 누가는 복음에 대한 자신의 내러티브(즉, 누가-행전)를 기록하는데 있어 자신의 각별한 의지와 확신이 있음을 서문의 중심절을 통해 밝히고 있다. "그 모든 일(πᾶσιν)을 근원부터(ἄνωθεν) 자세히(ἀκριβῶς) 미루어 살핀 나도 데오빌로 각하에게 차례대로(καθεξῆς) 써 보내는 것이 좋은 줄 알았노니"(3절). 즉 누가는 복음 전도자와 기록자로서 (1) 신중성("자세히"), (2) 충족성("모든 일"), (3) 엄밀성("근원부터")을 갖고 복음의 기원과 전승을 탐구한(παρηκολουθηκότι) 후, 마침내 자신의 문서인 누가-행전 내러티브 구조의 (4) 체계성("차례대로")을 글로 전개시키고(γράψαι) 있는데, 이것은 데오빌로 각하[4]가 이미 듣고 배운 복음의 확실성을 더욱 견고케 하기 위함인 것이었다. 여기서 누가는 특히 예수의 승천 이후에도 계속되는 하나님 나라 복음의 확장을 그 기원과의 상호 관계 속에 증언하고 있다는 점에서 마태와 마가가 다루는 복음서의 구원역사적 지평보다 더 폭 넓음을 보게 된다.

서문에 이어 누가는 1장 5절부터 2장 52절까지 요한과 예수의 탄생 기사를 집중적으로 다룬다. 아울러 이 탄생 기사의 본문은 서문(1-4절)에서 나타난 것과는 사뭇 다른 칠십인 역 문체의 헬라어(즉 히브리적 헬라어)로 드러나고 있다. 이것은 서문 이후로 시작되는 누가복음(과 사도행전)이 구약성경과 같이 거룩하고 권위있는 내러티브인 것을 암시해 준다. 아울러 누가의 탄생 기사는 누가-행전 문서 전체에 걸친 일종의 '서곡'(prologue) 역할을 보여주는데, 이것은 예수의 메시아적 정체성과 사역뿐 아니라 예수와 관련되어 나타나는 주요 인물들(예, 요한, 사가랴, 엘리사벳, 마리아, 시므온, 안나, 천사, 성령, 하나님)과 그에 따른 주요 주제(예, 구원, 회개와 죄 용서, 증인, 기도, 비천한 자가 높아지며 교만한 자가 낮아짐에 따른 반전, 메시아 수용과 거부)에서도 읽어낼 수 있다. 한편, 누가복음 1장 5절 - 2장 52절의 서곡은 그 중심 테마가 요한의 탄생 및 예수의 탄생과 관련하여 병행적 묘사를 통해 드러나고 있는데,[5] 이를 통해 말하고자 하는 누가의 의도는 예수께서 요한보다 뛰어난 즉, 다윗의 후손이요 메시아로 이 땅에 오신 하나님의 아들 예수라는 사실이며, 이것은 오래 전 구약시대부터 역사하신 그 하나님께서 아브라함과 맺은 그 언약을 돌아보사 마침내 그의 아들 예수를 통해 이스라엘(하나님의 백성)을 구원케 하기 위한 언약 성취이자 구원 계시의 사건이 됨을 보여주고자 함(눅 1:20, 57; 2:6, 21-22; 4:21; 9:31; 21:22, 24; 24:44-47)에 있다. 이제 이런 맥락 속에서 누가복음 1장의 단락들－(1) 요한 탄생에 대한 예언과 사가랴의 반응(1:5-25), (2) 예수 탄생에 대한 예언과 마리아의 반응(1:26-38), (3) 마리아의 엘리사벳 방문과 찬미(1:39-56), (4) 요한의 탄생(1:57-66), 그리고 (5) 요한 탄생에 따른 사가랴의 찬미(1:67-80)－을 핵심적으로 살펴 보도록 하자.

요한 탄생에 대한 예언과 사가랴의 반응(1:5-25)

누가는 먼저 요한의 부모에 대해 설명함으로써 본 단락을 시작한다. 때는 유대 왕 헤롯(기원전 37-4)이 집권하던 시기로서 요한의 아버지 사가랴뿐 아니라 그 어머니 엘리사벳이 모두 제사장 가문의 후손임을 말해준다. 또한 이 두 사람은 "하나님 앞에 의인이니(신 6:25; 24:13; 시 106:31 참조) 주의 모든 계명과 규례대로 흠이 없이(창 26:5; 신 28:3; 삼상 1:3, 5; 왕상 3:14 참조)"(6절) 생활하는 경건한 하나님의 사람이요 부부임을 인정해 줌으로써 7절에 소개된 엘리사벳의 수태치 못함이 이 여인의 범죄함이나 남편 사가랴의 죄악 때문이 아님을 보여준다. 말하자면, 하나님으로부터 인정함을 받고 있는 이들 제사장 부부는 자신들의 오류 때문이 아닌 하나님의 선하신 계획에 따라 시련을 받고 있던 셈이었다. 이런 경우 사가랴와 엘리사벳 부부에게 있어 그 당시 유대 사회 통념상 적용되었음직한 그들이 당한 수치나 모욕(눅 1:25 참조)은 오히려 하나님의 역사하심을 더욱 간절히 갈망하면서 그 분의 축복을 배가적으로 체험할 수 있는 기회가 된 사례이다.[6]

한편, 그 아들 요한은 이스라엘 백성들을 하나님의 메시아인 예수께 소개하고 그들을 회개케 하기 위해 주의 길을 예비하는 선지자적 사역을 감당해야 했으며, 그 자신 역시 자신의 범죄함 때문이 아닌 하나님의 뜻에 따라 하나님의 나라가 이미 도래한 새 구원사적 시대에 첫 순교를 당함으로써(눅 9:7-9; 16:16; 행 1:21-22 참조) 메시아의 길을 말뿐이 아닌 자신의 몸으로도 앞서 가며 그 분의 길을 예비한 자였다.

사가랴는 자신의 제사장 직무를 따라 그리고 하나님의 인도하심을 따라 ("제비를 뽑아" – 9절) 여러 제사장들 중 택함을 입어 성전의 성소에서 분향하며 기도하는 가운데 주의 사자인 가브리엘 천사(창 16:10-11; 17:15-19; 18:10-15; 25:23; 삿 13:3-21 참조)의 방문을 받게 되었다. 가브리엘은 사가랴를 향해 그의 간구에 대한 응답으로 엘리사벳이 아들을 낳게 될 것과 그 이름을 요한이라 지을 것까지 고지해 주면서(13절 – 참조, 창 16:8, 11; 17:19; 왕상 13:2; 사 7:14; 49:1) 요한에 대한 사람들의 반응과 요한의 정체성 그리고 그의 사명을 지시해 준다. 그는 "주 앞에 큰 자"(15절)가 되어 나실 인과 유사하게 구별된 자로 성장할 자로 엘리사벳의 "모태로부터 성령의 충만"(15절)을 입게 될 것이다. 왜냐하면 요한은 "엘리야의 심령과 능력으로(왕상 17-18장; 말 4:5 참조) 주 앞에 앞서 가서(말 2:6; 시락 48:10 참조)" 주를 위하여 세운 이스라엘 백성을 하나님께로 "돌아오게"(ἐπιστρέψω – 16절, 17절; 신 30:2; 호 3:5; 7:10 참조) 하는 일을 위해 세움을 입은 자이기 때문이다.

천사 가브리엘로부터 고지된 요한 탄생 예언에 대한 제사장 사가랴의 반응은 황당함 속에서 내뱉어진 의아함 자체였다. 누가복음 1장 6절에 묘사된 사가랴의 하나님께 향한 경건과 신앙에도 불구하고 아이를 잉태할 수 없는 자신과 엘리사벳의 늙음은 또 하나의 엄연한 현실(18절)이었던 것이다. 이에 대해 가브리엘은 다시 한번 자신의 출처("하나님 앞에 섰는 가브리엘")와 사명("이 좋은 소식을 전하여 네게 말하라고 보내심을 입었노라")을 사가랴에게 상기시키면서(19절), 불신앙에 따른 잠정적 징계("이 일이 되는 날까지")로 사가랴는 벙어리가 되고 만다. 성소에서 하나님의 현현인 천사를 만나 그 동안 간구의 응답인 아들 출산의 축복의 메시지를 받은 사가랴가 (비록 잠정적이지만) 오히려 벙어리가 되어 성소를 나올 수 밖에 없었다는 점은 아이러니가 아닐 수 없다. 하지만 이처럼 하나님의 능력과 그 역사하심은 하나님을 전적으로 신뢰하고 그 앞에서 의롭고 흠이 없는 자일지라도 그 분의 하시는 일을 온전히 다 깨달을 수 없는 연약한 피조물이라는 사실과 이처럼 하나님께서 하시는 일은 우리 사람의 모든 이성과 신앙까지도 초월하실 수 있다는 점을 시사해 준다.

벙어리가 된 채로 성소에서 나온 사가랴의 모습을 통해 다른 제사장들은 그가 하나님의 이상을 목도한 것을 감지할 수 있었다. 이처럼 제사장들이 성전이나 성소 안에서 하나님의 계시를 받은 일들은 흔치 않지만 전례가 있는 일이었다(사 6:1-5; 겔 10:3-19 참조). 한편, 모든 직무를 마치고 집으로 돌아간 지 얼마 안되어 사가랴는 가브리엘의 예언대로 그의 아내 엘리사벳이 수태하게 된 것을 확인할 수 있었을 것이다. 엘리사벳은 남편이 하나님의 이상을 본 후 성소에서 벙어리가 되어 돌아온 것과 나이 많은 자신이 아이를 수태하게 된 것을 알고, 제사장 남편과는 대조적으로 자신의 간구에 응답하시는 하나님께 즉각적인 감사와 감격의 심령을 발산하고 있다(25절). 이런 상황 가운데 사가랴는 시간이 경과함에 따라 점점 더 자신이 성소에서 받은 하나님의 이상과 천사 가브리엘의 예언을 묵상하면서 하나님의 능력과 역사하심에 대한 깊은 경외감을 새롭게 하였을 것이다. 그리고 이 같은 침묵 속에서의 깨달음은 마침내 요한의 출생과 더불어 성령의 충만한 역사하심 가운데 사가랴의 심령과 입술을 통해 하나님 찬양의 선포로 이어진다(눅 1:67-79).

예수 탄생에 대한 예언과 마리아의 반응(1:26-38)

26절로부터 새롭게 시작되는 단락은 천사 가브리엘이 사가랴에게 요한의 수태를 고지한 이후 그리고 이 일로 실제로 그의 아내 엘리사벳이 요한을 수태한 지 "여섯 째 달"이 지난 후, 동일한 천사 가브리엘이 하나님으로부터 보냄을 받아 갈릴리 나사렛 동네에 다윗의 자손 청년 요셉과 약혼한 처녀 마리아에게 나타나는 것으로 시작된다. 이미 19절에서도 언급되었듯이 가브리엘은 하나님으로부터 보냄을 받은 신적 인물인데, 이 점에서 요한의 수태와 탄생 그리고 예수의 수태와 탄생은 처음부터 마지막까지 하나님의 전적 주권에 의한 하나님의 구원 계획에 의해 펼쳐지고 있음을 말해준다. 이 점에서 누가복음 1-2장 내러티브의 중심 인물이 요한이나 예수라기보다는 실제로 이들의 탄생을 계획하고 메시아 예수를 통해 구원을 선포하고 계시하기 원하시는 하나님 자신임을 잊어서는 안 된다. 이런 점에서 (제사장 사가랴와 달리) 가브리엘을 향한 마리아의 돋보이는 순종적 태도와 하나님께 향한 믿음(37-38절, 45절) 그리고 그에 따른 하나님께 향한 찬미(46-55절)는 모든 독자들에게 매우 모범적임에도 불구하고, 마리아에게 이미 베푸시고 그녀를 택한 하나님의 은혜와 평안(28절)을 우선적으로 주목할 필요가 있다.

가브리엘을 통한 예수의 탄생 예언에는 그의 독특한 정체성과 권위가 드러나고 있다. 그는 먼저 "큰 자"(μέγας)요 "지극히 높으신 이의 아들"(υἱὸς ὑψίστου)로 일컬음을 받게 될 것과 '다윗의 왕위에 앉아 영원히 이스라엘 나라를 다스릴 왕' 으로서 그 나라/통치가 영원하게 될 것을 말해준다(32-33절). 이와 함께 마리아에 의해 수태될 예수는 초자연적인 방법에 의한 것으로 성령 즉 "지극히 높으신 이의 능력"(δύναμις ὑψίστου)으로 되는 것으로써 태어날 예수는 "거룩한 자이신 하나님의 아들"(ἅγιος υἱὸς θεοῦ)로 칭함을 받게 된다. 이것은 한 마디로 태어나실 예수께서 오래 전부터 구약에 약속된 다윗의 후손일 뿐 아니라 하나님의 영으로 기름 부음을 받을 오실 그 메시아임을 증거해 주는 묘사들이다. 이런 구약적 배경을 보여주는 구절들은 사무엘하 7장 8-17절, 시편 89편과 132편, 미가 4장 7절과 다니엘 2장 44절; 7장 14절 그리고 이사야 9장 5-6절, 11장 1-5절과 예레미야 23장 5-6절 등이 있다.[7]

갈릴리 나사렛에 임한 가브리엘로부터 한 평범한 처녀 마리아에게 고지된 이 엄청난 하나님의 구원 계획에 대한 소식은 마리아 자신뿐 아니라 모든 누가복음의 원 독자들에게도 충격적인 메시지였을 것이다. 그러나 우리(과거와 현재의 모든 독자들)는 다시 한번 이 일의 기원이 전능자 하나님 자신의 기쁘신 뜻과 섭리에 의한 것임을 기억할 필요가 있다. 이 점에서 우리는 가브리엘의 선언을 깊이 묵상해야 된다. "대저 하나님의 모든 말씀은 능치 못하심이 없느니라"(37절). 이 선언에 대한 나사렛의 처녀 마리아의 절대적이고 순수한 신앙은 다시 한번 제사장 사가랴의 가브리엘에 대한 머뭇거린 반응(18절)과 대조를 잘 이루고 있다. 한편, 세례 요한의 탄생 기사와 예수의 탄생 기사에는 의미 있는 병행 구절들로 이루어져 있는데 이것을 통해 우리는 요한과 예수 간의 유비적 관계를 이해해 볼 수 있다. 예를 들어, 이들의 선지자적 사역과 이에 따른 죽음으로의 길은 매우 흡사한 '하나님의 사람'으로서의 선지자적 이미지를 보게 된다. 그러나 이 두 탄생 기사 병행 구절들의 내용 속에서 드러나는 차이야말로 요한과 예수의 정체성을 더 분명하게 보여주고자 하는 누가의 의도를 확인해 볼 수 있다. 그것은 바로 나사렛 예수로 이 땅에 오신 그리스도의 탄생의 의미가 세례 요한의 탄생과도 비교할 수 없는 하나님의 큰 능력과 구원을 가지고 왔음을 계시한다는 점이다.

마리아의 엘리사벳 방문과 찬미(1:39-56)

가브리엘 천사로부터 하나님의 아들인 예수를 자신이 수태하게 될 것이라고 전해 들은 마리아는 자신의 친족 엘리사벳을 방문하기 위해 유대로 올라갔다. 왜냐하면 나이 많은 엘리사벳이 이미 6개월 전부터 기적적으로 아기를 잉태했다는 소식을 가브리엘로부터 또한 들었기 때문이다(36절). 나사렛에서부터 유대로 향하는 마리아의 발걸음이 얼마나 흥분되었을까? 마침내 유대에 도착한 마리아는 사가랴의 집에 들어가 엘리사벳을 마주 대하며 문안 인사를 나눌 수 있었다. 그러나 누가의 본문은 매우 주목할 만한 기사를 독자들에게 소개하고 있다. 그것은 엘리사벳이 마리아의 문안 인사를 들었을 때, 엘리사벳 태중에서 6개월 된 아기 요한이 마리아의 태중에 막 자리잡았을 예수를 영접하며 기뻐하는 사건(40-41절)을 보도하는 내용이다. 즉, 이 사건은 마리아와 엘리사벳의 만남임과 동시에 각각의 태 속에 있는 아기 요한과 아기 예수의 첫 만남이기도 한 것이다. 이 묘사는 장차 나타날 요한과 예수의 장래 사역의 상호 관계를 미리 유비적으로 보여주는 것으로, 태중에 있던 아기 요한은 이미 "모태로부터 성령의 충만함을 입은"(15절) 아기로서 예수를 기쁨 가운데(44절 참조) 증거하고 있음을 시사해 준다. 태중에 있던 요한으로부터 예수께 향한 증거를 감지할 수 있었던 엘리사벳(44절) 역시 성령의 충만함 가운데 큰 소리로 마리아와 마리아의 태중에 있는 예수를 향해 축복을 선언하게 됨을 본다. 이 때 마리아를 향한 엘리사벳의 호칭은 "내 주의 모친"(ἡ μήτηρ τοῦ κυρίου μου)이라는 용어인데, 이것은 엘리사벳이 아기 예수를 성령의 인도함 가운데 "내 주"로 인식하고 있음을 말해주는 것이기도 하다. 엘리사벳은 이제 마리아의 순종과 믿음을 높이 평가하면서 가브리엘을 통해 이미 선언된 하나님의 예언의 말씀이 축복 가운데 마리아에게 그대로 성취될 것을 영감 찬 성령의 권위 가운데 선포하고 있다(45절).[8]

엘리사벳을 통해 성령에 의한 예언의 말씀을 목도한 마리아는 이제 북받치는 감사와 기쁨 속에서 하나님께 향한 찬미(46-55절: the *Magnificat*)를 올리게 된다.[9] 마리아의 찬미는 자신이 하나님과 사람들 앞에서 내세울 것 없는 신분이나 상황에 처해 있음에도 그것에 상관없이 자신에게 놀라운 축복을 허락하시는 주께 향한 개인적인 감사와 찬양(46-49절)으로부터 시작되고 있다. 즉, "내 영혼이"(ἡ ψυχή μου – 46절), "내 마음이"(τὸ πνεῦμά μου – 47절), "하나님 내 구주를"(ἐπὶ τῷ θεῷ τῷ σωτῆρί μου – 47절), "그[하나님]의 여종의 비천함"(τὴν ταπείνωσιν τῆς δούλης αὐτοῦ – 48절), "나를"(με – 48절), 그리고 "내게"(μοι – 49절)와 같은 표현이 주목된다. 마리아는 여기서 하나님을 향하여 "주"(τὸν κύριον – 46절), "내 구주"(τῷ σωτῆρί μου – 47절), "능하신 이"(ὁ δυνατός – 49절), "거룩하신 이름을 소유하신 분"(ἅγιον τὸ ὄνομα αὐτοῦ – 49절)으로 고백하면서 이 분께서 자신을 "돌아보고"(48절) 자신에게 "큰 일 행하심"(49절)을 찬양하며 기뻐하고 있다. 우리는 여기서 마리아의 겸손과 순종 그리고 자신에게 말씀하신 주를 향한 강한 신뢰를 발견할 수 있다.

마리아는 계속해서 자신이 신앙하고 있는 하나님께서는 다른 일반인들에게도 주권적으로 역사하시는 분임을 선언한다(50-53절). 이 때 사람들에게 역사하시는 하나님의 행위는 상반된 결과로 드러나게 됨을 보여준다. 그것은 다름 아닌 '구원하심'("끌어 올리심", "배 불리심")과 '심판하심'("흩으심", "끌어 내리심", "공수로 보내심")이며, 이 두 상반된 효과가 하나님의 개입하심으로 이 땅의 두 부류의 사람들("하나님을 두려워/경외하는 자", "비천한 자", "주리는 자"와 "마음의 생각이 교만한 자", "권세 있는 자", "부자")에게 각각 극적으로 반전되어 나타남을 알 수 있다. 실제로 이것은 구약성경에 자주 반복되는 주제 중 하나로서 메시아의 도래에 나타나는 종말론적 현상이기도 하다(삼상 2:5, 7; 시 68:1; 89:10; 107:9; 146:7; 147:6; 욥 12:19; 15:29; 22:9; 렘 17:11 참조). 이 두 부류 사람들에 대한 묘사는 본문의 문맥뿐 아니라 누가-행전 전체를 고려할 때 문자적인 것과 비유적인 것 중 어느 한 편에만 초점을 맞추기 보다는 양자 모두를 고려해서 해석하고 적용하는 것이 타당해 보인다(눅 6:20-26; 7:22-23; 12:13-21; 14:12-14; 16:14-29).[10] 누가가 진정한 (영적) 회개와 구원의 징표를 실제 생활의 재물에 대한 자유함 내지 나눠줌과 상호 관련시키는 것(눅 3:10-11; 10:25-37; 12:33-34; 14:12-24; 16:1-13; 16:19-31; 18:18-30; 19:1-10; 행 2:43-47; 4:32-35; 9:36-43)도 주목할 필요가 있다. 결코 절대적인 것은 아니라 할지라도 실제적인 삶에 있어 사회경제적으로 가난하고 시련 중에 있는 자들이 권세 있는 자들이나 부자들보다 더욱 겸손한 심령 속에 하나님을 가까이 의지하게 되는 것을 보게 되는 것도 같은 이치일 것이다.

이제 마리아는 자신의 찬미 마지막 단락에서 '하나님의 종'으로서 자기 민족 이스라엘을 돌아보며 오래 전 구약 시대 아브라함과 그 자손에게 말씀하시고 약속하신 하나님의 언약(창 12:1-3)을 상기하면서 하나님의 신실하심을 찬양하고 있다(55절; 참조, 72-73절). 즉, 열방 가운데 이스라엘을 자기 소유 삼으시고(출 19:4-6), 주인과 왕이 되신 하나님께서 자신의 '종'이자 '맏아들' 된 언약 백성 이스라엘을 도우시고 긍휼 가운데 기억하시는 분임을 깨닫게 되면서 터져 나온 찬미인 것이다. 말하자면, 이것은 누가복음 1장 31-33절 그리고 35절에서 묘사된 "하나님의 아들" 예수께서 자신의 몸에서 수태되고 태어날 것에 대한 마리아 자신의 영감 찬 예언적 해석이요 찬양인 것이다. 이 본문은 누가-행전의 진행 속에서 민족적 이스라엘 백성에게뿐 아니라 이방인들까지도 내포되어 새롭게 회복 될 모든 영적 이스라엘 백성들에게 적용되는 것을 관찰할 수 있다(눅 2:30-32; 24:47; 행 2:39; 9:15; 13:47 참조).[11]

마리아의 찬미가 끝난 후 성경은 그녀가 제사장 사가랴의 집에서 엘리사벳과 함께 3개월을 더 유숙하고서 갈릴리 나사렛으로 돌아간 것을 말해준다(56절). 이 기간 동안 마리아와 엘리사벳은 제사장 신분의 사가랴의 말하지 못함과 듣지도 못함(62절 참조)과는 대조적으로 자신들에게 역사하고 계신 하나님의 크신 일들에 대한 놀라움과 함께 기쁨을 나누며 서로를 격려했을 것이다.

요한의 탄생(1:57-66)

마침내 엘리사벳의 해산할 때가 왔다. 태어난 아기는 가브리엘을 통해 약속한 대로 아들이었다. 이 사건은 누가복음의 예언적 말씀이 실제적으로 성취되는 첫 번째 경우로서 이제 이 같은 예언과 함께 구약에서 약속하셨던 하나님의 여러 말씀들이 계속적으로 성취될 것을 기대하게 해 준다. 이 일로 그 이웃과 친척들 역시 하나님께서 베푸신 이적을 목도하게 되었으며, 이런 일을 행하신 하나님의 긍휼(58절; 참조, 50, 54절)을 듣고 엘리사벳과 함께 기뻐하지 않을 수 없었다.

태어난 지 팔일 째가 되어 율법의 규례를 따라(레 12:3) 아기에게 할례를 행하면서 이웃과 친척들은 유대인의 관례대로 아버지 이름을 따라 아기의 이름을 사가랴로 정하고자 추천하였다(59절). 그러나 어머니 엘리사벳은 가문에 명명된 적이 없는 요한이라는 이름을 제안하였고(60절), 이에 따라 이들은 비록 말을 못하고 듣지 못하게 된 아버지 사가랴이지만 그의 의사를 타진해 보지 않을 수 없었다(62절). 문맥으로 볼 때 사가랴는 제사장이며 한 가정의 가장이었음에도 요한의 수태 고지를 계시 받은 이후 그의 아들 요한의 탄생과 관련하여 그의 적극적 역할은 좀처럼 발견할 수 없다. 말하자면, 예수의 탄생과 마찬가지로 세례 요한의 탄생은 하나님의 주권적 간섭과 직접 일하심에 따른 이적임을 드러내 준다. 한편, 아들의 이름과 관련하여 아버지 사가랴는 서판을 통해 요한이란 이름을 기록함으로써 그 자신이 약 10개월 전 천사 가브리엘에게 들은 바 있었던 바로 그 이름을 표기하지 않을 수 없었다. 이에 대한 반응에 있어 그 주위 사람들은 그 당시 일반 관습을 따르지 않는 이 아기의 부모들의 결정을 이해할 수 없었다(63절). 그러나 이 사람들이 더 놀라게 된 것은 서판에 요한이란 이름을 쓰자마자 "곧" 사가랴의 혀와 입이 다시 정상적으로 돌아와 말을 하게 된 일일 것이다(64절). 아니 어떤 면에선 다른 누구보다도 사가랴 자신이 가장 놀라며 흥분하지 않았을까? 어쨌든 제사장 사가랴는 순간적인 의혹과 불신앙 속에서 가브리엘에게 내뱉은 말(18절)로 인해 말을 하지 못하게 된 이후, 약 10개월의 침묵과 시련을 통해 하나님께서 홀로 역사하시는 이 일을 목도하며 하나님을 전적으로 신뢰하는 것이 어떤 것인지를 몸으로 더욱 철저히 깨닫게 되었다. 다시 말을 할 수 있게 된 사가랴의 입술에서 터져 나온 것은 불평이나 원망이 결코 아닌 하나님께 향한 찬송이었다(64절).

나이 늙어 정상적인 방법으로 수태와 출산이 불가능했던 사가랴와 엘라사벳 가정. 그 가정에 하나님께서 개입하심으로 한 아기가 출생하게 되었다. 출생한 남자 아기의 이름은 관례대로가 아닌 천사의 고지대로 요한이라 명명되었다. 이 아기의 수태 고지를 듣는 순간부터 갑작스럽게 말을 할 수 없었던 아버지 사가랴가 10개월이 지나 아기의 출생과 함께 그 이름을 요한이라 허락하는 순간, 그가 다시 이전처럼 정상적인 상태로 회복되면서 바로 하나님을 찬양하게 되었다. "이 모든 일들"(65절)이 온 유대의 동네에 두루 퍼지게 된 것은 당연하였다. 따라서, 이 일을 본 사람뿐 아니라 듣게 된 사람도 이 유대인의 아기 요한이 범상치 않음을 느낄 수 있었던 것이다. "이 아이가 장차 어찌될꼬"(66절). 왜냐하면 아기 요한과 관련된 위의 일련의 사항들은 "주의 손"(참조, 눅 11:20), 즉 하나님의 특별한 간섭과 능력(참조, 출 13:3; 15:6; 사 5:12; 26:11; 66:14; 겔 1:3; 3:14, 22)이 요한과 함께 함을 보여주는 것 이외의 그 어떤 것도 생각할 수 없기 때문이었다.

요한 탄생에 따른 사가랴의 찬미(1:67-80)

약 10개월 간의 침묵으로부터 하나님의 계시(11-17절)를 묵상할 수 있었던 사가랴는 특히 지난 약 3개월 동안 자신의 집에 머물렀던 마리아의 방문(56절)을 통해 요한의 이적적 탄생뿐 아니라 동정녀 마리아로부터의 예수의 탄생을 함께 생각할 수 있었을 것이다. 누가복음 1장의 마지막 단락을 구성하고 있는 사가랴의 찬미(*the Benedictus*)는 이런 점에서 메시아 사역을 예비할 요한과 구약에서 약속했던 그 메시아로서 하나님을 대행할 예수의 사역을 함께 예언적으로 선포하며 이 내용을 찬양할 수 있음을 이해하게 된다. 그리고 무엇보다 사가랴의 이 예언적 찬양이 "성령의 충만함"(ἐπλήσθη πνεύματος ἁγίου; 눅 1:41; 2:25-27; 행 2:17-18; 4:8; 7:55; 11:28; 13:9 참조) 가운데 선포되고 있다는 사실이 이 내용의 신적 권위를 더해 준다. "찬송하리로다"(εὐλογητός 46절에서 μεγαλύνω로 시작되는 마리아의 찬미도 함께 참조)로 시작되는 사가랴의 찬미는 이전의 사가랴의 태도(18절)와 극적인 대조를 이룬다. 이처럼 하나님의 사람들은 하나님의 존재와 역사하심에 대한 신앙이 있다 할지라도(요한의 탄생 이전의 사가랴), 이 신앙이 구체적인 삶의 경험 속에서 체험될 때(요한의 탄생 이후의 사가랴) 살아있는 신앙 속에서 자신이 믿는 하나님을 비로소 하나님으로 깨닫고 그 분께 영광을 돌리게 된다.

사가랴의 찬미는 주되신 하나님으로서 특별히 "주 이스라엘의 하나님"(ὁ θεὸς τοῦ Ἰσραήλ)께 올리는 찬양이다. 마리아의 찬미(54-55절)에서와 마찬가지로 여기서의 "이스라엘"과 77절의 "주의 백성"은 누가-행전의 전체 문맥(눅 2:32; 행 10:44-48; 11:17-18; 15:1-21 참조) 속에서 볼 때 민족적 이스라엘을 향한 구원/회복이면서 동시에 하나님의 새 언약적 이스라엘 백성으로 이방인의 구원을 포함하게 되는 포괄적 개념으로 이해하게 된다.

사가랴는 요한의 탄생과 예수의 탄생의 의미를 오래 전 약속하셨던(70, 72-73절) 그 하나님께서 이제 마침내 자기 백성을 '방문하셔서'(ἐπεσκέψατο - "돌아보사"; 출 4:31; 눅 1:78; 7:16; 19:44; 행 7:23; 15:14 참조) '구속하는'(ἐποίησεν λύτρωσιν – "속량하시며") 것임을 선언하고 있다. 말하자면, 이것은 예수를 그 메시아로, 요한은 그 메시아를 예비하는 자로 정확하게 인식하고 있음을 보여주는 것이다. 본문에서 이 메시아는 특별히 다윗의 후손으로 오는 왕같은 이미지(69절)가 강조되어 있다. "구원의 뿔"(κέρας σωτηρίας)로서 메시아를 "일으키시는"(ἤγειρεν – 삼하 3:10; 행 3:22, 26; 13:22 참조) 하나님께서는 이 모든 일에 주권자이시며 계시자이시다. 여기서 구원의 뿔은 전쟁 중 적군과 싸워서 승리/구원을 가져오는 용사(삼하 22:3; 시 75:4-5, 10; 148:14 참조)나 왕(삼상 2:10; 시 132:17 참조)의 이미지를 형상화시켜 줌으로써 72-74절에서 소개되는 메시아의 장래 사역에 대한 암시를 얻을 수 있다. 즉, 메시아의 사역은 하나님의 백성들의 원수와 이들을 적대시하는 자들의 모든 악한 세력으로부터 구출해서 보호해 주시는 구원 사역이다. 실제로 이 사역은 장차 있을 예수의 하나님 나라 선포 사역으로서(눅 4:43), 질병 치유와 이적 행함 그리고 특히 귀신을 내어쫓는 행위(눅 4:16-37; 11:14-26; 13:10-17)로 나타나게 된다. 그런데 하나님께서 구원의 약속을 기억하시고 메시아를 통해 구원을 이루시고자 하는 것은 하나님께서 자기 백성들과 거룩한 교제를 나누기 위함인 것을 알 수 있다. "(하나님의 백성으로 하여금) 종신토록 주의 앞에서 성결과 의로 두려움이 없이 (하나님을) 섬기게 하리라"(75절).

사가랴 찬미의 마지막 단락(76-79절)은 자신의 아들 요한의 정체성을 하나님의 구원 역사의 나타남에 있어 예비 선두주자로 나타내면서 장차 나타날 메시아 예수 사역의 의미를 드러내고 있다. 즉, 요한은 "지극히 높으신 이의 선지자"(προφήτης ὑψίστου; 1:17 참조)로서 "주 앞에 앞서"(1:15, 17 참조) 사역하는 자로 묘사된다. 여기서 "주"(κυρίος)는 구약에서 의미하듯 우선적으로 '주 하나님'(눅 1:6, 9, 11, 25, 28, 32, 38, 46, 58, 66, 70, 77)을 지칭하는 것으로 보아야 하지만, 실질적으로 '주 예수'(눅 1:43, 2:11; 행 2:36)를 암시하는 것도 고려하지 않을 수 없다.[12] 요한이 해야 될 사역의 초점은 "주의 백성에게 (장차 오실 메시아 예수로 힘입은) 그 죄 사함으로 말미암는 구원을 알게" 하는 일(눅 3:3 참조)이다. '죄 사함을 얻게 하는 회개'에로의 이 외침은 요한과 예수의 연속성 있는 구원 선포의 요약 메시지이기도 하다(눅 5:17-32; 24:47; 참조, 행 2:38; 26:20). 이와 같은 방법으로 하나님께서 자기 백성에게 구원을 계시하는 동기는 하나님 자신의 긍휼(78절; 눅 1:50, 54, 58 참조)에 기인한다. 바로 이 같은 하나님의 긍휼 베푸심이 지금도 모든 성도들의 구원의 기초요 배경인 것이다. 그리고 하나님의 긍휼하심에 기인한 주의 백성의 죄 사함으로 말미암는 구원은 구체적으로 "돋는 해"같이 하나님의 아들이신 메시아 예수께서 이 땅에 오심으로 나타나게 될 것이다(78절). 이 분이 오시게 되면 어둠과 죽음의 그늘에 속한 자가 빛(눅 2:32; 행 13:47; 26:17-20 참조)

을 만나 깨어나듯이(행 9:3-22의 사울을 참조), 이 세상 삶의 절망과 고통 속에서 아무런 소망 없이 살아가던 자가 인생의 새 방향과 의미를 찾아 자신을 회복하고 "평강의 길" 즉 구원의 길로 들어갈 수 있는 새 시대가 열릴 것이다(79절).

사가랴의 찬미가 끝나면서 누가복음 1장은 요한의 유아-청년 시절을 한 절로 요약함으로써 독자들로 하여금 장차 메시아 출현에 앞서 나타나게 될 요한의 사역을 더욱 기대하게 해 준다. "아이가 자라며 심령이 강하여지며 이스라엘에게 나타나는 날까지 빈 들에 있으니라"(80절). 요한의 부모는 가브리엘에게 고지 받은 대로(눅 1:15) 요한이 하나님 앞에서 구별되어 거룩한 자로 성장하도록 힘썼을 것이다. 그리고 이 같은 요한의 성장은 장차 이스라엘 백성들에게 메시아의 오심을 증거하는 하나님의 계획을 이루기 위한 의미 있는 성장이어야 했다. 요한이 예수와 동년배이기에 그의 공적 사역이 시작된 것도 대략 삼십세 전후로 고려해 볼 수 있는데(눅 3:23), 그가 "죄 사함을 얻게 하는 회개의 세례"(눅 3:3; 참조, 1:77)를 공식적으로 선포하기 몇 년 전부터 빈 들/광야(눅 1장 80절과 3장 4절에서는 같은 헬라어 단어 ἐρήμοις가 사용됨)에서 생활했는지는 정확히 알 수 없다. 그러나 본문은 요한이 그의 공적 사역이 있기 전부터 상당 기간 '하나님의 선지자' 로서의 준비 기간을 가진 자임을 말해준다. 하나님께서 자기 백성의 구원을 위해 이들을 돌아보기 원하심과 긍휼 베푸심은 이처럼 철저하게 하나님의 선하신 의지를 따라(옛적에 아브라함과 다윗에게 약속하셨고 이제 선지자 요한과 메시아 예수의 탄생을 위해 엘리사벳과 마리아를 택하심), 하나님의 때(눅 1:5, 57; 2:1, 6; 3:1-2, 23)에 이루어질 하나님의 자기 계시인 것이다.

모든 성경이 그러하듯 우리는 누가복음 1장에서도 어떤 본문을 오늘 우리의 상황과 현실에 너무 빨리 적용하려는 실수나 유혹을 피해야 할 것이다. 예를 들어, 성경 본문에 등장하는 주요 인물들인 예수나 요한뿐 아니라 사가랴, 엘리사벳 그리고 마리아의 어떤 말과 행위를 모범으로 제시하고 이를 성도들에게 교훈하는 것이 기록자 누가의 주된 의도나 본문의 중심 메시지가 아닌 것이다. 본문은 오히려 메시아 예수를 통한 하나님의 장엄한 구원의 역사하심이 어떻게 이 땅에서 펼쳐지고 있는지를 보여주는 것에 그 초점이 있다. 따라서 독자들은 먼저 구약의 약속대로 긍휼 가운데 구원을 베풀기 원하시는 신실하신 하나님과 그 분의 열심과 선하신 뜻을 깊이 묵상할 필요가 있다. 그리고 하나님의 구원 열심과 뜻은 이 세상의 구체적인 삶의 현장 속에서 하나님의 사람들을 통해 나타난다는 점을 잊지 말아야 한다. 누가가 데오빌로에게 요구했던 것처럼(눅 1:4), 한 사람의 예외도 없이 오늘의 누가복음 독자들도 자신들이 이미 배운 복음의 내용들이 오늘 우리 각자의 삶에 있어 얼마나 확실한 것인지를 필히 점검해 보아야 할 것이다.

CHAPTER 4

잃어버린 자를 찾아 구원하시는 하나님

(누가복음 19장 1-48절)

1 예수께서 여리고로 들어가 지나가시더라 2 삭개오라 이름하는 자가 있
으니 세리장이요 또한 부자라 3 그가 예수께서 어떠한 사람인가 하여 보
고자 하되 키가 작고 사람이 많아 할 수 없어 4 앞으로 달려가서 보기 위
하여 돌무화과나무에 올라가니 이는 예수께서 그리로 지나가시게 됨이러
라 5 예수께서 그 곳에 이르사 쳐다 보시고 이르시되 삭개오야 속히 내려
오라 내가 오늘 네 집에 유하여야 하겠다 하시니 6 급히 내려와 즐거워하
며 영접하거늘 7 뭇 사람이 보고 수군거려 이르되 저가 죄인의 집에 유하
러 들어갔도다 하더라 8 삭개오가 서서 주께 여짜오되 주여 보시옵소서
내 소유의 절반을 가난한 자들에게 주겠사오며 만일 누구의 것을 속여 빼
앗은 일이 있으면 네 갑절이나 갚겠나이다 9 예수께서 이르시되 오늘 구
원이 이 집에 이르렀으니 이 사람도 아브라함의 자손임이로다 10 인자가
온 것은 잃어버린 자를 찾아 구원하려 함이니라 11 그들이 이 말씀을 듣고
있을 때에 비유를 더하여 말씀하시니 이는 자기가 예루살렘에 가까이 오
셨고 그들은 하나님의 나라가 당장에 나타날 줄로 생각함이더라 12 이르
시되 어떤 귀인이 왕위를 받아가지고 오려고 먼 나라로 갈 때에 13 그 종
열을 불러 은화 열 므나를 주며 이르되 내가 돌아올 때까지 장사하라 하니

라 14 그런데 그 백성이 그를 미워하여 사자를 뒤로 보내어 이르되 우리는
이 사람이 우리의 왕 됨을 원하지 아니하나이다 하였더라 15 귀인이 왕위
를 받아가지고 돌아와서 은화를 준 종들이 각각 어떻게 장사하였는지를
알고자 하여 그들을 부르니 16 그 첫째가 나아와 이르되 주인이여 당신의
한 므나로 열 므나를 남겼나이다 17 주인이 이르되 잘하였다 착한 종이여
네가 지극히 작은 것에 충성하였으니 열 고을 권세를 차지하라 하고 18 그
둘째가 와서 이르되 주인이여 당신의 한 므나로 다섯 므나를 만들었나이
다 19 주인이 그에게도 이르되 너도 다섯 고을을 차지하라 하고 20 또 한
사람이 와서 이르되 주인이여 보소서 당신의 한 므나가 여기 있나이다 내
가 수건으로 싸 두었었나이다 21 이는 당신이 엄한 사람인 것을 내가 무서
워함이라 당신은 두지 않은 것을 취하고 심지 않은 것을 거두나이다 22 주
인이 이르되 악한 종아 내가 네 말로 너를 심판하노니 너는 내가 두지 않
은 것을 취하고 심지 않은 것을 거두는 엄한 사람인 줄로 알았느냐 23 그
러면 어찌하여 내 돈을 은행에 맡기지 아니하였느냐 그리하였으면 내가
와서 그 이자와 함께 그 돈을 찾았으리라 하고 24 곁에 섰는 자들에게 이
르되 그 한 므나를 빼앗아 열 므나 있는 자에게 주라 하니 25 그들이 이르
되 주여 그에게 이미 열 므나가 있나이다 26 주인이 이르되 내가 너희에게
말하노니 무릇 있는 자는 받겠고 없는 자는 그 있는 것도 빼앗기리라 27
그리고 내가 왕 됨을 원하지 아니하던 저 원수들을 이리로 끌어다가 내 앞
에서 죽이라 하였느니라 28 예수께서 이 말씀을 하시고 예루살렘을 향하
여 앞서서 가시더라 29 감람원이라 불리는 산쪽에 있는 벳바게와 베다니
에 가까이 가셨을 때에 제자 중 둘을 보내시며 30 이르시되 너희는 맞은
편 마을로 가라 그리로 들어가면 아직 아무도 타 보지 않은 나귀 새끼가
매여 있는 것을 보리니 풀어 끌고 오라 31 만일 누가 너희에게 어찌하여
푸느냐 묻거든 말하기를 주가 쓰시겠다 하라 하시매 32 보내심을 받은 자
들이 가서 그 말씀하신 대로 만난지라 33 나귀 새끼를 풀 때에 그 임자들
이 이르되 어찌하여 나귀 새끼를 푸느냐 34 대답하되 주께서 쓰시겠다 하
고 35 그것을 예수께로 끌고 와서 자기들의 겉옷을 나귀 새끼 위에 걸쳐
놓고 예수를 태우니 36 가실 때에 그들이 자기의 겉옷을 길에 펴더라 37
이미 감람 산 내리막길에 가까이 오시매 제자의 온 무리가 자기들이 본 바
모든 능한 일로 인하여 기뻐하며 큰 소리로 하나님을 찬양하여 38 이르되

찬송하리로다 주의 이름으로 오시는 왕이여 하늘에는 평화요 가장 높은
곳에는 영광이로다 하니 39 무리 중 어떤 바리새인들이 말하되 선생이여
당신의 제자들을 책망하소서 하거늘 40 대답하여 이르시되 내가 너희에
게 말하노니 만일 이 사람들이 침묵하면 돌들이 소리 지르리라 하시니라
41 가까이 오사 성을 보시고 우시며 42 이르시되 너도 오늘 평화에 관한
일을 알았더라면 좋을 뻔하였거니와 지금 네 눈에 숨겨졌도다 43 날이 이
를지라 네 원수들이 토둔을 쌓고 너를 둘러 사면으로 가두고 44 또 너와
및 그 가운데 있는 네 자식들을 땅에 메어치며 돌 하나도 돌 위에 남기지
아니하리니 이는 네가 보살핌 받는 날을 알지 못함을 인함이니라 하시니
라 45 성전에 들어가사 장사하는 자들을 내쫓으시며 46 그들에게 이르시
되 기록된 바 내 집은 기도하는 집이 되리라 하였거늘 너희는 강도의 소굴
을 만들었도다 하시니라 47 예수께서 날마다 성전에서 가르치시니 대제사
장들과 서기관들과 백성의 지도자들이 그를 죽이려고 꾀하되 48 백성이
다 그에게 귀를 기울여 들으므로 어찌할 방도를 찾지 못하였더라

우리의 본문은 누가복음 9장 51절("예수께서 승천하실 기약이 차가매 예루살렘을 향하여 올라가기로 굳게 결심하시고")로부터 시작되는 '예루살렘을 향한 여행 기사'(9:51-19:44)의 긴 내러티브 단락이 마무리되는 동시에 예수의 메시아적 사역이 마침내 예루살렘 안에서 특히 성전을 중심으로("성전에 들어가사" - 눅 19:45; 참조, 20:1; 21:37, 38; 22:53) 새롭게 펼쳐지는 장이기도 하다. 따라서 누가복음 19장은 예수의 사역과 관련하여 지리적 전환이 일어나는 곳이며, 이 지리적 전환은 예수의 선지자-메시아적 사명의 최종적 국면이 다다랐음을 알리는 신학적 의미가 담겨있기도 하다. "그러나 오늘과 내일과 모레는 내가 갈 길을 [마땅히] 가야 하리니 선지자가 예루살렘 밖에서는 죽는 법이 없느니라"(눅 13:33); "예수께서 열 두 제자를 데리시고 이르시되 보라 우리가 예루살렘으로 올라가노니 선지자들로 기록된 모든 것이 인자에게 응하리라"(눅 18:31).

이런 점에서 누가복음 19장 1-10절은 앞의 18장과의 긴밀한 유대 관계 속에서 이해할 필요가 있으며, 11-27절은 메시지의 내용과 위치에 있어 여

행 기사의 전환적 기능과 역할을 하고 있다. 따라서, 여행 기사와 함께 나타나는 제자도 역시 19장 전반부에 강하게 드러나고 있다. 한편, 누가복음 19장은 크게 4개의 단위로 구성되어 있다.

(1) 예수께서 삭개오를 방문하는 사건(1-10절)

(2) 므나의 비유(11-27절)

(3) 예수의 예루살렘 입성과 예언(28-44절)

(4) 예루살렘 성전 방문과 정결 사건(45-48)

이제 각각의 단락을 살펴 보도록 하자.

"이 사람도 아브라함의 자손임이로다"(19:1-10)

본 단락은 18장 35절로부터 시작되는 내용과 함께 고려해 볼 필요가 있다. 먼저 이 두 단락(18:35-43과 19:1-10)은 지리적 배경이 여리고로 소개(35절 및 19절)되고 있다. 더욱 주목할 필요가 있는 것은 이 두 단락에서 초점을 맞추고 있는 두 인물들이 그 당시 유대 사회에서 소외 내지 경멸의 대상임에도 불구하고 예수께서 이들과 교제를 나누며 이들에게 구원을 선언하고 있다(눅 18:42; 19:9)는 점이다. 말하자면 하나님의 구원하심과 관계 없다고 여겨지던 부류(장애인과 세리)의 사람들이 하나님의 메시아이신 예수 그리스도로부터 직접 치유와 인정하심을 받아 하나님의 긍휼 가운데 자신들도 '아브라함의 언약 자손' 임을 감격스럽게 깨닫게 된 것이다. 19장 첫 단락에서 소개된 자는 삭개오라 불리는 자이다. 그의 직업은 유대인들 특히 경건한 바리새인들이 가장 혐오스러워 하는 세리였는데, 삭개오는 오히려 이 일에 상당한 업적과 인정을 받고 있는 세리장(ἀρχιτελώνης)이었다(2절).[1] 이 같은 매국노적 행위로 인해 그의 재산은 점점 늘어가게 되어서 그 누가 보아도 그는 부자(πλούσιος)인 것이 확실했다(2절). 하지만 유대인으로서 로마 제국의 앞잡이 노릇을 하는 삭개오는 자신의 재산이 늘어나면 늘어날수록 동족 유대인들과 하나님 앞에서 자신의 민족적, 종교적 정체성에 적지 않은 번민이 있었을 것이다. 독자들이 누가복음 18장에서 소개된 예수와 부자 청년과의 대화를 염두에 둔다면, 지금 19장에서 소개되고 있는 세리장(죄인)이면서 동시에 부자인 삭개오는 하나님 나라에 들어가기가 극히 어려운 환경(눅 18:24-25; 참조, 12:13-21; 16:19-31)에 속한 자임을 염두에 두어야 한다.

이런 삭개오는 자신의 마을인 여리고를 예수께서 지나가신다는 소문을 듣고, 자신의 키가 작은 것과 예수를 보고자 하는 무리가 많다는 것을 알아 사람들이 여리고를 통과할 때 꼭 지나가야 할 길목 옆에 놓인 뽕나무에 올라갔다. 그 이유는 갈릴리를 중심으로 소문이 파다했던 예수라는 사람이 어떤 분인지를 한번 보기라도 했으면 하는 마음 때문이었다. 삭개오의 이런 마음에는 그 동안 자신의 넉넉한 재물에도 불구하고 여리고 지역 주민들 안에서 소외된 자신의 처지로 인해 "세리와 죄인의 친구"(눅 7:34; 참조, 5:32)로 소문난 예수라는 인물에 대한 동경이 어느 정도 싹터 있었을 것이다. 삭개오의 이 같은 마음은 그야말로 마음의 소원일뿐 자신이 올라가 있던 뽕나무를 예수께서 지나는 순간 차마 그 이상의 어떤 말이나 행동을 나타내 보일 수는 없었다. 예수께서 삭개오를 향해 목적을 갖고 먼저 "우러러 보시고 이르시"(5절)기 전에는 말이다.

"삭개오야 속히 내려오라 내가 오늘 네 집에 유하여야 하겠다"(5절)

이 구절 속에는 삭개오를 향한 예수의 주도적 부르심(initiative calling)이 돋보인다. 먼저 삭개오의 이름을 알고 즉각적으로("속히") 부르시며 명령하는("내려오라") 모습이 그렇다. 뿐만 아니라, 예수께서는 "오늘"(σήμερον - 눅 2:49; 4:43; 9:22; 13:16, 33; 15:32; 17:25; 22:37; 24:7, 26, 44) 삭개오 즉 "죄인의 집"(7절)에 마땅히 꼭('신적 동사' δεῖ가 사용됨) 머물러서 그와 함께 식사를 하겠다는 요구를 하시기 때문이다. 예수의 이런 제안을 전혀 예상치 못했던 삭개오는 예수에 대한 소문뿐 아니라 그의 권위에 압도 당하면서 몹시 흥분하지 않을 수 없었다. 율법 교사인 랍비는 고사하고 경건하게 하나님을 믿는 바리새인들도 삭개오의 초대에 응한 자들은 없었기 때문이었다. 예수의 뜻밖의 요청에 대한 삭개오의 마음 상태를 성경은 잘 묘사해 주고 있다.

"(삭개오가) 급히 내려와 즐거워하며 영접하거늘"(6절)

"속히 내려오라"는 예수의 명령에 따른 즉각적인 순종("급히"는 "속히"와 같은 헬라어 임)과 함께 기쁨[2] 가운데 예수를 영접하는 삭개오는 실상 한 사람의 경건한 유대인이나 율법 교사를 맞이하는 것이 아니라 메시아로 이 땅에 오신 예수, 즉 하나님의 아들(눅 1:35; 3:22; 4:41; 8:28)을 자신의 집으로 모심으로 '주의 구원과 영광'(눅 1:77; 2:11, 30-32; 3:6; 9:48; 10:21-24)을 보는 특권과 영광을 얻게 된 것이다. 반면에 평소 세리장 삭개오의 직업과 행실을 못마땅하게 여겼던 여리고 주민들은 예수의 말과 행동에 적지 않은 실망을 하게 되었다. "죄인의 집"으로 알려진 세리장의 가정에 들어가 음식을 먹고자 하는 랍비나 메시아는 그들의 관습과 신앙에 전혀 어울릴 수 없는 이미지였기 때문이다. 그러나 똑 같은 예수의 말씀(5절)이 삭개오에게는 '복음' 그 자체였다. 이 '복음'을 들은 후 뒤따른 삭개오의 결단(8절)은 누가복음서에서 나타난 참 회개의 표식임을 단적으로 보여준다. 메시아를 통한 하나님의 방문을 기꺼이 영접함으로써 자신의 절대적 가치였던 재물이 상대적 의미로 새롭게 자리매김을 하게 된 것이다. 재물에 대한 자유함이나 포기가 구원의 표식에 대한 필수충분 조건은 아니지만, 하나님께 참으로 회개한 자(특히, 부자)는 재물에 대한 바른 청지기 사명을 깨닫고 그것을 실행할 수밖에 없다는 누가복음서의 메시지(눅 3:8-14; 12:13-21; 16:1-13)가 여기에서도 유효함을 보여준다. 이런 점에서 삭개오는 "약대가 바늘귀로 들어가는"(눅 18:25) 부자로서, 이 일이 단순한 사람의 선행이 아닌 하나님의 긍휼하심으로 인한 것임을 시사해 준다(눅 18:26-27). 삭개오의 이 같은 결단이 참 회개에 따른 것임을 우리의 본문은 계속되는 예수의 선언을 통해 확증시켜 준다.

“오늘 구원이 이 집에 이르렀으니 이 사람도 아브라함의 자손임이로다 인자의 온 것은 잃어버린 자를 찾아 구원하려 함이니라”(9-10절)

다시 한번 예수의 권세가 구원의 현재적이고 즉각적 표현인 “오늘”이라는 용어를 통해 나타나고 있으며 삭개오가 하나님의 언약 자손임을 선언함으로써 하나님의 구원 역사의 반전(reversal)을 보여주고 있다. 그리고 이런 구원 역사의 반전은 인자로 이 땅에 오신 예수의 메시아적 사명에 기인하는 것이다. 이런 점에서 삭개오는 16장과 18장에서 불가능할 것 같았던 ‘회개한 부자’로서의 이미지뿐 아니라 15장에서 잃었다가 다시 얻은 둘째 아들의 이미지가 함께 나타난다. 그리고 이 모두는 삭개오의 회개와 구원이 하나님에 의한 주권적 방문하심이요 긍휼에 따른 용서하심임을 말해준다.

“지극히 작은 것에 충성하였으니”(19:11-27)

삭개오의 사건과 분리됨 없이 특히 9-10절에서 나타난 예수의 구원 선포와 자기 이해 선언과 맞물리면서 ‘여행 기사’의 마지막 비유 즉, 므나의 비유 단락(마 25:14-30; 막 13:34-35 참조)이 시작된다. “저희가 이 말씀을 듣고 있을 때에 비유를 더하여 말씀하시니”(11절 상). 여기서 “저희는” 일차적으로 예수를 따르는 사도들과 그 외 제자들을 고려할 수 있으며 또한 함께 있는 주위의 무리들을 포함한 것으로 보인다. 이것은 본 비유 안에서 나타나는 ‘열 명의 종들’로서의 제자들(13절)과 ‘백성’(14절) 내지 ‘곁에 섰는 자들’(24절)로서 무리들을 각각 유비시켜 생각할 수 있다. 우리의 본문은 예수께서 이 비유를 주신 것이 의도적인 것임을 말해주는데(11절의 헬라어 δία와 ὅτι 참조) 이는 한 마디로 자신이 예루살렘으로 올라가시는 이유(눅 9:22, 51, 58; 13:32-35; 18:31-34)에 대한 청중들의 오해 때문이다. 즉, 이들이 기대했던 하나님의 나라는 전적으로 이 땅에 물리적이고 정치적인 방법으로 민족적 이스라엘의 해방을 원했던 것이지만, 예수의 하나님 나라 복음의 선포는 이 땅을 무시하지 않으나 초월하는 우주적 이스라엘 백성의 구원을 의미했던 것이다(행 1:6-8 참조).

본 비유는 헤롯과 아켈라오스가 각각 기원전 약 40년과 4년에 로마로부터 이스라엘 백성을 다스리고 치리 할 수 있는 권한을 받으러 간 역사적 사실에 기초하는 것으로 당대 유대인들에게 잘 알려진 사건을 배경으로 한다. 이 같은 역사적 사실을 유비적으로 하여 예수께서는 이제 곧 예루살렘에 도착하여 십자가 죽음과 부활 이후 자신의 "별세"(τό ἔξοδος αὐτοῦ – 눅 9:31 참조), 즉, 이 땅을 떠나 하나님의 보좌 우편에 앉아 주(主)로서 하나님의 백성들을 다스리게 될 것과 정한 때에 자기 백성을 위하여 다시 이 땅에 오실 사건(행 1:11; 2:36; 5:30-31; 7:55-56; 13:33-34; 17:31)을 내다보며 베푸시는 비유인 것이다. 따라서 예수는 "왕위를 받아가지고 오려고 먼 나라로"(12절) 떠나는 귀인으로, 은 열 므나를 귀인으로부터 각각 하나씩 받은 종들은 일차적으로 예수의 제자들로, 그 귀인을 미워하여 그가 왕위를 받아 돌아오는 것을 반대하고 거절하는 백성들은 메시아이신 예수를 깨닫지 못하고 핍박하는 유대인들 특히 유대 종교 지도자들과 바리새인들로 이해될 수 있다. 한편, 예수의 제자로 부름 받은 자들이 충성되게 그 맡겨진 일들을 할 수 있는 기한은 이 땅에서의 제한된 시기로 '예수께서 이 땅에 돌아오시기까지'(13절)이다. 그 때가 되면 예수의 제자들은 "각각 어떻게"(15절) 충성한 것을 공정하게 평가 받게 된다. 이 때에 나타나는 평가는 매우 대조적인데 비록 각각의 제자들의 능력에 따라 다른 결과를 낳을 수 있겠지만, 이들이 주님께로부터 받은 평가는 능력이 아닌 자세 내지 태도의 문제였음을 보게 된다. 즉, 한 므나로 열 개와 다섯 개의 므나를 남긴 각각의 두 종들이 주인의 인정과 칭찬을 받았고, 한 므나를 수건으로 싸두었다가(즉, 전혀 일하지 않았다가) 자신의 불충성 내지 불순종을 회개치 않고 합리화하는 종은 "악한" 자로 심한 책망을 받게 된다. 이뿐 아니라 이 악한 종은 자신이 과거에 받았던 재산까지도 "착한" 종에게 빼앗기는 낭패를 맛보게 된다.

이렇게 이 세 번째 종이 "악한" 종으로 판명된 것은 그의 능력이 무능한 것이 아니라 오히려 자신이 받은 그 능력과 권한을 – 그것이 아무리 미미한 것이라 할지라도 – 전혀 활용치 않은 게으름에서 온 것이었다. 그리고 이런 게으름은 왕위를 받고 돌아올 주인과 그의 당부를 심각하게 여기지 못한 이 세 번째 종의 어리석음에 있는 것이었다. 이것은 한 마디로 그가 주인을 신뢰하지 못함으로 '주인과 종'의 바른 관계에 있질 못했음을 시사해 준다. 이처럼 바른 제자도는 무엇보다 자신을 제자로 부른 그 분과 그 분의 뜻을 전적으로 신뢰하고 그것을 위해 성실하게 순종하며 사는 자이어야 한다.

또 다른 한편 이 비유는 또 하나의 대상을 향해 심판의 메시지를 주고 있다. 그들은 왕위를 받아 오려고 먼 나라로 떠난 귀인(예수)을 미워하고 그의 왕 됨을 원치 아니한 자들(유대 종교 지도자들과 바리새인들)로서(14절) 귀인에 대해서는 "원수들"(27절)인 자들인데, 이들은 결국 자신의 생명을 잃게 되는 것으로 끝나고 만다. "착한" 종의 나중(열 고을 권세를 차지하는 자)과는 가히 비교할 수 없는 비극적 종국이 아닐 수 없다. 따라서 이 비유는 무엇보다 이 비유를 말씀하시는 예수의 자기 이해, 특히 예루살렘에 들어가셔서 죽게 되어 승천하시게 될 일에 대한 의미를 분명히 인식하고 있음을 보여주며, 예수의 떠남 이후로 자신의 제자들이 "지극히 작은 것에 충성하여"(17절) 각각 어떻게 살아야 할 것을 교훈하면서 자신의 메시아와 주 되심을 거절함으로써 하나님의 뜻을 저버리는 자들이 장차 받게 될 진노의 심판을 강하게 경고하고 있다.

"주의 이름으로 오시는 왕이여"(19:28-44)

본 단락은 다른 세 복음서에서도 공동으로 보도해 주는 예루살렘을 향한 승리의 입성이다(마 21:1-11; 막 11:1-22; 요 12:12-19). 그러나 이 단락의 마지막 41-44절과 37절 및 39-40절은 누가복음에서만 발견된다. 그러나 우리의 본문을 자세히 살피면 예수께서 아직 예루살렘 시내 안에 들어가시지 않은 것을 보게 된다. 28절에 보면 여전히 "예루살렘을 향하여" 가고 계시는 예수를 볼 수 있으며, 감람산이 위치한 벳바게와 베다니(29절)는 예루살렘에서 2-3 킬로미터 떨어진 동네들이다. 41절에서도 예루살렘 시내에 가까이 가셔서 그 곳에 있는 성(도시)을 보시고 눈물을 흘리는 예수를 보게 된다. 어쨌든 예수와 그의 제자들은 이제 그들의 목적지인 예루살렘에 거의 다 도착한 지경이다. 이제 예수께서는 하나님의 선지자적 메시아로서 예루살렘 성 안에서 자신의 사명(십자가에 고난의 죽음)을 이루어야 할 때가 온 것이다.

예루살렘 성 내에 들어가기 직전 예수께서는 그의 제자 둘을 불러 보내셔서 아직 아무 사람도 타보지 않은 나귀 새끼를 끌고 올 것을 명령하신다. 혹 나귀 새끼의 주인이나 이웃 사람들이 반대할 경우 "주가 쓰시겠다"(ὅτι ὁ κύριος αὐτοῦ χρείαν ἔχει – 31절)라고 답변해야 될 말을 함께 일러 주시기까지 하신다. 예수의 명령에 따라 나귀 새끼를 그 주인으로부터 가지고 온 제자들은 자신들의 겉옷을 그 나귀 위에 걸쳐 놓고 예수를 태우며 예루살렘을 향할 때, 벳바게와 베다니의 주민들 역시 자신들의 겉옷을 길 가에 펼치며(왕하 9:13 참조) 예수와 그 제자들을 맞이하였다. 여기서 예수가 나귀 새끼를 타시고 예루살렘에 입성코자 하심은 스가랴 9장 9절의 예언적 성취를 의식하는 것으로써 독자들이 왕적 메시아로서 예수의 이미지를 읽을 수 있다(왕상 1:32-37 참조). 감람산에서 제법 내려갔을 즈음 그 곳의 적지 않은 주민들을 목도하면서 제자들은 자신들이 지금까지 보아온 예수의 이적들을 새삼 떠올리면서 기쁨과 환호 속에 하나님을 찬양하기 시작하였다. 비록 이들의 기쁨과 환호는 장차 있을 예수의 메시아적 운명을 헤아리지 못하는 무지 속에서 터져 나온 것이었음에도 불구하고, 메시아 예수를 보내신 것에 따른 하나님께 찬양이라는 점에서 나름대로의 의미가 있었을 것이다.

"찬송하리로다 주의 이름으로 오시는 왕이여 하늘에는 평화요 가장 높은 곳에는 영광이로다"(38절)

시편 118편 26절의 인용 구절과 누가복음 2장 14절을 상기시키는 이 구절은 마태복음과 마가복음에 비해 다윗의 후손으로서의 왕적 이미지가 약한 것은 사실이지만(마 21:9; 막 11:10) 여전히 왕적 메시아로서 예루살렘에 임하시는 예수를 분명히 해 준다. 뿐만 아니라 여기서 "그 왕"(ὁ βασιλεὺς)이라고 단순히 표현한 것은 오히려 19장 27절의 "나의 왕 됨"의 비유 문맥과 동일시하려고 한 누가의 의도가 있다고 볼 수 있다. 어쨌든 유대인의 주요 절기에 예루살렘을 방문하는 순례자들을 환영하면서 하나님의 선하신 구원의 뜻이 자신들의 땅에 임하기를 기원하며 불렀던 이 시편의 노래가 지금 나귀 새끼를 타고 예루살렘에 입성하시는 예수께 초점을 맞추어 불려지는 것은 큰 의미가 있는 것이다. 그러나 "제자의 온 무리"(37절)와 달리 "무리 중 어떤 바리새인들"(39절)은 이 노래가 예수께 맞추어져 불려지는 것을 못마땅하게 여기면서 제자들이 이 같은 노래를 하나님께 부르지 못하도록 예수께 요구하고 있다. 독자들은 바리새인들이 예수의 사역 초기부터 줄곧 그의 논쟁 상대자들(눅 5:17, 21, 30; 6:7; 7:30; 11:53; 14:3; 15:2; 16:14; 18:9-14)이었음을 상기할 필요가 있다. 다시 말하면 이들은 예수가 누구인지를 깨닫지 못하고 거절함으로 결국 하나님과 그 분의 뜻을 저버리게 되는 자들로 전락될 뿐이었다. 이들에 대한 예수의 짧은 답변은 매우 단호하며 권세 있는 확신에 차 있다.

"내가 너희에게 말하노니 만일 이 사람들이 잠잠하면 돌들이 소리지르리라"(40절)

말하자면, 예수께 향한 제자들과 무리들의 환영과 찬미는 하나님께로 말미암은 섭리와 계획이기에 어느 피조물도 이를 거스를 수 없다고 하는 예수의 의지적 선언인 셈이다. 이런 점에서 바리새인들은 하나님의 뜻과 시기를 제대로 분별하지 못하는 거짓 지도자들이기에 이들의 무지로 인한 하나님의 나타날 심판이 또한 강하게 암시되어 나타나게 된다.

비록 예수께서는 단호한 의지 가운데 깨닫지 못하는 바리새인들을 책망하셨지만, 예루살렘 도시를 내려다 보시며 하나님의 시기를 분별치 못하는 이스라엘 백성들의 무지와 어리석음 앞에 그는 눈물을 흘리지 않을 수 없으셨다(눅 6:21, 25; 7:13; 8:52; 느 1:4; 렘 9:1; 13:17 참조). 이스라엘 백성들의 평화와 회복을 위하여 하나님께선 이미 메시아를 보내셨건만(눅 1:79; 2:14, 29;

7:50; 8:48; 19:38 참조) 이들은 아직도 영적 장님으로 남아있다(시 122:6; 렘 15:5 참조). 참으로 답답하고 안타까운 일이 아닐 수 없다. 이제 "오늘" 그리고 "지금" 여기서 벌어지고 있는 하나님의 일(42절)을 자신들의 교만과 관습에 의해 더 이상 볼 수 없다면 이들은 기필코 하나님의 정하신 심판의 날들을 피하지 못할 것이다(43절; 참조, 눅 5:35; 10:12; 12:46; 17:22, 26, 31; 21:6, 22, 23; 암 4:2; 8:11; 9:13; 사 39:6; 렘 7:32-34; 19:6; 33:14; 49:2; 슥 14:1; 말 4:1). 비평적 학자들은 43-44절에 묘사된 내용이 예루살렘 멸망이 있은 A.D. 70년 직후의 내용을 매우 사실적으로 표현해 준다고 해석하지만, 칠십인 역 성경에 나타난 하나님의 심판적 사건을 묘사하는 용어들(사 3:26; 29:1-4; 렘 6:6-21; 8:18-22; 겔 4:1-2; 21:22; 26:8 참조)을 고려할 때, 이 본문을 예언적 문맥으로 간주하는 것은 그리 어렵지 않다. 이 본문은 이스라엘 성과 성전 건축의 기초가 되는 돌까지 무너짐으로써 완전한 파괴에 도달할 하나님의 심판을 여실히 예언해 주고 있다. 이런 하나님의 심판은 이스라엘 백성의 구원을 위해 이 땅에 오신 메시아 예수를 거절함으로써 '하나님의 방문/권고'(참조, 눅 1:68, 78; 7:16; 행 6:3; 7:23; 15:14, 36)를 이미 무시한 이유이며, 이로 인해 장차 올 심판의 '권고 받는 날'을 또한 피할 수 없게 된 것에 있다.

"내 집은 기도하는 집이 되리라"(19:45-48)

이제 예수께서는 예루살렘에 도착하셔서 무엇보다 먼저 성전에 들어가신다. 성전은 이미 예수께서 직접 "내 아버지의 집"(눅 2:49)이라고 언급했던 곳이다. 그렇다면 하나님의 아들로서 예수가 성전에 대해 품고 있는 열심과 그 권세는 당연한 것이다. 즉, 성전이 산헤드린 공회원들의 권세 속에서 그 본연의 거룩한 기능을 하지 못하고 오히려 거짓 종교 지도자들의 돈벌이 장소로 전락된 것을 목격한 예수야말로 이에 대해 거룩하고 책임 있는 분노를 드러낼 유일한 분이었다(마 21:12-13; 막 11:15-19; 요 2:13-17 참조). 말하자면 거짓 권세와 외식된 리더십을 청산할 참 권세와 참된 리더십은 예수 자신에 의해서만 가능한 것이었다. 바로 이 표식이 드러나는 장소가 성전인 것이다.

"기록된 바 내 집은 기도하는 집이 되리라 하였거늘 너희는 강도의 굴혈을 만들었도다"(46절)

누가복음 안에서 3장 이후로 기도에 충실한 '기도의 사람'은 예수 자신뿐이라 해도 과언이 아니다(눅 3:21; 5:16; 6:12; 9:18, 28-29; 10:21-22; 11:1; 22:39-46; 24:50-51). 비록 제자들이 예수께 어떻게 기도해야 할 것을 가르쳐 달라고 묻긴 하지만 대부분의 제자들 역시 기도에 실패하는 자들로 나타난다. 이들이 예수처럼 '기도의 사람들'로 나타나게 되는 것은 사도행전에서이다. 이것은 예수께서 친히 '움직이는 성전'으로서 하나님의 새 구원 시대에 이미 성전을 대체하고 있음을 암시해 준다. 이와 마찬가지로 예루살렘에 위치한 하나님의 성전을 "강도의 굴혈"로 만든 것만큼이나 거짓 종교 지도자들은 예수를 "세리와 죄인의 친구"로 정죄하면서 강도처럼 여겼다. 한편, 예루살렘에 이르자마자 성전에 들어가셨던 예수께서는 계속해서 "날마다"(τὸ κάκα ἡμέρα－47절) 성전에 들어가셔서 가르치셨다. 성전 안에서 참된 권세와 리더십을 놓고 예수와 산헤드린 공회원들("대제사장들과 서기관들과 백성들의 두목들") 간의 갈등이 더욱 첨예하게 일어나게 되는 것이다. 결국 이들이 예수를 죽이기로 모의하게 되었다. 이제 이들이 두려워하는 것은 하나님이나 그 분의 뜻이 아니라 다만 성전 세금을 내줄 백성들뿐이었다. 이처럼 예수와 성전의 운명은 불가분리의 관계에 있으면서 서서히 그 역할과 기능의 종반부를 치닫게 된다. 아이러니컬하게도 '하나님의 사람들에 의해' 그리고 '하나님의 율법'으로 참 하나님의 아들인 예수와 참 하나님의 집인 예수의 몸이 극심한 멸시와 배척을 받게 되는 것이다.

누가복음 19장에 흐르는 전반적인 이미지는 구원의 계속되는 선포와 함께 이미 임박한 하나님의 진노와 심판이다. 이것은 "오늘" 이미 "여기에" 임한 하나님의 방문(메시아 예수)을 깨닫지 못한 무지와 그의 왕 되심을 거절한 교만에 초점이 있다. 이 하나님의 진노와 심판은 예상 밖으로 그 당시 하나님을 경외하던 바리새인들과 종교 지도자들에게 초점이 놓여있는 반면, 하나님의 긍휼과 자비는 역시 예상 밖으로 그 당시 상상할 수 없었던 세리장에게 주어졌다. 이처럼 하나님의 구원과 심판은 인간의 상식과 관습을 반전시키고 초월하는 죄인을 향한 하나님의 끊임없는 찾으심이요, 스스로 의롭다 하는 자들을 향한 하나님의 냉혹한 등돌림인 것이다. 이런 점에서 오늘 우리가 먼저 '내 자신도 아브라함의 자손'임을 감격하면서 하나님의 긍휼하심을 입고 '지극히 작은 것에도 충성하여' 정죄가 아닌 용서의 심령을 품고 이웃을 사랑하면서 '주의 이름으로 다시 오실 그 분을 사모함으로써' 우리가 일하고 거하는 처소를 '기도의 집'으로 날마다 세워나가야 할 것이다.

CHAPTER 5

초막절에 드러난 예수 사역의 의미

(요한복음 7장 1-52절)

1 그 후에 예수께서 갈릴리에서 다니시고 유대에서 다니려 아니하심은 유
대인들이 죽이려 함이러라 2 유대인의 명절인 초막절이 가까운지라 3 그
형제들이 예수께 이르되 당신이 행하는 일을 제자들도 보게 여기를 떠나
유대로 가소서 4 스스로 나타나기를 구하면서 묻혀서 일하는 사람이 없나
니 이 일을 행하려 하거든 자신을 세상에 나타내소서 하니 5 이는 그 형제
들까지도 예수를 믿지 아니함이러라 6 예수께서 이르시되 내 때는 아직
이르지 아니하였거니와 너희 때는 늘 준비되어 있느니라 7 세상이 너희를
미워하지 아니하되 나를 미워하나니 이는 내가 세상의 일들을 악하다고
증언함이라 8 너희는 명절에 올라가라 내 때가 아직 차지 못하였으니 나
는 이 명절에 아직 올라가지 아니하노라 9 이 말씀을 하시고 갈릴리에 머
물러 계시니라 10 그 형제들이 명절에 올라간 후에 자기도 올라가시되 나
타내지 않고 은밀히 가시니라 11 명절중에 유대인들이 예수를 찾으면서 그
가 어디 있느냐 하고 12 예수에 대하여 무리 중에서 수군거림이 많아 어떤
사람은 좋은 사람이라 하며 어떤 사람은 아니라 무리를 미혹한다 하나 13
그러나 유대인들을 두려워하므로 드러나게 그에 대하여 말하는 자가 없더
라 14 이미 명절의 중간이 되어 예수께서 성전에 올라가사 가르치시니 15

유대인들이 놀랍게 여겨 이르되 이 사람은 배우지 아니하였거늘 어떻게
글을 아느냐 하니 16 예수께서 대답하여 이르시되 내 교훈은 내 것이 아니
요 나를 보내신 이의 것이니라 17 사람이 하나님의 뜻을 행하려 하면 이
교훈이 하나님께로부터 왔는지 내가 스스로 말함인지 알리라 18 스스로
말하는 자는 자기 영광만 구하되 보내신 이의 영광을 구하는 자는 참되니
그 속에 불의가 없느니라 19 모세가 너희에게 율법을 주지 아니하였느냐
너희 중에 율법을 지키는 자가 없도다 너희가 어찌하여 나를 죽이려 하느
냐 20 무리가 대답하되 당신은 귀신이 들렸도다 누가 당신을 죽이려 하나
이까 21 예수께서 대답하여 이르시되 내가 한 가지 일을 행하매 너희가 다
이로 말미암아 이상히 여기는도다 22 모세가 너희에게 할례를 행했으니
(그러나 할례는 모세에게서 난 것이 아니요 조상들에게서 난 것이라) 그러
므로 너희가 안식일에도 사람에게 할례를 행하느니라 23 모세의 율법을
범하지 아니하려고 사람이 안식일에도 할례를 받는 일이 있거든 내가 안
식일에 사람의 전신을 건전하게 한 것으로 너희가 내게 노여워하느냐 24
외모로 판단하지 말고 공의롭게 판단하라 하시니라 25 예루살렘 사람 중
에서 어떤 사람이 말하되 이는 그들이 죽이고자 하는 그 사람이 아니냐 26
보라 드러나게 말하되 그들이 아무 말도 아니하는도다 당국자들은 이 사
람을 참으로 그리스도인 줄 알았는가 27 그러나 우리는 이 사람이 어디서
왔는지 아노라 그리스도께서 오실 때에는 어디서 오시는지 아는 자가 없
으리라 하는지라 28 예수께서 성전에서 가르치시며 외쳐 이르시되 너희가
나를 알고 내가 어디서 온 것도 알거니와 내가 스스로 온 것이 아니니라
나를 보내신 이는 참되시니 너희는 그를 알지 못하나 29 나는 아노니 이는
내가 그에게서 났고 그가 나를 보내셨음이라 하시니 30 그들이 예수를 잡
고자 하나 손을 대는 자가 없으니 이는 그의 때가 아직 이르지 아니하였음
이러라 31 무리 중의 많은 사람이 예수를 믿고 말하되 그리스도께서 오실
지라도 그 행하실 표적이 이 사람이 행한 것보다 더 많으랴 하니 32 예수
에 대하여 무리가 수군거리는 것이 바리새인들에게 들린지라 대제사장들
과 바리새인들이 그를 잡으려고 아랫사람들을 보내니 33 예수께서 이르시
되 내가 너희와 함께 조금 더 있다가 나를 보내신 이에게로 돌아가겠노라
34 너희가 나를 찾아도 만나지 못할 터이요 나 있는 곳에 오지도 못하리라
하시니 35 이에 유대인들이 서로 묻되 이 사람이 어디로 가기에 우리가 그

를 만나지 못하리요 헬라인 중에 흩어져 사는 자들에게로 가서 헬라인을
가르칠 터인가 36 나를 찾아도 만나지 못할 터이요 나 있는 곳에 오지도
못하리라 한 이 말이 무슨 말이냐 하니라 37 명절 끝날 곧 큰 날에 예수께
서 서서 외쳐 이르시되 누구든지 목마르거든 내게로 와서 마시라 38 나를
믿는 자는 성경에 이름과 같이 그 배에서 생수의 강이 흘러나오리라 하시
니 39 이는 그를 믿는 자들이 받을 성령을 가리켜 말씀하신 것이라 (예수
께서 아직 영광을 받지 않으셨으므로 성령이 아직 그들에게 계시지 아니
하시더라) 40 이 말씀을 들은 무리 중에서 어떤 사람은 이 사람이 참으로
그 선지자라 하며 41 어떤 사람은 그리스도라 하며 어떤 이들은 그리스도
가 어찌 갈릴리에서 나오겠느냐 42 성경에 이르기를 그리스도는 다윗의
씨로 또 다윗이 살던 마을 베들레헴에서 나오리라 하지 아니하였느냐 하
며 43 예수로 말미암아 무리 중에서 쟁론이 되니 44 그 중에는 그를 잡고
자 하는 자들도 있으나 손을 대는 자가 없었더라 45 하속들이 대제사장들
과 바리새인들에게로 오니 저희가 묻되 어찌하여 잡아오지 아니하였느냐
46 하속들이 대답하되 그 사람의 말하는 것처럼 말한 사람은 이 때까지
없었나이다 하니 47 바리새인들이 대답하되 너희도 미혹되었느냐 48 당
국자들이나 바리새인 중에 그를 믿는 이가 있느냐 49 율법을 알지 못하는
이 무리는 저주를 받은 자로다 50 그 중에 한 사람 곧 전에 예수께 왔던
니고데모가 저희에게 말하되 51 우리 율법은 사람의 말을 듣고 그 행한 것
을 알기 전에 판결하느냐 52 저희가 대답하여 가로되 너도 갈릴리에서 왔
느냐 상고하여 보라 갈릴리에서는 선지자가 나지 못하느니라 하였더라.

요한복음은 크게 나눌 때에 1장부터 12장까지를 '표적의 책'(the Book of Signs)으로, 13장부터 21장까지를 '영광의 책'(the Book of Glory)으로 구분될 수 있다. 전반부인 '표적의 책' 가운데 요한복음 5장에서 10장까지 요한은 유대인들의 주요 종교-신앙적 관습과 절기를 통해 예수의 정체성을 상징적으로 드러내고 있다.

5장은 안식일에 38년 된 병자를 치유해 주시는 예수를 보게 된다. 이는 하나님의 대리자로서 안식일에도 일하심으로써 이 세상의 사람들에게 참 안

식을 베푸시는 예수의 이미지를 보여준다. 6장은 유월절의 배경 속에 예수께서 오병이어의 표적을 베푸신다. 이는 그 옛날 유대인의 조상이 광야 길에 하늘로부터 내려온 양식을 먹고 생명을 얻었듯이, 이제 새 이스라엘의 백성도 하늘에서 내려온 참 양식이신 예수의 살과 피를 먹고 마심으로 그들이 생명을 얻게 됨을 보여준다. 생명을 얻고자 하는 자는 예수께서 하나님의 아들로 이 땅에 내려오신 분임을 믿어야 할 것을 의미하는 것이다. 7장-9장은 초막절에 물(7장)과 빛(8-9장)을 통한 절기 행사의 예식 가운데 말씀을 선포하시는 예수의 의도적 메시지가 나타난다. 이는 물과 빛의 이미지를 통해 예수의 현재와 장래 사역의 초점이 죽어가는 영혼들을 다시 불러일으키는 생명에 있음을 6장에 이어 다시 한번 드러내는 것이다.

이 같은 일련의 요한복음 사건들을 읽는 독자들은 사건들 속에서 점진되는 갈등을 통해 제 삼자의 입장에서 예수의 정체성을 파악할 수 있게 된다. 예수는 이런 점에서 유대인들 특히 종교 지도자들로부터 점진적인 오해를 불러일으키는 장본인으로 비춰진다(요 5:16; 6:41-42, 52; 7:20, 43-44). 그러나 유대인들이 예수를 오해하게 되는 것은 예수의 인격이나 사역에 문제가 있었던 것이 아니라 오히려 그들 심령 속에 "하나님을 사랑하는 것"(요 5:42)이 없었기 때문이었다. 이것은 또한 모세와 그의 율법도 제대로 파악하지 못한 결과였다(요 5:46-47). 여기에 요한복음의 역설적 메시지가 깊게 깔려있다. 모세와 하나님을 누구보다 사랑하고 있다고 자부했던 유대인들에게 예수의 이 같은 경고와 책망은 더욱 골이 깊어지는 갈등 속으로 치닫게 될 뿐이다.

우리의 본문인 요한복음 7장은 (1) 예수와 그의 형제들과의 대화(1-9절)와 (2) 예수와 유대인들과의 논쟁적 대화(10-36절)에 이은 (3) 예수의 짧은 선포(37-39절)와 이에 따른 (4) 백성들의 반응과 유대 종교 지도자들의 거부(40-52절)로 크게 네 단락으로 구분이 된다. 그러나 필자는 이 본문을 초막절이라는 유대 절기의 시간적 흐름에 따라 크게 세 단락(1-13절; 14-36절; 37-52절)으로 분류하고자 한다.[1]

7장에서 나타나는 주요 인물들로는 예수와 그의 형제들, 유대인들(종교 지도자들로서 대제사장들과 바리새인들)과 이들에 속한 성전 관리인들, 무리들, 그리고 니고데모가 언급되고 있으며, 지리적 공간은 갈릴리와 예루살렘 특히 성전에 집중되어 있음을 관찰할 수 있다.

"유대인의 명절인 초막절이 가까운지라"(1–13절)

요한복음 6장에 따르면 예수께서는 유월절에 즈음하여(6:4) 갈릴리 바다 건너편 가버나움에 도착하였고(6:16-17, 24), 전날에 행하신 오병이어 표적에 따른 강론을 그의 제자들과 무리들에게 전하였다. 7장 1절에서 말하는 "이후에"는 바로 유월절에 행했던 표적과 강론 이후를 언급하는 듯 하다. 한편 요한복음 7장은 몇 가지 점에서 5장과 유비적으로 볼 수 있는 문맥들이 있는데, 이럴 경우 "이후에"는 예루살렘에 올라가서 38년 된 병자를 안식일에 고친 일을 의미하는 것으로 간주될 여지도 없지 않다. 하지만 1절에서 분명한 것은 예수께서 이전보다 더욱 의식적으로 유대인들에 의한 자신의 죽음을 염두에 두고 있다는 사실이며, 바로 이점 때문에 유월절(4월경)에 예루살렘을 방문한 후 이래로 예수께서는 계속해서 약 6개월 가량을 갈릴리에 머문 것으로 보도되고 있다. 유월절 그리고 오순절과 함께 유대인의 삼대 명절인 초막절(9~10월경)이 가까이 왔음을 2절에서 알려주고 있기 때문이다. 초막절이 다가왔다는 것은 유대 성인으로서 예수도 예루살렘을 마땅히 방문해야 될 때임을 알려주는 것이기도 하다.

예수의 동생들이 예수를 향해 유대(예루살렘)로 갈 것을 요청하는 것은 유대의 경건한 성인으로서의 의무를 지키라는 차원에서 보다는 예수의 표적들에 따른 메시아적 정체성을 좀 더 밝히 드러내기를 요구하는 이유에서였다. 그러나 이들의 요구는 '메시아 예수'에 대한 인정이나 고백에 의한 것이 아니라 자신들의 형인 예수가 메시아처럼 이적을 행하는 것에 반신반의하면서 오히려 예수를 시험하려고 한 불신앙적 동기가 그 배후에 깔려 있음을 보여준다: "이는 그 형제들이라도 예수를 믿지 아니함이러라"(5절). 예수의 동생들은 꽤 오랫동안(최소한 약 20년은 넘게) 예수와 함께 성장하는 가운데 한 지붕 밑에서 가까이 살며 그들의 형을 보아왔을 것이다. 바로 이 사실이 그들로 하여금 예수를 메시아로 인정하기가 더욱 어려웠을 것이다. 그들이 기대하고 대망했던 메시아와 그들이 한 집에서 함께 먹고 자면서 알고 있었던 형 예수와는 엄청난 이미지의 간격이 있었을 것이기 때문이다. 이것은 예수의 동생들이 결국 이 세상의 눈으로만 예수를 바라보았다는 말이다. 물리적인 가까움이나 축복이 항상 영적 가까움이나 축복을 의미하는 것이 아님을 깨닫게 해 준다.

갈릴리를 떠나 유대로 향할 것을 요구하는 동생들의 제안에 예수께서는 "자신의 때"와 "너희의 때"를 그리고 "세상"과 "자신"을 구분함으로써 자신의 동생들이 아직까지 "세상에 속해 있음"을 밝히고 있다. 여기서 언급되고 있는 "예수의 때(ὁ ἐμὸς καιλός)"는 요한복음 전체의 문맥 상 자신을 이 세상에 보내신 하나님의 계획과 뜻이 온전히 드러나는 때를 의미한다. 즉 이 때는 바로 예루살렘에서 십자가에 들림 받아(being lifted up) 죽으시는 때(요 7:30; 8:20; 12:27)요, 하나님의 아들로서 하나님의 영광을 드러내는 부활의 때(요 12:23; 13:31-32; 17:1-5)요, 다시 보냄 받은 하늘에 계신 하나님께로 올라가는(요 20:17; 참조 "세상을 떠나 아버지께로 돌아가실 때" - 요 13:1) 때이다. 이런 점에서 "너희[예수의 동생들]는 명절[초막절]에 올라가라 나는 내[예수] 때가 아직 차지 못하였으니 이 명절에 아직 올라가지 아니하노라"(8절)는 말씀에서 두 번 사용되는 "올라가다"(ἀναβαίνω)라는 동사는 이중적 의미를 가지고 있는 것으로 해석될 필요가 있다. 전자가 갈릴리에서 예루살렘으로 올라가는 문자적인 의미라면, 후자는 이 땅에서 하늘로 올라가야 하는 비유적 의미(요 3:13; 6:62; 20:17 참조)라는 뜻이다.[2] 따라서 "그 형제들이 명절에 올라간 후 자기[예수]도 올라가시되"(10절)는 9절의 이중적이고 심층적인 신학적 관점으로 조망해 볼 때 모순되는 것으로 볼 이유가 없다. 뿐만 아니라 예수께서 예루살렘을 향해 올라가시는 모습("나타내지[φανερῶς] 않고 비밀히 하시니라" - 10절)은 그의 동생들의 요구("스스로 나타나기[φανέρωσον]를 구하면서 묻혀서["비밀히"의 10절과 같은 헬라어 ἐν κρυπτῷ임] 일하는 사람이 없나니…자신을 세상에 나타내소서 - 4절)와 정반대되는 것임을 본문이 보여주고 있다.

일주일간 진행되는 초막절 명절에 예루살렘으로 올라 온 많은 유대인들은 예수의 방문을 또한 기대하며 그를 찾고 있는 모습을 볼 수 있다(11절). 이들은 크게 긍정과 부정의 두 편으로 나뉘어 예수를 평가하고 있었지만, 설사 예수에 대해 긍정적 견해(ἀγαθός로 묘사된 "좋은 사람")를 가진 유대인들이라 할지라도 그들이 예수를 하나님의 아들 메시아로 인정했다는 것은 아니다. 더군다나 그들은 종교-사회적 권세를 누렸던 유대 지도자들을 두려워하였던 무리들이었다(13절). 이처럼 유대의 일반 군중이나 지도자들은 비록 모세의 율법을 따라 명절 절기를 지키기 위해 성전에 올라와 희생 제사를 드리며 자신을 하나님께 헌신코자 했을지라도 이들의 종교적 동기와 행위는 이미 맥 빠진 겉치레의 율법주의적 예식에 불과한 것으로 암시되고 있다. 하나님을 만나고 하나님께 예배 드리기 위해 예루살렘에 올라온 유대인들과 하나님의 집인 성전에서 녹을 먹고 그 성전을 지키는 종교 지도자들이, 하나님으로부터 보내심을 입고 이 땅에 오신 하나님의 아들 예수 그리스도를 한편으론 의심하고 질문하며(7:3-5, 12, 30-31, 40-44, 45-59), 또 한편으론 거부하고 배척하며 죽이기로 모의하는(7:19, 20, 25, 30, 44 참조) 아이러니가 본문 속에 여기저기 깔려있는 것이다.

"이미 명절의 중간이 되어"(14-36절)

본문은 독자들에게 초막절 주간이 이미 시작되어 중간 즈음에 도달한 것을 말해준다. 그리고 결단한 듯 보이는 예수께서 예루살렘을 향해 올라가는 모습을 보도해 주고 있다. 예수의 의도는 이번 초막절에 예루살렘 성전에서 말씀을 강론하기 위함이었다(14절). 따라서 독자들은 예수의 강론에 따른 유대인들과의 긴장과 갈등을 어느 정도 예견해 볼 수 있다. 초막절에서 행한 예수의 가르침에 대한 유대인들의 반응은 예수께 향한 권세 내지 권한에 대한 의구심으로부터 출발한다. "유대인들이 기이히 여겨 가로되 이 사람[예수]은 배우지 아니하였거늘 어떻게 글을 아느냐"(15절). 이것은 예수께서 그 당시 율법을 가르치고 배우는 랍비 전통의 어떤 인맥에도 관계하지 않았음을 의미한다. 이는 예수께서 인간이 만든 율법 교육 기관이나 전통으로부터 하나님의 말씀인 토라를 정식으로 배운 적이 없었음을 말한다. 이에 대한 예수의 답변은 그들의 질문에 대해서 한편으론 인정하면서(즉 사람들로부터 배우지 않았음), 또 다른 한편으론 그들이 더욱 황당하게 여길 수 있는 선언으로 대신한다. 한 마디로 예수의 랍비 스승은 결코 인간이 아닌 하나님 자신이라는 것이다. 마치 인간의 스승과 충실한 제자의 가르침이 동일한 것처럼, 지금 예수의 가르침은 자신의 것이 아닌 자기를 보내신 하나님의 가르침이라는 증거이다.

훌륭한 랍비는 토라 연구를 통해 하나님의 가르침을 잘 드러내고 또 그것을 잘 전수시키는 일에 책임을 다하는 자이다. 그런데 지금 예수께서 하나님의 가르침을 하나님으로부터 직접 배우고 전수받아 이 진리를 이 땅에서 전하고 계신 것이다. 랍비들과 유대인들이 그렇게도 갈망하던 그 가르침을 말이다. 그렇다면 유대인들이 이런 예수를 알아보지 못한다는 것은 무엇을 의미하는가? 모세를 알고 율법을 배웠다고 하지만 실상 이들 유대인들은 모세도 잘 모르고(요 5:46-47) 율법도 잘 모르는 것을 드러낼 뿐임을 말한다. 따라서 예수께서는 이들로부터 율법의 의미가 제대로 실천되는 것을 기대할 수 없었다. 오히려 하나님의 영광을 드러내고자 하는 자신을 증오하고 거부하는 유대인들은 이제 예수를 죽이려고 하는 음모까지 품게 된다(19절; 요 5:18 참조). 예수에 대한 이런 갈등의 첨예한 대립은 일반 유대인들보다는 이들을 대표하고 가르치는 소수의 유대 지도자들(32절 참조)이었다. 따라서 예수의 날카로운 질문(19절 하반절)에 대해 유대 무리들은 당황했을 뿐 아니라 예수가 정상적이지 못한 상태에 있는 것이 아닌가 하고 의심까지 하게 되었다(요 8:48, 52; 10:20-22).

21절에서 이어지는 예수의 답변을 통해 독자들은 요한복음 5장의 38년 된 병자를 안식일에 치유하셨던 예수의 표적("한 가지 일을 행하매" – 21절)에 대한 예수 자신의 해석(22-24절)을 읽게 된다. 유대인들은 어린 남자 아이가 태어나 8일째 되는 날 그 아기에게 모세의 계명을 따라 할례를 행하는데, 이 날이 안식일에 해당될 때에도 할례만큼은 하나님의 뜻에 따른 거룩한 순종

(노동)으로 여기고 그 일을 거행했던 것이다(22절). 그렇다면 하나님의 뜻에 온전히 순종함으로 보냄을 받고 이 땅에 오신 예수께서, 몸의 일부가 아닌 전신을 하나님께 회복시킴으로 그 병자에게 참 안식(구원)을 주고자 행했던 그 거룩한 노동을 왜 할례 받은 유대인 너희들이 부정하게 판단하느냐고 하는 질타이다(23절). 이것은 유대인들이 할례와 안식일의 참 의미를 오해했을 뿐 아니라, 지금 자신들과 함께 대화하고 있는 예수께서 누구신지를 제대로 파악하지 못하고 있기 때문이다. 처음부터 예수께서 누구신지를 알지 못하는 자들은 예수의 말을 듣고 행위를 볼수록 그를 더욱 더 오해하고 또 더욱 더 거부할 수밖에 없다.

성전 안팎에서 예수를 보게 된 유대인들은 예수의 담대한 가르침에 놀라면서 예루살렘 종교 지도자들이 그를 그저 방치해 놓는 것에 대해 못마땅함을 피력하고 있다(25-26절). 이들이 예수를 그리스도로 볼 수 없었던 이유는 자신들이 너무나 분명하게 예수가 요셉과 마리아의 아들이요 또 나사렛에서 성장하며 자란 것을 알고 있었기 때문이었다. 그 당시 유대인들은 하나님께서 보내시는 메시아가 매우 신비롭고 모호한 방식으로 이 땅에 구원자로 임할 것이라는 메시아 이미지가 만연하였다. 그렇기 때문에 예수의 기원과 출처를 알고 있다고 생각했던 그들에게 예수는 결코 메시아로 간주될 수 없었던 것이다. 이런 점에서 본문은 독자들에게 기가 막힌 아이러니(역설)를 통해 예수께서 참 메시아가 되심을 반증하고 있는 셈이다. 예수를 잘 알고 있다("우리는 이 사람이 어디서 왔는지 아노라" -27절)고 생각했던 유대인들은 실제에 있어 끊임없는 오해와 무지로 예수께서 누구신지를 모르고 있다. 그럼으로써 자신들의 말("그리스도께서 오실 때에는 어디서 오시는지 아는 자가 없으리라" -27절)처럼 예수께서는 그들이 대망하던 신비로운 이미지의 메시아로 드러나고 있다.

한편, 계속되는 답변에 있어 예수는 일단 유대인들이 자신을 요셉과 마리아의 아들로 나사렛 출신임을 알고 있는 이 세상의 사실에 대해 부인하지는 않으셨다(28절 상반절). 그러나 이 세상의 관점으로만은 충분하지 못하다는 것이 문제이다. 왜냐하면 "육신"으로서의 예수는 "하늘의 로고스"로부터 기원한 육신이기 때문이다(요 1:1-3, 14). 예수께서는 자신의 기원과 정체성이 하나님("내[예수]를 보내신 이" - 28절)으로부터 말미암은 것임을 밝히고 계신다(28-29절). 따라서 유대인들이 예수가 누구신지를 모르는 것은 예수뿐 아니라 그를 보내신 하나님도 모르는 것을 드러낼 뿐이다. 반면에 예수는 하나님을 (인간의 교육을 통함이 아닌) 직접적인 관계로서("내가 그에게서 났고 그가 나를 보내셨음" - 29절) 하나님이 누구신지를 명료하게 알고 계신 이 땅에 유일한 자이시다(요 14:6-7 참조).

성전을 중심으로(14절, 28절) 가르치신 예수의 말씀은 담대함과 권세가 있었다. 하지만 예루살렘에 모였던 유대인들이 이것을 깨닫고 소화하기에는 역부족이었다. 그들이 배워왔고 관습적으로 알고 행했던 가르침과는 질적 차이의 간격이 있었기 때문이었다. 이런 와중에 유대인 무리들은 크게 두 부류로 나뉘게 되었다(40-43절 참조). 한편은 예수를 전적으로 거부하는 자들이었고, 또 한편("무리 중 많은 사람")은 예수께서 행하신 표적들을 보고 믿고 있는 자들이었다. 전자에 해당하는 이들은 예수를 붙잡아 자신들의 종교 지도자들에게 데려가고자 시도했으나 이내 예수의 권세에 눌려 자신들의 뜻을 이루지는 못했다(30절; 43절 참조). 저자 요한은 그들이 예수를 잡지 못한 이유를 아직 "예수의 때(ἡ ὥρα αὐτοῦ)"가 오지 않았기 때문이라고 해설해 준다. 이 때는 구체적으로 예수께서 십자가에 달려 돌아가시는 때(요 8:20; 12:27 참조)를 의미하는데, 예수의 체포 당하심과 죽으심이 예수의 미리 아심과 능동적 수용(7:33; 10:17-18; 18:6-8 참조) 속에 이루어지는 하나님의 섭리의 때임을 6절에 이어 다시 한번 암시하고 있다. 초막절 주간 중간 이후로부터 예수에 대한 여러 말들이 예루살렘에 모인 많은 유대인들의 입으로부터 오르내리자 유대 공회원들과 종교 지도자들이 성전 관리인들을 시켜 예수를 붙잡으려고 하였다(32, 45절).

그러나 예수께서는 권세와 담대함 가운데 자신이 하나님 아버지께로 돌아갈 때(십자가에 죽으실 때)가 아직 이르지 않았음을 밝히는(33절) 동시에 자신이 하나님 아버지께로 돌아갈 때에는 이 세상의 사람들이 결코 따라올 수 없는 곳으로 떠나시는 것임을 증거하고 있다(34절). 다시 한번 자신의 죽으심에 대한 예수의 주체적이고 능동적 태도를 볼 수 있다. 또한 예수께서는 자신의 죽음을 슬픔이나 실패로 보지 않고, 오히려 영광과 성취로 해석함으로써 이 인간 세상을 떠나 본래의 '고향 하늘'로 다시 돌아가는 것으로 본다. 이에 대한 유대인들의 반응은 또 하나의 무지와 오해를 낳을 뿐이다(36절). "나[예수]를 찾아도 만나지 못할 터이요 나[예수] 있는 곳에 오지도 못하리라"(34절)는 말씀에 이들은 예수께서 팔레스타인을 떠나 헬라 이방 세계로 나가 그들을 가르치려는 행보로 짐작할 뿐이었다(35절).

"명절 끝날 곧 큰 날에"(37-52절)

우리의 본문은 이제 초막절에 예루살렘 성전에서 가르치신 예수 사역의 의미를 최고조로 묘사해 주고 있다. 이것은 초막절 행사의 마지막 끝 날,[3] 가장 중요한 날에 예수께서 그 곳에 모인 사람들 앞에 서서 큰 권세를 가지고 선포하신 말씀에서도 나타난다. "누구든지 목마르거든 내게로 와서 마시라 나를 믿는 자는 성경에 이름과 같이 그 배에서 생수의 강이 흘러나리라"(37-38절).[4] 예수의 이 선언을 파악하기 위해서는 그 당시 행해졌던 초막절의 절기 기념 행사를 고려해야 한다. 이 절기가 시작되는 첫째 날부터 여섯째 날까지 제사장들이 앞장을 서고 성전에 올라온 유대인들도 동참하여 행렬을 이루어 하루에 한번씩 실로암 연못에서 떠온 물을 길어다가 성전의 제단에 부으면서, 한편으론 과거 자기 조상들에게 출애굽의 광야 길에서도 물(생명)을 공급하신 하나님께 감사 드리고(민 20:8-10 참조) 또 다른 한편으론 장래 추수 때에 내려주실 풍족한 비를 간구하는 예식을 행했던 것이다. 반면에 일곱째 날이 되면 이와 같은 행렬을 일곱 번 연속적으로 행하였다. 그리고 이런 예식 중에 이들은 이사야 3장 3절 "그러므로 너희가 기쁨으로 구원의 우물들에서 물을 길으리로다"와 시편 113-118편의 찬송을 드리면서 하나님께 감사와 소망의 기도를 올렸던 것이다. 그리고 모든 예식이 끝나고 난 다음 날("명절 끝날 곧 큰 날")에는 안식일처럼 일체의 노동을 금하고 온 회중들과 함께 성회로 모여 하나님께 희생 제물을 드림으로 절기의 마지막을 마무리

하였다(레 23:34-36 참조). 말하자면 이 날에는 지난 일주일 동안 날마다 성전 제단에 물 붓는 예식도 거행하지 않는 날이었다.

바로 이날 예수께서는 성전에 모인 회중들을 향해 "누구든지 목마르거든 내게로 와서 마시라"(37절)고 외쳤던 것이다. 그리고 자신을 하나님께서 보낸 메시아로 믿는 자들에게는 성경을 통해 약속했던 "생수의 강들"(헬라어 포타모이로 복수형임)이 그 배에서 흘러나오게 될 것을 약속하고 계신 것이다(38절). 여기서 성경에 약속되었던 것은 구약성경의 어떤 특정한 한 본문보다는 구약성경의 상호 관련된 본문들로 이해된다(요 2:22; 7:42; 10:35; 19:28 참조). 이런 점에서 이 본문의 배경에는 기본적으로 유대 조상들이 출애굽 광야 40년 기간 동안에 모세를 통해 하나님께로부터 공급받은 물(생명)을 언급하는 본문들을 고려할 필요가 있다(출 17:1-7; 민 20:1-13; 시 78:15-16; 105:39-42; 사 43:19-20; 48:21; 고전 10:1-4 참조). 그러나 이 문맥과 관련된 구약성경의 더욱 구체적인 본문은 스가랴 14장 8-21절("그 날에 생수가 예루살렘에서 솟아나서 절반은 동해로, 절반은 서해로 흐를 것이라 여름에도 겨울에도 그러하리라[8절]…예루살렘을 치러 왔던 열국 중에 남은 자가 해마다 올라와서 그 왕 만군의 여호와께 숭배하며 초막절을 지킬 것이라"[16절])과 에스겔 47장 1-12절("이 강물이 이르는 곳마다 번성하는 모든 생물이 살고 또 고기가 심히 많으리니 이 물이 흘러 들어가므로 바닷물이 소성함을 얻겠고 이 강이 이르는 각처에 모든 것이 살 것이며"[9절])이다. 예루살렘 성전에서부터 흘러나오는 물에 의해 이스라엘뿐 아니라 이 물이 미치는 각처의 생물과 사람들이 다시 소생하게 되는 생명 회복에 대한 약속이 지금 초막절에 예루살렘 성전에 서서 말씀하고 계시는 예수에 의해 종말론적으로 성취되고 있는 것이다. 이런 점에서 예수는 옛 성전을 대체하는 새 성전의 이미지(요 2:19-21)를 품고 있으며, 또한 생명으로 상징되는 "생수"(요 4:10-14) 내지 "생수의 강들"(38절)을 부어주시는 분으로 묘사되고 있다.[5]

초막절 끝날에 드라마틱하게 선언하신 예수의 말씀에 대한 저자 요한의 해설은 독자들에게 또 하나의 심오한 신학적 주제를 안겨준다. 예수를 믿는 자의 배에서 흘러 넘칠 "생수의 강들"은 장차 십자가에 달리셔서(being lifted up) 죽으시고 부활하심으로 하나님께 영광을 받으실 예수께서 부어주시는 '진리와 생명의 충만한 성령'(39절; 요 15:26; 16:7; 20:22 참조)임을 설명해 주고 있기 때문이다(사 44:3 참조). 종말론적 새 시대에 따른 구속사의 점진적 계시의 관점에서 예수의 십자가-부활의 영광 사건이 이르기 전까지 성령은 예수 그리스도와 독점적인 관계에 있음을 암시 받는다(요 3:34 참조). 물론 구약시대에도 성령의 역사하심을 체험한 인물들(예, 모세; 70/72 장로들; 오홀리압; 삼손과 같은 사사들; 사울; 다윗; 선지자들)을 우리는 제한적으로 볼 수 있다. 그러나 예수 그리스도께서 영광 받으신 후에 하나님 아버지와 아들 예수 그리스도께로부터 내려오시는 성령은 구원-역사의 종말론적 사건을 함의한 가운데 새 이스라엘 백성을 향한 약속의 성취가 이루어지는 새 언약의 성령이시다(겔 36:25-28; 37:14; 렘 31:31; 욜 2:28-29; 행 2:14-41; 고후 3:6-18). 말하자면 새 이스라엘 백성들이 받게 될 성령은 예수를 하나님께서 보내신 메시아로, 십자가에 달리신 예수께서 하나님의 아들이심을 믿는 자에게 역사하실 하나님의 영이자 동시에 그리스도의 영(롬 8:2, 9; 벧전 1:11; 갈 4:6; 빌 1:19; 행 16:7)으로서의 성령이시다. 따라서 오실 성령께서는 예수의 영광을 나타내고 예수의 것을 가지고 그것을 알리는 사역에 초점을 갖게 된다(요 16:13-14 참조).

예수의 초막절 강론을 들은 유대인 회중은 그 반응에 있어 다시 한번 양편으로 구분되었다. 어떤 이들은 선지자 또는 그리스도라고 하였지만(40-41절 전반절), 또 다른 이들은 이런 주장에 대해 전면으로 부정하였다(41절 후반절). 반대한 이들은 자신들의 주장이 옳음을 나름대로 성경에 호소하고 있는 것을 보게 된다(42절). 이들의 성경 지식에 따른 호소가 옳았다 할지라도(요한복음에서 묘사된 예수는 갈릴리 출신으로만 보도되고 있는 듯 하다; 그러나 예수는 실제로 베들레헴 출신의 다윗의 후손인 요셉의 아들이었다!) 이들은 성경의 더 광범위하고도 중요한 메시아적 메시지가 예수께 성취되고 있는 것을 인정하지 않았다. 즉 예수의 사역에서 나타나는 표적들이야말로 예수께서 참 하나님의 아들이요 메시아임을 너무 명백하게 보여주고 있음에도 이것을 깨닫고 수용할 수 있는 마음의 눈이 열리지 못했다. 따라서 이들이 예수를 메시아로 거부하고 있는 것은 성경에 따른 이유가 아니라, 결국은 이들의 무지와 교만 때문이었다.

메시아를 깨닫지 못하는 무지와 교만은 일반 유대인 회중보다 그들의 지도자인 대제사장들과 바리새인들에게서 더욱 드러나고 있다. 이들은 예수를 붙잡아오라는 임무를 주었음에도 그 일을 제대로 수행하지 못한 자신들 수하에 있는 성전 관리인들을 나무라고 있다(45절). 하지만 성전 관리인들은 예수의 가르침 속에서 그가 범상치 않음을 깨닫고 예수를 붙잡아 올 수 없었다고 증거하고 있다(46절). 지도자 바리새인들의 반응은 더욱 단호했다. 종교 지도자들은 예수를 메시아로 인정하지 않고 있다는 사실로 자신들의 판단과 주장이 옳음을 입증하면서, 예수에 대해 긍정적이고 호감을 갖고 있는 일반 대중을 향해 그들이 율법 교육을 제대로 받지 못한 것에 기인한 것임을 주장하고 있다. 유대 종교 지도자들은 더 나아가 이 같은 무리들이 하나님께로부터 저주를 받게 될 것이라고 심한 비난의 욕설을 아끼지 않았다(49절).

우리는 이 문맥에서도 저자 요한이 독자들에게 보여주고자 하는 아이러니를 발견할 수 있다. 이것은 바로 반전의 역설이다. 말하자면 하나님께로부터 저주 받게 될 것을 경고하는 유대 지도자들 자신들이 바로 하나님께로부터 이미 멀리 떨어져 있음으로 자신들이 바로 하나님의 심판을 받게 될 것을 예견해 주고 있다. 그러나 유대 종교 지도자들에게 소망이 전혀 없는 것은 아니다. 이들 중 니고데모라 하는 사람은 율법을 따라 예수를 좀 더 신중하게 처리할 것을 제안하고 있음을 알 수 있다(50-51절). 이 사람 니고데모는 요한복음 3장 1절에 언급되었던 자로 밤중에 예수를 찾아와 존경을 표하며 문의를 했었던 사람이다. 어쨌든 산헤드린 공회원들을 중심으로 한 유대 종교 지도자들은 그 안의 내부인이 볼 때에도 율법적(성경적)으로 바르게 해결하는데 신실하지 못했음을 보여준다(51절). 이에 대해 유대 지도자들은 성전 관리인들에게 다그쳤던 것처럼 니고데모를 나무라면서 "갈릴리에선 선지자가 나오지 못한다"(52절)고 했던 동일한 논리로 니고데모의 제안도 일축시켜 버린다. 유대 지도자들은 토라에 비춰서도 이미 그들의 분별력과 신중함이 상실되었음을 그들의 상호 대화 속에서 보여주고 있는 셈이다. 한편 니고데모는 이 일로 자신이 속한 지도자 공동체에서 점점 더 멀어지게 된 것으로 추정된다. 그는 결국 십자가에서 돌아가신 예수의 시신을 아리마대 사람 요셉과 함께 돌보며 예수를 무덤에 안치하는 믿음과 담대함에 이르기까지 나아가게 된 것을 볼 수 있다(요 19:39-40). 이처럼 참 신앙은 어두움(밤)과 비겁함보다는 밝음(낮)과 담대함에 속한 것이며, 예수 그리스도를 향한 진정한 신앙은 결단과 함께 행동으로 나타나는 삶이 따라오게 되는 것을 보여준다.

요한복음 7장은 오늘의 독자들에게도 예수께서 누구신가에 대한 계속적 물음과 깨달음이 얼마나 중요한 것임을 일깨워준다. 이것은 열심히 사역하는 것도 중요하지만 우리 믿음의 도리이며 모범이 되시는 예수 그리스도 그 분을 성령의 도우심 가운데 날마다 더 알아나감으로 그 속에서 깊은 인격적 관계가 더욱 친밀해지고 두터워져야 하는 일에 우리 모두가 우선해야 함을 말한다. 교회의 주요 절기와 예배의 중심 되시는 예수 그리스도의 인격과 사역의 참 의미를 오늘의 우리 목회자들과 성도들은 새삼 묻고 또 물어야 한다. 예수의 사역은 자신의 뜻을 행함이나 자신의 목적 성취가 아닌, 자신을 이 땅에 보내신 하나님 아버지의 뜻을 헤아리고 그것을 이루는 삶이었음에 주목할 필요가 있다. 이것은 자신의 성육신과 십자가의 죽으심을 통해 자기에게 주어진 모든 영혼들을 아버지께로 인도하시고자 하는("생명") 예수의 열심 있는 삶이었다. 오늘의 목회자와 성도들이 예수의 죽기까지 낮아지신 그 인격과 삶을 사역의 현장과 일상 생활 속에서 날마다 더욱 새롭게 그리고 구체적으로 바라보아야 할 이유(빌 2:5-11 참조)가 여기에 있다. 우리 믿음의 주가 되시고 또한 우리 삶의 모범이 되신 예수 그리스도께서 어떤 분이신지를 자주자주 묵상해야 될 이유(히 12:1-2 참조)가 여기 있다.

CHAPTER 6

오순절 성령강림과 베드로의 설교

(사도행전 2장 1-47절)

1 오순절 날이 이미 이르매 그들이 다같이 한 곳에 모였더니 2 홀연히 하
늘로부터 급하고 강한 바람 같은 소리가 있어 그들이 앉은 온 집에 가득하
며 3 마치 불의 혀처럼 갈라지는 것들이 그들에게 보여 각 사람 위에 하나
씩 임하여 있더니 4 그들이 다 성령의 충만함을 받고 성령이 말하게 하심
을 따라 다른 언어들로 말하기를 시작하니라 5 그 때에 경건한 유대인들
이 천하 각국으로부터 와서 예루살렘에 머물러 있더니 6 이 소리가 나매
큰 무리가 모여 각각 자기의 방언으로 제자들이 말하는 것을 듣고 소동하
여 7 다 놀라 신기하게 여겨 이르되 보라 이 말하는 사람들이 다 갈릴리
사람이 아니냐 8 우리가 우리 각 사람이 난 곳 방언으로 듣게 되는 것이
어찌 됨이냐 9 우리는 바대인과 메대인과 엘람인과 또 메소보다미아, 유
대와 갑바도기아, 본도와 아시아, 10 브루기아와 밤빌리아, 애굽과 및 구
레네에 가까운 리비야 여러 지방에 사는 사람들과 로마로부터 온 나그네
곧 유대인과 유대교에 들어온 사람들과 11 그레데인과 아라비아인들이라
우리가 다 우리의 각 언어로 하나님의 큰 일을 말함을 듣는도다 하고 12
다 놀라며 당황하여 서로 이르되 이 어찌 된 일이냐 하며 13 또 어떤 이들
은 조롱하여 이르되 그들이 새 술에 취하였다 하더라 14 베드로가 열한 사

도와 함께 서서 소리를 높여 이르되 유대인들과 예루살렘에 사는 모든 사
람들아 이 일을 너희로 알게 할 것이니 내 말에 귀를 기울이라 15 때가 제
삼 시니 너희 생각과 같이 이 사람들이 취한 것이 아니라 16 이는 곧 선지
자 요엘을 통하여 말씀하신 것이니 일렀으되 17 하나님이 말씀하시기를 말
세에 내가 내 영을 모든 육체에 부어 주리니 너희의 자녀들은 예언할 것이
요 너희의 젊은이들은 환상을 보고 너희의 늙은이들은 꿈을 꾸리라 18 그
때에 내가 내 영을 내 남종과 여종들에게 부어 주리니 그들이 예언할 것이
요 19 또 내가 위로 하늘에서는 기사를 아래로 땅에서는 징조를 베풀리니
곧 피와 불과 연기로다 20 주의 크고 영화로운 날이 이르기 전에 해가 변
하여 어두워지고 달이 변하여 피가 되리라 21 누구든지 주의 이름을 부르
는 자는 구원을 받으리라 하였느니라 22 이스라엘 사람들아 이 말을 들으
라 너희도 아는 바와 같이 하나님께서 나사렛 예수로 큰 권능과 기사와 표
적을 너희 가운데서 베푸사 너희 앞에서 그를 증언하셨느니라 23 그가 하
나님께서 정하신 뜻과 미리 아신 대로 내준 바 되었거늘 너희가 법 없는
자들의 손을 빌려 못 박아 죽였으나 24 하나님께서 그를 사망의 고통에서
풀어 살리셨으니 이는 그가 사망에 매여 있을 수 없었음이라 25 다윗이 그
를 가리켜 이르되 내가 항상 내 앞에 계신 주를 뵈었음이여 나로 요동하지
않게 하기 위하여 그가 내 우편에 계시도다 26 그러므로 내 마음이 기뻐하
였고 내 혀도 즐거워하였으며 육체도 희망에 거하리니 27 이는 내 영혼을
음부에 버리지 아니하시며 주의 거룩한 자로 썩음을 당하지 않게 하실 것
임이로다 28 주께서 생명의 길을 내게 보이셨으니 주 앞에서 내게 기쁨이
충만하게 하시리로다 하였으므로 29 형제들아 내가 조상 다윗에 대하여
담대히 말할 수 있노니 다윗이 죽어 장사되어 그 묘가 오늘까지 우리 중에
있도다 30 그는 선지자라 하나님이 이미 맹세하사 그 자손 중에서 한 사
람을 그 위에 앉게 하리라 하심을 알고 31 미리 본 고로 그리스도의 부활
을 말하되 그가 음부에 버림이 되지 않고 그의 육신이 썩음을 당하지 아니
하시리라 하더니 32 이 예수를 하나님이 살리신지라 우리가 다 이 일에 증
인이로다 33 하나님이 오른손으로 예수를 높이시매 그가 약속하신 성령을
아버지께 받아서 너희가 보고 듣는 이것을 부어 주셨느니라 34 다윗은 하
늘에 올라가지 못하였으나 친히 말하여 이르되 주께서 내 주에게 말씀하
시기를 35 내가 네 원수로 네 발등상이 되게 하기까지 너는 내 우편에 앉

아 있으라 하셨도다 하였으니 36 그런즉 이스라엘 온 집은 확실히 알지니
너희가 십자가에 못 박은 이 예수를 하나님이 주와 그리스도가 되게 하셨
느니라 하니라 37 그들이 이 말을 듣고 마음에 찔려 베드로와 다른 사도들
에게 물어 이르되 형제들아 우리가 어찌할꼬 하거늘 38 베드로가 이르되
너희가 회개하여 각각 예수 그리스도의 이름으로 세례를 받고 죄 사함을
받으라 그리하면 성령의 선물을 받으리니 39 이 약속은 너희와 너희 자녀
와 모든 먼 데 사람 곧 주 우리 하나님이 얼마든지 부르시는 자들에게 하
신 것이라 하고 40 또 여러 말로 확증하며 권하여 이르되 너희가 이 패역
한 세대에서 구원을 받으라 하니 41 그 말을 받은 사람들은 세례를 받으매
이 날에 신도의 수가 삼천이나 더하더라 42 그들이 사도의 가르침을 받아
서로 교제하고 떡을 떼며 오로지 기도하기를 힘쓰니라 43 사람마다 두려
워하는데 사도들로 말미암아 기사와 표적이 많이 나타나니 44 믿는 사람
이 다 함께 있어 모든 물건을 서로 통용하고 45 또 재산과 소유를 팔아 각
사람의 필요를 따라 나눠 주며 46 날마다 마음을 같이하여 성전에 모이기
를 힘쓰고 집에서 떡을 떼며 기쁨과 순전한 마음으로 음식을 먹고 47 하나
님을 찬미하며 또 온 백성에게 칭송을 받으니 주께서 구원 받는 사람을 날
마다 더하게 하시니라

사도행전 2장은 몇 가지 점에서 교회의 관심을 끌어 왔다. 이 본문은 무엇보다 오순절 성령 강림의 역사적 사건에 대한 유일한 기록이라는 점에서 성경 독자들의 가장 큰 주목을 끌었다. 뿐만 아니라 예수의 수제자요 사도들의 대표격인 베드로의 실질적인 첫 설교(행 1:16-22 참조)가 소개되어 있기도 하다. 비록 매우 요약적일지라도 우리는 또한 이 본문을 통해 초대 유대 크리스천들의 삶의 모습도 발견하게 된다. 유대인들과 구별되는 '또 하나의 신앙 공동체' 가 형성됨으로써 흔히들 말하는 (신약적) 교회가 탄생된 것이다. 이런 관심들을 목도하면서 필자는 기록자 누가의 관점을 따라 사도행전 2장을 주해하면서 베드로 설교의 메시지를 분석하고 이에 따른 효과를 관찰한 후 오늘의 적용을 간단히 제시해 보고자 한다.

주해를 위한 배경

역사적 관찰

부활하신 예수께서는 성령의 인도하심 가운데 택한 제자들을 불러 하나님 나라에 대해 가르치시면서 약 40일 동안 제자들과 함께 지내며 음식을 나누기도 하셨다(행 1:2-3; 10:41; 참조, 눅 6:12-13 참조). 그러나 승천하신 예수로 말미암아 그의 제자들은 육신의 몸을 입으셨던 과거의 예수와 이제 더 이상 교제를 나눌 수 없게 되었다. 그 후로부터 약 10일 지나서 – 즉, 유월절로부터 50일째가 되는 날 – 예루살렘에 오순절이 임하였다. 바로 이 때, 세례 요한이 증거하고(눅 3:16; 행 1:5), 예수께서 지상에 계실 때 말씀하신(눅 11:13; 12:12), 특히 부활하셔서 다시 상기시켰던 내용(눅 24:49; 행 1:4-5), 즉 "너희는 성령으로 세례를 받으리라"를 이루시는 사건이 일어난 것이다. 사실 이것은 오래 전부터 구약의 선지자들을 통하여 예언했던 그 '약속의 성령'이 임하게 된 성취의 날이기도 하다(욜 2:28-32; 사 32:15; 겔 36:27; 참조, 민 11:29). 오순절에 성령의 오심은 이 시기가 유대인들이 추수하는 절기였다는 점에서 깊은 의미가 있다(아래를 보라). 또한 비록 사도행전보다 이른 시기까지 추정할 수는 없다 할지라도, 모세가 하나님으로부터 십계명을 받은 것이 출애굽 이후 약 50일이 지났던 것으로 간주하면서 시내 산에서 율법[성령이 아닌]을 받고 언약을 갱신하였던 것(출 19:5-6, 16-25)을 기념하면서 생기게 된 하나의 종교적 예식을 유대인들이 특히 1세기 이후 이 오순절에 지켰다는 것이 랍비 문헌에 나타난다는 점도 우리에게 흥미를 준다.[1]

문학적 관찰

사도행전 2장에 나오는 성령 임하심(눅 24:49; 행 1:4-8)의 주제는 예수의 승천(눅 24:50-53; 행 1:9-11) 주제와 더불어 누가복음과 사도행전 각각의 내러티브를 이어주는 연결 주제라는 점에서 주목할 필요가 있다.[2] 또한 이 주제는 사도행전 2장에 이르기까지 누가-행전 전체 내러티브 안에서 직간접적으로 암시되고 있다(눅 3:16; 11:13; 12:12; 21:15; 24:49; 행 1:4-5). 오순절 성령 강림의 주제 자체가 누가-행전 내러티브를 기록하게 된 목적 그 자체는 결코 아니지만,[3] 하나님께서 구원하시는 계획/뜻을 보여주고 있는 누가-행전의 전체 내러티브를 이해하는데 있어 사도행전 1장 8절의 실제적 적용을 가능케 해주는 사도행전 2장은 이후의 사도행전 본문을 이해하는데 있어 결정적이다. 즉, 예수의 제자들이 성령의 충만을 받고 예수의 증인들로 나타나게 되는 일련의 사건들을 이해하게 될 뿐 아니라, 오순절 성령 강림은 예수께서 (성령을 보내심으로) 메시아와 주가 되심을 확증하는 사건도 되기 때문이다. 사도행전 2장은 세 부분으로 고려될 수 있다. 첫째는 (1) 오순절에 임한 성령과 그에 따른 유대인들의 반응을 누가가 묘사하고 있으며(1-13절), 이어서 곧 (2) 이 사건을 해석하고 적용하는 사도 베드로의 설교(14-41절)가 이어지고 난 후, (3) 이 결과로 나타나는 예루살렘의 초대 성도들에 대한 삶을 요약(42-47절)적으로 증언해 주고 있다. 초대 교회 성도들의 모습을 증거 해 주는 이 본문은 사도행전에서 틈틈이 나오는 다른 요약 구절과 함께 고려할 필요가 있다(행 6:7; 9:31; 12:24; 16:5; 19:20; 28:31; 참조, 행 4:32; 5:14; 8:1하).

신학적 관찰

지상 사역을 마친 예수께서 부활하시고 승천하신 후 이제 새로운 교제의 형식으로 자신의 제자들과 관계하며 하나님의 뜻/계획을 계시해 주신다. 여기서 새로운 교제의 형식을 가능하게 해 주는 절대적 매개체가 사도행전의 전체 문맥에서 성령으로 나타난다. 이런 면에서 사도행전은 '성령행전'이라 불릴 수 있다. 그러나 누가의 관점에서 본다면 누가-행전의 전체 메시지로서 '잃어버린 자들을 찾아 구원하기 원하시는 하나님의 뜻/계획' 을 실행하는 자는 여전히 예수 자신이시다(행 9:15; 18:9-10; 22:18, 21; 23:11; 26:14-18 참조). 즉, 누가복음(전편)에서는 지상의 예수께서 말씀과 이적, 그리고 무엇보다 자신의 인격(삶)을 통해 하나님 나라를 선포함으로써 죄 사함과 회개의 구원을 선포하였다면, 사도행전(후편)에서는 천상의 예수께서 성령을 통해 자신의 제자들과 교제함으로 인해, 제자들의 예수께 향한 – 특히 그 분의 죽으심과 부활하심 – 증거 행위, 즉 그들의 설교와 이적을 통해 하나님 나라를 선포함으로써 구원의 동일한 메시지를 증거하고 있는 것이다(행 20:21-27; 28:23, 31).

이런 면에서 사도행전은 누가복음에 이어 계속되는 '예수행전' 이다. 즉, 누가복음이 지상에서의 예수행전이라면, 사도행전은 천상에서의 예수행전인 셈이다. 이처럼 누가-행전, 특히 사도행전에서는 예수와 성령의 사역이 분리됨 없이 같은 구속사적 목적을 향해 집중되고 있는 것을 보게 된다. 예수의 제자들이 모든 족속에게 구원의 메시지를 선포하기 전에 "위로부터의 능력"인 성령[구약에서 약속된 주 하나님의 영이자, 부활-승천하셔서 그리스도와 주가 되시는 예수의 영]을 받기 위해 기다려야 했넌 이유가 여기 있으며(눅 24:44-49), 이 성령의 능력을 받은 이들이 '예수의' 증인(행 1:8)으로 불리는 이유가 여기 있다. 실제적으로 사도행전 2장은 누가의 성령론 보다도 누가의 기독론 이해에 더욱 결정적인 본문이 된다는 사실을 유의해야만 한다.

위에서 나눈 사도행전 2장의 문맥 구분을 따라 이제 각 단락들을 살펴 보도록 하자. 처음의 두 단락(2:1-13과 2:14-41)은 각각의 문맥 안에서, 다시 두 개의 소 단락(1-4절과 5-13절; 14-36절과 37-41절)으로 구분하여 고려할 필요가 있다.

오순절에 임한 성령(2:1-13)

성령 강림에 대한 묘사 (1-4절)

1 Καὶ ἐν τῷ συμπληροῦσθαι τὴν ἡμέραν τῆς πεντηκοστῆς ἦσαν πάντες ὁμοῦ ἐπὶ τὸ αὐτό.
2 καὶ ἐγένετο ἄφνω ἐκ τοῦ οὐρανοῦ ἦχος ὥσπερ φερομένης πνοῆς βιαίας καὶ ἐπλήρωσεν ὅλον τὸν οἶκον οὗ ἦσαν καθήμενοι
3 καὶ ὤφθησαν αὐτοῖς διαμεριζόμεναι γλῶσσαι ὡσεὶ πυρὸς καὶ ἐκάθισεν ἐφ᾽ ἕνα ἕκαστον αὐτῶν,

4 καὶ ἐπλήσθησαν πάντες πνεύματος ἁγίου καὶ ἤρξαντο λαλεῖν ἑτέραις γλώσσαις καθὼς τὸ πνεῦμα ἐδίδου ἀποφθέγγεσθαι αὐτοῖς.

> 오순절 날이 마침내 이르렀을 때 그들이 모두 함께 한 곳에 모여 있었다. 그때 하늘로부터 갑자기 급하고 강한 바람 같은 소리가 있었고 그들이 앉아있던 온 집을 가득 채웠다. 그리고 마치 불 같은 혀들이 갈라지는 것이 그들에게 나타나 그들 각 사람 위에 임하였다. 그러자 모두 성령의 충만함을 받고 그 영[성령]께서 그들에게 말하게 하심을 따라 그들이 다른 방언으로 말하기 시작하였다(1-4절/사역).

구약에서 맥추의 초실절(추수한 보리의 처음 것을 바치는 절기: 출 34:22상; 민 28:26)로 칠칠절(출 34:22; 신 16:10)이라고도 불렸던 이 유대인의 명절은 유월절 이후 첫 안식일로부터 7주가 지난 다음 날, 즉 50일 째 되는 날에 지키는 절기라 하여 그리스 단어 오십에 해당하는 펜테코스토스(πεντηκοστός)에서 유래하여 펜테코스테(πεντηκοστή), 즉 오순절이라고도 불렀다. 이 오순절 날이 마침내 이르렀을 때, 그리고 예수의 제자들이 모두 함께 한 곳(πάντες ὁμοῦ ἐπὶ τὸ αὐτό)에 모여 있을 때, 세례 요한(눅 1:16)뿐 아니라 하나님(눅 24:49 – "내 아버지의 약속하신 것")과 예수(눅 24:49 – "볼지어다 내가…보내리니"; 행 1:5, 8)께로부터 약속된 성령께서 강림하셨다. 말하자면 성령의 오심은 예수의 지상 사역, 특히 그의 십자가 죽으심과 부활하심이 이루어지고, 마침내 승천 하신 결과에 따른 '영적 추수'의 종말론적 결실로서(롬 8:23; 고후 1:22; 5:5; 엡 1:14 참조),[4] 하나님께서 구원역사를 성취하시기 위해 이 땅에 보내신 '천상으로부터의 종말론적 선물'(행 2:38 참조)이라 할 수 있다. 여기서 "한 곳"(ἐπὶ τὸ αὐτο, –1절)은 2절의 "집"(τὸν οἶκον)을 표현하는데, 이 집은 사도행전 1장 13절의 다락방을, "모두"(πάντες –1절)는 모든 열 두 사도뿐 아니라 사도행전 1장 15절에서 언급한 약 120명까지도 포함된 무리를 의미하는 것으로 추정된다. 성령 강림이 "하늘로부터 갑자기 급하고 강하게"(ἄφνω ἐκ τοῦ οὐρανοῦ) 그리고 "마치…같은"(ὥσπερ) 것이란 점에서 그 날에 일어난 현상이 매우 이례적이면서도 인간의 언어로 설명하기가 쉽지 않은 신비로운 계시적 사건임을 묘사해 주고 있다. "바람 같은 소리" (ἦχος ὥσπερ…πνοῆς βιαίας)와 "불 같은 혀들이 갈라지는 것"(διαμεριζόμεναι γλῶσσαι ὡσεὶ πυρὸς)으로 비유된 것은 구약의 하나님께서 역사하심 내지 현현(theophony)의 경우를 떠 올리게 해 준다(창 15:17; 출 3:2; 13:21-22; 19:16-19; 신 4:11-12, 33, 36; 겔 1:25-28; 단 7:9-14). 말하자면, 이것은 성령의 이 땅에 오심이 초월적인 신적 기원을 가지고 있는 한편, 오순절에 임하신 성령의 오심은 인간의 감각작용(들음과 봄)을 통해 명백히 인지할 수 있는 신적 현상이었음을 증거하는 셈이다. 그리고 이 성령께서 임한 대상은 다름 아닌 그 곳에 함께 모인 사람들, 즉 예수의 제자들이었다. 우리의 본문은 그 집에 모인 사람들(즉, 사도들 뿐 아니라 예수의 다른 제자들)이 모두 다 예외 없이 성령으로 충만케 되었음(ἐπλήσθησαν πάντες πνεύματος ἁγίου; 참조, 눅 1:15, 41, 67; 4:8, 31; 9:17; 13:9)[5]을 강조 하는데(1절의 "저희가 다 같이", 2절의 "온 집에 가득하며", 3절의 "각 사람 위에", 4절의 "저희가 다"), 이는 그들이 성령의 말하게 하심을 따라 "다른 방언"(ἑτέραις γλώσσαις)을 하게 됨으로써 자신들 뿐 아니라 타인들까지도 분명히 인식할 수 있었다. 여기서의 방언은 다른 나라 언어를 의미하는 것으로, 사도행전의 다른 본문들(행 10:44-46; 19:6; 참조, 민 11:25-26; 삼상 10:6, 10; 19:20, 23)뿐 아니라 고린도전서 12-14장에서 성령의 은사 중 하나로 소개되는 방언과도 차이가 나는 것으로 판단된다.

예루살렘에 모인 유대인들의 반응(5-13절)

유대 땅 팔레스타인을 중심으로 각 나라에 흩어져서 살던 경건한 유대인들이 오순절을 당하여 예년과 같이 모국 유대 땅 예루살렘 성전을 찾았다. 이들은 이 절기를 지키고자 성전을 중심으로 예루살렘 가까운 주위에 머물고 있었던 것으로 보인다. 5절에서 말하는 "천하 각국으로부터"(ἀπὸ παντὸς ἔθνους τῶν ὑπὸ τὸν οὐρανόν)라 함은 유대 땅 예루살렘을 중심으로 지중해 주위의 동서남북 대부분의 나라를 뜻하는 그 당시 유대인들의 관습적 표현일 것이다. 9-11절에 나오는 나라들은 유대-예루살렘을 중심으로 아래와 같이 배열해 볼 수 있다.

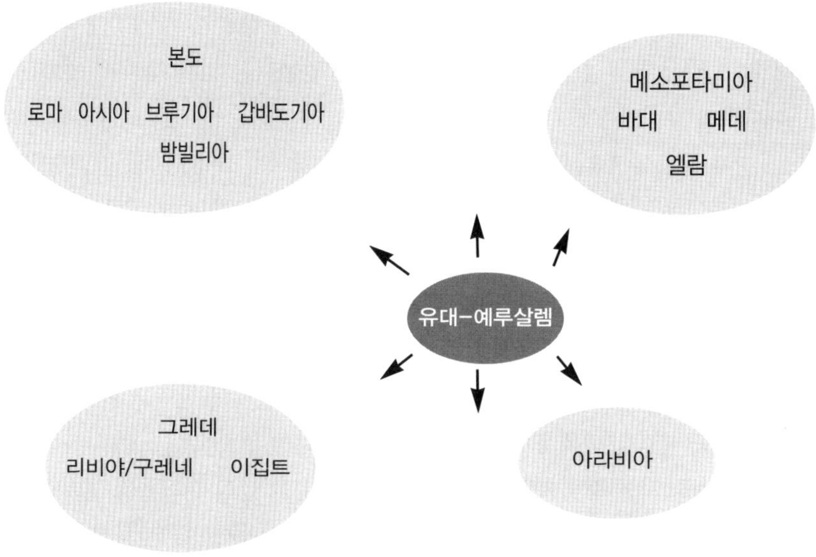

위의 나라로부터 예루살렘을 방문한 유대인들 역시 예사롭지 않은 소리를 듣고 이상히 여겨 그 소리가 나는 곳으로 모이게 되었는데, 이들은 갈릴리 출신의 엑센트를 갖고 있는 예수의 제자들(눅 22:59; 마 26:73 참조)로부터 자기들이 태어나서 살고 있는 각 나라의 언어(τῇ ἰδίᾳ διαλέκτῳ)로 각각 듣게 되는 놀라운 사건을 목도하게 되었다. 이 사건은 실로 각 나라들로부터 예루살렘에 모인 모든 유대 순례자들을 심히 당황스럽게 하지 않을 수 없었다(6절의 "소동하여", 7절 "다 놀라 기이히 여겨", 12절의 "다 놀라며 의혹하여"; 8절의 "어찌이뇨"[πῶς], 12절의 "어찐 일이냐"[τί] 등의 표현을 관찰하게 된다). 비록 그들 가운데 일부 사람들은 이 사건의 진실을 제대로 파악하지 못한 채, 혹 이 갈릴리 사람들이 술에 취하여 주정부리는 것은 아닐까 하는 생각도 하였지만, 예수의 제자들뿐 아니라 그 곳에 모인 대부분의 사람들도 이 견해에

는 동조하지 않았다. 11절에 보면 타국에서 온 유대인들이 "하나님의 큰 일"(τὰ μεγαλεῖα τοῦ θεοῦ)을 듣게 되었다고 하는데, 여기서 '하나님의 큰 일'(출 11:7 참조)이 갈릴리 사람들로부터 듣게 되는 외국 언어들 자체를 말하는지 또는 이 외국 언어를 통해 하나님의 어떤 메시지를 듣게 되었는지는 알 수 없지만, 분명한 것은 성령으로 충만케 된 이 갈릴리 출신의 예수의 제자들이 지금 하나님의 큰 일에 도구로 쓰임 받는다는 것을 그 자리에 모인 대다수의 유대인들도 부인할 수 없었다는 사실이다.

여기 본문에서 나오는 '민족들의 목록'이 창세기 10장의 셈, 함, 야벳으로 대표되는 세계 민족들의 목록과 어느 정도 비교가 가능하다고 보인다. 누가가 이것을 염두에 둔 것이라면, 이 사건은 창세기 11장 이후 인간들의 교만과 죄악으로 인한 언어들의 혼잡이 일시적으로나마 오순절의 성령 강림으로 (세계) 언어들의 하나됨의 일치를 가져옴으로써 하나님의 저주가 성령의 오심으로 인해 극적으로 역전되는 종말론적 상황을 암시한다고 볼 수 있다. 그럼에도 여기서 더욱 주목해야 할 것은 성령께서 천하 각국으로부터 온 이들에게 이적적인 방법으로 즉, 갈릴리 사람들이 그 나라 사람들의 언어를 사용하게 함으로써 그들에게 "하나님의 큰 일"을 말씀하셨다는 사실이다. 말하자면, 누가복음 24장 47절에서 표현된 "모든 족속에게"와 사도행전 1장 8절에서 언급된 "땅 끝까지"에로의 예수 증인 사역의 세계화는 무엇보다 오순절에 임하신 성령 자신에 의해 그 기초가 놓아지게 되는 것임을 보여주는 것이다.

이런 면에서 오순절에 임한 성령은 하나님 나라 잔치의 큰 일(눅 13:29 참조)을 증거하는데 있어 처음부터 유대 땅 팔레스타인을 넘어서게 하는 '선교적 영'(the missiological Spirit)으로 그려지고 있다. 아울러 성령의 충만함을 받은 제자들은 누가복음 24장 47절의 "그(예수)의 이름으로"와 사도행전 1장 8절의 "내(예수의) 증인"에서 예시한대로, 이들이 이제 다름아닌 '예수의 증인들'로 나타나게 될 것임을 강하게 시사하고 있다. 이런 문맥에서 베드로의 설교가 독자들에게 드러나고 있다.

베드로의 설교(2:14하-36, 38-39, 40하)[6]

우리는 오순절의 성령 강림 이후 놀라울 정도로 담대하게 변하는 예수의 제자들의 모습을 사도행전 2장 이후로 줄 곧 보게 된다. 2장부터 8장까지가 예수 증인으로서 베드로에게 집중되어 있다면(한편, 베드로에 대한 마지막 언급은 15장 7-11절에서도 발견된다), 9장 이후로 마지막 28장까지는 바울에게 초점을 맞추고 있음을 알 수 있다. 예수의 부활-승천 이후 이제 성령의 충만을 받은 모든 예수의 사도들을 대표하는 베드로는 복음서에서의 나약하고 배반하던 과거의 모습과 달리, 그 자리에 모인 모든 사람들 앞에서 오순절에 임한 성령의 의미를 깨달아(관찰-해석) 담대하게 소리 높여 선포하게(적용) 된다. 말하자면 예수께 향한 베드로의 증인 사역으로서 그의 첫 설교가 오순절에 행해진 것이다.[7]

베드로 설교 본문 구조[8]

제 1단락 (14하반절 – 21절)

1.1. 메시지 대상 언급: ἄνδρες Ἰουδαῖοι(“유대 사람들아”)
 귀 기울일 것을 호소: γνωστὸν ἔστω(“너희로 알게 할 것이니”)

1.2. 상황: 사람들의 오해

1.3. 성취에 대한 성경 인용과 해석 – 요엘서 2:28-32
 성령 오심에 대한 종말론적 의미와 구원/심판 선포
 복음의 우주적 성격

제 2단락 (22절 – 36절)

2.1. 메시지 대상 언급: ἄνδρες Ἰσραηλῖται(“이스라엘 사람들아”)
 귀 기울일 것을 호소: ἀκούσατε(“들으라”)

2.2 기독론적 선포
 Ἰησοῦν τὸν Ναζωραῖον(“나사렛 예수”)

ἀνήρ ("한 사람)

δυνάμις + τέρας + σημείον("권능"과 "기사"와 "표적") : 하나님께 서 증거하심

ἡ βουλὴ Θεου + ὁρίσειν ("하나님의 뜻" + "작정됨")의 우선성과 주체성

"법 없는 자들"[로마인]을 수단으로 예수를 처형시킨 유대인들 의지의 자발성

그리스도의 부활을 통해 반전되는 하나님의 구원 계획

2.3. 성취(부활)에 대한 성경 인용과 해석 – 다윗의 시편 16:8-11

2.4. 메시지 대상 언급: ἄνδρες ἀδελφοί ("형제들아" "Men, brothers")

2.5. 성취(부활)에 대한 성경 인용과 해석 – 다윗의 시편 16:10

2.6. 기독론적 선포

τοῦτον τὸν Ἰησοῦν ("이 예수를")

하나님께서 살리시고(부활) 또 높이심(승귀)

높아지신 예수께서 오순절에 임하신 성령을 오늘 부어주심

2.7. 성취(승천과 보좌에 앉으심)에 대한 성경 인용과 해석 – 다윗의 시편 110:1

2.8. 기독론적 선포

τοῦτον τὸν Ἰησοῦν ὃν ὑμεῖς ἐσταυρώσατε ("너희가 십자가에 못 박은 이 예수를")

κύριος와 χρίστος("주"와 "그리스도")

2.9. 청중들의 반응: 죄에 대한 인식

τί ποιήσωμεν, ἄνδρες ἀδελφοί("형제들아 우리가 어찌할꼬" –37절)

제 3단락 (38절–40절 하)

3.1. 회개하라: 명령 I

μετανοήσατε ("너희는 회개하라")

3.2. 죄 사함을 얻기 위한 세례를 받으라: 명령 II

βαπτισθήτω ἕκαστος ὑμῶν ἐπὶ τῷ ὀνόματι Ἰησοῦ Χριστοῦ

εἰς ἄφεσιν τῶν ἁμαρτιῶν ὑμῶν
("너희의 죄 사함을 얻기 위해 예수 그리스도의 이름으로 세례를 받으라")

3.3. 성령에 대한 약속
λήμψεσθε τὴν δωρεὰν τοῦ ἁγίου πνεύματος ("성령의 선물을 받게 될 것이다")
복음의 우주적 성격

3.4. 구원함을 얻으라 – 최종적 선언: 명령 III
σώθητε ἀπὸ τῆς γενεᾶς τῆς σκολιᾶς ταύτης ("이 패역한 세대에서 구원함을 얻으라")

구약 본문들에 대한 기독론적 해석과 적용(2:14-36)

베드로는 그의 첫 설교에서 무엇보다 유대인들이 어리벙벙해 하는 사건, 즉 각 나라의 언어대로 자신들이 들을 수 있게 된 일 또는/그리고 그 선포의 내용이 어떻게 된 것인지를 풀이해 줌으로써 오순절에 임한 성령의 의미를 해석해 준다. 여기서 베드로는 구약 본문들(칠십인 역)을 세 군데나 구체적으로 인용하면서, 예수의 구약 인용 풀이(예, 눅 24:25-27, 44)와 유사한 페셔(*pesher*)의 방식으로(16절: '이것이 바로 그것이다') 예수의 인격과 사역("이것")에 비추어서 그 본문("그것")의 진정한 의미를 밝히고 있다.[9] 베드로가 인용하는 구약 본문들은 첫째, 사도행전 2장 17-21절에서의 요엘서 3장 1-5상반절(칠십인 역/구약 요엘서 2:28-32상)이며, 둘째, 사도행전 2장 25-28절에서의 시편 15장 8-11절(칠십인 역/구약 시편 16편), 그리고 셋째, 사도행전 2장 34-35절에서의 시편 109편1절(칠십인 역/구약 시편 110편)인데,[10] 여기서 주목해야 될 것은 이 구약성경의 인용들이 모두 기독론적으로 즉, 예수께 집중되어 해석되고 적용되어진다는 사실이다. 오순절에 임한 성령으로 충만함을 받은 베드로(또는 사도행전에서 계속해서 나타나는 성령 충만한 다른 사도/제자/증인들까지도)가 예수의 증인으로 나타나고 있다는 사실과 구약성경의 본문들을 예수 중심으로 해석할 수 있는 통찰력과 권세(3장 이후로 나타나는 이적들을 포함해서)는 결코 서로 무관한 것이 아니다.

이와 함께, 14-36절에 나오는 각각의 인용들과 그에 따른 베드로의 해석은 하나의 잘 짜여진 논리적 구조로 형성되어 있다. 즉, 14-21절은 베드로 설교의 서론 구실을 하면서 갈릴리 사람들의 기이한 행동이 술 취함으로 인한 것이 아니라 성령이 이 땅에 오셔서 그들에게 임함으로, 즉 하나님께서 약속하신 성령의 오심으로 성취된 것에 기인한 것임을 밝히는 것으로 시작된다.

17 καὶ ἔσται ἐν ταῖς ἐσχάταις ἡμέραις, λέγει ὁ θεός, ἐκχεῶ ἀπὸ τοῦ πνεύματός μου ἐπὶ πᾶσαν σάρκα, καὶ προφητεύσουσιν οἱ υἱοὶ ὑμῶν καὶ αἱ θυγατέρες ὑμῶν καὶ οἱ νεανίσκοι ὑμῶν ὁράσεις ὄψονται καὶ οἱ πρεσβύτεροι ὑμῶν ἐνυπνίοις ἐνυπνιασθήσονται·
18 καί γε ἐπὶ τοὺς δούλους μου καὶ ἐπὶ τὰς δούλας μου ἐν ταῖς ἡμέραις ἐκείναις ἐκχεῶ ἀπὸ τοῦ πνεύματός μου, καὶ προφητεύσουσιν.
19 καὶ δώσω τέρατα ἐν τῷ οὐρανῷ ἄνω καὶ σημεῖα ἐπὶ τῆς γῆς κάτω, αἷμα καὶ πῦρ καὶ ἀτμίδα καπνοῦ.
20 ὁ ἥλιος μεταστραφήσεται εἰς σκότος καὶ ἡ σελήνη εἰς αἷμα, πρὶν ἐλθεῖν ἡμέραν κυρίου τὴν μεγάλην καὶ ἐπιφανῆ.
21 καὶ ἔσται πᾶς ὃς ἂν ἐπικαλέσηται τὸ ὄνομα κυρίου σωθήσεται.

하나님께서 말씀하셨습니다. 마지막 날에 내가 나의 영을 모든 육체에 부어 주리니 너희의 아들들과 너희의 딸들은 예언을 하고, 너희의 젊은이들은 환상을 보고, 너희의 늙은이들은 꿈을 꾸리라. 그 날에 내가 내 남자 종들과 내 여자 종들에게도 나의 영을 부어 주리니 그들이 예언을 하리라. 또 내가 위로 하늘에서는 기사들과 아래로 땅에서는 표적들을 나타낼 것이니 피와 불과 자욱한 연기로다. 주의 크고 영화로운 날이 이르기 전에 해가 변하여 어둠이 되고 달이 변하여 피가 되리라. 그러나 누구든지 주의 이름을 부르는 자는 구원을 얻으리라(17-21절/사역).

여기서 베드로는 요엘서의 "그 후에/이 일들 후에"(칠십인 역에서 사용된 μετὰ ταῦτα)라는 표현을 "마지막 날에"(ἐν ταῖς ἐσχάταις ἡμέραις)로 대체시키면서, 오순절 성령께서 이 땅에 오심이 하나의 종말론적 사건으로 예수의 죽으심과 부활, 그리고 승천하심에 따른 일련의 계속되고 점진적인 하나님의 구속사적 의미가 있는 것으로 파악하고 있다(22절 이하). 그리고 구약 시대에 몇몇 특수한 사람들에게 임했던 것과는 달리 이제 하나님의 성령은 성별이나(17절 중), 연령이나(17절 하), 사회적 계층(18절)의 차이가 없이 "모든 육체에"(ἐπὶ πᾶσαν σάρκα – 민 11:29 참조) 부어주시는 하나님의 종말론적 선물인 것이다. 그러나 "모든 육체"가 민족적 유대인들을 넘어서서 비(非)유대인들까지도 포함하게 된다는 사실을 베드로가 깨닫게 된 것은 베드로의 환상(행 10장) 이후라는 것을 고려할 필요가 있다.

어쨌든 오순절 성령께서는 이제 하나님의 모든 백성들에게 종말론적 새 시대에 따른 영적 특권들(예언, 환상, 꿈)을 부여해 주시게 된 것이다. 성령으로 말미암는 이런 영적 특권들이 '메시아와 주가 되시는 예수'(36절 참조)를 깨닫게 되고 선포/예언하게 되는 것과 깊은 관련이 있음을 암시하고 있다. 종말의 때에 나타나는 "기사들과 표적들"(τέρασι καὶ σημείοις)은 이미 예수의 사역을 통해 하나님께서 보여주었다고 함으로써(22절; 눅 23:43; 24:19; 행 2:43; 6:8; 7:36 참조), 성령의 오심 뿐 아니라 예수의 이 땅에 오심과 그분의 사역도 역시 하나님의 종말론적 사건임을 잊지 말아야 한다. 그리고 이 마지막 날들을 마지막 되게 할 "주의 크고 영화로운 날"(ἡμέραν κυρίου τὴν μεγάλην καὶ ἐπιφανῆ)에 하나님의 심판과 진노를 피하고 구원을 얻는 것은 "주의 이름"(τὸ ὄνομα κυρίου)을 찾는 모든 자들에게 열려 있는 것이다.

베드로는 요엘서에서 여호와 하나님을 지시했던 구속사 '옛 시대'의 "주의 이름"이 이제 '새 시대'에 그리스도와 주가 되시는 "주(예수)의 이름"으로 해석되고 적용될 것임을 시사함으로써(행 4:12; 참조, 롬 10:9-13; 고전 1:2), 요엘서 본문 인용에 대한 성령론적 적용(초중반부)에서 기독론적 적용(중종반부)으로 전이하게 된다. 그럼으로써 베드로 설교의 초점이 예수의 사역(22

절), 죽음(23절), 부활(24-32절), 승천(33-36절)에 기초한 구원의 메시지(37-39절)로 나타나는 것을 보게 된다. 즉, 오순절에 임한 성령으로 충만했던 베드로의 첫 메시지는 신론적이며 성령론적 관찰에 대한 깨달음에 기초하여 철저하게 기독론적인 해석과 적용을 중심으로 한 총체적인 구원론적 메시지를 담고 있다.

'나사렛 예수'는 무엇보다 하나님께서 인정하시고, 하나님께서 허락 하심으로 말미암은 자임을 분명히 하고 있다(행 10:38 참조). 예수께서 행하신 "권능들과 기사들과 표적들"(δυνάμεσι καὶ τέρασι καὶ σημείοις)은 다름아닌 하나님께서 유대인들 가운데(ἐν μέσῳ ὑμῶν) 명백하게 보여주신 기적들이었다. 비록 그들은 이것이 바알세불로부터 오는 것이라고 논쟁을 벌이긴 했지만(눅 11:15), 어느 누구도 예수께서 행하신 이적들은 결코 부인할 순 없었다. 그럼에도 불구하고 '이 예수' – 하나님께서 함께 하시고 증거하시는 이 사람 예수 – 를 하나님의 율법도 모르는 로마 관리들의 손을 빌어 십자가에 처형한 것이다. 그러나 여기에도 하나님의 허락이 있었음을 베드로는 증거한다. 즉, 예수는 하나님의 정하신 뜻과 미리 아심을 따라 내어준 바 되었던(τῇ ὡρισμένῃ βουλῇ καὶ προγνώσει τοῦ θεοῦ) 것이다.[11] 여기에서 우리는 하나님의 섭리(攝理)라는 주제를 만나게 되는데, 하나님의 백 퍼센트 주권적 계획과 자유의지가 인간의 백 퍼센트 인격적 판단과 행동 그리고 그에 따른 인간의 자유의지와 아무런 충돌 없이 관계되는 신비를 보게 된다.

25b προορώμην τὸν κύριον ἐνώπιόν μου διὰ παντός, ὅτι
ἐκ δεξιῶν μού ἐστιν ἵνα μὴ σαλευθῶ.
26 διὰ τοῦτο ηὐφράνθη ἡ καρδία μου καὶ ἠγαλλιάσατο ἡ
γλῶσσά μου, ἔτι δὲ καὶ ἡ σάρξ μου κατασκηνώσει
ἐπ᾽ ἐλπίδι,
27 ὅτι οὐκ ἐγκαταλείψεις τὴν ψυχήν μου εἰς ᾅδην οὐδὲ δώσεις
τὸν ὅσιόν σου ἰδεῖν διαφθοράν.
28 ἐγνώρισάς μοι ὁδοὺς ζωῆς, πληρώσεις με εὐφροσύνης
μετὰ τοῦ προσώπου σου.

> 내[부활하신 예수]가 내[예수] 앞에 계신 주[여호와]를 항상 뵈었도다. 그[여호와]가 내[예수] 오른편에 계시므로 내[예수]가 흔들리지 아니하리로다. 그러므로 내[예수]의 마음이 기쁘고 내[예수]의 입술은 즐거워하였으며, 내[예수]의 육체도 소망 안에 거하리로다. 이는 당신[주 여호와]께서 내[예수]의 영혼을 지옥에 버리지 않으시며, 당신[주 여호와]의 거룩한 자[예수]로 썩음을 당치 않게 하실 것 임이로다. 당신[주 여호와]께서 내[예수]게 생명의 길을 알려 주셨으니 당신[주 여호와] 앞에서 내[예수] 기쁨이 충만하게 하시리로다(25하-28절/사역).

이제 베드로는 십자가에서 당하신 예수의 죽음 이후에도 하나님께서 여전히 나사렛 예수와 함께 하고 있음을 증거한다. 사망으로부터 예수의 놓임, 즉 예수의 부활 역시 하나님께로부터 말미암은 것이기 때문이다(24절, 32절상). 그리고 베드로는 두 번째 구약성경 본문인 시편 16편 8-11절을 인용함으로써 이 진리가 '선지자 다윗' 으로부터(30절) 예언된 것임을 증거하고 있는 것이다. 다윗의 이 같은 선지자적 역할은 사도행전 1장 16절에서도 언급된 바 있다(막 12:36 참조). 이 시편 인용을 통해 베드로는 다윗의 '그때의 고백' 을 예언적으로 보아야 할 당위성을 소개하고 있다. 다윗 자신이 이미 죽어서 무덤에 있기 때문에 이 고백의 "나"는 죽은 다윗이 아니라 장차 다윗 자신의 뒤를 이어 나타나야 될 '예언된 후손으로서의 메시아' 를 의미하며 또한 '그 메시아의 부활' (31절)을 미리 언급하고 있다는 해석이다(시 132:11-18; 89:3-4, 35-37; 삼하 7:12-16 참조). 그리고, "이 예수"(τοῦτον τὸν Ἰησοῦν; 32절 문장의 강조형 목적어로 되어 있음)가 바로 하나님께서 일으키신 그 다윗의 후손으로서 하나님의 메시아가 됨을 선포하는 것이다. 오순절에 임한 성령 사건이 계기가 되어 사도들을 대표하는 베드로는 이제 자신의 영감 넘치는 설교를 통해 구속사적 의미를 담고 있는, 메시아이신 예수 십자가 죽으심과 부활 사건을 증거하고 있다.

34b εἶπεν [ὁ] κύριος τῷ κυρίῳ μου· κάθου ἐκ δεξιῶν μου,
35 ἕως ἂν θῶ τοὺς ἐχθρούς σου ὑποπόδιον τῶν ποδῶν σου.

> 주[여호와]께서 나[다윗]의 주[승천하신 예수]께 말씀하셨다. 내[여호와]가 네[예수의] 원수를 네[예수의] 발 아래 굴복시키기까지 너[예수]는 내[여호와] 오른편에 앉아 있으라(34하-35절/사역).

예수의 부활에 이어 베드로는 이제 예수의 승천을 다윗의 또 다른 시편 구절 110편 1절을 인용함으로써 증거한다. 이 구절은 다윗의 후손으로 이 땅에 오신 예수께서는 자신의 혈통적 족보를 넘어선 분임을 설명한다. 말하자면, 부활하시고 이제 승천하신 예수께서는 실제로 '다윗의 주(主)'가 되시는 분임을 베드로는 선언한다. 이것은 누가복음 20장 41-44절(병행구절: 막 12:35-37)에서 예수 자신을 통해서도 주장되었던 사실임을 상기하게 된다(고전 15:25; 히 1:13 참조). 즉, 베드로는 이 구절을 통해 예수의 승천과 예수의 주 되심(lordship)을 통합적으로 증거하고 있는 셈이다. 우리는 여기서 또 하나 꽤 중요한 사실을 주목하지 않을 수 없다. 그것은 승천하셔서 하나님 보좌 우편에 앉아 계신(즉, 여호와 하나님과 동등한 권세를 누리고 계시는) '예수께서 오순절에 강림한 성령을 보내주셨다'라고 하는 베드로의 파격적인 선언이다. 즉, 구약의 하나님께서 자신의 뜻과 계획을 이루기 위해 자신이 원하는 사람들에게 하나님의 영을 보내었던 것처럼, 이제 부활 승천하신 예수께서 자신의 죽음과 부활을 증거할 제자들과 모든 하나님의 백성들에게 성령을 선물로 보내어 주신다는 것이다(요 15:26; 16:7 참조).[12] 이 구절들 속에서 우리는 또한 시편 68편 18절이 어느 정도 메시아적으로 해석(엡 4:8 참조)되고 있음도 고려해 볼 수 있다. 베드로는 이 모든 구약성경 인용들을 통해 자신이 무엇을 선포하고자 하는 것임을 다시 한번 분명하게 매듭짓는다. "그러므로 이스라엘 모든 집은 확실하게 알아 두십시오. 여러분들이 십자가에 못 박은 이 예수를[τοῦτον τὸν Ἰησοῦν; 32절과 같은 강조형 목적어] 하나님께서 주와 그리스도가 되게 하셨습니다"(36절/사역). '예수께서 주와 그리스도가 되셨다'라는 것은 부활과 승천으로 새로운 신분이 되셨다(*became*)라는 것이 아니라, 예수께서 주와 그리스도가 되심을 그분의 부활과 승천으로 말미암아 우리들이 비로소 깨닫게 되었다(recognized)라는 뜻이다(눅 2:11, 26, 30

참조).

설교에 대한 반응, 베드로의 최종적 선언/명령, 그리고 결과(2:37-41)

오순절의 성령을 받고 행해진 베드로의 선포는 담대함과 권위가 배어있었을 뿐 아니라, 이 설교를 듣는 청중들에게 강력한 도전을 안겨 주었다. "저희가 이 말을 듣고"(ἀκούσαντες δὲ) 마음에 찔림을 받았다는 사실은 베드로가 설교하기 전의 그들의 깨닫지 못한 심령의 상태와 매우 잘 비교가 되고 있다(6-8절, 12-13절). 그 때나 지금이나 사람들의 심령이 변하기 위해서는 잘 해석되어 선포되는 하나님의 말씀이 있어야 하며(설교자) 이와 동시에 그 말씀을 깨달아 들을 줄 알아야 한다(청중). 이렇게 하나님의 말씀이 심령 속에 들어갈 때에야 보이지 않고 볼 수 없었던 자신의 존재와 상태를 직시하게 되는 것이다. 말하자면, 하나님께서 인정하고 보내신 메시아 예수를 향한 (과거에 볼 수 없었던) 자신들의 무지와 죄를 발견하게 된다. "형제들이여, 우리가 무엇을 해야 합니까?"(τί ποιήσωμεν, ἄνδρες ἀδελφοί-37절).

이에 대해 베드로는 두 개의 명령 동사로 답변을 하고 있다. "너희는 회개하라"(μετανοήσατε) 그리고 "너희의 죄 사함을 얻기 위하여 예수 그리스도의 이름으로 너희는 각각 세례를 받으라"(βαπτισθήτω ἕκαστος ὑμῶν ἐπὶ τῷ ὀνόματι Ἰησοῦ Χριστοῦ εἰς ἄφεσιν τῶν ἁμαρτιῶν ὑμῶν)이다. '회개와 죄 사함'의 메시지는 누가-행전에서 처음부터 마지막까지 계속되는 구원 메시지의 핵심이다(눅 3:3; 13:3, 5; 24:47; 행 3:19; 8:22; 17:30; 20:21; 26:20).[13] 이것은 단순한 마음의 결단이나 돌이킴을 넘어서서 그에 따른 행위를 동반하는 삶의 변화를 의미한다. 이 회개가 "예수의 이름으로" 세례 받는 행위를 요구하는 것은 여호와 하나님께 향한 회개가 무엇보다 그리스도와 주가 되시는 예수에 대한 깨달음과 순종 안에서 그분께로의 헌신과 관계된 돌이킴이요 그에 따른 자기 삶의 주인이 예수라는 것을 함의한다(갈 2:20; 3:27 참조). 이런 회개와 믿음의 고백은 하나님으로부터 죄를 용서함 받게 되는 결과를 동시에 가져온다(행 3:19; 5:31; 10:43; 10:38; 26:18 참조). 그리고 하나님의 모든 자녀들에게 나타나는 이 구원의 표징은 무엇보다 약속된 성령을 받게 됨으로써 구원의 교향곡적 조화를 이루게 된다.[14]

본문을 통해서 나타나는 베드로의 설교는 39절을 마지막으로 그 직접적인 메시지가 끝나고 있지만, 40절을 고려할 때('다른 여러 가지 말로 확증하며 그들을 권했다') 14-39절의 내용은 베드로가 실제로 행한 설교의 요약 형식인 것을 암시해 준다. 계속된 베드로의 선포 역시 그 초점은 "이 패역한 세대에서 구원함을 얻으라"(σώθητε ἀπὸ τῆς γενεᾶς τῆς σκολιᾶς ταύτης – 눅 9:41; 11:29; 빌 2:15 참소)는 것이었음을 확인해 준다. 베드로의 첫 말씀 선포는 실로 놀라운 결실을 가지고 왔다. "그러자, 그의 말을 받아들인 사람들이 세례를 받았고, 그 날 약 삼천의 영혼들이 더하게 되었다"(41절/사역)고 누가는 증언하고 있다.[15] 여기서 베드로의 설교는 성령 충만함 속에서 선포되는 예수에 대한 증거였고, 이들은 모두 예수의 이름으로 세례를 받아 거듭나게 된 예루살렘의 초대 유대-기독교들인이었던 것이다.

초대 교회의 삶(2:42-47)

누가는 사도행전에서 오순절 성령의 역사에 따른 예루살렘 초대 유대 기독교인들의 삶을 세 번에 걸쳐 전형적으로 묘사하고 있는데(행 2:42-47; 4:32-35; 5:12-16), 그 첫 번째가 바로 베드로의 영감 있는 설교에 뒤이어 네 가지 요소로 요약되어 소개되고 있다: (1) 사도들로부터의 가르침 – 이 권위 있는 가르침은 예수의 죽음과 부활에 대한 증거와 함께 사도들이 직접 들었던 예수 자신의 말씀들로 행해졌을 것이다(행 4:2; 5:42; 15:35 참조). (2) 성도들 상호 간의 사랑과 돌봄의 교제 – 이 교제는 일상 음식과 함께 필요한 물건을 서로 제공하고 나누어 주는 실천적 교제이었다(44절 이하). (3) 떡을 떼는 것 – 이것은 (누가의 표현에 따르면) 단순한 음식을 나누는 것뿐 아니라 유월절에 예수와 함께 마지막 식사를 나누었던 만찬을 상기시키면서 그분의 사역(특히, 죽으심과 부활)을 기념했던 것으로 이해된다(눅 22:19; 24:30; 행 20:7, 11 참조). (4)

기도하는 일 - 초대 성도들은 또한 기도에 몰두하는 자들이었는데(행 4:24; 6:4; 12:5; 13:3; 20:36), 이들(유대-기독교인들)은 유대인들로서 자신들이 행했던 기존의 기도 시간을 그대로 이용하되(행 3:1 참조), 기도의 내용이나 대상에 있어 예수 그리스도와 관련하여 기존의 유대인들과 점점 차이가 나기 시작했을 것이다(행 4:23-30에 있는 사도들의 기도와 행 7:54-59의 스데반의 경우를 참조해 보라).

오순절 성령 강림 이후 예루살렘에 거주하는 "모든 사람들"(πάσῃ ψυχῇ)은 '예수가 메시아와 주가 되신다' 라고 하는 담대한 선포, 이에 대한 반응으로 회개하고 세례 받는 사람들, 그리고 무엇보다 이들의 변화된 일상생활의 삶을 목도하면서 하나님께 향한 두려움을 느끼지 않을 수 없었을 것이다. 이와 동시에 하나님께서는 사도들을 통하여 기사와 표적(행 4:16, 22, 30; 5:12; 6:8; 8:6, 13; 14:3; 15:12; 참조, 신 34:10-12)을 계속 나타내 보이셨다. 말하자면, 성령의 능력이 사도들과 함께 함으로써 하나님뿐 아니라 부활 승천하신 예수께서 그들과 함께 하시고 있다는 사실을 깨달아야 했던 것이다.

44절의 "믿는 사람들"(οἱ πιστεύοντες)이란 일반 유대인들이 경험하지 못한 회개와 죄 사함의 세례, 그리고 성령의 역사하심을 체험함으로(38절 참조), 이제 '나사렛 예수' 가 메시아와 주이심을 "믿는 사람들"을 의미한다. 성령의 인도하심 가운데 펼쳐지는 초대 예루살렘 성도들의 삶은 사랑에 의한 자발적 자기 부인(否認)에 따른 자기 소유의 포기 내지 나눔으로 나타났다(44-45절). 인간의 영적 변화가 일상적 삶의 변화로 나타나야 되는 진리를 깨닫게 해 준다. 46절에서 47 상반절은 성령에 이끌리는 사람들의 일상 생활을 통해 얼마나 아름다운 공동체가 세워지는지를 보게 된다. 이들은 (1) 날마다 한 마음으로 성전에 모이고, (2) 집에서도 떡을 떼며, (3) 하나님을 찬양하고, (4) 주위의 모든 사람들로부터도 호감을 받으면서 기쁨과 순전한 마음으로 음식을 나누어 먹었다.[16]

이들이 매일매일 모인 성전은 이방인의 뜰 동편 끝에 있던 솔로몬의 행각(행 5:12, 20-21, 42 참조)으로 생각되는데, 주로 함께 모여 기도하며 (구약)성경 말씀과 사도들을 통해 전수된 예수의 가르침을 나누었을 것이다. 하지만 이들의 '그리스도 주 예수'에 대한 구별된 신앙은 성전의 벽을 넘어 이제 일반 가정 집에서도 이 신앙을 공유하는 자들과 함께 더욱 친밀한 사랑의 공동체로 나타났다(행 5:42; 10:24-48 참조). 그리고 이것은 변함없이 하나님께 향한 경배로 이어졌다. 즉, 예수께 향한 저들의 신앙이 오히려 하나님께 향한 찬양의 이유가 되었던 것이다. 이 같은 구별된 경건의 능력과 감사의 삶이 외부 사람들의 칭송을 가져왔으며, 안으로는 더욱 충만한 사랑의 식탁 교제가 끊이지 않게 되었던 것이다. 이들의 이런 삶이 하나님께 찬송할 또 다른 이유를 가지고 왔다. 이들의 '살아있는 신앙'에 합류하는 자들이 점점 더 늘어나게 된 것이다. 인간들로부터 일어나는 이런 회개의 역사를 누가는 다음과 같이 분명하게 서술한다: "주께서 구원 받는 사람을 날마다 더하게 하시니라"(ὁ δὲ κύριος προσετίθει τοὺς σῳζομένους καθ' ἡμέραν ἐπὶ τὸ αὐτό–47절).

베드로 설교에 따른 오늘날 적용

설교자 베드로와 관련하여

게네사렛(갈릴리/디베랴) 호숫가의 어부였던 베드로가 예수의 강권적인 부르심을 입고 그분의 제자/사도가 된 이후(눅 5:1-11; 6:12-14)부터 그는 12제자/사도들 중 한 사람으로서 한 때 "모든 귀신을 제어하며 병을 고치는 능력과 권세"를 예수께로부터 부여 받고 하나님의 나라를 전파하며 병을 고치는 가운데 복음을 전한 '능력의 사람'이기도 했다(눅 9:1-6). 그는 또한 줄곧 야고보, 요한과 더불어 다른 주위 제자들에 비해 더욱 가까이에서 예수를 모시고 그분의 메시아 사역을 더 구체적으로 목격한 자였다(눅 9:28 참조). 무엇보다 베드로는 예수께서 제자들을 향해 "너희는 나를 누구라 하느냐"라는 의미 있는 질문을 하셨을 때, "하나님의 그리스도시니이다"(눅 9:20)라고 (외관상이긴 하지만) 흡족한 답변을 예수께 올려 드린 자이기도 하다. 하지만 베드로 그는 오순절 이전까지 다른 사도들과 함께 예수의 메시아적 사역을 하나님의 관점에서 제대로 이해한 자가 결코 아니었다(눅 18:31-34; 행 1:4-8 참조). 이 사실은 그가 오순절 이전까지 실질적으로 하나님의 뜻/계획을 온전히 읽지 못함으로써, 겟세마네 동산에서 메시아적 기도를 올리시며 기도에 힘쓸 것을 당부하는 예수의 요청에 실패(눅 22:39-42)할 뿐 아니라, 베드로 자신이 메시아라고 인정하고 고백했던 예수를 오히려 전혀 알지 못한다고 부인하는 처지로 떨어지게 된 것에서 파악될 수 있다(눅 22:54-62). 베드로의 연약함에도 불구하고 그의 믿음이 떨어지지 않기를 위해 기도하신 예수(눅 22:31-32)의 특별한 간섭하심(은혜)은 그가 다시 회복되어 마침내 오순절 이후 사도들의 대표(행 2:14, 37, 42; 3:4, 12; 4:7, 13, 24; 5:2, 29; 6:2; 8:14)로 초기 예루살렘 교회의 주도적 역할을 감당하게 된 원인이었다.[17]

오순절 성령 강림 사건과 함께 메시지를 선포하기 시작하는 베드로는 이런 점에서 하나님의 뜻 가운데 예수의 기도와 예수께서 보내신 성령의 기름부으심의 역사를 통해 '능력 있는 말씀의 선포자'로 나타나게 된 것이다. 말하자면 예수께 제자로 오래 전 '부름 받은 자' 베드로는 이제 하나님의 뜻/계획이 나타나고 있는 현상/사건을 하나님의 말씀에 비추어 깨달아 그것을 해석하고 적용할 수 있는 – 설교 – 메시지 선포자로 쓰임 받게 된 것이다. 우리가 간과하지 말아야 할 것은 사도행전에서 말해주듯 베드로를 중심으로 한 모든 말씀의 선포자들은 '성령의 충만하심' 뿐 아니라 '고난의 충만하심'도 받았다는 사실이다(행 4:3; 5:17-41; 7:58-60; 9:23-25; 12:1-5; 13:50; 16:19-24; 21:27-36; 24:27; 28:30-31). '선포자 베드로(바울)'는 '고난자 베드로(바울)'와 구별될 수 없음을 보게 된다. 즉, 베드로(또는 바울 그리고 사도행전 대부분의 '예수의 증인들')의 설교/선포는 '말' 뿐 아니라 '삶'으로도 증거되었다는 사실이다.

오늘날도 이 점에 있어서는 동일하다. 하나님 말씀을 선포하는 자는 무엇보다 하나님께 부름 받은 자(소명)이어야 하며, 예수의 은혜(회개와 죄 용서)를 입은 자이어야 하며, 성령의 인치심을 받은 자이어야 한다. 그리고 설교자가 하나님 나라의 복음을 선포(설교)한다는 것은 예수의 십자가 죽으심과 부활하심을 선포한다는 것이며, 이것은 예수를 신앙하는 것과 예수를 닮아나가는 것이 분리될 수 없는 것임을 깨닫게 해 준다. 이 점에서 기독교 설교자에게는 '앎'(학위)이기 이전에 체험(신앙)이 요구되며, 설교는 '기술'이기 이전에 '삶' 이다.

베드로의 설교와 관련하여

베드로 설교의 메시지는 '설교자 베드로' 와 구별될 수 없는 것임을 앞에서 먼저 생각해 보았다. 그렇다면 그의 메시지에는 어떤 특징이 발견되는가?

첫째로 그의 메시지는 (구약)성경 중심적 논의로 이루어진다. 주된 패턴은 약속(성경인용-요엘서 2장; 시편 16편과 110편)과 성취(현재의 사건과 인물-오순절 성령 강림; 예수의 죽으심과 부활하심 그리고 승천하심)이다. 이런 점에서 베드로의 (그리고 사도행전 설교자들의) 설교는 시종일관 종말론적이다.

둘째로 베드로의 설교는 반복적으로 기독론적 선포에 초점을 맞추고 있다. 특별히 예수의 십자가 죽으심과 부활하심 그리고 승천하심에 따른 예수의 "그리스도와 주되심"을 확증하며 이를 증거한다.[18] 뿐만 아니라 이 맥락 안에서 오순절에 임하신 성령을 풀이하고 있다.

셋째로 베드로의 설교는 철저하게 구원론적 목표를 지향한다. 청중들에게 회개를 촉구하며 죄 사함을 위한 세례를 명령하면서 성령의 선물을 약속하고 있다.[19] 이상과 같은 단편적 관찰을 통해서도 우리는 베드로의 설교가 하나님의 구원 계시의 역사적 관점 속에 (구약) 성경의 약속과 성취를 인식하면서 기독론적 선포로 구성되고 있음을 쉽게 발견할 수 있다. 그리고 베드로의 이 기독론적 선포는 구원론적 목표와 분가분리의 관계에 놓여 있다. 이런 점에서 베드로의 설교는 오늘날 우리가 표현할 수 있는 '성경신학적 설교'[20]의 한 유형이라고 말할 수 있을 것이다.

베드로의 설교가 '오늘[오순절]의 사건' 을 '과거의 말씀'으로 해석하고 적용했던 것처럼 오늘 우리의 설교 역시 매일매일 일어나는 '오늘의 우리 삶과 이 시대' 를 '영원한 말씀' 에 입각하여 잘 해석하고 바르게 적용된 메시지가 되어야 할 것이다. 이를 위해 오늘의 설교자들은 신구약 성경에 대한 통전적 이해가 잘 갖춰질 수 있도록 말씀 통독과 묵상에 최우선적 수고와 연구를 아끼지 말아야 한다. 그리고 이런 수고와 연구를 통해 한 영혼이라도 더 그리스도 예수께로 회복(칭의론적 구원)되고, 한 영혼이라도 더 그리스도의 형상으로 더욱 온전케 회복(성화론적 구원)되는 의미와 보람에 오늘 우리의 설교가 쓰임 받아야 할 것이다.

사도행전 2장의 역사적 사건이 벌어진 이후의 성도들과 교회들은 하나도 예외 없이 모두 다 본질적으로 '오순절 성도' (a pentecostal Christian)요, '오순절 교회' (a pentecostal church)이다. 말하자면, 신약의 모든 성도와 교회는 오순절에 임한 성령의 인침으로 예수를 주(主)로 고백하며 살아가는 자들이다. 이런 점에서 '오순절 성도' 와 '오순절 교회' 로서 오늘날의 그리스도인들이 추구하는 성령 충만한 삶은 예수 중심의 구원 메시지가 심령에 충만한 자로서 예수 중심의 삶을 살고 있는 자와 다름이 아니다. 그리고 이런 고백 속에서 선포되는 말과 삶이 하나님을 높이는 설교자요 또 참 그리스도인이다. 여기서 예수 중심의 메시지는 기록된 성경의 기독론적 해석으로부터 출발한다는 점과 이 해석은 회개와 죄 용서를 선포하는 구원론적 적용(초청)으로 마무리된다는 점을 주목할 필요가 있다. 말하자면 '성령 중심의 목회'(와 신학)가 결코 '말씀 중심의 목회' (와 신학)를 배제할 수 없다. 이와 마찬가지로 '말씀 중심의 목회' (와 신학)가 '성령 중심의 목회' (와 신학)를 또한 결코 도외시 할 수 없다. 나아가서 이 양자는 항상 '예수 중심'이요 '구원 중심' 의 목회' (와 신학)로 나아가고 있는지를 온전히 검증할 필요가 있다.

CHAPTER 7

바울의 회심, 소명, 증거

(사도행전 9장 1-31절)

1 사울이 주의 제자들에 대하여 여전히 위협과 살기가 등등하여 대제사장
에게 가서 2 다메섹 여러 회당에 가져갈 공문을 청하니 이는 만일 그 도를
따르는 사람을 만나면 남녀를 막론하고 결박하여 예루살렘으로 잡아오려
함이라 3 사울이 길을 가다가 다메섹에 가까이 이르더니 홀연히 하늘로부
터 빛이 그를 둘러 비추는지라 4 땅에 엎드러져 들으매 소리가 있어 이르
시되 사울아 사울아 네가 어찌하여 나를 박해하느냐 하시거늘 5 대답하되
주여 누구시니이까 이르시되 나는 네가 박해하는 예수라 6 너는 일어나
시내로 들어가라 네가 행할 것을 네게 이를 자가 있느니라 하시니 7 같이
가던 사람들은 소리만 듣고 아무도 보지 못하여 말을 못하고 서 있더라 8
사울이 땅에서 일어나 눈은 떴으나 아무 것도 보지 못하고 사람의 손에 끌
려 다메섹으로 들어가서 9 사흘 동안 보지 못하고 먹지도 마시지도 아니
하니라 10 그 때에 다메섹에 아나니아라 하는 제자가 있더니 주께서 환상
중에 불러 이르시되 아나니아야 하시거늘 대답하되 주여 내가 여기 있나
이다 하니 11 주께서 이르시되 일어나 직가라 하는 거리로 가서 유다의 집

에서 다소 사람 사울이라 하는 사람을 찾으라 그가 기도하는 중이니라 12
그가 아나니아라 하는 사람이 들어와서 자기에게 안수하여 다시 보게 하
는 것을 보았느니라 하시거늘 13 아나니아가 대답하되 주여 이 사람에 대
하여 내가 여러 사람에게 듣사온즉 그가 예루살렘에서 주의 성도에게 적
지 않은 해를 끼쳤다 하더니 14 여기서도 주의 이름을 부르는 모든 사람을
결박할 권한을 대제사장들에게서 받았나이다 하거늘 15 주께서 이르시되
가라 이 사람은 내 이름을 이방인과 임금들과 이스라엘 자손들에게 전하
기 위하여 택한 나의 그릇이라 16 그가 내 이름을 위하여 얼마나 고난을
받아야 할 것을 내가 그에게 보이리라 하시니 17 아나니아가 떠나 그 집에
들어가서 그에게 안수하여 이르되 형제 사울아 주 곧 네가 오는 길에서 나
타나셨던 예수께서 나를 보내어 너로 다시 보게 하시고 성령으로 충만하
게 하신다 하니 18 즉시 사울의 눈에서 비늘 같은 것이 벗어져 다시 보게
된지라 일어나 세례를 받고 19 음식을 먹으매 강건하여지니라 사울이 다
메섹에 있는 제자들과 함께 며칠 있을새 20 즉시로 각 회당에서 예수가
하나님의 아들이심을 전파하니 21 듣는 사람이 다 놀라 말하되 이 사람이
예루살렘에서 이 이름을 부르는 사람을 멸하려던 자가 아니냐 여기 온 것
도 그들을 결박하여 대제사장들에게 끌어 가고자 함이 아니냐 하더라 22
사울은 힘을 더 얻어 예수를 그리스도라 증언하여 다메섹에 사는 유대인
들을 당혹하게 하니라 23 여러 날이 지나매 유대인들이 사울 죽이기를 공
모하더니 24 그 계교가 사울에게 알려지니라 그들이 그를 죽이려고 밤낮
으로 성문까지 지키거늘 25 그의 제자들이 밤에 사울을 광주리에 담아 성
벽에서 달아 내리니라 26 사울이 예루살렘에 가서 제자들을 사귀고자 하
나 다 두려워하여 그가 제자 됨을 믿지 아니하니 27 바나바가 데리고 사도
들에게 가서 그가 길에서 어떻게 주를 보았는지와 주께서 그에게 말씀하
신 일과 다메섹에서 그가 어떻게 예수의 이름으로 담대히 말하였는지를
전하니라 28 사울이 제자들과 함께 있어 예루살렘에 출입하며 29 또 주 예
수의 이름으로 담대히 말하고 헬라파 유대인들과 함께 말하며 변론하니
그 사람들이 죽이려고 힘쓰거늘 30 형제들이 알고 가이사랴로 데리고 내
려가서 다소로 보내니라 31 그리하여 온 유대와 갈릴리와 사마리아 교회
가 평안하여 든든히 서 가고 주를 경외함과 성령의 위로로 진행하여 수가
더 많아지니라

존 스토트는 그의 사도행전 강해 주석에서 "다메섹 도상에서의 사울의 체험은 교회사에서 가장 유명한 회심이다"라고 진술했다.[1] 그의 이 말은 근거 없는 과장이 결코 아니다. 바울의 회심/소명 사건은 직간접적으로 그의 서신들(고전 9:1; 15:8-9; 갈 1:11-17; 빌 3:4-12; 참조, 고후 3:4-4:6; 5:16-21)에서 암시되어 있지만, 이 드라마틱한 사건의 전모를 세 번에 걸쳐 반복해서 밝혀주는 것은 누가에 의해 초대 교회의 역사적 상황을 자연스럽게 보도해 주고 있는 사도행전(행 9:1-19; 22:3-16; 26:4-18)이다.[2] '교회의 핍박자 사울'이 '교회의 선포자 사울'로 변화되었다는 사실은 사도행전의 내러티브 문맥뿐 아니라, 실제로 1세기 초 초대 기독교의 역사적 정황 속에서 큰 역사적 사건이 아닐 수 없었다. 이제 우리는 이 사건을 보도해 주고 있는 사도행전 본문을 기록자 누가의 관심을 따라 살펴 보고자 한다.

주해를 위한 배경

역사적 관찰

예루살렘 지역을 중심으로 편만하게 나타나고 있는 열성 (민족적) 유대인들이 '예수를 주와 그리스도'로 고백하는 자들을 핍박하기 시작하면서, 예수의 제자들은 정신적으로 경제적으로 매우 큰 곤경에 빠졌을 것이다. 그럼에도 이들의 예수께 향한 신앙은 식을 줄 몰랐고, 다메섹 지역에서는 예루살렘에서의 핍박을 피해 들어 온 성도들이 가세함으로 더욱 자신들의 신앙 공동체가 단결되기도 하였다. 예루살렘에 있던 헬라파 유대 크리스천들을 대상으로 모진 핍박을 강행했던 사울이 이 사실을 알고 다메섹 지역으로까지 올라가기를 결심한다. 왜냐하면 사울의 그 당시 '신앙의 남다른 열심'(행 22:3; 갈 1:14; 빌 3:6)으로 볼 때, 이들이 십자가에 처형된 '예수를 주와 그리스도'라 함은 결국 여호와 하나님의 이름을 망령되이 일컫는 자들과 다름없기 때문이었다(신 21:23 참조).

그러나 하나님의 계획은 늘 우리 인간들 스스로의 내일을 그냥 내 버려두지 않으시는 분이다. 더군다나 하나님의 도구로 부름 받아야 할 사람(들)

은 더 말할 필요가 없다. 우리는 사도행전 9장을 통해 교회사에서 가장 위대한 한 회심을 목도하게 되는데, 이 사건을 통해 가장 충격을 받았던 자는 사울과 동행했던 다른 유대인들이나 예수의 제자 아나니아나 바나바, 또는 이 사실을 나중에 접하게 된 예수의 사도들도 아닌 바로 사울 자신이었음을 사도행전뿐 아니라 그의 직접적인 서신들을 통해서 읽어낼 수 있다. 이로 인해 1세기 초대 기독교 신앙 공동체는 기독교 역사상 가장 위대한 선교사요 예수의 증인인 사울/바울을 매우 드라마틱한 하나님의 방법을 통하여 새 회원으로 영입하게 되었고, 이제 (유대) 민족적, (예루살렘) 지역적 한계를 뛰어넘는 하나님의 우주적 새 언약 백성으로 드러나게 된다.

문학적 관찰

사도행전 9장 초반 절들의 사울에 대한 묘사는 사도행전 7장 54에서 8장 3절까지 복선으로 암시된 사울의 묘사와 함께 사도행전 전체 내러티브를 이끌어갈 중심 인물에 대한 매우 이례적인 역사적 사실로부터 출발한다. 사도행전 9장에서 사울에 대한 보도는 이전의 문맥에서 다루고 있는 빌립의 전도 사역 이후에 다소 갑작스런 묘사라 생각되는 것이 사실이다. 그러나 사도행전 9장 1-19상반절까지 묘사되는 사울의 회심/소명[3]은 빌립이 사마리아에서의 복음 전파 이후에(즉, 유대인들 또는 이방인들 가운데 어느 한 쪽에도 속할 수 없는 자들), 가사로 내려가는 길에서 에디오피아 여왕의 내시(즉, 비유대인)를 만나는 사건(행 8:26-40)과 베드로가 룻다, 시론, 욥바를 거쳐 가이사랴에까지 이르러 그 곳에서 로마 군대의 백부장인 고넬료(즉, '하나님을 경외하는' 비유대인)의 집에 들어가 그와 그 가족 일가와 친구들을 만나는 사건(행 10:1-48) 사이에 놓여 있다. 이것은 앞으로 사울이 이방인(즉, 비유대인)의 사도로서 사역하게 될 사울의 장래를 내러티브의 문맥 속에서 암시해 주는 것이라 할 수 있다. 사도행전 9장 1-31절은 크게 3 단락(1절-19절 상: 사울의 회심/소명; 19절 하-30절: 사울의 증거; 31절: 교회의 부흥)으로 고려할 수 있으나, 필자는 내러티브 안에서 사울이 처하게 되는 주된 공간적 배경을 염두에 두면서 다음과 같이 5가지 소 문단으로 구분하고자 한다:

(1) 9:1-9 다메섹 도상에서의 사울,
(2) 9:10-19a 아나니아의 환상과 다메섹에서의 사울,
(3) 9:19b-25 다메섹 회당에서의 사울,
(4) 9:26-30 예루살렘에서의 사울,
(5) 9:31 온 유대, 갈릴리, 사마리아 지역의 교회 부흥에 대한 보도.

이상의 5가지 단락을 각각 아래에서 주해할 것이다.

신학적 관찰

부활하신 예수께 대한 기록자 누가와 예수의 제자 아나니아의 고백, 그리고 변화된 사울의 증거를 주목하면서, 예수께서 무엇보다 '주'로 고백된다는 사실과 '하나님의 아들'과 '그리스도'로 묘사되고 있다는 사실을 주목해야 된다. 즉, 기독론적 증거가 본 문맥에서도 다분히 전제되고 있는 주요 신학적 주제인 셈이다. 아울러 본문을 통해 우리는 사도행전이 실제로 승천하신 예수의 행전으로 이해할 수 있음을 여실히 보여주는 것도 확인하게 된다(행 9:4-6, 11-12, 15-16). 이런 의미에서 사울의 회심/소명을 묘사하고 있는 사도행전 9장 1-19상반절에서의 가장 중심된 인물은 사울이나 아나니아가 아닌 부활, 승천하셔서 지금도 여전히 역사 가운데 활동하시는 예수이다.

한편, 우리는 또한 사도행전에서 묘사되는 다메섹 도상에서의 사울의 회심/소명(행 9:1-19상; 22:3-16; 26:4-18)이, 이 사건과 관련된 자신의 신앙-계시적 체험을 간접적으로 밝히는 바울 서신들(고전 9:1; 15:8-9; 갈 1:11-17; 빌 3:4-12; 참조, 고후 3:4-4:6; 5:16-21)과 함께 누가-행전/누가신학과 바울 서신들/바울신학을 이해하는데 중요한 신학적 가치와 의미가 담겨있음을 언급하지 않을 수 없다. 누가행전의 기자가 바울과 함께 전도 여행에 동행하였고('우리-단락'인 행 16:10-17; 20:5-15; 21:1-18; 27:1-28:16 참조) 바울의 마지막 후기 사역 중에도 함께 했던 의사 누가로 고려할 경우(골 4:14; 몬 1:24; 딤후 4:11), 누가는 예수를 믿고 따르는 (유대교에서 이미 어느 정도 떨어져 나온) 새로운 신앙 공동체뿐 아니라 사도행전 9장 이후로 사도행전 내러티브의 핵심 인물

인 바울에 대해서도 어느 정도의 변증적 목적을 갖고 있었을 것을 추정해 볼 수 있다. 어쨌든 바울의 회심/소명은 '예수가 하나님의 아들이요, 그리스도' 라는 불가항력적인 고백과 증거를 통해 자신의 '유대인의 성경' 이 이제 '구약 성경' 으로 새롭게 해석되는 신학적 기초가 된 결정적 사건인 것이다 (눅 24:27, 44-45참조).

다메섹 도상에서의 사울: 부활하신 예수와의 만남(1-9절)

누가는 8장 끝부분의 분위기와 달리 다소 갑작스럽게 9장 1-2절에서 사울을 소개하고 있다. 하지만 누가는 여기서 예수를 '그리스도와 주' 로 믿고 따르는 자들에 대해 위협과 살기가 가득 오른 사울을 묘사하는데 있어 '여전히' (ἔτι)라는 부사를 사용함으로써, 이들에 대한 사울의 핍박이 갑작스런 일이 아님을 보여주면서도 시간의 경과와 함께 이들에 대한 증오의 정도가 점점 더 강력해지고 있음이 이 두 절들 속에 전제되어 있다. 이것은 스데반이 설교했던 현장에서 내러티브의 변두리 인물로 나타나기 시작하는 사울에게까지 거슬러 올라간다. 공회 앞에서 스데반을 죽이고자 하는 유대인들은 자신들의 옷을 벗어 '사울이라 하는 청년' 의 발 앞에(행 7:58) 두었으며, "사울은 그[스데반]의 죽임을 마땅하게"(행 8:1) 여기는 자로서 예수와 그를 믿는 무리들이 하나님을 훼방하는 자들이라는 분명한 신앙의 소신을 갖고 있었다. 이런 확신 속에서 유대교에 열심 이었던 사울은 "교회를 잔멸하기 위해 (예루살렘) 각 집에 들어가 남녀를 끌어다가 옥에 넘기"는 것을 자신의 하나님께 향한 사명으로 인식했던 것이다(행 8:3). 사울은 이제 예루살렘의 핍박을 피해 다메섹(Damascus)으로 이동한 "주의 제자들" 즉, 예수를 주로 고백하는 여러 제자들까지도 결박 시키고자 굳은 마음을 먹고 그에 따른 공적인 허락을 대제사장으로부터 받게 된 것이다. 1절의 "주의 제자들"(the disciples of the Lord)은 2절의 "그 도(ἡ ὁδός)에 속한 사람들"이라 할 수 있는데, 이는 예수를 믿고 따르는 자들이 이미 예수를 "주"(ὁ κύριος)로 신앙하고 있다는 사실(행 3:36; 4:12 참조)과 이들로부터 이미 유대 공동체와는 나름대로 구별되는 어떤 고백과 가르침이 "그 도"(the way: 행 7:58; 8:1, 3; 16:7; 18:26; 19:9, 23; 22:4; 24:14, 22; 참조, 롬 3:17; 고전 12:31; 유 11)로 인식되었다는 사실이다.[4]

사울이 다메섹 도시(고후 11:32 참조)에 거의 다 도달할 때쯤 되었을 때(예루살렘에서부터 다메섹까지는 약 242 km임), 그는 이전에 결코 경험하지 못했던 한 사건의 주인공이 되고 만다. 부활하신 예수께서 사울을 개인적으로(무리 가운데서 사울에게만), 인격적으로(사울의 이름을 두 번씩 부르면서), 불가항력적으로(예수께서 먼저 택하시고 부르심으로 사울이 피할 수 없었던), 그리고 목적적으로(예수의 증인을 삼고자) 찾아오신 것이다. 다메섹에 있는 '주의 제자' 들을 예루살렘에 끌어 가고자 다메섹을 향했던 사울의 목적과 계획은, 실제에 있어 부활하신 예수의 더 큰 목적과 계획 가운데 – 단지 사울이 알지 못했던 – 또 다른 목적과 계획을 성취하기 위한 걸음이었던 것이다. 즉, 이 불가항력적인 만남은 신적 기원(divine origin)이요, 신적 계시(divine revelation)에 의한 것이었다(고후 1:1; 엡 1:1; 골 1:1). 우리의 본문은 '홀연히 하늘로서 비추는 빛' 과 '부활하신 예수의 (즉, 하늘로부터 들리는) 소리' 를 통해 사울 자신이 (그리고 사도행전의 독자들에게) 시각과 청각에 의해서 분명히 느낄 수 있었던 사건이었음을 더욱 구체화시키고 있다.[5] 하늘로부터 임하는 빛(출 19:16; 삼하 22:15; 시 17:14; 76:18; 96:4; 143:6; 겔 1:4, 7, 13; 단 10:6; 참조, 눅 9:29; 10:18; 17:24; 24:4)과 소리(창 22:1-3, 11-18; 46:2; 출 3:3; 19:16-20; 삼상 3:4, 10, 사 6:8-13; 참조, 눅 3:22; 9:35; 행 10:13, 15; 18:9-10; 22:18, 21)는 구약에서 이 땅에 임하는 하나님의 현현(theophany)을 계시하는 대표적 현상이었다. 여기서 우리가 주목해야 할 것은 이 빛과 소리를 통한 신적 현현이 '여호와 하나님' 이 아닌 '부활하신 예수' 라는 사실(christophony)이다.[6] 우리는 여기서 사울 자신 뿐 아니라 누가행전의 독자들에게 예수가 (여호와 하나님과 같이) '또 하나의 주(主)' 로서 예수의 제자들과 백성들에게 인격적으로 관계하는 분이라는 사실(행 2:36; 고전 8:6 참조)을 읽게 된다.

사도행전 9장 4-5절에 따르면 유대 크리스천들을 핍박한 사울은 실제로 부활하신 예수를 핍박한 것으로 증언된다(행 22:7-8; 26:14-15 참조). 이것은 부활하신 예수께서 사울에게 처음으로 자신을 계시하시면서 하신 말씀("사울아 사울아 네가 어찌하여 나를 핍박하느냐")인데, 말하자면 오순절 성령 강림 이후 예수께서는 자신이 부어주신 성령을 통해(행 2:33; 참조, 행 16:7) 자신('그 도')을 믿고 따르는 성도들과 늘 교제하고 있다는 사실에 근거하는 것임을 의미한다(마 28:20 참조). 이것은 또한 예수께서 칠십 인의 제자들에게 약속한 말씀의 성취이기도 하다: "너희 말을 듣는 자는 곧 내 말을 듣는 것이요 저희를 저버리는 자는 곧 나를 저버리는 것이요 나를 저버리는 자는 나 보내신 이을 저버리는 것이라"(눅 10:16). 자신의 원래 목적과 달리 이제 사울은 – 자신의 힘을 의지하고 날뛰던 이리로부터 목자에게 순종하는 양으로 변화된 것 같이 – 부활하신 예수의 명령("일어나 성으로 들어가라 행할 것을 네게 이를 자가 있느니라")에 따라 다메섹 도시로 입성하게 된다. 사울은 동행했던 사람들의 손에 이끌려 이 도시의 '유다 집' (the house of Judas)에 묵는 삼일 동안 시력을 잃은 상태에서 먹는 것과 마시는 것도 금한 채 기도하게 되는 것을 알 수 있다(8-9절, 11절).

부활하신 예수를 극적으로 만나게 된 사울은 '예수를 핍박하는 자' 에서 예수의 그릇으로 선택함을 입어 '예수 때문에 핍박받는 자' 로 변화되어 다시 태어날 준비를 하게 되는 것이다. 즉, '그 도' 를 훼방하고 잔멸하려던 사울이 '그 도' (행 9:16; 참조, 행 24:5, 14)를 선포하고 증거하는 자로 변화됨으로써, (유대) 크리스천이 되는 것(회심)뿐 아니라 (유대인과 특히 이방인을 위한) 크리스천 선교사(소명)로 다시 태어나게 되는 것이다

아나니아의 환상과 다메섹에서의 사울: 예수의 제자 아나니아와의 만남(10-19절상)

부활하셔서 승천하신 예수께서는 다메섹에서 살고 있는 그의 제자 아나니아에게도 환상 가운데(ἐν ὁράματι) 나타나셔서 아니니아의 이름을 부르면서 말씀하신다. 아나니아는 "주여 내가 여기있나이다"(ἰδοὺ ἐγώ, κύριε)라고 자연스럽게 응답하는 것을 보게 되는데, 이것은 예수의 자기 계시에 따른

사울의 반응, "주여 뉘시오니이까"(τίς εἶ, κύριε)과 비교해 볼 때, 매우 대조적이라는 사실을 보여주는 셈이다. 즉, 예수의 제자로서 아나니아는 이미 주 예수와의 계시적 교제에 익숙하다는 것을 내러티브가 암시해 주는 것이다. "아나니아야"라고 부른 이후에 그에게 주는 첫 메시지는 사울에 대한 것이었다: "주께서 가라사대 일어나 직가라 하는 거리(the street called Straight)로 가서 유다 집에서 다소 사람 사울이라 하는 자를 찾으라 저가 기도하는 중이다 저가 아나니아라 하는 사람이 들어와서 자기에게 안수하여 다시 보게 하는 것을 보았느니라"(11-12절).[7] 예수께서는 이 사울이 다름아닌 '사울이라 불리는 다소 출신의 사람' 이라고 함으로써 자신과 자신을 믿고 따르는 자의 큰 대적자 사울임을 처음부터 분명히 하고 있다.

아나니아가 주 예수께로부터 듣게 된 말씀은 그 내용이 구체적인 것만큼이나 자신의 귀를 의심할 만큼 잘 이해가 되지 않는 명령이었다는 사실이 예수께 향한 그의 답변에서 발견된다. "주여 이 사람에 대하여 내가 여러 사람에게 듣사온즉 그가 예루살렘에서 주의 성도에게 적지 않은 해를 끼쳤다 하더니 여기서도 주의 이름을 부르는 모든 자를 결박할 권세를 대제사장들에게 받았나이다"(13-14절). 이것은 그 만큼 그 당시 유대-그리스도인들 사이에서 사울에 대한 악명이 높았음을 자연스럽게 보여주는 것으로써, 사울의 회심/소명이 다시 한번 신적 개입에 따른 드라마틱한 사건임을 시사하는 것이기도 하다.

우리는 이 구절에서 두 개의 다른 표현으로 한 개념을 설명하고 있는 용어를 관찰할 필요가 있다. 앞에서 '주의 제자' (1절)나 '그 도를 좇는 사람' (2절)과 같은 의미로서, 즉 예수를 믿고 따르는 자들을 지칭하는 것으로써 '당신의 거룩한 자들' (13절: τοῖς ἁγίοις σου)과 '당신의 이름을 부르는 (모든) 자' (14절: πάντας τοὺς ἐπικαλουμένους τὸ ὄνομά σου)라는 표현을 사용하고 있다는 사실이다(한글 개역성경은 '주의 성도' 와 '주의 이름' 으로 번역됨). 이들의 신앙 공동체가 '거룩한 자들' (행 9:13, 32, 41; 26:10, 18)로 지칭되고 있다는 것은 이들이 종말에 나타날 하나님의 거룩한 영(사 44:3; 겔 36:27; 37:14)인 '성령' [8]을 소유하고 '거룩하신 하나님'(눅 1:49; 11:2)을 향하여 새 언약 백성들로 회복되었다는 이들의 신앙과 깊은 상관 관계가 있다. 그리고 이 거룩한 자들은 13절에서 무엇보다 예수께 속한('당신의') 거룩한 자들로 묘사되고 있는데, 이것은 누가행전 내러티브 안에서 예수께서 약속된 메시아로서의 '거룩한 자'(눅 1:35; 4:34; 행 3:14; 4:27, 30; 참조, 행 2:17; 13:35)로 설명되는 것과 결코 무관하다고 볼 수 없다. 이들은 또한 '예수의 이름을 부르는 자' 들로서, 이 이름을 부른다는 것은 예수께서 바로 종말에 나타날 구원의 주라는 사실을 믿고 그의 권세와 능력을 의지한다고 하는 고백을 말하는데, 이것은 실제로 사도행전 2장 이후로 요엘서 2장 32절(행 2:21; 롬 10:13 참조)에서 예인된 여호와 하나님을 의미하는 주(主)의 이름이 '주 예수의 이름'[9]으로 대체되어 성취된 것임을 말해 주는 것이다.

주 예수께 향한 아나니아의 의심쩍은 항변은 예수께로부터 나오는 또 한 번의 직접적인 명령과 함께 사울을 향한 그 분의 계획을 계시 받는 순간, 이내 주께 향한 순종 속에서 사울이 거하는 다메섹 유다의 집에 가는 것 이외의 다른 방도가 없음을 아나니아 자신이 깨닫게 된다: "주[예수]께서 가라사대 가라 이 사람은 내[예수의] 이름을 이방인과 왕들과 이스라엘 자손들 앞에 전하기 위하여 택한 나[예수]의 그릇이라. 그가 내[예수의] 이름을 위하여 고난을 얼마나 (마땅히) 받아야 할 것(δεῖ παθεῖν)을 내[예수]가 그[사울]에게 보이리라 하시니 아나니아가 떠나 그 집에 들어가서"(15-17절 상). 실제로 사울은 후에 예수의 이름을 위한 전도 여행 가운데 적지 않은 고난을 감내해야 했으며(행 9:23-25, 29-30; 13:50; 14:19; 16:19-24; 21:30-31; 24:27; 27:14이하; 28:20; 참조, 고전 4:10-13; 고후 6:3-10; 11:23-27), 이방인들(행 13:46-47)과 왕들(아그립바 왕 – 행 26:2-23; 가이사 황제 – 행 25:12) 앞에서 뿐 아니라 그의 설교와 사역을 계속적으로 방해하고 핍박하는 그의 유대 동족들(행 28:20, 23-28, 30)에게도 주의 복음을 인내하며(행 13:46-47; 18:6; 28:28 참조) 선전하는 것을 보게 된다.

다메섹 유다의 집에 있던 사울을 방문한 아나니아는 예수께서 사울에게 보여주신 환상대로(12절을 보라) 사울을 위해 안수 기도하였다. 이 때 삼일 동안 먹는 것과 마시는 것을 금했던 사울이 아나니아로부터 (내러티브 상에서)

처음 들을 말은 "형제 사울아"(Σαοὺλ ἀδελφέ)이었다. 말하자면, 사울이 "주의 제자" (1절), "그 도를 좇는 사람"(2절), "예수의 거룩한 자들"(13절), 그리고 "주의 이름을 부르는 자들"(14절)의 공동체의 일원으로 부름 받았다는 사실을 사울 자신(과 사도행전 독자)에게 말해주고 있는 셈이다. 그리고 아나니아의 안수 기도(눅 4:40; 13:13; 행 8:17; 28:8 참조)와 함께 사울이 '다시 보는' (ἀναβλέπω 12절, 17절, 18절) 은총을 체험하게 되었다. 이 때, 사울의 '다시 보게 되는 은총' 은 사울에게 삼일 전에 다메섹 도상에서 나타나셨던, 또한 아나니아를 사울에게 보내시고 사울에게 성령으로 충만케 하시는(행 13:4, 9; 16:6-10; 20:21-25 참조) '주 예수' 이신 것을 아나니아 자신이 사울에게 분명하게 밝히고 있다. 이제 비로소 '다시 보게' 된 사울은 자신의 어두웠던 과거를 털고 '일어나' "형제 사울아" 라고 불렀던 아나니아의 선언에 부합된 반응으로서 사울 자신이 기꺼이 세례를 받음으로써 나타내 보이고 있다. 이 때 아나니아는 '주 예수 그리스도의 이름으로' 사울에게 세례를 주었을 것이다(행 2:38 참조). 그리고 아나니아와 함께 감격적인 교제의 식사(18절)를 함으로써, 실질적인 크리스천 형제애를 나누었을 것이다. 성령으로 충만함을 받은 사울(행 9:17; 참조, 13:2, 4, 9; 16:6, 7; 19:6, 21; 20:22, 23)은 이제 사도행전의 남은 전체 내러티브의 중심 인물로서 '땅 끝까지' 주의 복음을 증거하는 '예수의 증인' 으로 한결같이 묘사된다.

위의 사건을 보면서 우리는 사람을 통해 하나님께서 또 다른 사람을 세우시는 주 하나님/예수의 계획을 목도하게 된다. 바클레이는 아나니아를 가리켜 "기독교 교회의 잊혀진 영웅들 중 하나" 라고 했다.[10] 이와 함께 "가말리엘이 아니라 스데반이 바울의 진정한 스승이었다" 고 말한 랙햄의 진술도 매우 의미있는 관찰과 묵상이라 판단된다.[11] 스데반이 유대인들의 돌에 의해 순교 당하는 순간, 그가 주 예수께 중보와 용서의 기도로 부르짖었던 "주여 이 죄를 저들에게 돌리지 마옵소서"(행 7:60)가 사울에게 응답된 셈이다.

다메섹 회당에서의 사울: 다메섹 교회/성도들과 유대인들과의 만남 (19절하-25절)

예수의 제자 아나니아의 안수 기도를 통해 다시 보게 된 사울은 세례와 함께 곧 이어 성령 충만을 받게 된다. 이어서 사울은 다메섹에 있던 다른 제자들과 며칠을 교제한 후, 바로 다메섹의 회당에 들어가서 '예수가 하나님의 아들'(20절)임을 선포하게 된다(ἐκήρυσσεν τὸν Ἰησοῦν ὅτι οὗτός ἐστιν ὁ υἱὸς τοῦ θεοῦ).[12] 누가복음에서 예수께 향한 이 같은 기독론적 묘사가 자주 발견되는 것(눅 1:32, 35; 3:22; 4:3, 9, 41; 22:70)과는 달리 사도행전에서는 그리 명시적으론 나타나지는 않는다(행 13:33 참조). 예수께 향한 이 같은 선포('예수가 하나님의 아들이시다')는 22절의 '예수가 그리스도이시다' 라는 고백 및 증거와 함께 하나님의 저주에 따른 심판으로서 나무에 달려 십자가에 처형되었다(신 21:23 참조)고 믿었던 예수의 죽음이, 오히려 하나님의 뜻에 완전 순종함으로 기뻐하심을 입은 하나님의 유일한 아들(그리고 종으)로서의 예수의 고난(참조, 눅 3:22; 9:35; 시 2:7; 사 42:1)이었다는 사실을 사울이 깨닫게 되었음을 의미한다. 말하자면 다메섹 도상에서 부활하신 예수를 만난 이후, 바울 신앙과 신학의 중심 틀이었던 그 동안의 바울의 성경관(유대인의 그 성경[the Jewish Bible]에서 [the Christian Old Testament]구약에로) – 특히 그의 율법관과 메시아관 – 은 그의 해석학적 패러다임의 변화 가운데 다시 태어나게 되었음을 증거 해 주는 것이기도 하다. 이 가르침/도를 믿고 예수를 하나님의 아들과 메시아로 신앙하던 자들을 잔해하기[13] 위해 사울이 예루살렘에서 다메섹으로 올라온다는 소식을 들었던 회당의 유대인들은 실로 사울의 이 같은 변화됨 앞에 심히 경악을 금할 수 없었다. 그러나 사울은 더 큰 능력 가운데(ἐνδυναμόω)[14] 유대인들이 갈망하는 메시아/그리스도가 바로 십자가에 못 박힌 예수임을 강력하게 증거하였다. 누가는 여기서 예수의 제자로서 변화된 사울의 행위를 묘사하는데 있어, 예수의 행위를 묘사(눅 4:18, 19, 44; 8:1, 39; 9:2; 24:47; 행10:42)하는 주요 동사인 "전파하다"(κηρύσσω - 행 9:20; 19:13; 20:25; 28:21)의 용어를 사용하고 있다.

"많은 날들이 지나고 난 후에"(23절: ὡς δὲ ἐπληροῦντο ἡμέραι ἱκαναί)라고 서술된 표현은 다메섹 도상에서의 회심 사건과 관련된 바울 자신의 증언(갈 1:11-24; 고후 11:32-33; 특히 갈 1:18)과 비교해 볼 경우,[15] 바울이 다메섹에서 회심/소명 이후 아라비아로 갔다가 다시 다메섹으로 돌아온 때까지를 포함하는 기간으로 보인다. 바울의 회심/소명이 있은 지 약 3년이 지나자, 이제 다메섹에 있는 유대인들은 과거에 사울이 그러했던 것처럼 자신들의 '종교적 열심'(행 22:3; 갈 1:14; 빌 3:6) 속에서 '다른 도'[16] 즉, '예수가 하나님의 아들이요 그리스도' 임을 전하고 있는 사울을 죽이고자 계획하게 되었다. 그러나 이 음모는 사울에게 알려지게 되었고, 사울은 '그[사울]의 제자들'(οἱ μαθηταὶ αὐτοῦ)의 도움 속에서 간신히 다메섹을 빠져 나오게 되는데, 이는 아나니아에게 계시("그[사울]가 내[예수] 이름을 위하여 해[害]를 얼마나 받아야 할 것")된 예수 제자로서의 사울의 고난이 이미 시작된 것임을 시사해 주고 있는 셈이다(29-30절도 보라).

예루살렘에서의 사울: 바나바와 사도들 및 유대인들과의 만남 (26-30절)

밤에 다메섹에서 빠져 나온 사울은 예루살렘으로 자신의 발걸음을 옮겼다. '주 예수의 이름'을 부르는 자들을 잡아오기 위해 3년 전 예루살렘을 떠났던 사울이 이제는 '주 예수의 이름'을 선전하는 자로 변화되어 동료 유대인들로부터의 핍박과 죽임 당할 위험을 피해 예루살렘으로 오게 된 것이다. 밤중에 예루살렘으로 돌아오는 사울의 심정을 누가 온전히 다 헤아려 볼 수 있을까? 사울이 예상했던대로 였을까? 대제사장 대신 예수의 제자들을 만나 교제하고자 했던 사울과 달리 과거 자신의 악명으로 인해 비록 그의 변화되었다는 소식을 들었을 예루살렘의 성도들은 여전히 그를 꺼리며 두려워할 수 밖에 없었다. 예루살렘에서 주의 성도들에게 행한 사울의 잔악한 핍박이 아직도 그들로 하여금 사울이 예수의 제자로 변화되었다는 사실을 순전히 받아들일 수 없게 했을 것이다.

이 때 예루살렘의 사도들에게 사울을 소개하고 추천한 자가 구브로에서 레위 가문으로 출생한 요셉이었다. 그는 평소에 예루살렘 신앙 공동체 안에서 성도들을 잘 보살피면서 덕을 끼침으로 사도들로부터 인정을 받아(행

15:25-26 참조) 바나바 즉 '위로의 아들'(son of consolation)로 불리는 자였다(행 5:36). 말하자면, 바나바를 통하여 예루살렘의 사도들은 사울이 어떻게 다메섹 도상에서 주(主)(27절) 예수를 만나게 된 것과 예수께서 사울에게 말씀하신 것과 사울이 회심/소명을 받은 이후 다메섹에서 어떻게 예수의 이름을 "담대히"(27절; 행 13:46; 14:3; 18:26; 19:8; 26:26; 28:31; 참조, 행 2:29; 4:13, 29, 31) 증거하였는 지를 소문으로 듣던 것보다 더욱 자세하게 그리고 확실하게 알게 된 것이다. 이것은 사울이 사도들을 만나기 전 바나바와 만날 기회가 있었음을 시사하며, 이 교제를 통해 바나바는 사울이 같은 형제로서 '예수의 사람'인 것을 충분히 인식하게 되있을 것이다. 다메섹에 있는 예수의 제자들이 사울을 한 형제로 받아들이는데 있어 아나니아가 큰 역할을 하였다면, 예루살렘의 사도들은 바나바의 통찰력과 인격을 통하여 이미 회심/소명을 체험한 사울을 기꺼이 한 형제로 영접하게 되었던 것이다. 하나님께서는 이렇게 예비 된 하나님의 사람들(예, 스데반, 아나니아, 바나바)을 통하여 하나님의 새 일꾼들(예, 바울)을 세워나가시고 준비시켜 주신다. 바나바의 사울에 대한 소개와 추천은 사도들에게 신뢰를 가져다 주었다. 하지만 무엇보다 사도들 앞에 서 있는 사울의 변화된 말과 행실이 바나바의 추천을 확증시켜 주었을 것이다.

사울은 이제 예루살렘에서도 주의 제자들과 함께 교제를 나누면서(εἰσπορευόμενος καὶ ἐκπορευόμενος εἰς Ἰερουσαλήμ 행 1:21 참조) 예루살렘에 거하는 디아스포라 출신의 유대인들에게 주 예수의 이름으로 담대히 증거하였다(παρρησιαζόμενος ἐν τῷ ὀνόματι τοῦ κυρίου 행 13:46; 28:31 참조). 그러나 사울은 다메섹에서 그러했듯이, 이 곳 예루살렘에서도 이들의 핍박과 비난 속에서 죽음의 위협을 느끼지 않을 수 없었다. 아마도 사울은 이 곳 예루살렘에서 이들과 같은 디아스포라 출신의 유대인들(행 6:9, 11-14)에게 예수를 증거하다가 순교를 당한 스데반을 떠 올리지 않을 수 없었을 것이다. 그리고 무엇보다 스데반의 죽음을 당연히 여기며 그 자리에 서 있었던 과거의 자신을 회상하면서(행 6:57-8:1), 사울은 더욱 결연한 자세로 순교를 각오하며 그들과 변론하였을 것이다. 그러나 예루살렘에 속한 주의 제자들은 사울을 피신 시키기로 계획함으로써, 사울은 다시 한번 예루살렘을 떠나 가이사랴로, 그리고 더욱 안전하다고 판단된 사울 자신의 출생지인 길리기아의 수도인 다소(행 9:11; 21:39; 22:3 참조)로 인도되었다(갈 1:21 참조). 이 사건 이후에 누가는 다소에 도착한 사울에 대해서는 잠시 침묵을 지키는 한편(행 11:25-26절에서 다시 소개됨), 하나님과 성령의 강권적인 인도하심 가운데 사도 베드로가 '하나님을 경외하는 이방인' 고넬료에게 복음을 증거할 수 밖에 없는 사건의 경위를 소개함으로써(행 10장), 사도행전 13장 이후로 바나바와 사울/바울 그리고 후에는 바울에게 더욱 초점을 맞추면서 어떻게 이방인, 즉 비유대인들을 향한 복음 선포의 길/도(way)가 펼쳐지게 되는지를 준비한다.

온 유대, 갈릴리, 사마리아 교회의 부흥(31절)

누가는 사도행전 9장 31절을 통해 스데반 순교 이후(행 8:1 참조) 그리고 사울이 예루살렘을 떠나 다소로 피신을 한 상황 가운데서도 여전히 교회가 하나님의 섭리와 인도 속에서 영적, 수적으로 성장해 나감을, 즉 하나님의 복음이 계속 지리적으로 확장되고 있음을 시사하고 있다: "그리하여 온 유대와 갈릴리와 사마리아 교회가 든든히 세워져 가면서 평안을 누리고 주를 경외함과 성령의 위로로 진행하여 수가 더 많아지니라." 여기서 교회는 단수형(ἡ ἐκκλη-σία)으로 사용되었는데 이것은 유대 땅에서 예수의 이름을 믿는 모든 성도들이 유기적 관계 속에서 모두 다 하나임을 시사해 준다. 초대교회의 영적, 수적 상황을 묘사(행 2:47; 5:14; 6:7; 12:24; 16:5 참조)해 주는 이 요약 구절에서의 주 동사는 "평안을 누리다"(ἔχω εἰρήνν)와 '수가 더 많아지다'(πηλθύνω)인데, 수단의 여격인 '주(목적격적 소유격)를 경외함으로써 그리고 성령께서(주격적 소유격) 위로해 주심으로써' (τῷ φόβῳ τοῦ κυρίου καὶ τῇ παρακλήσει τοῦ ἁγίου πνεύματος)는 구문상 이 두 가지 동사와 모두 관련된 것으로 해석될 수 있는 여지가 남아있다. 이럴 경우 교회 성도의 수적 증가뿐 아니라 평안을 누리게 됨도 부활하시고 승천하신 예수를 주로 경외하는 그들의 신앙(행 2:43; 5:5, 11 참조)과 함께 성령께서 베푸시는 위로(눅 2:25; 6:24; 행 13:15; 15:31)에 기초한다고 볼 수 있다. 초대 교회 상황에 있어 성령은 몇몇 예수 증인들의 복음/선포 사역에 직접적인 능력을 베푸심으로 '선교의 영' 으로서 역사하셨을 뿐 아니라, 신앙 공동체 안에서 성도들의 내적 삶에 있어서도 '위로/격려의 영' 으로서 활동하셨음을 보게 되는 것이다(요 14:16, 26; 15:26; 16:7에서 파라클레토스이신 성령을 참조).

이제 나는 사도행전 9장의 전체 내러티브 적용의 한 테마로서 '다시 보게 될/된 사울' (행 9:12, 17, 18)을 짧게 고려해 보면서 글을 맺고자 한다. 이것은 사울/바울의 '다시 보게 되는 은총' 이란 제목으로 설교적 착상을 시도해 볼 수 있을 것이다. 말하자면 사도행전 9장 사건 이전의 사울이 사도행전 내러티브 안에서 '영적 장님' 내지 '하나님의 훼방꾼' 으로 인물화 되고 있음을 의미하는 것이 된다. 사울은 다메섹 도상에서 부활하신 예수를 만나기 전에도 여호와 하나님 앞에서 자기 신앙 내지 신학에 대한 열정에 대한 정체성이 분명했던 자였다. 그가 다른 유대인 동년배들보다 더욱 열심이 있었던 것은 하나님께 향한 사랑과 헌신이 남달랐기 때문이었다(빌 3:5-6 참조). 그러나 문제는 사울 자신의 하나님 앞에서 의롭다는 생각, 자신으로부터 하나님의 이름을 위해 절대적으로 옳은 일을 하고 있다는 확신과 생각이 바울 자신의 것이었지, 결코 하나님의 생각이나 뜻과 동일한 것은 아니라는 점이다. 아니 오히려 하나님의 뜻과 계획을 방해하는 훼방꾼이 바로 사울 자신이었던 것이다. 바로 이 결정적인 깨달음, 바로 이 엄청난 반전을 바울 자신이 깨닫게 되는 사건이 '다메섹 도상에서 부활하신 예수' 를 만나는 사건이다. 그러나 실제로 이것은 부활하신 예수께서 사울에게 찾아 오심으로 말미암아 사울이 '다시 보게' 되는 사건이었다. 이런 면에서 이 사건은 하나님께서 베푸신 사울의 '다시 보는 은총' 인 셈이다.

이 은총의 내용은 (1) 하나님을 다시 보게 된 은혜이다. 이전에 알고 있던 하나님에서 멈추지 않는 은혜이다. 예수와 관계없다고 생각했던 그 하나님이 예수로 말미암는 하나님으로서의 새 인식의 깨달음이다. (2) 사울 자신을 다시 보게 된 은총이다. 예수를 핍박하던 자신이 예수를 위한 그릇으로 거듭나야 될 자신임을 깨닫게 되는 변화의 은총이다. 사울이 자기 자신을 다시 보게 되었다는 것은 바로 자신의 사명을 다시 보게 되는 은총을 입었다는 말이다. (3) 이것은 또한 자기 주위나 이웃 사람들을 다시 보게 되는 은총이다. 이것은 또한 사울의 주위 사람들이 사울의 변화를 의심할 만큼 인위적이 아닌 실로 불가항력적인 변화의 은총이었다.

다메섹 도상에서의 회심/소명 사건이 구속사적 차원에서 복음의 이방인 선교와 관련하여 '역사적 사울/바울' 을 향한 부활하신 예수의 직접적 섭리요 계획이라는 점에서 오늘 우리의 성도들과 비연속적인 면이 있는 것은 분명하다. 이런 점에서 우리는 이 사건뿐 아니라 사도행전에서 묘사되는 특정한 여러 사건들을 적용하는데 있어, 그 사건이나 메시지가 역사적 서술의 성격이 강한지 그렇지 않으면 규범적 성격의 것인지를 신중하게 고려해야 한다. 이와 동시에 우리는 또한 이 두 가지의 해석학적 판단(단순한 서술적 묘사인가 아니면 규범적 설명인가)을 어떤 사건들이나 메시지에 적용시킬 때 너무 이분법적으로 도식화('이것이냐, 저것이냐')하는 위험성도 피해야 될 줄로 안다.

오늘도 여전히 일상 생활 속에서 또는 특별한 사역 속에서 '그 이름을 위하여' (행 5:41) 예수의 증인으로 나타나야 될 사람을 주님은 찾고 계시리라 믿는다. 무엇보다 우리 자신이 하나님을 위해 어떤 삶의 자리에서 풀 타임으로 최선과 열심을 다하고 있을 때, 그것은 참으로 축복 받은 일임에 틀림없다. 그러나 필자를 비롯하여 이런 자리에 서 있는 목회 교역자나 전도자들은 늘 신중하게 자기 자신을 돌아볼 필요가 있다. 그것은 내가 하는 일과 내 자신의 계획은 늘 하나님께서 기뻐하시고 하나님의 뜻과 일치한다고 믿는 (또는 믿고 싶은) 유혹의 위험성 때문이다. 실로 하나님 그 분을 날마다 새롭게 볼 수 있는 은총, 내 자신과 내 사명이 늘 새로울 수 있는 은총, 해서 내 주위에 있는 사람들을 다시 바라볼 수 있는 은총을 허락해 달라고 주께 고백하는 우리 자신이 되기를 소망해 본다.

CHAPTER 8

구속 곧 죄사함을 받았으니

(에베소서 1장 7절)

1 하나님의 뜻으로 말미암아 그리스도 예수의 사도 된 바울은 에베소에 있
는 성도들과 그리스도 예수 안에 있는 신실한 자들에게 편지하노니 2 하
나님 우리 아버지와 주 예수 그리스도로부터 은혜와 평강이 너희에게 있
을지어다 3 찬송하리로다 하나님 곧 우리 주 예수 그리스도의 아버지께서
그리스도 안에서 하늘에 속한 모든 신령한 복을 우리에게 주시되 4 곧 창
세 전에 그리스도 안에서 우리를 택하사 우리로 사랑 안에서 그 앞에 거룩
하고 흠이 없게 하시려고 5 그 기쁘신 뜻대로 우리를 예정하사 예수 그리
스도로 말미암아 자기의 아들들이 되게 하셨으니 6 이는 그가 사랑하시는
자 안에서 우리에게 거저 주시는 바 그의 은혜의 영광을 찬송하게 하려는
것이라 7 우리는 그리스도 안에서 그의 은혜의 풍성함을 따라 그의 피로
말미암아 속량 곧 죄 사함을 받았느니라 8 이는 그가 모든 지혜와 총명을
우리에게 넘치게 하사 9 그 뜻의 비밀을 우리에게 알리신 것이요 그의 기
뻐하심을 따라 그리스도 안에서 때가 찬 경륜을 위하여 예정하신 것이니
10 하늘에 있는 것이나 땅에 있는 것이 다 그리스도 안에서 통일되게 하려
하심이라 11 모든 일을 그의 뜻의 결정대로 일하시는 이의 계획을 따라 우
리가 예정을 입어 그 안에서 기업이 되었으니 12 이는 우리가 그리스도 안

에서 전부터 바라던 그의 영광의 찬송이 되게 하려 하심이라 13 그 안에서
너희도 진리의 말씀 곧 너희의 구원의 복음을 듣고 그 안에서 또한 믿어
약속의 성령으로 인치심을 받았으니 14 이는 우리 기업의 보증이 되사 그
얻으신 것을 속량하시고 그의 영광을 찬송하게 하려 하심이라

신구약 성경이 말해주는 '구원'에 대한 개념은 우리가 알고 있는 것보다 훨씬 더 포괄적이며 종합적이다. 실제로 성경에서는 구원이 다음과 같은 의미로 다양하게 활용되고 있다. 민족의 해방(느 9:27; 사 45:17), 노예 상태로부터의 해방(신 24:18), 질병으로부터 해방(시 69:29; 약 5:15) 또는 병 고침을 받는 것(행 4:9), 감옥에서 풀려나는 것(빌 1:19), 위험으로부터의 보호(마 8:25; 행 27:20; 히 11:7), 환란으로부터 또는 악한 자들로부터 구출되는 것(시 34:6, 19; 37:40), 악으로부터의 보호(약 1:21), 하나님의 심판으로부터의 보호(살전 1:10), 육신의 죽음(고후 1:10)이나 영적인 죽음(약 5:20)으로부터의 보호 등이다.[1] 좀 더 구체적으로 주목한다면 구원은 무엇보다 관계론적 이해가 요구됨을 알 수 있다. 말하자면 하나님과 그 언약 백성과의 관계 회복을 중심으로 그 본질적 의미가 파악되어야 한다.

뿐만 아니라 하나님과의 관계로부터 기인되는 구원에 대한 전인적 이해는 그 기원과 성격에 있어 초월적이기도 하다. 특별히 신약성경에서 묘사하고 있는 구원의 중심에는 그리스도 예수 안에서(통해) 나타난 하나님의 은혜로우신 행위가 자리잡고 있다.[2] 이 같은 구원의 개념이 공관복음서에서는 예수 그리스도의 메시아적 인격과 사역을 통해 하나님의 나라/통치의 도래에 따른 회개와 죄 용서의 선언을 중심으로, 요한복음에서는 하나님의 아들 예수 그리스도/진리를 알고 거함으로 – 믿음으로 – 생명/영생/자유 즉 '위로부터 (다시) 태어남' (중생)의 의미로 풀이되고 있다. 물론 사복음서에서 이 구원의 개념과 의미는 철저하게 '그리스도의 사건', 즉 예수의 십자가 죽으심과 부활 사건에서 그 절정을 드러내는 것으로 묘사되고 있다. 한편, 바울 서신에서는 관계적이고 초월적 개념으로서 구원이 좀 더 다양한 은유적 표현(예, 칭

의, 성화, 화해/화목, 해방/구속, 희생제사, 양자, 새 창조 등)으로 소개되고 있다.[3] 복음서의 구원 개념이 예수 그리스도의 십자가 죽으심과 부활을 지향하고 있다면, 바울 서신에서는 이 구원사적 사건이 전제된 가운데 구원의 의미가 적용되고 있다. 그렇다면 우리의 본문인 에베소서 1장 7절에 초점을 맞추어 성경에서 보여주는 구원의 한 성격과 의미를 깨달음으로써, 오늘날 우리의 구원 설교가 좀더 분명해지고 더욱 풍부해지기를 기대해 본다.

> "우리가 그리스도 안에서 그의 은혜의 풍성함을 따라 그의 피로 말미암아 구속 곧 죄 사함을 받았으니"(엡 1:7)

먼저 에베소서 1장 7절은 3-14절에서 드러낸 삼위 하나님을 향한 찬가의 한 구절이다. 이 영광의 찬가는 하나님 아버지께서 그리스도 예수 안에서 우리 성도들을 위해 (이미) 축복하신 그 은혜의 주권적 구원 계획, 선택, 예정, 적용, 계시, 보증을 설명하면서 구속 받은 자녀로서 성도들은 이제 마땅히 하나님 아버지의 영광을 찬송해야(6절, 12절, 14절) 될 목적적 존재임을 선언해 준다. 이런 점에서 우리의 본문인 7절은 하나님의 주권적 구원이 성도들에게 적용되어 나타난 결실을 보여준다. 그렇다면 좀 더 구체적으로 이 구절의 의미를 생각해 보도록 하자.

구속이란

'구속'(ἀπολύτρωσις)의 개념은 '구원'이라고 하는 의미 영역 가운데 보다 좀 더 구체적 함의를 가지고 있다. 그리스어의 이 단어는 영어성경에서 주로 "redemption"으로 번역되었는데, 비(非)성서적 그리스 문헌에서의 용도는 매우 적게 나타나며, 칠십인 역에서도 다니엘서 4장 34절에서만 발견될 뿐이다. 그렇다 할지라도 이 용어의 의미는 구약적 배경을 강하게 가지고 있는 것을 알게 된다. 말하자면 '구속'이라는 그리스어 아폴뤼트로시스(ἀπολύτρωσις)는 이스라엘 백성이 이집트로부터 해방/구출된 하나님의 구원-역사적 사건과 깊은 관련을 갖고 있다(신 7:8; 9:26; 13:5; 15:15; 24:18; 대상 17:21 참조). 한편 이 용어는 종종 노예 상태에 있었던 사람들의 자유 함을 위해 몸값을 지불하는 행위에도 관계가 있는 것으로 해석된다(레 25:47-49 참조). 신약성경에서는 이 그리스 단어가 10번 활용되는데, 이 가운데 바울 서신에서만 7번 발견된다(눅 21:28; 롬 3:24; 8:23; 엡 1:7, 14; 4:30; 골 1:14; 고전 1:30; 히 9:15; 11:35; 참조, λύτρωσις – 눅 1:68; 2:38; 히 9:12; λυτρόω – 벧전 1:18; 눅 24:21; 행 28:19; 딛 2:14).[4] 성경 언어들의 의미론적 동일영역을 연구한 Louw와 Nida는 아폴뤼트로시스(ἀπολύτρωσις)를 "to release or set free, with the implied analogy to the process of freeing a slave"(노예를 석방하는 과정의 유비와 관련된 의미로서 해방시키다 또는 자유케하다)로 풀이하고 있다. 이런 점에서 이 그리스 단어는 또 다른 그리스어 동사 엑사고라조(ἐξαγοράζω – 갈 3:13; 4:5; 참조, 골 4:5; 엡 5:16)/아고라조(ἀγοράζω – 고전 6:20; 7:23; 벧후 2:1)와 같은 의미 영역에 속한 것을 알 수 있다.[5]

구속 곧 죄 사함

이상에서 관찰했듯이 에베소서 1장 7절의 '구속'은 신앙 공동체로서 성도들("우리가…받았다")이 사탄과 죄의 억압과 통치에서부터 해방/구출된 것을 일차적으로 의미한다. 에베소서 2장 1-10절의 문맥은 1장 7절의 빛 아래서 읽을 때 그 의미가 더욱 살아난다. 그리고 이 해방/구출(또는 통치권 이동)은 인간의 자력(自力)에 의한 것이 결코 될 수 없으며, 오히려 전적으로 하나님의 주권적인 타력(他力)에 의한 구원임을 말해준다.

그런데 에베소서의 본문이 우리에게 주목을 끌게 하는 것은 이 '구속'(τὴν ἀπολύτρωσιν)을 동격 목적어로 설명해주는 '죄 사함'(τὴν ἄφεσιν τῶν παραπτωμάτων)에 있다. 이 표현은 문자적으로 "죄들의 용서함"(the forgiveness of trespasses)으로, 여기서 사용된 소유격은 목적격적 소유격으로 "죄들을 용서함"을 의미한다. 따라서 사탄과 죄의 억압과 통치로부터 해방/구출된 '구속'을 바울은 성도들이 하나님께로부터 그들의 죄가 용서함 받은 것과 다름 없는 것으로 해석하고 있음을 보여준다(롬 3:24-25; 8:3; 고후 5:21; 갈 3:13; 히 9:12; 벧전 3:18 참조). 이 구절은 골로새서 1장 14절과 병행되는 구절이며(ἐν ᾧ ἔχομεν τὴν ἀπολύτρωσιν, τὴν ἄφεσιν τῶν ἁμαρτιῶν), '구속'에 따른 통치권 이동 개념이 13절에 잘 드러나 있기도 하다: "그[하나님 아버지]가 우리를 흑암의 권세에서 건져내사 그의 사랑의 아들의 나라로 옮기셨으니". 하지만 에베소서 본문은 골로새서 본문보다 "죄 사함"의 의미를 좀 더 실질적으로 파악하는데 도움이 되는 실마리를 제공해 주고 있다. 그것은 바로 "그[예수 그리스도]의 피로 말미암아(διὰ τοῦ αἵματος αὐτοῦ) 구속 곧 죄 사함을 받았으니"라는 설명이다. 즉, 바울은 "죄 사함"이라는 표현과 더불어 "그의 피로 말미암아"라는 어구를 동원하여(엡 2:13 참조) "구속"의 의미를 구약적 배경과 관련된 희생 제사의 개념과 중첩시키고 있다. 이것은 바울이 예수 그리스도의 십자가 죽으심을 대속적 희생 제물로 이해하고 있음을 시사해 주는 것이기도 하다(롬 5:6, 8; 14:9, 15; 고전 8:11; 15:3; 갈 2:21; 살전 5:10; 벧전 2:21; 3:18 참조).[6]

구속 곧 죄 사함은 어디로부터 오는가

그렇다면 "구속 곧 죄 사함"은 어디로부터 오는 것인가? 바울은 한 마디로 구속 곧 죄 사함이 "그리스도 안에서 하나님의 은혜의 풍성함을 따라" (ἐν ᾧ…κατὰ τὸ πλοῦτος τῆς χάριτος αὐτοῦ) 주어지는 것임을 증거한다. 앞에서 살펴 보았듯이 성도의 구속은 좀 더 직접적으로 "예수 그리스도의 피로 말미암아" 가능하게 되었다. 그리고 이 구원의 실제적 나타남은 영원 전부터 "그리스도 안에서 하나님의 은혜의 풍성함을 따라" 기인한 것임을 보여줌으로써 성도의 새 사람 됨은 전적으로 하나님의 주권에 속하는 것임을 다시 한번 확인시켜 준다. 성도의 구원이 하나님의 손에 절대적으로 의존하고 있다는 사실은 3-14절에서 보여주는 구원의 주체가 하나님 자신임(사 52:3 참조)을 보여주는 계속적인 논증으로 쉽게 증명된다. 뿐만 아니라 하나님께서 그 마음에 원대로 계획하시고 실행하시는 모든 선한 뜻이 "예수 그리스도로 말미암아"(5절), "그리스도 안에서/그의 사랑하시는 자 안에서"(3절, 4절, 6절, 9절, 10절, 12절, 13절) 그리고 "약속의 성령으로"(13절) 성도들에게 적용된다는 점이 구원의 신적 기원을 더욱 확실히 보강해 준다. 실로 성도들에게 베푸신 구원은 "긍휼에 풍성하신 하나님이 우리를 사랑하신 그 큰 사랑을 인하여"(엡 2:4) 가능하게 된 하나님의 은혜이다(엡 2:8 참조).

구속 곧 죄 사함은 누구를 & 무엇을 위함인가

하나님의 주권적 사역에 속하는 "구속 곧 죄 사함"은 누구를 위한 것인가? 하나님의 관점에서 볼 때 이 구원은 하나님의 사랑과 은혜 가운데 "그리스도 예수 안에서" 선택과 예정을 입은 사람들이다(4-5절, 9절). 이들은 영광스럽게도 "하나님의 아들들"이 되는 은택을 입게 된다(5절). 그리고 "약속의 성령으로" 인침을 받아 마지막 "구속의 날"(1:14; 4:30)에 구원/하나님 나라의 유업을 상속 받을 이 사람들은 종말론적 구원의 "첫 할부금"(ἀρραβὼν – 엡 1:14; 고후 1:22; 5:5)과 "처음 익은 열매"(ἀπαρχή – 롬 8:23)로서 성령의 선물을 부여 받은 사람들이다. 한편 성도의 관점에서 볼 때 이 구원의 복음은 성도의 들음과 믿음으로(1:13; 2:8) 인격적 반응을 요구받게 된다(롬 10:9; 행 16:30-31 참조). 이처럼 구속 곧 죄 사함을 동반하는 성도의 믿음과 회개는 하나님의 절대적 주권 속에서 인간의 믿음을 통해 역사한다고 할 수 있다. 그리고 이 같은 하나님의 구원 역사는 이 땅에 임한 예수 그리스도의 종말론적 사역을 통해 민족적 이스라엘 백성뿐 아니라 모든 열방 민족들을 위해 열리게 되었다. 에베소서 1장 1-12절에서 계속적으로 언급되던 "우리"(1인칭 복수형)가 13절에 가서 구체적인 "너희" 즉, 이방인들에게 초점을 맞추고 있음을 주목할 필요가 있다(에베소 2장에서 반복되는 "너희"와 3장 1-2절의 "너희 이방을 위하여"도 참조하라).

우리에게 더욱 고무적인 사실은 "그리스도 예수 안에서 그리스도의 피로"(2:13) 말미암아 유대인과 이방인, 이 두 부류의 사람이 그리스도 안에서 화평/화목을 위해 한 새로운 사람으로 창조되었다는 사실이다(2:15-16). 그리고 두 인종이 하나님께서 베푸신 그리스도 십자가의 능력으로 하나가 되어 그리스도 안에서와 성령 안에서 하나님의 거룩한 처소 즉 성전-교회가 계속 되어감을 말해준다(2:17-22). 종교적으로, 인종적으로, 문화적으로, 도저히 가까이 할 수 없었던 유대인-이방인의 원수 관계("두 사람")가 그리스도 십자가의 화목 사건을 통해 가족 관계("한 새로운 사람" – 19절 참조)로 완전 변화된 것이다. 이 놀라운 복음의 능력 – 화목과 하나됨 – 은 당연히 오늘날 우리 교회(성도들) 안에서 먼저 일어나야 할 성도들의 표적이어야 한다. 왜냐하면 성도들의 화목과 하나됨의 표적(엡 4:1-16 참조)은 이들이 하나님께로부터 하나님의 은혜와 사랑에 힘입어 거저 구속 곧 죄 사함을 받았다는 사실을 진실로 감사하고 감격하는 자들에 의해서만 드러낼 수 있기 때문이다.

한편, 에베소서 1장의 문맥에서 볼 때 예수 그리스도의 피로 말미암은 "구속 곧 죄 사함"이 그리스도 안에서 누리게 된 새 신분의 특권이라면, 이 특권은 바로 책임 내지 또 다른 특권을 지향하는 속성을 갖게 된다. 그것은 바로 하나님의 영광을(εἰς ἔπαινον δόξης) 찬미하는 삶이다(6절, 12절, 14절). 이는 곧 "그리스도 예수 안에서 [하나님의] 선한 일을 위하여 지으심을 받은" 성도들의 마땅한 삶이다. 왜냐하면 우리 성도들은 하나님께서 자신의 선한 뜻을 위하여 다시 창조한 "하나님의 걸작품들이기 때문"(αὐτοῦ γάρ ἐσμεν ποίημα – 엡 2:10)이다. 에베소서 전체 문맥에서 볼 때 하나님의 영광을 찬미하는 삶 또는 하나님의 선한 일을 감당하는 삶은 하나님의 능력이 충만함으로 이 땅에 드러난 예수 그리스도를 높이는(인정하고 증거하는) 삶이며, 나아가 예수 그리스도를 높이는 삶은 결국 그리스도의 몸된 교회(성도)를 위한 삶인 것을 보게 된다. 바울은 실제로 성도들이 이 같은 하나님의 구원 역사를 온전히 깨달을 수 있기를 기도하고 있다(엡 1:17-23).

구속-구원 설교를 위한 적용

우리의 본문인 에베소서 1장 7절은 성경이 보여주는 구원의 다양한 스펙트럼 가운데 하나이다. 즉, 사탄과 죄의 세력과 통치로부터 해방/구출 된 것과 사탄과 죄에 속한 영적 노예의 몸값이 지불됨으로써 하나님과 예수 그리스도의 새 주인의 다스림 안으로 '영역 이동' 내지 '주권 이동'이 벌어진 것이다. 따라서 구속 받은 오늘날의 성도들 역시 예수 그리스도를 믿음으로써 하나님과 새로운 관계 회복에 들어간 자들은 한 사람의 예외도 없이 사탄과 죄의 억압의 사슬에서 완전히 해방된 새로운 사람들로서, 이제 예수 그리스도를 자기 인생의 새 주인으로 모시고 사는 자들이다. 한편, 이 "구속"의 의미를 더욱 드러내 주고 있는 "그리스도의 피로 말미암아"와 "죄 사함"의 어구에 비추어 볼 때, 바울은 예수 그리스도의 십자가 죽으심을 구약적 희생제사의 의미로 이해한다. 그리고 이와 같은 "구속"의 개념은 결과적으로 하나님께서 (구속 받은 사람의) 죄를 용서해 주셨다는 선언과 다름 없는 것이다. 이와 같이 오늘의 성도들도 "구속" 받은 자들로서 자신들의 모든 죄가 하나님으로부터 용서(씻음) 받았다는 사실에 진정 감사해야 한다. 그리고 구속함을 입어 새 신분으로 변화된 성도는 이제 주되신 하나님의 영광을 위한 삶으로서 교회/성도들을 더욱 사랑하고 더욱 용서하고 더욱 화목케 함으로써 성령의 하나되게 하심을 더욱 힘쓰는 그리스도의 신실한 노예/종이 되어야 한다. 이미 구속 받은 성도로서 아직 남아있는 구속의 날이 온전히 이르는 그날까지 복음을 위한 우리의 선한 일은 오늘도 계속되어야 할 것이다.

성경에서 증거하는 "구원"에 대한 설교를 올바로 하기 위해서 오늘의 신학도와 목회자는 어떤 통찰력을 소유해야 할까? 먼저 우리는 성경적 구원의 의미를 폭넓게 이해할 필요가 있다. 그리고 성경에 주어진 해당 본문의 피상적 이해나 단순한 묵상을 넘어서서 구약과 유대교적 배경뿐 아니라 헬라-로마 배경에도 나름대로의 깊이 있는 이해가 요구된다. 또한 주어진 신약성경 본문의 주요 어휘나 용어가 구약적 개념에 어떻게 기초하는지 그 역사-신학적 배경을 잘 깨달아야 한다. 이런 수고와 연구는 '단순히' 설교를 위한 시간만으론 결코 채워질 수 없다. 여러 성경 번역본들과 좋은 주석서와 성경사전을 필수적으로 책상에 올려 놓고, 규칙적으로 꾸준히 매일 매일의 성경연구 분량을 정하여 말씀 연구에 온 힘을 우선적으로 쏟을 때에야 어느 시점에 가능한 일이기 때문이다. 실로 눈물과 수고를 뿌리지 않는 말씀 연구는 기쁨과 결실의 열매를 거둘 수 없다. 한편 우리는 구원설교를 할 때, 주어진 신구약 성경 본문이 어떻게 예수 그리스도의 사역과 죽음에 더욱 풍성한 의미를 부여해 주는가를 필히 고려해 보아야 한다. 이때 우리는 구속사적 시각에 필수적 사안인 하나님 계시의 점진성을 잘 깨달아 오늘의 적용에 왜곡됨이 없도록 늘 힘써야 할 것이다. 이것은 오늘의 신학도와 설교자가 올바른 성경신학적 이해와 관점 가운데 주어진 해당 본문을 잘 소화하고 전해야 할 책임이 있음을 말하는 것이기도 하다.[7]

CHAPTER 9

성도다운 삶의 실제적 지침

(에베소서 5장 21절-6장 9절)

21 그리스도를 경외함으로 피차 복종하라 22 아내들이여 자기 남편에게
복종하기를 주께 하듯 하라 23 이는 남편이 아내의 머리 됨이 그리스도께
서 교회의 머리 됨과 같음이니 그가 바로 몸의 구주시니라 24 그러므로
교회가 그리스도에게 하듯 아내들도 범사에 자기 남편에게 복종할지니라
25 남편들아 아내 사랑하기를 그리스도께서 교회를 사랑하시고 그 교회를
위하여 자신을 주심 같이 하라 26 이는 곧 물로 씻어 말씀으로 깨끗하게
하사 거룩하게 하시고 27 자기 앞에 영광스러운 교회로 세우사 티나 주름
잡힌 것이나 이런 것들이 없이 거룩하고 흠이 없게 하려 하심이라 28 이와
같이 남편들도 자기 아내 사랑하기를 자기 자신과 같이 할지니 자기 아내
를 사랑하는 자는 자기를 사랑하는 것이라 29 누구든지 언제나 자기 육체
를 미워하지 않고 오직 양육하여 보호하기를 그리스도께서 교회에게 함과
같이 하나니 30 우리는 그 몸의 지체임이라 31 그러므로 사람이 부모를 떠
나 그의 아내와 합하여 그 둘이 한 육체가 될지니 32 이 비밀이 크도다 나
는 그리스도와 교회에 대하여 말하노라 33 그러나 너희도 각각 자기의 아

내 사랑하기를 자신 같이 하고 아내도 자기 남편을 존경하라

6장 1 자녀들아 주 안에서 너희 부모에게 순종하라 이것이 옳으니라 2 네
아버지와 어머니를 공경하라 이것은 약속이 있는 첫 계명이니 3 이로써
네가 잘되고 땅에서 장수하리라 4 또 아비들아 너희 자녀를 노엽게 하지
말고 오직 주의 교훈과 훈계로 양육하라 5 종들아 두려워하고 떨며 성실
한 마음으로 육체의 상전에게 순종하기를 그리스도께 하듯 하라 6 눈가림
만 하여 사람을 기쁘게 하는 자처럼 하지 말고 그리스도의 종들처럼 마음
으로 하나님의 뜻을 행하고 7 기쁜 마음으로 섬기기를 주께 하듯 하고 사
람들에게 하듯 하지 말라 8 이는 각 사람이 무슨 선을 행하든지 종이나 자
유인이나 주께로부터 그대로 받을 줄을 앎이라 9 상전들아 너희도 그들에
게 이와 같이 하고 위협을 그치라 이는 그들과 너희의 상전이 하늘에 계시
고 그에게는 사람을 외모로 취하는 일이 없는 줄 너희가 앎이라

우리의 본문인 5장 21절부터 6장 9절은 에베소서 주요 본문(1:3-6:20)의 두 번째 주요 단락인 4장 1절에서 6장 20절 안에 속하여 있다.[1] 그런데 에베소서의 두 번째 주요 단락(4:1-6:20)은 첫 번째 주요 단락(1:3-3:21)에서 다룬 주제 – 하나님의 자기 백성을 향한 구원 계획에 따른 찬미와 감사 – 에 기초해서, 하나님의 백성들이 그 신령한 부르심에 합당한 삶을 어떻게 살아나가야 할 것인가를 특히 4장 25절 이후로 더욱 구체적으로 전개하고 있다. 우리의 본문인 5장 21절-6장 9절은 이런 점에서 하나님의 놀라운 구원 계획 속에 부름받은 성도들이 가정 생활과 관련하여 어떻게 행동하며 살아야 할 지를 제시해 주는 실제적 지침이라 할 수 있다.

성도들의 그리스도인으로서의 합당한 삶에 대한 바울의 메시지는 무엇보다 이들의 신분 내지 정체성 이해로부터 시작되고 있음을 주목해야 한다. 즉 바울은 에베소서 2:1-10, 2:11-22, 4:17-24, 5:8에 걸쳐 반복적으로 성도들의 "과거 그 때"(then)와 "현재 지금(now)"의 존재론적 변화 내지 질적 차이를 상호 교차적으로 대조시킴으로써 성도들이 이 변화된 신분 내지 상태에 합

당한 삶이 당위적으로 요구됨을 밝히고 있는 것이다. 본문의 큰 문맥 속에서 주목해야 될 두 번째 사항은 동일한 접속사(헬라어는 οὖν이며, 한글성경은 "그러므로"와 "그런즉"으로 번역되었음)로 연결되는 몇 가지의 결론적 권유 내지 명령의 교훈들이다:

> 그러므로 주님의 일로 갇힌 몸이 된 내가 여러분에게 권합니다. 하나님께서 여러분을 불러 주셨으니, 그 불러 주신 뜻에 합당하게 살아가십시오. 언제나 겸손함과 온유함을 지니십시오. 사랑으로 서로 용납하면서, 오래 참으십시오. 여러분은, 성령이 여러분을 평화의 띠로 묶어서 하나가 되게 해주신 것을, 힘써 지키십시오(4:1-3).

> 그러므로 나는 주님 안에서 간곡히 권면합니다. 이제부터 여러분은 이방 사람들이 허망한 생각으로 살아가는 것과 같이 살아가지 마십시오(4:17).

> 그러므로 여러분은 사랑을 받는 자녀답게, 하나님을 본받는 사람이 되십시오. 그리스도께서 우리를 사랑하셔서, 우리를 위하여 하나님 앞에 향기로운 예물과 제물로 자기 몸을 내주신 것같이, 여러분도 사랑 안에서 살아가십시오(5:1).

> 그러므로 여러분은 어떻게 살아가야 할지를 조심하여, 지혜롭지 못한 사람처럼 하지 말고, 지혜로운 사람처럼 하십시오. 세월을 아끼십시오. 때가 악합니다(5:15-16; 이상 표준새번역).

말하자면, 에베소서 4장에서부터 펼쳐지는 바울의 성도들을 향한 메시지는 분명하고도 확고한 당위성(엡 1-3장)에 근거한 삶의 지침들이라는 사실이다. 여기서 분명하고도 확고한 당위성은 "그 때"와 "지금"의 대조적 어법에서 발견된 것처럼 성도들의 정체성 내지 신분과 관련되어 있음을 알 수 있다. 즉, 성도는 (1) 하나님으로부터 부름 받은 자들로서 하나님의 뜻에 합당한 삶, (2) 하나님을 모르는 허망한 이방 사람들과는 다른 삶, (3) 하나님의 사랑을 받고 있는 자녀로서 하나님과 그리스도를 본 받는 삶, 그리고 (4) 악한 세상에서 세월을 허송하며 지내는 지혜롭지 못한 자들과는 구별된 삶을 살아나가야 하는 자들인 것이다. 이런 상호 문맥적 측면에서 우리는 5장 22-6장 9절에 나열된 성도들을 향한 바울의 실제적 지침들을 고려할 필요가 있다.

마지막으로 본문의 구절들을 다루기 전 우리의 본문(5:21-6:9)과 관계하여 관찰할 필요가 있는 사항은 앞 문단 에베소서 5장 15-20/21절 문맥과의 상호 관련성 속에서 고려해야 될 내용으로 특히 18절과 21절과의 연관성에 기인한다. 한글 성경의 본문으로는 에베소서 5장 15-21절의 정확한 문법적 구조를 파악할 수 없는 반면, 헬라어 본문은 다음과 같은 구조로 이루어져 있음을 알 수 있다.

즉, 두 개의 명령형 – (1) "술 취하지 말라"(μὴ μεθύσκεσθε οἴνῳ: 18절 상)와 (2) "성령의 충만을 받으라"(πληροῦσθε ἐν πνεύματι: 18절 하) – 과 5개의 분사 구문형 – (1) "시와 찬미와 신령한 노래들로 서로 화답하며"(λαλοῦντες : 19절 상), (2) (주께) "노래하며"(ᾄδοντες: 19절 중), (3) (주께) "찬송하며"(ψάλλοντες: 19절 하), (4) (주 예수 그리스도의 이름으로 아버지 하나님께) "감사하며"(εὐχαρι-στοῦντες ̓: 20절), (5) (그리스도를 경외함으로 피차) "복종하며"(ὑποτασ-σόμενοι: 21절) – 이다.

즉, 문법적으로만 볼 때, 5장 21절은 5장 15절부터 시작되는 문단에 포함되고 있으며, 특히 18절부터 시작되는 새로운 문장에 속한 것으로 "성령의 충만을 받으라"의 주동사와 관계되는 5개의 분사들 중 하나인 셈이다. 말하자면 19절부터 21절에 나오는 5개 분사들에 따른 행위는 모두 성령의 충만함 속에서 나타날 성도의 삶인 것이다.

그런데 여기서 21절은 단순히 앞 문단(5:15-21)의 종결 구절의 역할만 하는 것이 아니다. 21절은 5장 22-33절 (또는 6:9까지)에 이르는 또 하나의 문단을 이어주는 연접 기능을 하고 있다. 이것은 최소한 2개의 문법-구문적 특징으로 파악될 수 있는데, 첫째 헬라어 본문 5장 22절은 한글과 영어 성경과는 달리 "복종하라"는 동사가 없다는 점이다. 말하자면, 21절과의 연계성 속에서 21절의 분사형인 "복종하며"를 22절에서 생략된 동사로 고려하여 "아내들이여 자기 남편에게 [복종하기를] 주께 하듯 [하라]"로 풀이된 것이다. 21절이 22절 이후의 문맥과 깊은 상관 관계가 있는 둘째 이유로는 21절의 "경외"(φόβῳ)라는 개념이 5장의 마지막 33절의 "경외하라"(φοβῆται)의 단어 사용으로 수사적 기법을 이루고 있다는 점이다.[2]

따라서 5장 22-33절 그리고 6장 9절에 이르는 성도들의 '상호 복종'[3] 내지 '상호 사랑'(갈 5:13; 빌 2:3-4, 12; 벧전 5:5 참조)은 무엇보다 "그리스도를 경외함으로"[4] 가능하다는 것(21절)과 그리스도를 경외함 속에서 서로 복종하는 구체적 실례로서 제시된 아내와 남편의 상호 관계(5:22-33), 자녀와 부모의 상호 관계(6:1-4), 그리고 종과 상전의 상호 관계(6:5-9)가 모두 성령의 충만함 속에서 온전해 질 수 있다는 것(18절)을 설명해 준다. 즉, 21절의 "그리스도를 경외함으로 피차 복종하라"는 이 구절은 앞의 문단(5:15-20)과 뒤의 문단(5:22-6:9)의 연결 고리이며, 뒤의 문단(5:22-6:9)의 내용은 21절에 따른 구체적 삶의 적용이 '가정 조항'(골 3:18-4:1; 벧전 2:18-3:7 참조)으로 나열되고 있는 것이다. 이것은 성도의 변화된 신분과 신앙이 무엇보다 자신이 속한 가족 구성원들 안에서 우선적으로 실천되고 적용되어야 할 것을 시사한다. 그럼 이제 성도들을 향한 대한 바울의 실제적 지침들을 관찰해 보자.

아내와 남편을 위한 상호 지침(5:22-33)

아내를 위한 교훈(5:22-24, 33하): 성도들이 그리스도를 경외하는 가운데 서로 복종해야 되는 첫 사례가 아내와 남편의 상호 관계로부터 시작된다는 점을 주목하지 않을 수 없다. 우리의 본문은 먼저 남편을 향해 아내가 어떻게 행해야 할 것을 교훈하고 있다(5:22-24, 33하). "아내들이여 자기 남편에게 복종하기를 주께 하듯 하라"(22절). 앞에서 언급했듯이 본래 이 문장에서는 "복종하기를"이라는 단어가 사용되지 않았으나, 21절의 "복종하라"라는 분사형 동사가 생략된 것으로 보아야 한다. "주께 하듯 하라"(ὡς τῷ κυρίῳ)는 말의 의미는 아내들이 자신의 남편들에게 행동할 때 자신의 눈에 보이는 남편들로서 자신들의 남편들을 대하기 보다는 오히려 그들이 예수 그리스도께 행동하며 섬기는 것처럼 남편들에게도 그리하라는 말이다. 이것은 또한 남편들을 대하는 아내들의 언행이 한 남자의 아내로서 자신이 주 예수 그리스도를 섬기는 모든 삶과 분리되어서는 안 된다는 사실을 의미한다. 왜냐하면("이는" 으로 시작하는 23절은 헬라어의 접속사는 ὅτι이다) 남편이 아내의 머리(κεφαλή)됨이 그리스도께서 교회의 머리(κεφαλή)됨과 같기 때문이다.

여기서 케팔레의 문자적 번역인 '머리' 는 비유적으로 '권위 있는 근원' (authoritative source) 내지 '책임 있는 권위'(responsible authority)의 의미로 간주된다.[5] 따라서 '남편과 아내' 의 상호 관계는 하나님의 거룩한 창조(아담-하와)와 영광스러운 구원(예수 그리스도-교회) 계획의 원리에 기초한 질서를 존중할 필요가 있다. 물론 아내에 대한 남편의 '거룩한 근원' 내지 '신성한 권위' 가 아담의 타락 이후로 줄 곧 왜곡되어 잘못 적용되어 온 것은 말할 나위도 없다. 이런 점에서 재창조 사역으로서 예수 그리스도의 구원 사역을 조명해 볼 때 우리의 본문은 구원 받은 성도들의 표식이 무엇보다 가정의 회복으로부터 기인한다는 시사점을 준다고 볼 수 있다.[6] 결국, 이 구절에 있어 케팔레라는 한 단어보다 더 중요한 것은 실제로 남편이 아내의 머리 됨을 그리스도께서 교회의 머리 됨에 유비 시키고 있다는 것이다. 즉 남편과 아내의 상호 관계에 대한 바른 이해가 그리스도와 교회의 상호 관계와 같은 맥락에서 풀이되어야 한다는 것이고, 이런 가운데 교회의 머리 되시는 그리스도처럼 한 남편은 한 아내의 머리가 된다는 것이다. 여기서 먼저 고려해야 할 것은 불가분성(inseparability)이다. 즉, 그리스도와 교회가 상호 분리되어서 각각을 생각할 수 없듯이, 결혼한 남편과 아내는 일단 서로가 분리될 수 없는 언약적 인격체로 부름 받은 자들로서 '둘이면서 하나'인 속성을 갖고 있다(엡 5:28-31 참조).

23절 하반절은 다시 한번 예수 그리스도(기독론)와 교회(교회론)의 상관성을 부가적으로 언급하고 있다. 즉 그리스도께서 몸(교회)의 구주가 되신다는 진리를 서술한다. 그러나 이런 부가적 논증 때문에 바울은 24절의 첫 시작을

"그러나"(ἀλλά)로 연계 시킴으로써 22-23절 상과 24절의 '남편에 대한 아내에게 주는 지침'의 연계적 서술을 의식했던 것 같다. 이같은 서술 방식('남편과 아내에 대한 상호 관계성'에 대한 '그리스도와 교회의 상호 관계성'에 부가적 언급)은 에베소서 5장 33절에 이르기까지 계속된다(5:23하-24상, 25하-27, 29하-32). 즉, 본문은 무엇보다 '아내와 남편의 상호 관계'에 대한 메시지가 주된 것이지만, 이 문맥 속에서 '그리스도와 교회의 상호 관계'에 대한 원리적 메시지가 의미 있게 표현되어 나타난다는 점이다. 이것은 성도들이 '어떤 그리스도를 경외해야 할 것인지'와 이에 따른 '서로 간의 복종하는 삶'이 결코 무관할 수 없기 때문일 것이다(21절 참조). 더 포괄적인 문맥을 고려한다면 하나님과 이스라엘 백성의 관계를 남편과 아내로 비유한 구약(예, 사 54:1-8; 62:4-5; 렘 3:6-14; 겔 16:23; 호 1-3장)과 예수 자신의 가르침(마 9:15; 22:1-14; 25:1-10)도 언급될 필요가 있을 것이다.

남편을 위한 교훈(5:25상, 28-29상, 31, 33상): 바울에 의한 '가정 조항'은 그 구성원들에게 쌍방(아내뿐 아니라 남편에게도, 자녀뿐 아니라 부모에게도, 종뿐 아니라 상전에게도) 지침이 있다는 점에서 매우 돋보인다고 할 수 있다. 남편들은 아내들을 "사랑하라"(ἀγαπάτε)고 교훈하되 그리스도께서 교회를 사랑하셔서 죽음의 희생까지 감수한 예수의 자기 부인적 사랑을 상기시키고 있다. 아내와 관련된 위의 문맥에서도 그러했지만, 남편을 위한 지침에 있어 '그리스도와 교회의 상관 관계'에 따른 이 문맥이 '남편과 그리스도'의 동일한 권위나 기능 또는 각각의 사역의 동일한 의미를 말하려고 하는 것이 결코 아님은 너무나 자명하다. 즉, 성도들(교회)을 향한 그리스도 예수의 대속적 죽음과 그 의미는 하나님의 유일한 아들로서의 메시아적 죽음이며, 그리스도께서 성도들(교회)의 머리 됨 역시 회복된 하나님 백성을 향한 메시아 예수의 종말론적이며 우주론적 주권자의 유일한 특권에 속한다. 따라서, 남편이 아내를 사랑하고 또 마땅히 사랑해야 하는 것은, 남편이 예수 그리스도와의 동일한 권한과 특권을 공유해서가 아니라, 그리스도와 교회와의 유비적 관점(24절의 '이와 같이'의 헬라어 οὕτως가 사용됨)에서의 적용인 셈이다.

23절 하반절과 마찬가지로 25 하반절-27절에서 바울은 다시 한번 그리스도와 교회와의 상관성의 신비를 해설하고 있다. 또한 이 구절은 23절 하반절('그리스도께서 몸[교회]의 구주')에 대한 설명인 셈이다. 이 문맥은 특히 구약의 에스겔서 16장 1-14절이 의미론적으로 암시되어 있는데, 즉 하나님께서 회복시킬 자기 백성을 결혼의 배우자로 비유하면서 그녀를 보호하시고, 씻기시고, 결혼케 하시고, 치장해 주시는 분으로 묘사되어 있다. 구약 이스라엘 백성의 영적 남편이 여호와 하나님으로 묘사된 반면, 신약의 회복된 이스라엘 백성(성도들로서의 교회)의 영적 남편은 그리스도 예수라는 점에서 회복된 이스라엘 백성(교회)은 기독론적 유대감이 매우 특징적이라 할 수 있다. 한편, 문법적으로 26-27절은 헬라어 ἵνα에 종속된 3개의 목적절을 가지고 있는데, 즉 그리스도께서 교회를 사랑하시고 자신을 주심은 (1) 교회(성도들)를 거룩하게 하기 위함이요(ἵνα αὐτὴν ἁγιάσῃ), (2) 영광스런 교회로 세우기 위함이며(ἵνα παραστήσῃ αὐτὸς), (3) 거룩하고 흠이 없게 하려 함이라는(ἵνα ᾖ ἁγία καὶ ἄμωμος) 사실이다. 말하자면 그리스도께서 교회(성도들)에 행하신 희생적이며 헌신적 사랑은 교회(성도들)가 그리스도 자신과 하나님의 성품인 '거룩함'에로 참예(신분의 변화)할 뿐 아니라 그런 '거룩함'에 온전히 거할 수 있는 영광(삶의 변화)을 누리게 해 준다(엡 1:1, 4, 15, 18; 2:19; 3:18; 4:12; 5:3 참조).

28절의 "이와 같이"(οὕτως)는 '그리스도와 교회의 상관성'을 다시 한번 유비적으로 적용해야 될 아내를 향한 남편의 당위적 사랑을 논증하는 접속사이다: "이와 같이 남편들도 자기 아내 사랑하기를 제 몸같이 할찌니 자기 아내를 사랑하는 자는 자기를 사랑하는 것이라." 여기서 돋보이는 것은 남편과 아내의 불가분성(inseparability)인데, 이것은 29절 이하로 계속되는 주제이다. 한편 28절은 구약 레위기서 19장 18절에 대한 구체적 해석과 적용으로서 남편(또는 아내)의 가장 가까운 이웃은 바로 아내(또는 남편)임을 의미하는 것이라 간주된다. 이제 자신(남편)의 또 다른 몸의 일부로서 아내를 돌보는 것은 마치 자기 자신의 안전과 건강을 위해 자기 몸을 돌보는 것과 다를 바가 없는 것이다. 그리고 바로 이같은 아내를 향한 남편의 양육과 보호는 다시 한번 교회를 향한 그리스도의 사랑에 유비가 된다(29절). 다만 여기서 표현된 용어들('양육', '보호', '보양')은 아내를 향한 남편의 사랑-행위일 수도 있겠지만, 자녀를 향한 부모의 사랑-행위에 더 가까워 보인다. 이 문맥에서 "우리는 그 몸의 지체임이니라"(30절)라는 바울의 선언을 통해 '신부(아내)'와 함께 '지체(자녀)들로서 몸'의 개념(엡 1:23; 3:6; 4:16, 15; 참조, 롬 12:4-5; 고전 12:27)인 교회(성도들)의 이미지를 묘사하고 있는 것과 무관하지 않은 듯하다.

창세기 2장 24절이 인용되어 있는 에베소서 5장 31절은 기독인들의 결혼 예식에 자주 읽혀지는 본문 중 하나이다. 그러나 다른 신약 성경의 문맥(막 10:7; 마 19:5)과 달리, 실제 에베소서의 문맥 상에서 볼 때, 31절은[7] 바울이 ("내가") "그리스도와 교회"의 신비롭고 거룩한 관계를 '우선적으로' 설명하기 위해(32절) 창세기 본문을 인용하고 있다는 사실에 주의해야 한다. 또한 '비밀'(μυστήριον)이라는 용어 역시 하나님의 풍성한 계획 가운데 펼쳐지는 성도들(교회)에 대한 예수 그리스도의 관계에 – 기독론적 원리와 동시에 교회론적 적용에 따른 – 그 초점이 맞추어져 있다(엡 1:9; 3:3, 4, 9; 6:19). 즉, 바울은 성도로서 '남편과 아내'가 피차 복종하며 사랑할 것을 권면하는 문맥 속에서 반복적으로 '그리스도와 교회'의 관계를 남편과 아내의 유비적 차원뿐 아니라 (나름대로의) 독립적 차원에서 그 심오함을 드러내고 있는 셈이다. 이 문단의 마지막 절인 33절의 초두에서 논리의 분위기를 정리하고자 하는 접속사(πλήν)는 위의 견해를 반영해 준다.[8] 이제 바울은 21절에 기초해서 22-32절까지 나눈 내용들을 33절 한 절을 통해 요약하고자 한다: "너희[남편들]도 각각 자기의 아내 사랑하기를 자기같이 하고 아내도 그 남편을 경외하라." 아내에 대한 남편의 사랑과 남편에 대한 아내의 복종이 각각 교회(성도들)를 향한 그리스도의 사랑과 그리스도를 향한 교회(성도들)의 복종에 유비된 차원에서 고려해야 할 것이라면, 성도로서 남편과 아내 모두는 우선적으로 '그리스도와 교회'에 계시된 하나님의 구원 비밀을 깨닫는 은총과 지혜가 절실히 요구되는 자들이다. 이들이 바로 성령의 충만을 받고(18절) 그리스도를 경외하는 가운데 피차 복종하며 살아가는 자들로서(21절) 이 세상 사람들과는 구별된 성도들(남편들과 아내들)이다.

자녀와 부모를 위한 상호 지침 (6:1-4)

바울은 이제 성도들의 '가정 조항' 에 있어 남편과 아내의 관계에서 자녀와 부모의 관계로 나아간다. 먼저 부모를 향한 자녀의 지침은 "너희 부모를 주 안에서 순종하라"(6:1)이다. 본문에 대한 몇몇 고대 사본들에서는 "주 안에서"(ἐν κυρίῳ)의 표현이 발견되지 않지만(골 3:20 참조), 이 표현은 실제로 에베소서 본문에서 그리 낯선 용어가 아니다(엡 2:21; 4:1, 17; 5:8; 6:10, 21). "주 안에서"라고 하는 이 표현은, 부모에 대한 자녀들의 순종이 그 당시 그레코-로만 사회의 관례적인 또는 유내 율법적인 차원을 넘어, 그리스도를 주로 경외하는 자녀들답게 자신들의 부모를 마치 그리스도 주를 섬기듯이(엡 5:22; 6:5 참조) 순종하는 의미를 포함한다. 이같은 섬김은 구약성경(출 20:12; 신 5:16; 레 19:3)과 예수(마 15:4; 19:19; 막 7:10; 10:19; 눅 18:20)께서 가르치는 정신을 따르는 자녀들의 옳은 태도로서, 하나님의 약속을 맛보게 되는 자녀들을 향한 우선된 가르침인 것이다. 3절은 신명기 5장 16절(출 20:12 참조)에 나오는 "너희 하나님 여호와가 네게 준 땅에서[가나안] 네가 생명이 길고 복을 누리리라"의 구체적 구약 말씀이 더욱 보편적으로 재해석("네가 잘 되고 땅에서 장수하리라")되어 풀이되고 있다. 이 메시지를 단지 개인주의화 시킴으로 이런 (세상적) 복을 받기 위한 수단으로 부모를 순종하려는 성도가 있다면, 이것은 본 메시지의 중심을 오해하는 것이라고 말하지 않을 수 없다.[9] 이런 성도는 '그리스도를 경외하는'(5:21) 것과 '주 안에서 순종하는'(6:1) 가운데 부모를 섬겨야 하는 참 뜻을 다시 한번 되물어야 할 일이다.

4절의 "아비들아"(οἱ πατέρες)는 문맥 상 부모를 대표하는 차원에서 이해해야 할 것이다. 성도로서 아버지(부모)들은 자녀들을 향해 자신들의 법적-사회적 권한이나 특권만을 행사해서는 않된다. 또한 남편과 아내로서의 관계가 온전한 성도들은 반드시 부모와 자녀의 관계가 그리스도 안에서 회복된 가정이어야 한다. 이 때, 부모들은 자신들의 지나친 요구나 욕심에 의해 자녀들에게 노(怒)를 유발시키는 어리석음을 범치 않아야 한다(엡 4:26 참조). 오히려 부모들은 주 예수 그리스도의 삶과 가르침을 따라 자녀들을 훈련시키며 계도하여 자녀들을 양육해야(5:29에 쓰인 동일한 동사 "양육하다"가 사용됨) 하는 말씀의 교사들이어야 한다(딤후 3:16 참조).

종과 주인을 위한 상호 지침(6:5-9)

바울이 5장 22절부터 시작한 '가정 조항'은 마지막 5절(6:5-9)에 걸쳐 '종과 주인의 관계'에 적용함으로써 5장 21절에 기초하고 있다. 그 당시 경제적으로 안정된 가정에 사환들이나 종들이 한 가정의 구성원들로 있었던 것을 간주할 때 이 마지막 지침은 사회적 메시지이기 이전에 온전한 성도들의 가정에 우선적으로 주어진 지침으로 보인다. 물론, 이런 성도 가정들의 '피차 복종'이 일상 생활로 나타난다면 이것은 바로 성도/가정들이 속한 신앙 공동체의 변화로 나타날 것이며, 이로 인해 이 공동체가 속한 지역 사회가 영향을 받지 않을 수 없을 것이다. 비록 양적인 면에서 종들에게 해당되는 지침은 4절(6:5-8)이고, 주인들에게 권면하는 교훈은 1절(6:9)이지만, 메시지의 질적인 도전과 의미는 양편 모두가 상당한 경각심을 요구하는 내용이다. 9절부터 시작하는 주인들을 향한 메시지가 "너희도 저희에게 이와 같이 하고(τὰ αὐτὰ ποιεῖτε πρὸς αὐτούς)"라는 점에서, 본 메시지는 기득권층인 주인들에게 더 큰 사고와 행동의 변화를 요구한다고 볼 수 있다. 종과 주인의 상호 관계에 있어서 여전히 그 언행의 본질적 원리는 피차 간에 '그리스도를 경외함' 속에서 자신들의 신앙을 일상화 내지 실재화 시켜야 되는 당위성에 있다.

눈에 보이는 자신들의 이 세상 주인들(κατὰ σάρκα κυρίοις)을 대하는 종들은 단순히 '인간 주인의 종'으로서가 아닌 '그리스도의 종'의 자기 인식 속에서 세상 주인을 섬길 때 마치 그리스도를 섬기듯이 ὡς τῷ Χριστῷ - 5절), 주를 섬기듯이(ὡς τῷ κυρίῳ - 7절) 순종하라고 교훈한다(롬 14:7-9 참조). 이 때 요구되는 것은 '두려움과 떨림'(골 3:22; 벧전 2:18; 참조, 고전 2:3; 고후 7:15; 빌 2:12)이 있는, 즉 형식적인 말이나 행동이 아닌 정직하고 순전한 마음(5, 6, 7절)으로부터 우러나오는 섬김이다. 이와 같은 선한 동기와 행동은–자신이 종이든 주인이든–모든 성도들이 무엇보다 주께서 장래에 신원하시고 심판하실 것(골 3:24-25; 고후 5:10)이라는 마땅한 신앙에 뿌리내려져야 한다(8절). 성도들의 일상적 삶에서 펼쳐지는 모든 관계에 있어 '바로 여기에' 하나님 임재가 함께 하고 있다는 신전의식은 이 세상 사람들과 구별되어 거룩한 삶을 세워나갈 수 있는 성도들의 '영원한 현재적 동기' 이어야 한다. 이같은 하나님 임재 내지 경외 일상화의 인식이 무뎌지고 깨어질 때, 성도의 경건은 제한된 시간과 공간 속에서 제한된 사람들에게만 나타나는 경건의 모양일 뿐 참 경건의 능력과는 거리가 멀다. 주인들 역시 자신들의 말과 행위에 따라 상차 주께서 그대로 행하실 것을 기억하고 자신의 종들을 대해야 한다. 주인들은 무엇보다 종들의 낮은 신분과 보잘것없는 권한을 업신여김으로 그들에게 거짓된 위협이나 협박을 일삼지 말아야 한다. 왜냐하면(ὅτι) 종들과 이 세상 주인들(οἱ κύριοι) 모두의 참 주인(ὁ κύριός ὁ κύριόςὁ κύριός) 되신 분이 따로 계시기 때문이며, 하늘에 계셔서 모든 인생의 주인 되신 우리 주님은 이 세상과는 달리 사람들을 그 행위대로 공평하게 판단하시는 분(골 3:25; 롬 2:11; 갈 2:6; 벧전 1:17 참조)이기 때문이다.

가정은 하나님께서 인간에게 베풀어 주신 가장 고귀한 공동체이다. 그러나 해가 더 할수록 우리 사회 속에서 가정은 점점 더 어두워져 가고 있다. 가정의 여러 문제들로 인해 남편과 아내가, 부모와 자식이, 큰 마음과 육신의 상처 속에서 살아가고 있다. 언제부터인지 서구 선진국의 이혼율보다도 더 높아진 우리네 수치는 떨어질 줄을 모른다. 이 뿐 아니라, 국내 가정 속에서 벌어지는 아동 학대 또한 이미 심각한 상태를 넘어섰다고 한다. 이런 우리네의 일그러진 가정들 가운데는 기독교 신앙을 소유한 가정들도 적지 않게 포함되어 있을 것이다. 참으로 가슴 아픈 일이 아닐 수 없다.

1세기 당시의 그레코-로만과 유대 문화-사회적 문맥에 비추어 볼 때, 에베소서에서 발견되는 '가정 조항' 그 자체는 실제로 그리 낯선 교훈들이 아니다. 하지만, 이 가정 조항의 내용에 있어서 바울의 지침은 분명 구별된다고 할 수 있는데, 즉 이 조항들이 아내들, 자녀들, 종들과 같은 가정적 관계에서뿐 아니라 사회적으로 강한 위치에 있었던 남편들, 부모들, 그리고 주인들에게도 동일한 질적 책임을 요구하는 조항이라는 사실이다. 그러나 이 보다 더 중요하고 의미있는 사실은 하나님으로부터 부름 받은 성도들로 예수를 그리스도로 고백하며 사는 자들은 가정 생활과 같은 일상의 삶을 무엇보다 주 예수 그리스도와의 상관 관계 속에서 이해하고 실천해야 할 자들이라는 점이다. 말하자면 이런 가정 조항을 따라야 할 이유가 성도들 안에 역사하시는 삼위일체적 관계 특히 기독론적 관계성에 따른 한 개인과 가정(그리고 그 공동체)의 실제적이고도 구체적인 변화를 요구하고 있기 때문이라는 사실이다. 이런 점에서 하나님 앞에 참으로 회개하여 구원의 놀라운 은총을 맛본 성도는 무엇보다 자신이 속한 가정 속에서 철저한 자기 부인과 타인(다른 가족 구성원들) 섬김/사랑의 삶으로 나타나야 할 것이다. 그리고 이같은 섬김과 사랑은 이기적인 가족 중심의 섬김이나 사랑이 결코 아닌, 즉 그리스도를 참으로 경외하는 가운데 표출되는 섬김과 사랑이어야 한다. 우리의 가정과 지역 교회가 우리 주 예수 그리스도만을 진정한 왕/주인으로 섬김으로 인해 우리의 가정과 교회(성도들) 속에 더욱 더 온전한 용서와 사랑의 치유와 회복이 성령의 은혜 가운데 펼쳐지기를 소원해 본다.

CHAPTER 10

거짓 교사들은 무엇으로 사는가

(베드로후서 2장 1-22절)

1 그러나 백성 가운데 또한 거짓 선지자들이 일어났었나니 이와 같이 너희
중에도 거짓 선생들이 있으리라 그들은 멸망하게 할 이단을 가만히 끌어
들여 자기들을 사신 주를 부인하고 임박한 멸망을 스스로 취하는 자들이
라 2 여럿이 그들의 호색하는 것을 따르리니 이로 말미암아 진리의 도가
비방을 받을 것이요 3 그들이 탐심으로써 지어낸 말을 가지고 너희로 이
득을 삼으니 그들의 심판은 옛적부터 지체하지 아니하며 그들의 멸망은
잠들지 아니하느니라 4 하나님이 범죄한 천사들을 용서하지 아니하시고
지옥에 던져 어두운 구덩이에 두어 심판 때까지 지키게 하셨으며 5 옛 세
상을 용서하지 아니하시고 오직 의를 전파하는 노아와 그 일곱 식구를 보
존하시고 경건하지 아니한 자들의 세상에 홍수를 내리셨으며 6 소돔과 고
모라 성을 멸망하기로 정하여 재가 되게 하사 후세에 경건하지 아니할 자
들에게 본을 삼으셨으며 7 무법한 자들의 음란한 행실로 말미암아 고통
당하는 의로운 롯을 건지셨으니 8 (이는 이 의인이 그들 중에 거하여 날마
다 저 불법한 행실을 보고 들음으로 그 의로운 심령이 상함이라) 9 주께서

경건한 자는 시험에서 건지실 줄 아시고 불의한 자는 형벌 아래에 두어 심
판 날까지 지키시며 10 특별히 육체를 따라 더러운 정욕 가운데서 행하며
주관하는 이를 멸시하는 자들에게는 형벌할 줄 아시느니라 이들은 당돌하
고 자긍하며 떨지 않고 영광 있는 자들을 비방하거니와 11 더 큰 힘과 능력
을 가진 천사들도 주 앞에서 그들을 거슬러 비방하는 고발을 하지 아니하
느니라 12 그러나 이 사람들은 본래 잡혀 죽기 위하여 난 이성 없는 짐승
같아서 그 알지 못하는 것을 비방하고 그들의 멸망 가운데서 멸망을 당하
며 13 불의의 값으로 불의를 당하며 낮에 즐기고 노는 것을 기쁘게 여기는
자들이니 점과 흠이라 너희와 함께 연회할 때에 그들의 속임수로 즐기고
놀며 14 음심이 가득한 눈을 가지고 범죄하기를 그치지 아니하고 굳세지
못한 영혼들을 유혹하며 탐욕에 연단된 마음을 가진 자들이니 저주의 자
식이라 15 그들이 바른 길을 떠나 미혹되어 브올의 아들 발람의 길을 따르
는도다 그는 불의의 삯을 사랑하다가 16 자기의 불법으로 말미암아 책망
을 받되 말하지 못하는 나귀가 사람의 소리로 말하여 이 선지자의 미친 행
동을 저지하였느니라 17 이 사람들은 물 없는 샘이요 광풍에 밀려 가는 안
개니 그들을 위하여 캄캄한 어둠이 예비되어 있나니 18 그들이 허탄한 자
랑의 말을 토하며 그릇되게 행하는 사람들에게서 겨우 피한 자들을 음란
으로써 육체의 정욕 중에서 유혹하는도다 19 그들에게 자유를 준다 하여
도 자신들은 멸망의 종들이니 누구든지 진 자는 이긴 자의 종이 됨이라
20 만일 그들이 우리 주 되신 구주 예수 그리스도를 앎으로 세상의 더러
움을 피한 후에 다시 그 중에 얽매이고 지면 그 나중 형편이 처음보다 더
심하리니 21 의의 도를 안 후에 받은 거룩한 명령을 저버리는 것보다 알지
못하는 것이 도리어 그들에게 나으니라 22 참된 속담에 이르기를 개가 그
토하였던 것에 돌아가고 돼지가 씻었다가 더러운 구덩이에 도로 누웠다
하는 말이 그들에게 응하였도다

베드로후서는 여러 점에서 유다서와 함께 공유하는 형식과 내용을 포함하고 있다. 특히 우리의 본문 베드로후서 2장에 언급되고 있는 '거짓 교사'들에 대한 묘사는 더욱 그러하다(유 1:5-16). 하지만 필자는 우리

의 본문에만 집중하면서 아래와 같이 크게 세 가지 단락으로 분류하여 본문을 풀이한 후 전체 메시지에 초점을 맞춰 짧은 적용을 제시하고자 한다. 이 세 가지 단락은 (1) 거짓 교사의 나타남(1-3절), (2) 심판의 세 가지 사례(4-10상반절) 그리고 (3) 거짓 교사의 속성과 삶(10하반절-22절)으로 구분된다.

거짓 교사의 나타남(1-3절)

2장 1-3절은 본문의 근접 문맥에서 고려할 때 베드로후서 1장 16절로부터 시작된 구조(chiastic structure)의 마침 단락으로 이해될 수 있다.[1]

A 사도들(1:16-18)
　　B 구약 선지자들(1:19-21)
　　B′ 구약 거짓 선지자들(2:1상)
A′ 거짓 교사들(2:1하-3)

즉, 과거 이스라엘 백성에게 나타나 그들을 미혹시켰던 '거짓 선지자들'이 있었듯이, 본 서신을 기록하던 당시에도 이와 유사한 '거짓 교사들'이 있었음을 유비적으로 설명하면서 이들의 위선적 마음과 행위를 2장 전반에 걸쳐 폭로하고 있다. 그럼으로써 하나님의 참 백성은 이와 같은 거짓 교사들을 잘 분별해야 될 뿐 아니라 이들이 종국에 도착할 길이 다름 아닌 멸망의 길임을 또한 명심해야 한다. 한편 본 서신에서 소개되고 있는 거짓 교사들에 대한 속성은 유다서의 내용과 긴밀한 관계를 나누고 있음이 확인된다. 실제로 유다서의 25개 절 중 19절이 전체적으로 또는 부분적으로 베드로후서에서 활용되고 있음을 보여준다.[2] 흥미로운 것은 거짓 교사들의 출현에 대해 현재적(2:11이하, 17이하; 20; 3:5 참조)이면서도 미래적(2:1; 3:3 참조)인 것으로 소개된다는 점이다. 이럴 경우 우리는 구약성경에 대한 현재적 성취(예, 신 13:2-6)와 예수의 말씀에 따른 미래적 예언(예, 마 24:24)을 고려해 볼 수 있을 것이다.

거짓 선지자들(ψευδοπροφῆται)은 이미 오랜 구약성경 시대에도 존재하고 활동했다(왕하 18:19; 사 9:13-17; 렘 5:31; 14:14; 23:30-32 참조). 이와 마찬가지로 베드로가 본 서신을 쓰고 있는 초대 교회 상황에도 거짓 교사들(ψευδοδιδάσκαλοι)은 여전히 존재하고 활동하고 있음을 알 수 있다(마 24:4-5, 11; 행 20:29-30; 갈 1:6-9; 빌 3:2; 골 2:4, 8, 18, 20-23; 살후 2:1-3; 딤전 1:3-7; 4:1-3; 딤후 3:1-8; 요일 2:18-19, 22-23; 요이 7-11; 유 3-4 참조). 이들은 (1) 타인뿐 아니라 자신들까지도 파멸로 인도할 이단(αἱρέσεις ἀπωλείας)의 가르침과 그에 따른 삶의 패턴을 은밀하게 소개하는 자들이며 (2) 예수 그리스도의 피로 값 주고 사신 하나님의 은혜와 능력을 의도적으로 거절하는 자들이다. 따라서 본 서신은 거짓 교사들이 당할 멸망은 필연적임을 공고히 선언해 주고 있다. 그럼에도 이들의 위선과 거짓된 가르침에 현혹된 자들이 많이 발생하게 되고, 또한 그들의 부끄러운 행실을 따름으로 인해 진리가 더욱 훼방 받게 되는 일이 벌어지게 된다. 더욱 안타까운 것은 이 세상 사람들이 좇는 거짓 교사들이 자신들의 사욕을 채우기 위해 없는 말을 꾸며낼 뿐 아니라 미혹 받은 자들로부터 물질적 이득을 취하려고 혈안이 된 자들임을 보게 된다. 참으로 우리를 낙심시키는 일이 아닐 수 없다. 그러나 성도가 낙심 가운데서도 결코 소망을 잃어서는 안 된다. 왜냐하면 성경은 이 같은 거짓 교사들에게 반드시 심판과 멸망이 따라올 것임을 분명히 밝히고 있기 때문이다.

심판의 세 가지 사례(4-10상반절)

본문은 이제 그 당시 거짓 교사들이 필히 당하게 될 하나님의 진노와 심판을 과거 인간의 죄악 된 역사 가운데 개입하시는 하나님의 일하심에 근거하여 세 가지 사례로 제시하고 있다: (1) '범죄한 천사들' (4절-창 6:1-4; 유 1:6; 계 12:7 참조), (2) '옛 세상' 으로 '경건치 아니한 자들' (5절-창 6장 참조), (3) '소돔과 고모라 도시에서 음란한 행실을 소유한 무법한 자들' (6-7절-창 19:24-28 참조). 이 같은 하나님의 징계 속에서도 '경건한' 또는 '의로운' 자들-노아와 그 일곱 식구들 그리고 롯-은 하나님으로부터 구원(구출)

받는다라는 사실을 잊어서는 안 된다. 그러나 우리 본문에 있어 메시지의 핵심은 하나님께서는 '과거의 불의한 자들' 을 심판하셨듯이 '오늘 현재의 불의한 자들' 도 반드시 심판하실 것이라는 사실이다(9절). 하나님 앞에서 의롭게 살기 원하는 자들이 이 세상의 불법한 자들의 말과 행실을 보고 낙심에 빠져 심령이 상하게 될 때가 실제로 적지 않다. 그러나 경건하게 살기를 힘쓰는 자는 마지막 날 하나님께서 최종적 구원을 베푸실 뿐 아니라 또한 최종적 심판을 이루신다는 진리 앞에 의로운 심령을 끝까지 포기하지 않고 이 세상을 인내하며 살아가야 한다.

구약성경에 기록된 위의 세 사건들은 유대 중간기 문헌과 후기 랍비 문헌에서 더욱 폭넓게 해석되었던 것을 보게 된다. 특히 롯의 경우는 더욱 그러하다. 실제로 롯에 대한 이해에 있어 유대 전승은 그가 의인인가 아닌가에 대해 양 견해를 모두 견지하고 있는데, 이는 창세기 본문 자체에 기인한다고 볼 수 있다(긍정적 구절 – 창 18:25; 19:1-16; 부정적 구절 – 창 13:10-11; 19:29, 32-35).[3] 한편, 구약성경의 실례들과 베드로후서 본문의 문맥을 함께 고려해 볼 때 하나님께서 심판하시는 '불의한 자들' 또는 '경건치 아니한 자들' 의 공유적 삶의 요소는 '음란한 행실' 곧 성적 타락인 것을 보게 된다. 다시 말해 이들은 "육체를 따라 더러운 정욕 가운데" 사는 자들이다. 이런 이들은 주께로부터 허락된 신령하고 바른 권위를 부인함으로써 신앙 공동체의 경건한 지도자들을 오히려 무시하고 자신들이 참 지도자인양 온갖 술수를 다 동원한다. 한 마디로 이들은 하나님과 하나님의 말씀을 빙자한 거짓 교사들일 뿐이다. 우리의 본문은 이제 거짓 교사들의 생태와 삶을 독자들에게 더욱 구체적으로 드러내 준다.

거짓 교사의 속성과 삶(10하-22절)

우리는 베드로후서 2장 10절 하반절부터 마지막 22절에 걸쳐 연속적으로 소개해 주고 있는 거짓 교사들의 삶의 양태들을 주목할 필요가 있다.[4] 이것들은 한 마디로 이 세상에 속한 세속적 가치관에 물들은 열매들이다. 이들은 죄악을 범하는 것에 담대하여(τολμηταὶ) 자신의 정욕을 추구하는 것에만 몰두하는 '고집장이'(αὐθάδεις)들로서, "더 큰 힘과 능력을 가진 천사들"이 '악한 천사'(δόξας)들을 하나님께 의탁하는 것과 달리, 이들에 대한 평가를 스스럼 없이 거만하게 내뱉고 다니는 자들이다. 말하자면 자신들이 하나님의 영광이나 권세를 대행하고자 하는 교만이 가득한 자들임을 알 수 있다(11-12절).[5] 베드로는 이 문맥에서 거짓 교사들을 "이성 없는 짐승"(ἄλογα ζῷα)으로 비유함으로써 이들의 행실이 '그리스도의 형상'으로 새롭게 회복된 성도들의 기준에 맞지 않을 뿐 아니라 '하나님의 형상'으로 지음 받았던 인간 그 본래의 가치까지도 상실한 비극적 상태를 암시하고 있다. 이들의 무지함은 인간의 이성적 판단이 아닌 짐승과 같은 본능적 자기 욕구에 기인한다. 따라서 짐승들이 죽임을 당하는 것처럼 거짓 교사들 역시 종국에는 파멸 당하지 않을 수 없게 될 것이다. 말하자면 이들은 자신들이 행한 악한 일들로 인해 '악의 보상'을 받게 될 것이 자명한 자들이다.

우리의 본문 13절 하반절부터 16절까지 베드로는 거짓 교사들의 탐욕적이며 음란한 삶에 더욱 초점을 맞추어 거론한다. 이들은 대낮에도 먹고 즐기면서 자기들이 원하는 쾌락을 일삼음으로써(살전 5:7 참조) 성도들에게 본이 되기는커녕 오히려 신앙 공동체에 치명적 불명예와 수치를 입히는 "점과 흠"(σπίλοι καὶ μῶμοι)이 될 뿐이다. 하지만 베드로는 이와 대조적으로 3장 14절에서 자신이 사랑하는 성도들을 향해서는 주님의 마지막 재림의 날까지 "점도 없고 흠도 없이"(ἄσπιλοι καὶ ἀμώμητοι) 나타날 것을 권면하고 있다(벧전 1:19; 엡 5:27도 참조). 한편 거짓 교사들이 신앙 공동체 안에서 일반 회원들과 음식을 나누며 잔치를 벌이는 본문의 문맥은 주로 '성찬'(the holy communion)과 함께 '애찬'(love-feasts)이 뒤따랐던 초대 기독교 공동체의 식탁 교제를 반영하는 듯 하다(고전 11:17-34 참조). 이럴 경우 "간사/속임수"로 번역된 그리스어 아파타이스(ἀπάταις)는 아가파이스(ἀγάπαις)의 또 다른 이문일 수 있을 것이다(유 1:12 참조).[6] 주목할 것은 거짓 교사들의 무절제함과 부도덕함이 그럴 듯한 속임수들을 동원하여 공적이고 공개적인 자리에서도 자행되었다는 사실이다. 특히 이들의 눈은 "음녀"(adulterous women)

로 가득 차 있어 공공의 잔치 자리에서 여인들을 볼 때마다 음욕을 품고 성적 파트너로 간주했던 것을 우리의 본문은 신랄하게 고발하고 있다(마 5:27-28 참조).[7] 그리고 본문은 이들의 이와 같은 성적 탐욕이 끊이지 않고 계속된 중독성 깊은 범죄였음을 밝힌다. 물론 이들의 비윤리적 삶의 행태는 그들의 잘못된 사상(교리)에 의해 자신들의 비도덕적 삶을 합리화 할 뿐 아니라 타인들도 이런 방탕한 삶으로 초청하였던 것이다. 이로 인해 복음의 진리에 아직 온전히 서지 못했던 공동체의 회원들은 마치 낚시꾼의 미끼에 걸려 든 것과 같이 거짓 교사들이 탐닉하고 있는 죄악의 수렁에 빠져들게 된 것이다. 실로 이와 같은 거짓 교사들은 분명 '축복의 사람들' 인 하나님의 자녀(살전 5:5 참조)와는 본질상 다른 "저주의 자식"(κατάρας τέκνα)이다(요 17:12; 엡 2:3 참조).

그러나 우리를 경계토록 하는 것은 이들이 처음에는 나름대로 복음의 길을 따라가는 것으로 인정받았다가 시간이 지난 어느 즈음부터 "바른 길을 떠났다"라는 사실이다. 따라서 외관상으로는 여전히 이들이 '말씀의 교사들'로 행세하고 있었음을 보게 된다. 이 사람들이 복음의 바른 길을 벗어나게 된 결정적 동기를 베드로는 구약성경의 '거짓 선지자' 발람의 경우(민 22-24장; 신 23:4-5; 수 13:22; 24:9-10; 느 13:1-2; 미 6:5; 유 1:11; 계 2:14 참조)를 빌어 설명해 준다. 그것은 한 마디로 "불의의 삯을 사랑"했던 그들의 재물 탐심이었다.

이처럼 재물 탐심과 성적 탐닉은 한 동전의 양면과 같음을 시사해 준다. 하지만 거짓 교사들의 이런 타락한 삶은 한편으론 이들이 하나님의 영광에서 이미 떠났음을 말해주는 것이며, 또 다른 한편으론 이들의 삶이 복음(하나님)을 수단으로 하여 자기 영광 – 명예 – 부귀의 길로 들어선 자들임을 의미한다. 이런 사람들은 신분상 또는 호칭상 '말씀의 교사들'로 행세하며 불릴 수는 있겠지만, 발람과 마찬가지로 하나님께 기도를 드린다 할지라도 오히려 짐승(나귀 – 12절 참조)보다도 하나님의 임재와 그분의 뜻을 깨닫지 못하는, 그래서 "알맹이가 없고 껍데기만 남은 거짓 교사"로 전락한 자들일 뿐이다.

17-22절은 지금까지 언급했던 거짓 교사들의 세속적이고 탐욕적 삶의 양

태를 반복하여 폭로하면서도 다소 다른 은유적 표현을 활용함으로써 이들의 삶에서 나타나는 거짓된 동기와 그에 따른 삶의 허망한 결과를 결론짓고 있다. 거짓 교사들은 먼저 "물 없는 샘들"과 "광풍에 밀려 가는 안개들"로 비유된다. 전자의 표현은 인생의 만족과 행복을 가르치고 약속했던 그들의 교훈과 삶이 종국에는 모두 허황되고 거짓된 '구원' 임을, 후자의 표현은 이들의 불안정성과 이들 가르침의 가변성 내지 일시성을 시사해 준다. 즉, 이들은 "경건의 모양은 있으나 그 능력은 부인하는"(딤후 3:5) 자들로서 자신뿐 아니라 자신을 좇는 사람들에게도 '신령한' 열매를 기대할 수 없는, 마치 '저주 받은 무화과나무 잎사귀' (막 11:12-14, 20-21 참조)와 같은 자들이다.

그럼에도 불구하고 이교도에서 막 돌아서서 복음에 귀를 기울이기 시작한 자들은 이들의 부풀린 자기 허세와 위선의 낚시 바늘에 걸려들어 잘못된 교리를 따라 하나님의 백성에 전혀 합당치 않은 성적 타락과 비도덕적 삶의 길로 빠져들기 쉽다. 거짓 교사들의 실체는 "멸망의 종들"이기 때문에 이들의 가르침과 삶을 따르는 자들 역시 "멸망의 종들"이 되는 것은 너무나 자명한 일이다. 20절의 조건절에서 나타나는 주어 "저희"는 문법적으로 18절의 "미혹한데 행하는 사람들에게서 겨우 피한 자들"과 19절의 "멸망의 종들"로 묘사된 거짓 교사들 – 이 양자가 모두 가능하다. 하지만 문맥 상 좀더 설득력 있는 것은 19절의 거짓 교사들이다.[8] 이럴 경우 본문이 서술해 주는 거짓 교사들은 그야말로 한 때 '(우리) 주 되신 구주 예수 그리스도를 앎으로 세상의 더러움을 피한 후에 다시 그 중에 얽매이고 진 자' (20절) 내지는 '의의 도를 안 후에 받은 거룩한 명령을 저버린 자' (21절)라는 사실에 주목하지 않을 수 없다. 말하자면 이 거짓 교사들은 분명 이전에 한때 복음 공동체 안의 회원들이었고 또한 리더들이었다는 사실이다.[9]

이 문맥의 포인트는 무엇보다 이와 같은 자들에게 임할 하나님의 진노와 심판은 복음의 진리를 전혀 접하지 못한 자들보다 훨씬 더 심각하다라는 메시지이다(마 12:43-45; 눅 11:26; 12:47-48 참조). 이런 의미를 좀 더 쉽고 분명하게 설명하는 차원에서 베드로는 두 속담을 인용하고 있다: "개가 그 토하였던 것에 돌아가고 돼지가 씻었다가 더러운 구덩이에 도로 누웠다"(22절).

오늘날도 그러하지만 그 당시는 더욱 더 유대인들뿐 아니라 이방인들에게도 개 그리고 돼지를 인간과 유비시켜 회자된 격언은 그렇게 긍정적이지 못했다(잠 26:11; 마 7:6 참조).[10] 2장 12절에서 이미 묘사된 바 있던 "이성 없는 짐승"은 이런 점에서 "거짓 교사들"에 대해 폭넓게 적용된 비유인 셈이다(16절도 참조).

우리는 앞의 글을 통해 베드로후서 2장이 처음 1절부터 마지막 22절에 이르기까지 그 당시 신앙 공동체에 매우 큰 위협과 해를 끼치고 있었던 "거짓 교사"들에 대한 정체와 그에 따른 삶의 양태들을 조목조목 다루고 있음을 확인할 수 있다. 한 마디로 거짓 교사들은 그 당시 초대 기독교 신앙 공동체의 이단자들이라 할 수 있다. 그리고 이들은 신앙 공동체 내에서 믿음이 여린 신자들뿐 아니라 모든 성도들에게 크고 작은 유혹("다른 복음" - 갈 1:6, 8, 9 참조)을 통하여 구원에 이르는 유일한 길을 의심하고 떠날 것을 끊임없이 종용하는 자들이다. 이와 같이 하나님의 교회를 대적하는 "거짓 교사"들은 그때 거기서와 마찬가지로 지금 여기서도 쉼 없이 우리 성도들 개인과 공동체의 허점을 틈타 우는 사자와 같이 우리들의 영적 급소를 노리고 공격해 오는 것을 상기할 필요가 있다(벧전 5:8 참조). 이런 점에서 오늘의 목회자는 기독교 신앙 공동체의 바른 정체성과 바른 고백을 정확하게 전달할 책임이 있으며, 오늘의 성도들은 주일 예배로 만족하는 차원을 넘어서서 사도적 신앙 고백을 체계적으로 배우고 알아야 될 의무가 있다.

하지만 우리의 본문을 오늘 적용하는데 있어 더욱 초점에 두어야 할 것은 일반 성도들보다는 오늘의 말씀 교사들이라 할 수 있는 교회의 목회자들과 신학교의 교수들이라 할 수 있다. 말하자면, 오늘의 말씀 교사들로 부름 받은 자들은 자신의 삶과 자신이 속한 신앙 공동체, 특히 교회와 신학교 안에서의 삶에 혹 '거짓' 교사들의 삶의 동기와 내용에서 발견되는 영적 불순물이 들어있지 않은지를 점검하는 일에 게을러서는 안 된다. 따라서 베드로후서 2장의 문맥을 적용해 볼 때, 무엇보다 오늘의 '참된 말씀의 교사들'은 그 당시 '거짓 교사들'과는 대조적으로 재물("불의의 삯")과 이성("음심에 가득한 눈")에 정직하고 깨끗하기를 한 평생 힘써야 한다. 이것은 말씀 교사들의 입술에서 나오는 신앙-신학적 고백이 일상 생활 가운데 신앙-신학적 행실로 보여주어야 할 이유이기도 하다. 그 당시 거짓 교사들의 일상적 삶이 곧 그들의 신앙과 신학의 현주소를 대변해 주었듯이, 오늘의 말씀 교사들 역시 일상적 삶을 통해 드러날 수밖에 없는 자신들의 신앙과 신학의 자화상을 어찌할 수 없다. 말씀의 교사로 부름 받은 오늘의 목회자와 신학자들의 신앙과 신학이 강단 위에서뿐 아니라 강단 아래에서도 평가 받아야 할 이유가 여기에 있다.

CHAPTER 11

진리와 사랑 안에 거하는 자들의 삶

(요한2서 1-13절)

1 장로는 택하심을 입은 부녀와 그의 자녀에게 편지하노니 내가 참으로 사
랑하는 자요 나뿐 아니라 진리를 아는 모든 자도 그리하는 것은 2 우리 안
에 거하여 영원히 우리와 함께할 진리를 인함이로다 3 은혜와 긍휼과 평
강이 하나님 아버지와 아버지의 아들 예수 그리스도께로부터 진리와 사랑
가운데서 우리와 함께 있으리라 4 너의 자녀 중에 우리가 아버지께 받은
계명대로 진리에 행하는 자를 내가 보니 심히 기쁘도다 5 부녀여, 내가 이
제 네게 구하노니 서로 사랑하자 이는 새 계명 같이 네게 쓰는 것이 아니
요 오직 처음부터 우리가 가진 것이라 6 또 사랑은 이것이니 우리가 그 계
명을 좇아 행하는 것이요 계명은 이것이니 너희가 처음부터 들은 바와 같
이 그 가운데서 행하라 하심이라 7 미혹하는 자가 많이 세상에 나왔나니
이는 예수 그리스도께서 육체로 임하심을 부인하는 자라 이것이 미혹하는
자요 적그리스도니 8 너희는 너희를 삼가 우리의 일한 것을 잃지 말고 오
직 온전한 상을 얻으라 9 지내쳐 그리스도 교훈 안에 거하지 아니하는 자
마다 하나님을 모시지 못하되 교훈 안에 거하는 이 사람이 아버지와 아들
을 모시느니라 10 누구든지 이 교훈을 가지지 않고 너희에게 나아가거든

그를 집에 들이지도 말고 인사도 말라 11 그에게 인사하는 자는 그 악한 일
에 참예하는 자임이니라 12 내가 너희에게 쓸 것이 많으나 종이와 먹으로
쓰기를 원치 아니하고 오히려 너희에게 가서 면대하여 말하려 하니 이는
너희 기쁨을 충만케 하려 함이라 13 택하심을 입은 네 자매의 자녀가 네게
문안하느니라

요한이서는, 요한 일서의 장르와 구조 분석에 따른 어려움과 달리 요한삼서와 함께 1세기 그레코-로만 당시의 짧은 고대 서신서 장르로서의 신약성경 서신이다. 몇몇 현대 신약학자들은 세 개의 요한 서신들이 한 사람의 동일 인물에 의해 기록되었을 것이라는 사실에 의문을 품고 있지만 여전히 대다수의 학자들은 전통적인 입장에 서서, 한 저자인 '장로' 요한이 세 개의 서신들을 기록했다고 보는 견해를 따르고 있다.[1] 나는 후자의 견해와 함께 '장로'로 자신을 소개한 사도 요한(말하자면, '장로' 요한과 '사도' 요한을 동일한 인물로서)이 본 서신의 저자라는 인식을 갖고 본 서신을 풀이하고자 한다. 본 글을 전개하는데 있어 우리는 먼저 이 서신의 적절한 단락 구분과 일반적 특징을 생각해 본 후 각 절들을 주해하면서 오늘날 현대 교회와 일상적 삶에 몇 가지 적용을 제시해 보고자 한다.[2]

본문 구조 및 특징

요한이서는 전형적인 그레코-로만 서신의 구조를 외형적으로 갖추고 있는데, 그 단락 구분은 아래와 같이 파악될 수 있다:

A 문안 인사(1 – 3절)
B 중심 메시지(4–11절)
B–1 그리스도인들 상호 간의 계명: 진리와 사랑 안에서의 환대(4–6절)
B–2 적 그리스도인들에 대한 경계: 확신과 단호함 가운데서의 배척 (7–11절)
C 작별 인사(12–13절)[3]

요한이서는 요한삼서와 함께 신약성경에서 가장 짧은 서신으로서 245개의 헬라어 단어에 의해 11개의 문장들로 구성되어 있다. 본 서신의 내용적 특징은 요한 문서들간의 관계 속에서 언급되어야 할 것과 본 서신 자체로서 보여주고 있는 것으로 구분할 수 있을 것이다. 이런 특징들은 아래에서 본문을 다루는 가운데 상호 관련 구절들을 제공함으로 고려될 수 있을 것이다. 다만 후자와 관련된 것으로 언급할 필요가 있는 것은 무엇보다 7-10절에 묘사된 '적그리스도 인(들)에 대한 적대감' 의 묘사라 할 수 있다. 물론 요한일서에서는 이 '적 그리스도' 라는 용어(요일 2:18, 22; 4:3)와 함께 이들에 대한 잘못된 기독론적 고백(요일 2:22-23; 4:2-3, 15; 5:1, 4, 10-12)과 옳지 못한 삶의 태도(요일 2:15-17; 3:10-12)가 언급된 것이 사실이지만, 이들에 대한 구체적이고 실질적인 '적대적 태도' 를 밝히고 있는 본 서신은 매우 고무적인 것이라 할 수 있다.[4] 요한일서를 '사랑의 서신' (the letter of love)으로, 요한이서를 '사랑의 한계에 대한 서신' (the letter of love' s limitation)으로 표현된 것도 이런 맥락이다.[5] 그럼에도 요한이서에 대한 이런 표현이 다소 오해를 불러일으킬 여지가 있음도 사실이다. 말하자면 요한 신앙 공동체의 내부적 적대자들로서 적 그리스도인들에 대한 요한일서의 가르침은 수신자들로 하여금 요한이서의 10-11절에서 나타난 실제적 경계를 결과적으로 고려하게 된다는 것이다(요일 2:19; 5:21). 이것은 요한일서에서 설파한 사랑의 교제/사귐이 '미혹의 영' 이 아닌 '진리의 영' 으로 인도함을 받는 신앙 공동체 회원들 상호간에 집중된 가르침이란 사실도 함께 기억해야 할 것이다.

요한서신들에서 읽을 수 있는 적대 그룹(즉, 다른 믿음을 - 특히 기독론에 있어 - 소유한 자들)은 '적 그리스도의 영' 에 의해 미혹되어 '진리와 사랑 안에' 거하지 못하고 결국 이 세상에 속한 자들로 낙인 찍힌 자들(요일 4:1-6; 요이 7-9; 요삼 9-11)인데, 이 그룹에 속해 있는 자들의 일부가 한 때 '같은 (믿음의) 그룹' 에 속했던 것으로 암시된다(요일 2:19; 3:10-12; 4:1; 5:16; 요이 1:9-11 요삼 9-10). 요한 서신들의 수신자들의 종교-사회적 배경이 서로 상호 관련이 있다고 간주할 경우, 다른 두 개의 요한서신들과 함께 요한이서는 이전의 (유대인들로부터의) 외부적 핍박이나 갈등과는 다소 다른 '공동체 내적 분열'

의 시련 가운데, 한 편으로 '내적 공동체 회원'들의 신앙과 삶을 확신 시키며 동시에 재도전하면서, 또 다른 한편으론 떨어져 나간 무리들의 잘못된 신앙 고백/교리 그리고 그들의 '믿는 자들' 로서의 비윤리적 삶을 날카롭게 지적함으로써, 분리되어진 신앙 공동체의 '남은 성도들' 을 대내외적으로 보호하고 지키는 목회-상담적 목적 안에서 쓰여진 것으로 생각된다.[6]

이런 맥락과 함께 요한이서 안에서 '믿음의 다른 그룹' 들과의 관련 속에서 활용되고 있는 몇몇 용어들을 살펴보는 것은 의미가 있다고 본다. 먼저, 본 서신에서 공동체 내적 신앙의 격려와 도전을 위해 쓰인 주요 단어들은 다음과 같다: (1) 명사형으로 '진리' (1, 2, 4: ἀλήθεια), '은혜와 긍휼과 평강' (2: χάρις ἔλεος εἰρήνη), '사랑' (6: ἀγάπη), '진리와 사랑 안에서' (3: ἐν ἀληθείᾳ καὶ ἀγάπῃ), '기쁨' (12: χαρά), '계명' (4, 5, 6: ἐντολή), '(그리스도의) 교훈' (9 [x 2], 10: διδαχή), (2) 동사형으로는 '사랑하다' (1, 5: ἀγαπάω), '알다' (1: γιώσκω), '거하다' (2, 9: μένω), '기뻐하다' (4: χαίρω), '걷다/행하다/살다' (4, 6: περιπατέω), '가지다/소유하다' (9: ἔχω), (3) 전치사로는 '안에' (1, 3, 4, 6, 7, 9 [x 2]: ἐν), (4) 부사구로는 '처음부터' (5, 6: ἀπ' ἀρξῆς). 한편, 공동체 밖의 '다른 믿음'을 소유한 외부인들을 향한 용어들 가운데 주목할 필요가 있는 것들은 다음과 같다: '미혹하는 자(들)' (7 [x 2]: οἱ πλάνοι, ὁ πλάνος – 복수와 단수로 각각 쓰임), '적 그리스도' (7: ὁ ἀντίχριστος), '고백하지 않은 자들' (7: οἱ μὴ ὁμολογοῦντες), '지나치게 나간 자' (9: ὁ προάγων), '거하지 않은 자' (9: ὁ μὴ μένων), '세상으로 나가다' (7: ἐξέρχομαι εἰς τὸν κόσμον), '가지지 못하다' (9, 10 – 9절은 μὴ ἔχω, 10절은 μὴ φέρω가 쓰여짐). '적대자들' 은 '내부인들' 과 달리 그 관련된 주요 동사들이 거의 부정어(μή)와 함께 쓰이고 있다는 사실을 관찰하게 된다. 말하자면, '다른 믿음' 을 소유한 적대자들은 요한의 신앙 공동체 자녀들과 달리 예수를 다르게 고백함으로써, 그리스도의 교훈에 거하지 못하게 되며 결국 예수와 하나님을 소유하지 못하는 자들이라는 지적이다.

물론 내부 신앙 공동체 자녀들에게도 긍정형과 함께 부정형 명령을 주고 있는데, 후자의 경우는 8절의 자기 성찰에 대한 '잃지 말라'(μὴ ἀπολέσητε) 외에는 모두 '적대자들' 과의 관계를 염두에 두는 부정 명령문들이다: 10절의 '받아들이지 말라'(μὴ λαμβάνετε)와 '인사의 말을 건네지 말라' (χαίρειν…μὴ λέγετε). 긍정 명령형은 두 개로 발견되는데, 8절의 '너희 자신을 스스로 정검하라'(βλέπετε ἑαυτούς)와 '온전한 상을 얻으라'(μισθὸν πλήρη ἀπολάβητε)이다. 공동체 자녀들에게 주어지는 4개의 강한 명령들은, 이것은 부정형이든 긍정형이든, 모두 믿음을 떠나 '다른 믿음' 을 소유한 '적대자들' 과의 관련(7-11절) 속에서 주어지는 것을 주목하지 않을 수 없다. 이런 면에서 요한이서는 중심 메시지의 포인트가 '적 그리스도' 요 '미혹하는 자(들)' 인 적대자들의 실상을 바로 알리면서, 그들을 단호히 경계하고 배척하기 위함으로 보인다.

문안 인사(1-3절)

그 당시 전형적인 서신서의 패턴을 따라 요한이서도 다른 신약의 서신들과 흡사하게 소개되고 있다: (1) 누가(the sender) (2) 누구에게(the receiver) (3) 인사(greetings). 여기서 서신을 쓰고 있는 이는 자기 자신을 요한삼서와 마찬가지로 '그 장로' (ὁ πρεσβύτερος)라고 밝히고 있는데, 이는 이름을 굳이 밝히지 않아도 이 서신을 받는 수신자들과 이미 친분이 있는 자이었음을 고려하게 된다. 여기서 '장로' 라는 표현은 같은 '진리와 사랑' 안에서 살아가는 가운데 그 신앙의 연륜이 깊어짐에 따라 존경과 권위를 인정 받고 있던 지역(가정) 교회들의 지도자(행 20:17; 약 5:14; 딤전 5:17; 딛 1:5 참조)로 볼 수 있다. 이 용어는 사도였던 베드로 자신에게도 적용되고 있는 것으로 보아(벧전 5:1), 사도 요한이 자신의 이름을 밝히지 않은 채 '장로' 로 소개했을 가능성을 높여준다.[7] 수신자로 소개되는 '택하심을 입은 부녀와 그(여성형)의 자녀(들)에게' (ἐκλεκτῇ κυρίᾳ καὶ τοῖς τέκνοις αὐτῆς)는 적지 않은 논란이 있어 왔지만, 한 고유한 여성 개인과 그녀의 가정이 아닌 한 지역(가정) 교회와 그 곳에 속한 모든 믿음의 식구들을 한 여성 개인으로 의인화하여 비유적으로 사용된 것으로 이해된다(벧전 5:13; 고후 11:2; 엡 5:22-23; 계 21:9 참조). 이럴 경우 '부녀' 로 비유되는 교회(요이 5, 13절도 보라)는 (인간이 아닌) 하나님으로부터 택하심을 받은 신령한 공동체 임을 고백하게 된다. 1절 하반절은 계속해서 이 수신자들을 소개하는데, 이 글을 기록하고 있는 장로 자신(강조형)이 진리 안에서 사랑하는 자들일 뿐 아니라, 진리를 알게 된 (지역 신앙 공동체의?) 모든 자들을 사랑하는 자들이라고 함으로써, 수신자들을 향한 깊은 애정과 친밀함을 보여주고 있다. 여기서 주목하게 되는 것은, 수신자들을 향한 장로의 사랑이 '진리 안에서' (ἐν ἀληθείᾳ) 표현되며, '진리를 알게 된 자들'(οἱ ἐγνωκότες τὴν ἀλήθειαν)이 그들에게 사랑을 전한다고 하는 사실이다. 이것은 '진리와 사랑' 이 서로 불가분리의 상호관계에 있음을 말해줌으로써 이 서신의 수신자들도 사랑의 교제를 받고 나눌 수 있는 '진리 가운데' 있음을 (그리고 마땅히 또 있어야 함을) 시사하는 것이라 할 수 있다. 원인과 이유의 접속사(διὰ)로 시작하는 2절은 이런 사실을 더욱 분명하게 밝혀주고 있다. 즉 우리가 서로가 사랑할 수 있음이 '우리 안에' (ἐν ἡμῖν) 거하고 영원히 함께 할 '진리 때문' (διὰ τὴν ἀλήθειαν)이라는 것이다.

그렇다면 여기서 표현된 '진리' 는 무엇인가? 요한 문서에서 의미하는 진리는 무엇보다 하나님의 뜻을 이 땅에 계시한 말씀(요 1:1, 14, 17; 17:14, 17-19; 요일 1:1-2)으로서의 예수를 알고/믿고(요 14:6) 그 안에 거하여(요 8:31-36), 예수와 하나님을 소유하는 것(요이 9)이라 할 수 있다. 이것은 또한 '진리의 영' 이신 성령(요 14:16-17; 15:26; 16:13)에 의해 인도함을 받아 하나님의 원하시는 일, 즉 예수를 믿고(즉, 바로 고백하고 – 요 6:29) 그를 증거하며 그 안에서 서로 하나됨으로 사랑으로 행하는 것(요 17:20-26; 요일 2:3-6)과 깊은 관련이 있다. 따라서 예수의 탄생, 사역, 죽으심, 부활, 승천으로 말미암아 예수께서 이 땅에 육신으로 오신 하나님의 아들로 믿는 자들에게는 이제 '진리와 성령' (요일 5:7 참조)이 예수 안에서 하나님의 자녀들에게 실제적으로 주어지는 종말론적 선물이다(요 16:7-15; 20:22; 요일 3:24; 4:13; 행 2:38-39 참조). 주지하다시피 요한 문서들은 성도들 간의 사랑이 매우 강조되어 있는데, 이것은 바로 기독론(예수) 중심의 바른 신앙 고백 안에 있는 자들의 종말론적 삶의 실제(love as reality in an eschatological life)가 마땅히 이러해야 함을 진술하고 또 명령하는 것이다. 즉 '예수 중심의 바른 신앙 고백'(진리) 안에 거하지 못하면, 서로 간의 온전한 사랑은 기대할 수 없으며 또한 온전할 수도 없다(요일 3:23-24; 4:12-21; 5:1-12). 이런 맥락에서 1-3절에 나오는 '진리와 사랑'은 4-6절의 '계명과 진리와 사랑' 뿐 아니라 9절의 '그리스도의 교훈'과 '하나님과 예수'의 상호 관계를 함께 고려할 수 있어야 한다.

3절에서 표현된 '인사 문구'의 주된 명사들을 일반 고대 서신들에서 발견되는 단순한 단어(즉, χάριειν – 요이 10-11; 약 1:1; 행 15:23 참조)로 끝나는 것이 아닌, 바울의 서신들에서 자주 발견되는 '은혜' (χάρις)와 '평강'(εἰρήνη)이라는 유대-기독교화된 인사 용어들과 이 사이에 '긍휼' (ἔλεος)의 단어가 하나 더 첨가되어 요한 서신들 뿐 아니라 다른 요한 문헌들에서도 거의 나타나지 않는 용어들로 되어 있다(딤전 1:2; 딤후 1:2 참조). 여기서 이 세 단어들의 주체는 모두 하나님 아버지(로부터)와 아버지의 아들 예수 그리스도(로부터) (παρὰ θεοῦ πατρὸς καὶ παρὰ Ἰησοῦ Χριστοῦ τοῦ υἱοῦ τοῦ πατρὸς)임을 보여주고 있다.[8] 주목해야 할 것은, 이 인사 문구가 (주로 동사가 생략된 채) 기원하는 형태로 작성되지 않고 오히려 (이미 성취되고, 앞으로도 그러할) 진술 형태(ἔσται)로 쓰여졌다는 점이다. 이와 함께 위로부터 기인하는 이 신령한 은혜, 긍휼, 평강 역시 (수단이든, 결과이든) '진리와 사랑 안에서 우리와 함께' (μεθ' ἡμῶν … ἐν ἀληθείᾳ καὶ ἀγάπῃ) 있을 것임을 진술함으로써, 다시 한번 저들의 정체성이 과거와 현재와 미래에 있어 '진리와 사랑 안에서의' 하나됨이요 사귐임을 강조하고 있는 것이다. 3절에서 발견되는 세 개의 단어들은 하나님의 아들인 예수 그리스도를 믿어 하나님께서 베푸신 구원에 참여하게 된 자들이 종말론적으로 누리는 영적 축복이라 할 수 있다. 말하자면 짧은 인사말을 통해 본 서신의 기록자인 요한은 구원의 반열에 동참한 지역(가정) 교회의 하나님의 자녀들에게 무엇보다 '진리와 사랑 안에서'의 한 동질성을 인식시키면서 서신의 서두를 열고 있는 셈이다.

중심 메시지(4-11절)

본 서신의 중심을 차지하고 있는 4-11절은 한 편으로 지역(가정) 교회 신앙 공동체 일원들이 내적으로 상호 간에 더욱 진리와 사랑의 계명을 힘써 지킬 것과 또 한 편으론 외적으로 회원들 개개인의 신앙을 유혹하고 위협하는 '적 그리스도인들' 을 단호히 거절/배척하게 함으로써 한 믿음의 공동체 신앙을 견고히 하기 위한 목적으로 격려와 경계가 함께 나타나고 있다. 기록자는 바로 이 중심 본문을 통해 요한일서에서도 나타났던 두 대조적인 영역과 그 삶의 실제를 매우 간단하고 명료하게 드러내고 있는 셈이다. 말하자면 진리와 거짓, 사랑과 미혹, 교회와 세상, 그리스도와 적 그리스도, 하나님의 계명과 사탄의 속임수의 대조가 그것이다.[9] (앞에서 살핀 헬라어 용어들의 대조적 표현을 염두에 둘 것).

그리스도인들 상호 간의 계명(4-6절): 진리와 사랑 안에서의 환대

요한은, 다시 한번 바울과 유사하게(롬 1:8; 고전 1:4; 빌 1:3-4; 살전 1:2), 먼저 수신자들의 칭찬할 만한 내용을 언급하면서 자신의 큰 기쁨의 이유와 동일시하고 있다(4절 초두의 ἐχάρην λίαν ὅτι – 요삼 3 참조). 그것은 바로 믿음의 공동체 자녀들 가운데(ἐκ τῶν τέκνων) '진리 안에서 살아가는 자들'(περιπατοῦντας ἐν ἀληθείᾳ – 직역한다면, '진리 안에서 걸어가고 있는 자들')을 발견했기 때문이다. 여기에서 암시되고 있는 것은 '진리(와 사랑)' 안에 거하는 삶(직설법)은 '진리(와 사랑으)' 로 나타나고 드러나는 삶(명령법)이어야 한다는 것인데, 이런 면에서 수신자들의 공동체 안에서 '모든 자녀들' 은 '진리 안에서 행하는 삶' 의 자리에까지 나아가야 할 특권과 의무가 있는 자들이라 할 수 있다. 여기서 '진리 안에서 살아가고 있는 자' 는 5절과 6절이 말해주듯이 '같은 믿음을 소유한 성도들을 사랑하고 있는 자' 이다. 이런 삶이 있는 자녀들이야말로 하나님 아버지께서 처음부터 요구하신 계명, 즉 "그 아들 예수 그리스도의 이름을 믿고 그가 우리에게 주신 계명대로 서로 사랑할 것"(요일 3:23)을 온전히 실천하며 생활하는 자들이다.

5절에 들어서면서 요한은 매우 명시적으로 본 서신의 주요 목적을 밝히고 있다: "부녀여, 내가 이제 네게 구하노니"(καὶ νῦν ἐρωτῶ σε, κυρία). 앞에서 언급했듯이, 여기서의 '부녀'는 하나님을 믿고 있는 수신자들을 비유적으로 표현한 것으로 보인다. 이들 수신자들에게 요한이 간구하는 바는 요한 자신을 포함하는 1인칭 복수(요이 2, 3, 4, 6도 참조)로서의 "우리가 서로 사랑하자"(ἵνα ἀγαπῶμεν ἀλλήλους)이다. 왜냐하면, 이것은 요한 자신이 지금 새롭게 제정한 것도 아니요(요일 3:11), 전에도 자신의 권위로 명령된 바가 아니라, 오히려(ἀλλὰ) 처음부터(ἀπ' ἀρχῆς - 요 17:24-26 참조) 하나님께로부터 우리에게 오신 예수께서 명령하여 소유하게 된 계명(요 13:34; 15:12, 17)이기 때문이다. 6절에서 요한은 병행 구문을 통해 '사랑과 계명'의 상호 불가분의 관계가 실천적 순종으로 검증되어 드러나야 함을 보여주고 있다(요 14:15, 21; 15:10; 요일 2:2-6; 5:2-3). 즉 '이것이 그 사랑이다'(αὕτη ἐστὶν ἡ ἀγάπη)와 '이것이 그 계명이다'(αὕτη ἡ ἐντολή ἐστιν)라는 명제적 진술 다음에 각각의 진술을 등위 접속사(ἵνα)와 함께 풀이해 주는 방식이다: 사랑은 '우리가' 하나님의 계명들을 따라 순종함으로 살아가면서 나타내야 되는 것이며(ἵνα περιπατῶμεν κατὰ τὰς ἐντολὰς αὐτοῦ), 계명은 '우리가' 사랑 안에서 살아가면서 순종함으로(ἵνα ἐν αὐτῇ περιπατῆτε) 입증되어야 하는 것이다.[10] 여기서의 강조점은 역시 '하나님 계명으로서의 사랑'은 하나님 자녀들의 관계적 삶 속에서 구체적으로 드러나야 하는 당위성에 있다. 4절의 '진리 안에서 살아가는 자들'도 같은 헬라어 동사의 분사형으로 표현된 것을 주목할 때, 그리고 3절의 '진리와 사랑 안에서'라는 표현을 상기시킬 때, 우리는 '진리와 사랑과 계명'이 서로 깊은 상관 관계 속에서 서로 영향을 끼치는 요한의 주요 신앙적 개념들이라 할 수 있다.

적그리스도인들에 대한 경계(7-11절): 확신과 단호함 가운데서의 배척

요한은 이제 신앙 공동체 자녀들에게 '다른 믿음'에 속한 자들에 대해 마땅히 어떻게 대처해야 하는지를 언급하고 있다. 여기서 한 가지 주의할 것은, 6절과 7절이 비록 각각 다른 문장으로 되어있지만 7절이 원인을 밝혀주는 접속사(ὅτι)로 시작한다는 점에서 4-11절이 하나의 통일된 논리 속에 기록되었음을 말해준다. 즉, 4-6절에서 보여준 요한의 제안과 도전(예, '진리 안에 행하면서 서로 사랑하자')은 7-11절의 본문이 암시해주는 공동체의 시련이나 어려움을 사전에 방지할 수 있는 처방전이기도 하다는 것이다.

그렇다면 7절이 언급하는 '많은 미혹자들'(πολλοὶ πλάνοι)은 무엇보다 '진리와 사랑 안에서' 거하는 일에 실패한 자임을 읽을 수 있다. 즉 이들은 '세상에 나가버려' (ἐξῆλθον εἰς τὸν κόσμον; 동일한 동사가 사용된 요일 2:19도 참조하라) 세상에 속해 버린 자들이다. 여기서의 '세상' 은 예수를 영접하지 않음으로 결국 하나님을 볼 수 없는 미혹의 영이 주장하는 세상이다 (요 1:10; 7:4-7; 8:23; 14:17-19; 15:18-19; 17:14-16; 요일 4:3, 5; 5:19). 바로 그 세상에 속한 자들의 정체성을 요한은 '예수 그리스도께서 (이 땅에) 육체로 임하심' (Ἰησοῦν Χριστὸν ἐρχόμενον ἐν σαρκί)[11]을 고백하지 않는 자들 (οἱ μὴ ὁμολογοῦντες)로 풀이하고 있다. 이들이 '미혹자' (ὁ πλάνος)이며 '적 그리스도' (ὁ ἀντίχριστος)이다. 여기서 정관사와 함께 단수로 사용된 것은 이들의 기원이 동일한 마귀요(요일 3:8-9) 그의 영, 즉 적 그리스도/미혹의 영(요일 4:3, 6)에 의한 것임을 시사한다고 본다. 여기서 요한일서 2장 19절과 요한이서 7절의 행간이 암시하는 것은 이 '많은 미혹자들' 이 한 때는 같은 신앙의 공동체에 속했을 것이라는 사실이다. 나아가서 이들은 (예수에 대해) 현재 '자신들이 소유하게 된 신앙' 이 옳은 것임을 주장하고 있는 듯하다. 요한의 공동체와 뚜렷이 구별되는 이들의 '신앙적 차이' 가 바로 '육신으로 임한 예수' 를 그리스도요 하나님의 아들로 고백하지 못한다는 점이다. 이들이 이렇게 스스로 미혹됨은 '그리스도의 교훈 안에 거하지 못했기'(μὴ μένων ἐν τῇ διδαχῇ τοῦ Χριστοῦ) 때문인데, 이것은 또한 그들이 예수와 사도들로부터 전승된 가르침을 넘어서려고 하는(προάγω) 유혹에 기인한 것이다.

여기서 '그리스도의 교훈' (τῇ διδαχῇ τοῦ Χριστοῦ)은 그리스도 예수께서 스스로 증거하신 예수의 인격과 말씀(주격적 소유격으로)이라 할 수 있고, 후에 사도들과 제자들에 의해 선포된 예수 그리스도에 대한 증언/고백(목적격적 소유격으로)이라 할 수 있다. 이제 '그리스도의 교훈' 밖에 있어 이런 미혹에 스스로 빠진 자들은 예수 그리스도를 소유하지 못할 뿐 아니라 그의 아버지가 되시는 하나님도 소유하지 못한다고 요한은 단호하게 말한다. 왜냐하면 아들이 없는 자에게는 그 아들의 아버지가 되시는 하나님도 알 수 없기 때문이다(요일 2:22-23; 5:1, 5, 9-12; 참조 요 1:18; 14:6-7, 9).

이런 자들을 하나님의 자녀들은 어떻게 대처해야 하는가? 요한은 여기서 하나님의 자녀들이 먼저 '자기 스스로를 점검하라' (βλέπετε ἑαυτούς)고 명령한다(8절a). 이것은 (장로와 그 지도자들?/수신자들 스스로?)[12] 어려운 수고와 인내를 통해 그들이 이미 얻은 신령한 것들을 잃지 않기 위함이요(부정적 이유), 더 나아가서 하나님의 자녀들이 취하게 될 상(μισθός - 계 11:18; 22:12 참조)을 온전히 얻기 위함(긍정적 이유)이다(8절b). '그리스도의 교훈' 을 소유하지 못하고 고백하지 못하는 자들은 그들이 자신 스스로를 하나님의 '선지자' 로 행사한다 할지라도 결코 미혹되지 말아야 한다. 요한은 여기서 '그리스도의 교훈' 을 소유하지 못한 자들이 (의도적으로 또는 조직적으로?) 하나님의 자녀들에게 나아갈 때에(ἔρχεται πρὸς ὑμᾶς) 누구든지 그들을 집에 들이지도 말고(μὴ λαμβάνετε) 인사말을 건네지도 말라(χαίρειν αὐτῷ μὴ λέγετε)고 명령한다(10절).

미혹자들을 받아들이는 일과 그(들)에게 인사말을 건네는 일도 그(들)의 악한 일(τοῖς ἔργοις αὐτοῦ τοῖς πονηροῖς)에 함께 교제를 나누는 것으로(κοινωνέω) 인정되기 때문이다. 여기서 미혹자들이 들어가려고(ἔρχεται πρός) 하는 '집'(οἰκία)은 함께 예배를 드리던 교회당을 의미할 가능성이 높은데, 이것은 이 서신의 수신자들이 개인이 아닌 신앙 공동체 구성원들(1절에 대한 해석 참조)이라는 점과 그 당시 공공 예배는 주로 지역 가정집 건물(롬 16:5; 고전 16:19; 골 4:15; 몬 2 참조)에서 드려졌다는 것을 고려할 수 있기 때문이다.

작별 인사(12-13절)

요한이서의 마지막 작별 인사에 나오는 12절은 요한삼서의 13-14절과 매우 흡사하다. '장로' 요한은 파피루스 한 면에 해당되는 글을 이제 마무리하는 가운데 자신이 아직도 쓸 내용이 많음을 아쉬워하면서도, 조만간 이 서신의 수신자들을 방문하여 얼굴과 얼굴을(στόμα πρὸς στόμα – 직역하면 'mouth to mouth') 마주 대하고 말할 수 있게 되기를 소망한다(동사 ἐλπίζω가 주동사임). 이로 인해 그들 상호 간의 기쁨[13]이 충만하고 온전해지기(참조 요일 1:4; 요 15:11; 16:24)를 기대하고 있나. '서로 간의 기쁨'이 풍성케 되기를 열망한다는 점에서 요한이 그들과 만나 나누고 싶은 말의 중심은 다름아닌 하나님 아버지와 그 아들 예수 그리스도에 대한 교훈, 그리고 이에 따른 '진리와 사랑' 안에서의 서로 간의 사귐(요일 1:1-3)이라는 것을 예측하게 해 준다. 이 서신의 첫 절에서 사용된 '택하심을 받은 부녀(여성 단수형)와 그의 자녀들'이 수신자들의 지역(가정) 신앙 공동체로서의 교회(여성형 단수인 ἐκκλησία)를 의미한다면, 여기 마지막 절의 '택하심을 받은 너(단수형)의 자매(여성 단수형)의 자녀들'(τὰ τέκνα τῆς ἀδελφῆς σου τῆς ἐκλεκτῆς) 역시 또 하나의 지역(가정) 신앙 공동체로 간주할 수 있을 것이다. 지리적으로 어디인지 정확히 알 수는 없지만 '장로' 요한은 바로 이 지역(에베소의 어느 한 가정교회?)에서 서신을 쓰고 있는 것으로 보이며 이들의 안부를 전함으로 짧은 서신을 종결짓고 있다. 이것은 비록 성도들이 흩어져 있다 할지라도 성도들이 하나님을 한 아버지로 모시고 육신으로 오신 예수를 그의 아들을 믿고 사는(9절 참조) '한 가족의 자녀들'임을 시사해 주는 것이라 할 수 있겠다.

적 용

요한이서는 비록 짧게 구성된 텍스트임에도 강해/본문 설교일 경우 대개 1-3절, 4-6절, 7-11절(또는 4-11절), 또는 서신 전체를 하나의 설교 단위 본문으로 구성할 수 있을 것이다. 이 때 요한이서 자체 안에서 구절들의 상호 관계뿐 아니라, 요한문서들, 특히 요한일서와 요한복음과의 주요 관련 구절들을 함께 살펴보는 것은 필수적이다. 위에서 살핀 주해와 관련하여 설교적 적용에 고려될 수 있는 몇 가지 사항을 부분적으로 나열하면서 나가는 말을 대신하고자 한다.

(1) 신앙의 공동체인 교회가 가족/가정의 용어들(부녀, 자녀들, 아버지, 아들, 자매의 자녀)로 사용되고 있음은 오늘의 교회관에 시사하는 바가 적지 않다고 볼 수 있다. 이런 가족적 교회관은 단순한 용어들이나 형식적인 호칭들로 국한되는 것이 아니라 '진리와 사랑 안에서' 한 아버지 하나님과 그 아들 예수 그리스도를 바로 알고 함께 '같은 신앙' 안에서 서로 헌신과 섬김을 실천하며 살아나가고 있을 때('진리를 행함으로') 온전해질 수 있는 신앙 공동체라는 점이다. 이런 '가족 교회관'은 성도들이 믿는 하나님이 한 아버지이시며 우리가 믿는 예수 그리스도가 유일한 그 분의 아들이라는 고백이 있기에 제한된 지역을 넘어서서 교회(성도들)와 교회(성도들)의 관계에서도 찾아볼 수 있어야 한다.

(2) 거짓 선지자들/미혹하는 자들 또는 적 그리스도인들은 예수와 사도들로부터 고백된 신앙 전승과는 상이한 저들의 기독론적 고백에 있다는 사실과 동시에 이들의 삶의 윤리에서도 나타나고 있다는 점을 주목할 수 있다. 이들의 삶의 태도는 '전승된 신앙을 소유하고 생활하는 자'들을 미혹하는 것이요, 이것은 또한 예수를 대적하는 일이요, 성경의 교훈을 오도하는 자들이기에, 결국 악한 일을 도모하는 자들이다. 요한일서에 근거할 경우 이들은 하나됨의 교제를 파괴하며, 육신의 정욕과 안목의 정욕과 이생의 자랑을 일삼는 비도덕적 사람들이다(요일 1:15-16). 자칭 '하나님을 믿고 예수를 알고 있다'는 이들의 '신앙'은 결과적으로 그들의 삶에서 부정적인 것으로 판명되고 있다. 그렇다면 역으로 우리의 신앙(진리)은 우리의 삶 속에서 사랑과 계명으로 드러나야 되는 신앙이어야 할 것이다.

(3) 오늘날 종교 다원주의 내지 종교 일치운동에 부응하여 예수의 인성이나 신성을 바로 고백하지 않고, 성경의 하나님을 섬기려 한다면, 이것은 21세기의 케린투스(Cerinthus)들 내지 그노시스인들(Gnosists)이라 하지 않을

수 없다. 내용과 주장에는 차이가 있겠지만, 그 때나 지금이나 가장 치명적으로 위협받고 있는 것은 기록된 성경이 증언하는 예수에 대한 불신이나 의심이지 않은가? 예수께 대한 성경적 고백을 도외시하거나 무시하는 '사랑 실천' 또는 '진리 전파'는 오늘날 우리가 경계해야 될 미혹의 길, 영적 간음의 길임을 잊지 말아야 할 것이다.

(4) 교회의 발전과 부흥을 위해 예배와 교육에 도움이 되는 더 좋고 적절한 프로그램을 고안하고 준비하는 것 또는 개 교회(특히 대형교회)의 지역적 상황에 맞는 독특한 목회 방침 내지 목표는 바람직한 일이라 할 수 있지만, 이러한 시도나 목표가 전통적 '그리스도의 교훈'과 대치된다든지 이것을 넘어가게 되는 위험이 혹 있지 않은지 신중하게 (정기적으로) 평가할 필요가 있다.

(5) 요한일서와 마찬가지로 요한이서에서도 '하나님의 자녀'들이 겪는 갈등 또는 분쟁의 상대자들은 (과거와 현재에) '믿는 자들'이라는 사실을 생각하지 않을 수 없다. 심지어 그들도 한 때는 '같은 공동체'에 속해 있었던 것으로 간주될 수 있다는 점에서 더욱 그러하다('가인같이 하지 말라' – 요일 3:12; '거짓 선지자들' – 요일 4:1; '적 그리스도' – 요일 2:18, 22; 4:3; 요이 7; '지나쳐서 그리스도의 교훈 안에 거하지 아니하는 자' – 요이 9; 참조 요일 2:19; 요삼 9-10). 서로간의 '적대 관계' 속에서 떨어져 나간 자들을 배척하라고 하는 요한의 명령은 무엇보다 이들이 '그리스도의 교훈'(특히, 예수의 성육신에 대한 고백)을 떠난 '적 그리스도인'들이라는 점과 이들이 계획적으로 '우리의 믿음'을 무너뜨리고자 하는 자들이라는 점을 민감하게 여겨야 한다. 말하자면 이 본문이나 이와 유사한 구절들이 '그리스도 안에' 있는 같은 복음의 형제들이나 교회(교파)들에게 적용됨으로 해서, 혹이라도 자신이 속한 교회나 교단의 우월함을 무분별하게 주장하는 어리석음이 없어야 할 것이다. 즉, 비 본질적인 이유들로 인해 파생된 갈등 안에서 서로 간의 질시와 배척을 부추기는 증거 구절로 이 본문이 사용되는 일이 없어야 한다.

(6) 본 서신이 기록된 1세기 당시의 기독교인들의 대 사회-국가적 처지와 오늘의 특히 한국 남한 사회에서 우리 기독교인들의 상황이 적지 않은 차이

를 가지고 있다는 점에 유의해야 한다. 무엇보다 오늘날 우리 기독교인들의 (공적인) 신앙 공동체는 이단 세력들의 공개적인 미혹으로 붕괴될 가능성이, 1세기 당시의 그 때와 비교할 경우, 매우 희박하다. 한 마디로 적 그리스도인들에 비해 그리스도인들의 숫적 파워가 상대적으로 더 막강하다. 이런 면에서 우리 성도들은 혹 너무 지나친 배타적 사랑을 가지고 있지 않은지 점검해 볼 필요가 있다. 이것은 잘못된 사랑의 양극화 현상을 낳아 진리와 계명을 범한 내부인들에게도 '은혜'라는 미명 아래 교회의 정당한 치리를 행사하지 못한다든지, 또 한편으론 (자기) 교회당 안에 국한된 사랑 내지 (자기) 교단 안에서 제한된 성도들끼리의 사랑의 실천으로만 그치게 되는 경우라 할 수 있다. 오늘날 우리는 (지역) 교회와 교회들이 서로 '진리 안에서' (예수께 대한 바른 고백 안에서) 사랑의 섬김을 보이는 '가족들로' 새롭게 태어나야 한다. 교회들과 교단들은 자신들의 배타적이고 집단적인 이기주의 사랑을 버리고, '사랑과 진실' 가운데 그리스도께 속한 성도들과 세상 사람들을 겸허한 마음으로 섬겨야 할 것이다.

우리 기독교인들 모두는 자신의 지위와 상황 속에서 자기 주위에 있는 자들에게 날마다 읽혀지고 있는 '살아있는 편지' 들이라 할 수 있다. 말하자면 우리의 신앙과 신학은 하나님과의 교제뿐 아니라 오늘의 우리 한국의 역사적 상황과 우리들의 일상생활의 삶 속에서 우리가 만나는 다른(그들이 신자이든 그렇지 않든 상관없이) 사람들과의 관계들 가운데 쓰여지고 읽혀지는 서신들이다. 목회자로서, 설교자로서, 교회의 지도자로서, 무엇보다 하나님의 성도로서 지금 우리는 어떤 종이와 먹으로 우리의 편지를 쓰고 있는지 스스로를 반추해 보아야 하지 않을까? 우리의 목회와 삶이 썩어질 이 세상의 종이와 먹이 아닌, 썩지 아니할 하나님의 말씀과 성령의 순종함 가운데 쓰여짐으로 오늘의 한국 교계와 사회에 보내어지고 읽혀져야 될 '그리스도의 편지'(고후 3:2-3)로 날마다 새롭게 나타나기를 우리 모두 함께 기도하며 힘써야 할 때인 것 같다.

PART 2

CHAPTER 12

마태복음의 문학적 성격:

장르, 구조, 특징, 저작 목적

신구약 성경에서 나오는 어떤 한 주제나 전체 내용은 크게 역사적(historical), 문학적(literary) 그리고 신학적(theological) 국면 속에서 통합적이며 조화 있게 접근하고 이해해야 한다고 본다. 그리고 이런 관심과 이해는 하나님의 말씀으로서 성경을 해석하고 선포해야 되는 오늘의 설교자들과 성도들에게 역동적 만남을 필수적으로 요구하게 된다. 그것은 바로 고대 텍스트로서의 성경(ancient biblical text)의 세계와 설교자 자신을 포함하여 그 설교를 듣는 청중인 독자(modern Korean reader)들 세계와의 끊임없는 만남이다. 그리고 이 두 세계에 간섭하시는 '위로부터의 능력' 즉 성령의 깨닫게 하시고 조명하시는 또 하나의 '영적 만남' 을 통해 설교자와 청중은 비로소 '말씀을 말씀 되게 하는' 역사로 나아가는 것을 가능케 하리라는 고백이다.

좀 더 실제적으로 복음서(또는 성경의 다른 책들)를 해석하고 설교하는 데 있어 우리는 몇 가지 고려해야 될 것이 있다. 가령, 마태복음의 한 본문을 설교할 경우 설교자는 먼저 그 본문이 속한 장과 그 장의 앞 뒤 문맥을 잘 파악해야 할 것이다. 그런 후 선택한 본문이 혹 마태복음의 전체 구조와 주요 신학적 특징들과는 어떤 관련이 있는지를 생각해 볼 수 있다. 그리고 나서, 마태복음의 이 본문이 다른 복음서(특히, 마가복음과 누가복음)들과 병행되거나 유사한 경우가 있는지를 살펴보는 일이다. 이런 작업은 복음서 가운데 한 본문을 택하여 설교할 경우, 반드시 고려해 보아야 할 작업이며 나아가서 선택한 본문의 주제가 구약성경과 복음서 이외의 신약성경의 다른 본문들과 어떤 관련이 있을까도 한번 물어볼 필요가 있다.

이런 면에서 '설교를 위한 마태복음 이해'는 일차적으로 마태복음 자체에 대한 이해도 필수적이겠지만, 마태복음과 함께 다른 복음서들 그리고 나아가서 '하나님 말씀으로서의 신구약 성경'에 대한 깊은 경외 속에서 상호간의 그 유기적 관계를 인식할 때 마태복음에 대한 책임 있고도 온전한 이해라 할 수 있다. 이런 조망 속에서 필자는 설교를 위한 마태복음 이해에 도움을 주는 문학적 성격, 특히 마태복음의 문학적 장르와 구조 그리고 그에 따른 문학-신학적 특징과 기록 목적을 순서에 따라 전개하고자 한다.

문학적 장르

성경의 각 책을 이해하는 데 있어 먼저 물어보아야 할 것은 이것이 어떤 문학적 장르(genre)에 속하느냐 이다. 이것을 무시하는 경우는, 마치 전체 주위 환경인 숲을 보지 못하고, 좁은 시각과 편견 속에 나무 만을 보고자 하는 것과 다름없는 결과를 낳을 수 있기 때문이다. 말하자면 모든 독자들은 어떤 글을 읽기 전에 그 글이 실린 전체 내용의 문학적 형식(예를 들면, 신문, 학술논문, 자서전, 편지 등)에 따라 의식적, 무의식적 사고를 통해 그 내용을 자연스럽게 받아들이는 것이다. 그리고 이런 문학적 형식은 역사-문화적 시, 공간의 영향 속에서 쓰여지고 발전하면서 나름대로 기존의 장르를 벗어나는 새로운 장르를 개척해 나가기도 한다. 1세기 유대와 그레코-로만의 역사-문화적 상징 세계(symbolic world)의 베 틀 속에서 짜인 기록 문서로서 신약성경 27권은 문학 양식에 따라 크게 3가지로 구분할 수 있다. 첫째는, 사복음서와 사도행전이며(5권), 둘째는 편지 형식으로 쓰여진 바울서신을 비롯한 일반(공동)서신(21권), 셋째는 묵시록 양식(1권)의 요한계시록이다.

마태복음의 기록 양식은 그 문학적 표현에 있어 다른 복음서들뿐 아니라 누가복음의 후편으로서의 사도행전과도 동일한 '이야기 형식'(헬라어의 διήγησις [참조, 눅 1:1]로서 영어의 account/narrative로 간주할 수 있음)으로 되어있음을 먼저 주목해야 한다. 물론 우리는 예수의 사역에 집중하고 있는 마태복음의 기록 내용에 초점을 맞출 때, 일차적으로 예수 승천 이후의 제자들의 증인 사역을 기록한 사도행전과 구별할 수 있으며, 나아가서 기록 방법과 비교할 때 마태복음을 포함한 공관복음서는 긴 강화 중심의 요한복음과도 차이를 둘 수 있다. 그럼에도 불구하고 마태복음은 무엇보다 다른 복음서들뿐 아니라 사도행전과 그 문학적 장르가 같은, 말하자면 신약성경의 다른 22권과 달리 이야기 형식(narrative form)으로 기록된 문학적 양식이다. 이런 양식으로 기록되었다는 것은 마태복음(다른 복음서와 사도행전을 포함하여)을 일차적으로 '신학-교리적 논문'으로서 접근하는 것을 경고해 줄 뿐 아니라, 마태복음의 세계를 이해하기 위해서는 오히려 이야기 형식의 수사적 기법(예, 나레이터의 관점, 등장 인물, 장면 배경, 플롯 등)을 잘 관찰할 필요가 있음을 의미하는 것이다. 이런 면에서 현대 성서학계에 있어 '역사-비평적'(historical-critical) 접근에서 '문학적'(literary) 접근에로의 관심의 이동은 하나의 일시적인 '성서학적 유행이나 학문적 유희'로 보기 보다는, 그 동안 성경 텍스트의 내재적 특징에 대한 편향된 관심이나 소홀함에 대한 결과로 보는 것이 균형 잡힌 성경 독자로서의 바른 인식일 수 있겠다. 따라서 성경에 대한 이 두 가지(역사적 그리고 문학적) 접근은 '이것이냐 저것이냐'라는 양자택일의 입장보다는 함께 상호 보완함으로 통전적인 이해를 구해야 될 관점들인 것이다.

그렇다면 이제 한 걸음 더 나아가 사복음서 중 하나로서의 마태복음을 우리는 어떻게 읽어야 할 것인가? 적지 않은 신약학자들의 견해에 따르면 '복음서'는 그 당시 특히 그레코-로만 문학 양식을 따라 위인들의 생애에 대한 '전기'(*bioi*) 또는 '인물전'(*encomium*)이나 위대한 철학자/교사들의 '역사적 행적'(*praxeis*), '역사적 회상록' (*apomneemoneumata*)으로 간주할 수 있다는 주장들이 있곤 하였지만, 어느 것(즉, 전기문[biography] 또는 사료문헌[historiography]) 하나 만족한 합의를 도출 시키지 못하고 있는 입장이다. 이에 비해 조심스럽기는 하지만 여전히 하나의 큰 가능성으로 남는 것은 사복음서를 하나의 새로운 유대-헬라적 장르로서의 '복음서'(Gospel as *sui generis*)로 간주하는 입장이다. 그리고 이 복음서의 장르 안에서 앞에서 언급한 몇 가지 문학적 양식들의 특징을 소화시키는 경우이다. 물론 여기서도 우리는 그 당시 유대인과 비유대인들이 마태복음(또는 다른 복음서들)을 대할 때, 모든 독자들이 동일하게 하나의 '새로운 문학 장르로서의 복음서' 로 대했다고 추측하는 것은 시대착오적(anachronistic) 오류를 범할 수 있는 것이다. 말하자면, 마태복음은 다른 복음서들과 함께 또는 각각 (독자들에 따라 다소 다양하게) 기존의 유사한 문학 양식의 성격으로 회람 되어 읽혀지면서 점차적으로 하나의 독특한 '유대-기독교적 문헌으로서의 복음서' 로 자리잡았을 가능성이 높다고 할 수 있을 것이다.

그러나 그 당시 독자들뿐 아니라 오늘 날 독자들에게 있어서 더욱 중요한 것은 바로 이 '유대-기독교적 문헌으로서의 복음서' 가 누구도 부인할 수 없는 하지만 의식 있는 독자라면 반드시 주목해야만 될 '이야기 형식' 으로 기록되었다는 사실이다.[1] 이것은 또한 기록자 마태가 성령의 영감 가운데서도 기존의 구전과 문헌 자료(마가복음과 Q 문서?)들을 나름대로의 '신앙적 세계관' 을 통하여 선택(selection), 강조(emphasis), 배열(arrangement), 해석(interpretation) 함으로써 마태복음을 하나의 '신학적 문서' 로 간주할 수 있게 해 준다. 이런 면에서 마태복음은 하나님의 계획과 뜻 가운데 구약/유대인의 성경(율법)을 성취하고 완성하시는 분, 즉 참 아브라함과 다윗의 자손인 메시아 예수께서 이 땅에 오셔서 말씀과 이적을 통하여 그리고 마침내 십자가에 죽으심과 부활을 인하여 하나님의 자기 백성을 죄에서부터 구원하신다라고 하는 복음의 메시지를, 저자 마태와 그 공동체가 함께 신앙고백하고 선포하는 '역사적 증인 이야기로서의 복음서'(Gospel as historical witness narrative)라고 할 수 있을 것이다.

구 조

마태복음(또는 성경의 다른 부분)의 어떤 단락을 해석하고 설교하는데 있어 전체 구조(structure) 또는 이야기 흐름으로서의 플롯(plot)을 고려할 필요가 있는 것은 마치 나무를 보면서도 그 나무가 속한 전체 숲을 보아야 할 이유가 있는 것과 흡사하다 할 것이다. 여기서 마태복음의 구조(또는 플롯)는 자연스럽게 마태복음의 문학적 장르뿐 아니라 저자의 기록 내용과 동기(즉, 저작 목적 - 아래를 보라)에 상호 영향을 주고 받을 수 밖에 없음을 먼저 인식할 필요가 있다.

그러나 아쉽게도 마태는 다른 성경의 저자들과 마찬가지로 자신의 복음서 구조를 (말하자면 오늘 날 소설이나 학위논문에 목차가 있는 것과는 달리) 명백하게 제시하지 않은 채 복음서를 기록해 놓았다. 따라서 오늘 날 모든 성경 독자들이 사용하고 있는 장과 절의 구분된 신구약 성경 본문 역시 원래의 성경 저자들에 의해 고안된 것이 아니기에, 이것도 이미 하나의 해석된 '28장의 구조' 로 볼 수 있는 것이다. 이런 면에서 잘 파악하여 이루어낸 마태복음의 구조는 마태복음의 전체 내용이나 주제를 납득할 수 있도록 도와주는 하나의 문학적이고도 신학적인 틀이라고 할 수 있다. 결국 '마태복음이 이러이러한 구조로 되어있다' 라는 주장은 그 견해를 내세우는 사람(들)이 이해하는 마태복음의 문학적 장르나 주된 신학적 주제와 그 맥을 같이하게 된다.

따라서 여기에 필자가 한 가지 언급해야 될 것이 있다. 그것은 독자가 마태복음의 어떤 본문을 풀이하기 전에 그 본문의 앞뒤 전후의 문맥과 나아가서 마태복음 전체의 구조를 염두에 두어야 할 당연한 과정이 필요함에도 불구하고, 어떤 하나의 고정된 '마태복음의 (해석된) 구조' 를 절대시함으로 오히려 그 본문을 잘못 해석할 수 있음도 잊지 말아야 한다는 것이다. 이것은 마치 하나의 편협된 좁은 시각의 장르 선택이 마태복음의 전체 이해를 결과적으로 오도할 수 있는 것과 같은 이치라 하겠다. 아래에 제공한 선별된 3가지의 마태복음 구조들은 학계에서 가장 주목을 받았던 것들이기에 우리가 눈 여겨 볼 필요가 있다.

첫째, 벤자민 베이컨(Benjamin Bacon: 1918; 1930)의 오경적 오중구조(penta-teuchal theory)를 보자. 이것은 마태복음 안에서 5번(7:28; 11:1; 13:53; 19:1; 26:1)에 걸쳐 헬라어로 동일하게 쓰여진 표현에 착안된 것으로 구성된 것이다(H.C. Kee 1980; D.E. Aune 1987). 한글 성경에서는 문맥의 어법상 이 구절들을 모두 동일하게 표현할 수 없었지만, 이것을 문맥에 관계없이 옮겨본다면 "그리고 예수께서 (…을) 끝마치셨을 때"(ἐγένετο ὅτε ἐτέλεσεν ὁ Ἰησοῦς)이다. 말하자면 이 구절로 앞 단락과 뒤 단락을 상호 연결시킬 뿐 아니라 매 단락마다 서술과 강화 형식을 구성함으로써, 대부분의 유대 기독교인들의 독자들에게 구약의 모세오경을 연상시킬 수 있는 문학적 구조를 시사하고 있다라는 주장이다. 베이컨은 이런 구조 아래에서 다른 마태복음의 근거 본문들을 통해 '교회에게 새로운 율법을 주시는 새로운 모세' 로서의 예수를 논증하려고 했다. 마태복음에서의 '모세-기독론' 은 앨리슨에 의해 더욱 체계적으로 강화 되어지기도 했다. 베이컨의 공헌은, 오중구조 못지않게 중요한 마태복음의 서술 양식(narrative)과 강화 양식(discourse)에 대한 바른 인식이라 할 수 있다. 이 구조의 가장 취약한 점은 마태복음의 첫 부분(1-2장)과 끝 부분(26-28장)에 대한 미흡한 처리라 할 수 있다.

프롤로그: 유아 기사(1–2장)
제 1 단락: 제자도에 대하여 – 서술(3–4장) 및 산상수훈 강화(5–7장)
제 2 단락: 사도에 대하여 – 서술(8–9장) 및 선교강화(10장)
제 3단락: 계시의 비밀에 대하여 – 서술(11–12장) 및 비유강화(13장)
제 4단락: 교회 행정에 대하여 – 서술(14–17장) 및 공동체강화(18장)
제 5단락: 심판에 대하여 – 서술(19–23장) 및 종말론적 강화(24–25장)
에필로그: 수난과 부활(26–28장)

둘째, 피터 엘리스(Peter Ellis)의 교차대칭구조(chaiastic pattern)도 주목할 필요가 있다.[2] 이 구조에 따르면 마태복음의 중심은 예수의 비유 강화가 담긴 13장에 쏠리게 된다. 이 구조는 마태복음의 주요 신학적 주제인 하늘 나라(βασιλεία τοῦ οὐρανοῦ)에 대한 강조가 비유 강화에 대한 초점을 통해 매우 잘 부각되는 이점이 있기는 하지만, 단락들의 대칭에 있어서 자연스럽지 못한 부분이 있을 뿐 아니라 26-28장에서의 예수의 고난, 십자가 죽으심, 부활에 집중되는 마태복음의 경향은 상대적으로 약화되는 허점이 지적된다.

A 서술: 탄생과 시작(1–4장)
 B 강화: 축복들, 천국에 들어감(5–7장)
  C 서술: 권위와 초대(8–9장)
   D 강화: 선교(10장)
    E 서술: 이 세대에 의한 거절(11–12장)
     F 강화: 천국 비유들(13장)
    E′ 서술: 제자들에 의한 인정(14–17장)
   D′ 강화: 공동체 강화(18장)
  C′ 서술: 권위와 초대(19–22장)
 B′ 강화: 경고들, 천국에 들어옴(23–25장)
A′ 서술: 죽음과 다시 태어남(26–28장)

셋째, 두 견해에 대해 만족하지 못한 잭 킹스베리(Jack Kingsbury)는 마태복음에서 4장 17절과 16장 21절에 걸쳐 두 번 나타나는 구절, "이때로부터 예수께서 시작하셨다"(ἀπὸ τότε ἤρξατο ὁ Ἰησοῦς)에 착안하여 3 단락으로 이전 학자들보다 훨씬 더 강한 기독론 중심의 구조를 파악하고 있다.[3] 킹스베리에 따르면 마태복음은 바로 "이 때로부터"(ἀπὸ τότε)라는 용어를 통하여 예수의 삶과 사역에 있어 새로운 단계로 전환되어짐을 시사해주고 있다는 것이다. 하지만 킹스베리가 강조한 표현 ἀπὸ τότε가 마태복음 26장 16절(개역에서는 "그 때부터")에도 발견되는 사실과 제 1단락의 시작으로서 마태복음 1장 1절의 의미를 제한시키는 것에 대한 부당함으로 인해 이 구조 역시 적지 않은 문제를 앉고 있는 셈이다.

제 1단락: 메시아 예수의 인격(1:1-4:16)

제 2단락: 메시아 예수의 선언(4:17-16:20)

제 3단락: 메시아 예수의 사역: 고난, 죽음 그리고 부활(16:21-28:20)

최근에 학자들이 자신들의 관심과 관점 속에서 마태복음의 다른 구조들을 제시하고 있음도 어렵지 않게 발견할 수 있다. 그러나 이들의 단락 구분은 위의 3가지 구조들을 충분히 고려하면서 수정 보완했다고 보여지는데, 이 때 부가적으로 염두에 두는 것은 마태복음에서의 지리적 요소와 신학적 주제들의 연관성, 그리고 자연스런 문맥의 나눔이라고 할 수 있다. 따라서 우리는 각각의 관점에 따른 단락 구분들을 절대적이기 보다는 서로 상호 보완해야 될 구조들이라는 인식이 먼저 필요하다 하겠다. 물론 위에 제공한 3가지 구조들은 나름대로의 타당한 근거 위에 제공된 분석이기에, 유용하게 활용한다면 마태복음의 본문들을 해석하고 설교하는데 있어 상당히 귀한 통찰력과 전체적 조망을 제시해 주는데 있어 의심의 여지가 없다고 본다.

문학-신학적 특징

본 단락에서는 위의 문학적 장르와 구조에 대한 이해 속에서 몇 가지 관찰되는 마태복음의 특징을 언급하고자 한다. 따라서 이 단락은 소위 말하는 '마태신학'의 성격과 관련이 있다고 할 수 있는데, 제한된 지면상 다른 복음서와의 구체적인 비교는 피하고자 한다. 한 가지 첨언하고 싶은 것이 있는데, 우리가 어떤 주제나 본문을 다른 복음서들과 비교, 대조함으로써 드러나곤 하는 마태의 구별된 '편집적 경향'을 '마태신학'이라고 하는 것은 너무 좁은 시각이라는 점이다. 우리는 오히려 마태복음 텍스트의 '신앙적 세계관' 속에서 나타난 주된 주제나 내용이 타당성 있는 근거와 틀을 통해 제시될 때, 다른 복음서들과 관계없이, 그것 자체를 '마태신학'의 일부로 간주할 수 있어야 한다.

(1) 마태복음은 본문 구성에 있어 선호하는 패턴을 보여주고 있는데, 여기에는 숫자나 짝을 이루는 '이중적 주제'(double motif)를 통한 패턴도 포함된다. 앞의 구조에서 밝혔듯이 예수의 5개 강화는 구약의 모세오경을 생각나게 하는 구성적 틀을 가지고 있다. 이스라엘의 12지파와 하나님의 새 이스라엘 백성으로서의 예수의 12 제자는 12개의 구약성취 인용구(fulfillment citations)와 연관시켜 볼 수 있다(1:22-23; 2:5-6, 15, 17-18, 23; 4:14-16; 8:17; 12:17-21; 13:14-15, 35; 21:4-5; 27:9-10). 예수의 족보(1:1-17)에서 14 세대로 3구분 되어 있는 것은 '다윗' 의 히브리어 알파벳(Dalet = 4; Waw = 6)이 숫자로 사용될 시 그 알파벳 합의 수가 14라는 것도 상호 관련되어 있는 것으로 여겨진다. 즉, 다윗의 후손으로서의 성취가 메시아로서의 예수의 족보에서도 암시된다는 것이다. 짝을 이루며 나타나고 있는 '이중적 주제' 도 주목할 수 있다: 두 사람의 광인(마 8:28-33/막 5:1-14); 두 소경(마 20:29-34/막 10:46-52); 두 나귀(마 21:6-7/막 11:7, 참조 슥 9:9); 이혼에 대한 두 번의 언급(마 5:31-32; 19:9); 표적을 구하는 종교 지도자들(마 12:38-42; 16:1-4); 바알세불에 대한 언급(마 9:32-34; 12:22-24).

(2) 사도/수제자(마 10:2) 베드로에 대한 관심이 뛰어나며, 다른 복음서에서 언급되고 있지 않은 내용들도 드러나고 있다: 물고기의 입에서 한 세겔을 발견하게 될 베드로(마 17:24-27); 용서에 대한 베드로의 질문(마 18:21-22); 물 위를 걸으려고 하는 베드로(마 14:28-31/막 6:47-52); 베드로의 신앙고백과 그 이후의 예수의 축복(마 16:17-20/막 8:27-29). 마가복음에서 나타나는 (베드로를 포함한) 예수의 제자들의 부정적 이미지 경향과 달리 마태복음에서 이들에 대한 긍정적 이미지는 학자들(예, K. Stendahl 1968)에 의해 마태복음이 바로 '교회를 위한 문서 또는 '기독교 규범 요리문답서' 로서 교회 내부 구성원들의 신앙을 교훈하고 교정하는 한편 베드로와 같은 교회의 지도급 일군/제자들에게 신성한 권위를 부여해 줄 수 있는 역할을 했을 것으로 이해되어짐으로써, 그 당시 '마태 공동체' 의 어렴풋한 윤곽을 그리게 해 준다.

(3) 마태복음에서만 예수께서 구체적으로 '교회'(ἐκκλησία)에 대한 언급

을 하고 있는 것으로 증언 되어있다(마 16:17-20; 18:15-18). 마태복음에 따르면 '교회'는 이 지상에서 예수께서 계속적으로 함께 하심을 증거하고 보여주는 곳임을 시사함으로써, 바로 예수를 통한 하나님의 현존이 나타남을 의미하고 있는 것이다: "너희를 영접하는 자는 나를 영접하는 것이요 나를 영접하는 자는 나 보내신 이를 영접하는 것이니라"(마 10:40). 한 걸음 더 나아가 마태는 예수의 부활 이후 예수께서 이 세상에서 주의 제자들과 함께 하심–즉, 하나님께서 함께 하심(아래를 보라)–을 약속하신다: "…볼지어다 내가 세상 끝 날까지 너희와 항상 함께 있으리라…"(마 28:20). 따라서 마태복음에서의 '교회에 대한 이해'(ecclesiology)는 '예수에 대한 이해'(Christology)와 깊은 관련 속에서 주목해야 될 주제인 것이다(마 16:18의 '내[예수]가 이 반석 위에 내[예수] 교회를 세우리니'와 18:20의 '내[예수]의 이름으로 모인 곳'의 의미가 '교회'라는 단어가 나오는 문맥 속에서 나타나고 있음을 보라).

(4) 적지 않은 구절들이 한편으론 강한 유대교적 성향을, 또 다른 한편으론 반 유대교적 성향을 드러내고 있다. 예를 들어 "…이방인의 길로도 가지 말고 사마리아인의 고을에도 들어가지 말고"(마 10:5)와 "…나는 이스라엘 집의 잃어버린 양 외에는 다른 데로 보내심을 받지 아니하였노라"(마 15:24)는 전자에 해당된다(여기에는 '하늘 나라'와 같은 유대적 용어, 구약의 빈번한 인용, 모세-기독론의 특징이 함께 고려될 수 있음). 후자의 경우(여기에는 특히 예수 족보[1:2-17]에 등장하는 4명의 이방 여인들, 23장의 유대 지도자들에 대한 저주 선언들, 이방인 백부장에 대한 칭찬[8:10]과 바른 증언[27:54]이 고려됨)에는 특히 유대 종교 지도자들과의 관계에 있어서 예수와 그의 제자들의 적대감이 드러난다. 예를 들어, "독사의 자식들아"(마 12:34; 23:33; '그들을 악하다 함' –마 9:4; 12:34; 16:4; 참조 15:13; 13:24-30, 36-43); "그러므로 내[예수]가 너희[민족적 이스라엘 백성들]에게 이르노니 하나님의 나라를 너희는 빼앗기고 그 나라의 열매 맺는 백성[영적 이스라엘 백성들]이 받으리라"(마 21:43; 참조 8:12; 27:25; '저희[유대인] 회당' –4:23; 9:35; 10:17; 12:9; 13:54). 이런 맥락에서 율법에 대한 이해가 이중적으로 나타나는 것도 함께 염두에 둘 수 있을 것이다(긍정적/율법적–마 5:17, 18; 부정적/율법주의적–마 5:21-48; 19:3-9; 28:20). 말

하자면 구속사적 새 언약 시대의 율법은 새 시대의 종말론적 삶에 맞는 기독론적 & 성령론적 재 해석의 적용이 필요함을 의미하는 것이다.

(5) '하나님께서 함께 하심'(the presence of God: Emmanuel)에 대한 신학적 주제가 마태복음의 처음(마 1:23)과 마지막(마 28:20)에 강하게 증거될 뿐 아니라 복음서 전체에 걸쳐서도 포괄적으로 깔려있다고 할 수 있다: '하나님이 우리와 함께 하신다'(마 10:40; 18:20; 23:21; 25:31-46). 여기서의 주된 핵심은 하나님께서 약속된 다윗의 후손이며 메시아가 되시는 예수 그리스도를 통해 하나님의 백성과 함께 하신다는 것이고(마 12:6 참조), 이 예수께서 하나님과 함께 하시는 증거가 바로 하나님의 영이신 성령이 그의 탄생(마 1:18-20)부터 메시아의 사역(마 3: 11, 16-17; 4:1)을 온전히 이루기까지 늘 함께 한 것으로 증거 되는 것이다. 이런 면에서 '하나님의 아들'(마 3:17; 4:3, 6; 8:29; 11:27; 14:33; 16:16; 17:5)로서의 마태복음의 예수 이미지는 성령(즉 하나님께서)이 함께 하심으로 예수의 이적 행함과 귀신을 쫓아내는 권세와 긴밀한 관계로 나타나는 것이다(마 12:28; 행 10:38 참조하라). 따라서 '무릎 꿇다/절하다' 의 헬라어 용어인 προσκυνέω가 예수께 찾아오는 사람들에게 쓰여지고 있으며(마 8:2; 9:18; 14:33; 15:25; 20:20), 마침내 예수의 부활 이후 이 용어는 '예수께 경배하다'(마 28:9, 17; 참조 2:11)의 의미로 자연스럽게 해석될 수 있는 것은 예수께서 사단의 시험을 이기고 직접 '하나님께 경배하라'(마 4:11)는 문맥에서 사용된 그 단어와 동일한 것이 결단코 우연이라고 할 수 없는 것이다(마 14:27의 ἐγώ εἰμι도 참조하라). 바로 '하나님께서 (성령을 통해) 예수와 함께 하신다' 는 것은 결국 이 땅에 '하나님/하늘 나라' 의 초월적 세계가 예수의 오심과 사역을 통해 구속사적 차원에서 이미 임했다는 의미인 것이다.

(6) 마태복음에서는 4번에 걸쳐 "믿음이 적은 자들아"(마 6:30; 8:26; 14:31; 16:8; 참조 17:20; 비교 눅 12:28)의 표현이 나타난다. 이것은 전형적으로 구속 역사를 계속적으로 이끌어 갈 신앙의 공동체로서 교회의 구성원들에 대한 묘사를 암시한다고 볼 수 있다. 이와 반대로 '이만한 믿음' (마 8:10), '큰 믿음'(마 15:28)이라고 하는 자들은 비유대인들, 즉 이방인들(백부장; 가나안 여인)인 것을 주목하지 않을 수 없게 된다. 그럼에도 예수께서는 전자

를 향해 자신의 제자가 될 것을 요구하고 계신다(참조 마 9:13/막 2:17). 이것은 바로, 예수 제자들의 '영적 자질' 의 부적합함을 보여줌과 함께 그들이 예수께 의존하지 않으면 안 되는 존재임을 시사하는 것이라 할 수 있다. 이것은 또한 신앙 공동체에 있어 '용서'(하나님께서 그의 사람들을 또는 하나님의 사람들이 다른 하나님의 사람들을)가 얼마나 중요한 그들의 징표인지를 말해주는 것이기도 하다(마 18:21-35). '믿음이 적은 것' 은 그들이 '죄'(sin)의 세력과의 영적 전쟁에서 말미암는 것인데, 이것은 '의심' (doubt)의 한 현상으로 나타나는 것임을 보여준다.

제사들의 의심에 대해서는 마태복음 14장 33절 및 28장 17절을 보라. 그들의 의심이 '예수께 향한 경배'(14:33; 28:17)와 함께 나타난다고 하는 것 또한 신앙 공동체를 향한 교훈적 메시지라고 보아진다('worship & doubt'). 이런 면에서 마태복음에서의 제자들은 '믿음이 적은 자들' 로서의 묘사로 나타난다고 할 수 있다(마가복음에서의 제자들의 이미지와 비교해 보라: '믿음이 없는 자들' – 막 4:40; '믿음이 적은 자들 – 마 8:26). 여기서 우리는 예수께서 마태복음 17장 20절에서 말씀하신 것에 귀 기울일 필요가 있다: "…진실로 너희에게 이르노니 너희가 만일 믿음이 한 겨자씨 만큼만 있으면 이 산을 명하여 여기서 저기로 옮기라 하여도 옮길 것이요 또 너희가 못 할 것이 없으니라." 그렇다면, '믿음이 적은 자들'이란 표현은 단순히 부정적 이미지만 담고있는 것이 결코 아님을 우리는 행간을 통해서 깨달을 필요가 요구되는 것이다.

말하자면, 첫째 예수의 제자들은 실질적으로 '그 적은 믿음' 을 통해서도 하나님의 부르심에 따른 일을 할 수 있음을 말해주고 있으며, 둘째 이들의 믿음이 성장하여 '적은 믿음' 을 넘어선다면 더더욱 하나님의 크신 뜻을 이루는 자들로서 쓰임 받을 수 있음을 의미하는 것이라는 사실이다. 실제로, '성장' 이라는 주제는 마태복음에서 매우 귀중한 신학적 테마이다(마 13:51; 16:12; 13:31-32, 33). 그리고 '완성' 을 향한 주제 역시 교훈적 메시지로서 나타나고 있다(마 5:19-20, 48 – 참조, 산상보훈의 메시지).

저작 목적

전통적으로 성경 각 권에 대한 기록 목적은 크게 그 성경이 쓰여진 '역사적' 시기, 장소와 함께 그 저자의 '역사적' 정체성에 크게 좌우되었던 것이 사실이다. 이 같은 '역사적' 관심과 연구는 매우 중요한 것이 사실이지만, 동시에 우리는 성경 텍스트의 '바른 역사적 상황'의 재구성을 위한 신뢰할 만한 일차 자료들이 턱 없이 부족하다는 현실도 인정해야 할 것이다. 이런 면에서 우리는 마태복음의 '역사적' 상황을 그리면서 '역사적' 저자에 따른 '역사적' 기록 목적을 찾기 보다는, 오늘 날 우리에게 주어진 역사-문학적 '텍스트로서의 마태복음'에서 나타나는 내용들을 우선적으로 주목하면서, 그에 따라 요구되고 이해할 필요가 있는 역사-문화적 간격(historio-cultural distance)을 줄어야 할 것이다. 이런 시각은 우리에게 마태복음 안에서 추측되는 어떤 구체적이고도 지엽적인 '저작 의도'에 대한 추구보다는 보다 분명하고 광범위하게 발견되는 '기록된 목적'에 대한 확인과 깨달음이 더 중요한 의미가 있음을 밝혀주는 것이다.

말하자면 마태복음은 무엇보다 유대인의 성경/구약에서 역사하시고 함께 하셨던 그 하나님께서 지금도 자신의 언약 백성들을 위해 여전히 관심을 갖고 계시는데, 이제 그 하나님께서 과거에 약속하셨던 그 메시아를 보내셔서 새 언약 백성들을 모아 구원을 베풀기 원하신다는 하나님의 신실하신 뜻/ 계획을 계시하는 내용으로서 저자가 그 중심 테마를 이야기 형식을 통해 기록한 신앙적 고백이요 선포인 것이다. 여기서 하나님의 뜻을 계시하고 성취하는 메시아가 바로 다윗의 후손으로 태어난 예수이기에, 하나님의 백성을 죄에서 구원하기 위하여 이 땅에 오신 예수의 탄생과 그의 이적 행하심, 병 고치심, 강화/ 비유의 가르치침, 그리고 무엇보다 그의 십자가 죽으심과 부활하심, 즉, 이 '복음'은 다른 복음서와 함께 마태복음의 주된 저작 목적임에 의심의 여지가 없어야 한다.

한편, 우리는 앞에서의 '문학-신학적' 특징들을 통해 다른 복음서들과 독립된 하나의 텍스트로서의 마태복음이 무엇을 말하고자 했는지를 부분적으로 살펴보았다. 여기서 도출될 수 있는 것은 마태복음이 주로 유대-기독교인들을 중심으로, 하지만 적지 않은 비유대교적 배경을 가진 이방 기독교인들을 포함하는 신앙 공동체를 위한 '신앙 문서'(예수의 강화들, 특히 마 5-7장)로서, 공동체의 정체성을 외부(마 5:11; 10:17, 23; 21:35; 23:34 – 유대인 & 10:18, 22; 24:9 – 이방인)로부터 방어하고 또한 자체적으로 견고케 할 뿐 아니라(마 7:25; 24:11 – 이단; 13:21-22; 24:12 – 변개; 24:10 – 배반) 다른 외부인을 공동체의 내부인으로 삼기 위한(마 28:16-20) '변증적이고도 목회-선교적' 인 동인을 지적할 수 있다. 이런 면에서 마태복음은 성경의 다른 문서들과 마찬가지로 (일차적으로) '이미 복음을 듣고 하나님을 경외할 뿐 아니라 또한 예수를 메시아와 주로 고백하는 무리' 들을 향해 개인적으로 또 공동체적으로 이 세상에서 '지금 그리고 앞으로 계속적으로' 어떻게 살아야 하는 지를 확신 시킴으로써, 위로와 소망을 주고 때론 경고와 책망을 아끼지 않는 '하나님 중심, 예수 중심, 성령 중심' 의 신앙적 관점에서 기록된 메시지인 것이다.[4] 그렇다면 마태복음을 한 편의 '영감 넘치는 증언 이야기로서의 설교'(inspired sermon as witness narrative)라 표현해 보는 것은 어떨까?

마태복음의 문학적 장르와 구조, 특징 및 저작 목적에 대한 본 글을 통해 마태복음 이해에 있어 '문학적 시각' 은 해석자로서의 설교자에게 있어 매우 유용할 뿐 아니라 필수적인 관점임을 피력하고자 했다. 이와 함께 마태복음(성경) 텍스트에 대한 '문학적 관찰' 은 어떠한 경우에라도 그 본문의 '역사적' 그리고 '신학적' 국면과 함께 서로 도움을 주고 받아야 하는 유기적 관계임을 또한 주지하고자 했다. 그러나 필자를 포함한 모든 독자들이 이 모든 것보다 더욱 우선적으로 힘써야 될 관점은 바로 마태복음(성경)의 저자가 목회-선교적 동인 속에서 자신의 믿음의 공동체를 섬기려고 한 그 '신앙적 관점' 이라 해야 할 것이다.

CHAPTER 13

사도행전: 땅의 사람들을 통해 일하시는 예수의 천상행전

어떻게 하면 사도행전(또는 성경)을 더 바르게 읽고 옳게 묵상함으로 진실되고 적절한 삶의 실천을 이룰 수 있을까? 이 한 문장의 질문에는 적지 않은 이론-실천적 변수들이 서로 맞물려 있음으로 인해 이에 대한 해법이 그리 만만치 않다. 우리가 고려해야 할 최소한의 함수관계에는 "그때와 거기"(then & there)의 사도행전 본문(과거의 세계)과 "이제와 여기"(now & here)의 독자들(현재의 세계)의 변화무쌍한 만남이 무의식적으로 전제되기도 하고 때론 의식적으로 오용되기도 하기 때문이다. 그렇기에 지금까지 우리 각자가 사도행전 말씀을 읽으면서 때론 설교를 들으면서 우리 속에 자리잡은 "아! 이런 의미였구나!"와 같은 귀한 지식과 경험을 소중히 여기되 이것이 여전히 전부일 수 없다는 우리의 한계인식의 목마름에서 묵상을 다시 새롭게 출발하는 겸손함이 요구된다. 무엇보다 어제와 오늘과 영원토록 변함 없으신 성령 하나님께서 주님의 말씀 앞에 겸손히 무릎 꿇는 가난한 영혼들의 비늘을 벗겨주사, 읽었어도 읽지 못했고 들었어도 듣지 못했던 '그 말씀' 들에 우리의 눈과 귀가 열리기를 더욱 사모해야 할 일이다.

신약성경의 정경적 차원에서 볼 때 사도행전은 예수의 생애를 담고 있는 (누가)복음서와 서신서들(특히 바울 서신)을 연결해 주는 징검다리 역할을 하고 있다. 복음의 지리적 확장에 따른 역사적 간격으로 예루살렘에서의 복음 증거(1:1-8:3)는 약 AD 30-34년(4년 간)을, 유대와 사마리아에서의 복음 증거(8:4-11:18)는 약 AD 34-46년(12년 간)을, 안디옥, 소아시아, 마게도냐, 아가야, 로마까지 전해진 복음 증거(11:19-28:31)는 약 AD 46-62년(약 16년 간)을 추정할 수 있다. 이런 점에서 사도행전은 예수의 부활과 승천 직후에 나타나는 예수의 사도/제자들의 증인 사역과 이로 인해 태동된 예수 신앙공동체(교회)의 초기 정황을 직간접적으로 보여주는 역사-신앙적 보고(寶庫)이다. 사도행전의 문서가 우리에게 남겨지지 않았더라면, 베드로와 바울에 대한 사역 이해뿐 아니라 초대교회의 적지 않은 활동상에 대해 오늘날 교회와 학계는 각자 자신들의 상상에 기초한 여러 가설들로 점철되었을 가능성이 매우 높다.

누가복음 후편인 사도행전

우리가 사도행전을 적절하게 이해하려면 원 저자인 누가(골 4:14; 몬 1:24; 딤후 4:11 참조)가 전편의 형식으로 기록한 누가복음을 고려해야만 한다. 즉, 사도행전은 신약성경 내에서 한 권의 독립된 책이라기 보다는 누가복음에 이은 후편으로 한 권("누가-행전")의 상하(上下) 개념 아래 하권으로 간주된다(눅 1:1-4; 행 1:1-2 참조). 말하자면 예수께로부터 선포된 하나님 나라의 복음이 어떻게 갈릴리에서부터 시작하여 예루살렘을 중심으로 사마리아, 안디옥을 넘어 소아시아, 마게도냐, 아가야, 그리고 마침내 그 당시 세계의 심장부인 로마에까지 선포-확장됨으로써 예수 그리스도를 통해 드러난 하나님의 구원에 대한 주권적 계획이 어떻게 성취되었는지를 보여준다. 이런 점에서 사도행전이 다루는 내용은 본질적으로 '신학적' 이요(하나님의 구원 계획/뜻을 드러냄), '복음적' 이요(하나님의 구원 계획의 핵심인 예수 그리스도에 대한 증거를 선포함), '역사-목회적'(예수의 부활-승천 이후 예수를 메시아와 주로 고백하는 성도들의 공동체가 그 시대를 어떻게 대처했으며, 또 어떻게 계속 대처할 것인가를 고려함)이다. 누가복음(및 다른 복음서)이 예수의 공생애 사역에 해당되는 3년간의 사역에 집중하는 경향이 있는 반면 사도행전에서 다루는 내용은 약 30년 간에 걸쳐 진행된 예수 신앙(교회) 공동체의 태동과 발전이라 할 수 있겠다. 전자의 주요 인물이 예수 자신이라면, 후자의 주요 인물은 베드로와 바울이다. 사도행전의 베드로와 바울이 누가복음의 예수께서 걸어가신 길을 어떻게 따라가고 있는지를 관찰하는 것은 흥미 이상의 주요 메시지가 된다. 또한 누가-행전의 주요 본문들마다 언급되는 성령의 활동을 주목할 때, 하나님의 복음이 선포되고 확장되는데 있어 인간에 앞선 하나님/성령의 일하심이 얼마나 치밀하고 구체적인지를 민감한 독자는 결코 놓칠 수 없다. 실제로 하나님/예수/성령은 누가-행전이 다루는 복음 선포-확장 이야기 속에서 가장 주도적인 등장 인물들이다.

사도들의 행전이기엔 너무 아쉬운 '사도행전'

누가복음의 후편이 '사도행전'(使徒行傳)으로 명명된 것은 이런 점에서 아쉬움이 남는다. 누가는 자신의 후편을 사도들의 행전보다는 승천하셔서 하나님과 동등된 권세를 누리고 계신 주 예수의 영인 '성령행전', 나아가 하늘에서 자신의 영을 통해 제자들과 함께 사역하는 주 예수의 '천상행전'(天上行傳)으로 의도했을 가능성이 더 높다. 이럴 경우 전편인 누가복음은 주 예수의 '지상행전'(地上行傳)으로 명명할 수 있다. 여기서 간과하지 말아야 할 것은 오순절에 예수의 제자들이 받게 되는 성령은 하나님의 영임과 동시에 승천하셔서 존귀케 되신 주 예수의 영(행 2:33; 참조, 행 16:6-7)이기도 하기에, 예수께서 메시아 사역 직전에 받은 '하나님의 영으로서 성령' 과는 긴장적 이해 관계가 있다는 점이다. 오순절 이전과 이후의 성령 이해는 이처럼 구속사적 점진에 따른 예수의 위상과 깊이 맞물려 있다. 이처럼 누가복음에서 예수의 사역이 하나님의 영인 성령으로 말미암아 나타난 하나님의 일하심이라면, 사도행전에서 사도/제자들의 사역은 (하나님의 영임과 동시에) 부활-승천하신 예수의 영인 성령으로 말미암아 나타난 (하나님과) 주 예수의 일하심과 다름이 아니다. 이것은 과거와 오늘의 독자들에게 큰 시사점을 준다. 즉, 사도행전의 독자들이 본문을 읽고 묵상하면서 일차적으로 적용해야 할 것은 주요 인물(사도/제자)들의 교훈적 행실이 아니다. 허물 많은 베드로와 핍박의 괴수였던 바울과 같이 하나님 앞에 연약하기 그지 없었던 '땅의 사람들'을 통해 하나님께서는 '하늘의 영원한 소망'인 예수 그리스도의 복음을 드러내기 원하신다. 그렇기에 사도행전에 면면히 흐르는 하나님/예수/성령의 마음과 뜻을 헤아리는 것이야말로 오늘의 성도와 교회가 계속적으로 '사도행전 28장 이후의 인물들'로 쓰임 받을 수 있는 첫 걸음이다.

누가-행전의 복음 선포-확장 이야기 맥 잡기

앞에서 언급한 것처럼 사도행전은 누가-행전의 전체 틀 안에서 파악되어야 한다. 이것은 누가-행전 전체 줄거리에 대한 이해를 요구하는 일이다. 필자가 이해하는 누가-행전의 줄거리는 "예수와 그의 제자/증인들이 하나님의 계획에 따라 성령의 능력과 인도 가운데 하나님의 백성을 구하고 찾아나서는 증인의 길"이다. 이와 함께 하나님의 백성을 구하고 찾아나서는 증인의 길은 (1) 구원을 위한/향한 길이며(눅 1:76-79; 2:30-32; 3:4-6; 5:32; 19:10; 행 16:17; 참조, 행 6:7; 9:31; 12:24; 16:5; 19:20), (2) 하나님의 나라(눅 4:18, 43; 7:22; 8:1; 9:6; 10:11; 11:20-23; 16:16; 행 1:3; 8:12; 14:22; 19:8; 20:25; 28:23, 31) 그리고/또는 예수의 인격과 사역 특히 그의 죽음과 부활과 승천(눅 1:32, 35, 43, 76; 2:11, 26, 30-32; 행 2:36; 5:42; 8:4, 5, 12; 9:20; 10:37, 42; 11:20; 17:18; 18:25; 19:13; 28:31)을 증거하는 길이며, (3) 예수와 그의 제자/증인들이 성령의 능력 받음과 인도함(눅 3:22; 4:1, 14, 18; 행 1:2; 10:38; 눅 24:49; 행 1:8; 8:29, 39; 9:17; 10:19-20; 11:12; 13:2, 4; 16:6-7; 19:21) 가운데 나아가는 길로서, (4) 인종-문화-지리적 장벽을 넘어서 구원이 점점 확장되는 복음의 길(눅 2:30-32; 10:25-37; 13:28-30; 19:1-10; 24:47-48; 행 1:8; 2:9-11; 8:4-25, 26-40; 9:15, 32-35, 36-43; 10:1-48; 11:17-18, 19-26; 13:1-3, 13:4-14:28; 16:1-18:22;

18:23-20:16; 27:1-28:31)임을 주목하도록 하자. 이와 같은 복음 선포-확장의 길은 하나님 말씀의 왕성함을 통해 드러나는 새 생명/구원의 길임이 사도행전의 주요 요약 구절들(6:7; 9:31; 12:24; 16:5; 19:20)에도 잘 나타난다. 이와 같은 관찰은 독자들이 사도행전을 묵상할 때 요긴한 실천 항목을 요구한다. 즉, 독자들은 사도행전의 각 단락들을 자세히 묵상하기 전 사도행전 전체 본문의 흐름을 잘 붙잡아야 하는데 이들 위해 독자들은 사도행전을 한두 번 빠르게 통독하는 것이 꽤 유익하다(이야기 형식으로 된 성경을 묵상할 경우 이와 같은 독법은 동일하게 해당된다). 이때 역사적 과거 사건/인물을 오늘 자신과 공동체에 적용할 경우 사도행전의 역사-사회적 배경 및 주요 신학적 주제들과 함께 이야기의 전체적 맥락을 신중히 고려해야 한다. 이런 점에서 의식 있는 독자라면 성경 연구라기 보다 성경 묵상을 위해서라도 좋은 주석과 사전이 필수적임을 부인할 수 없게 된다.

균형이 요구되는 수직-수평적 읽기

사도행전을 누가복음과의 상호관계 속에서 읽는 것을 사도행전의 '수직적 읽기'로 간주한다면, 사도행전의 '수평적 읽기'에 유효한 문서들은 바울 서신들이다. 신약성경의 정경 순서(즉, 사도행전 이후에 바울의 서신들로 이어지는 순서)는 바로 이와 같은 정황이 자연스럽게 참작된 것이다. 세 번에 걸쳐 언급되는 바울의 회심/소명 단락(행 9:1-19; 22:6-16; 26:12-18)뿐 아니라 회심 이후 그의 선교 여행사역의 동기와 핵심가치 및 전후 배경에 대한 소개는 바울의 서신들이 단순한 '신학적' 내지 '교리적' 서신들이 아니요, 매우 구체적인 선교적 상황 속에서 쓰여진 목회서신들이라는 점이다. 이처럼 성경에서 추출되는 신학 또는 교리는 철저하고 구체적인 삶의 치열한 현장 속에서 주님의 말씀을 믿고 살아가는 복음 선포자/목회자들과 그 복음을 동일하게 고백하고 살기 원하는 성도들 간의 복음합주곡이다. 사도행전 독자들은 사도행전의 바울을 읽고 묵상해 나갈 때 가능한 한 문맥에 따른 바울의 서신들을 함께 고려할 필요가 있다. 이런 점에서 회심 이후 바울의 연대기적 목록을 기록 연대에 따른 바울 서신들의 순서와 함께 대략적인 이해가 있을 때 사도행전 및 바울 서신에 대한 묵상의 깊이가 한층 깊어진다. 이를 위해 독자들은 다시 한번 사도행전 주석이나 신약개론 및 성서지도와 같은 문헌의 빚을 져야한다.

묵상 포인트를 위한 통전적 제언

글의 제약상 사도행전 독자들의 바른 묵상을 위해 아래의 다섯 가지 짧은 내용을 제안해 본다.

(1) 사도행전의 소 단락을 묵상하기 전에 사도행전을 통합적으로 이해하도록 노력하자. 이를 위해 사도행전 1장부터 28장까지 한 자리에서 집중하여 읽는 가운데 전체 흐름을 파악하도록 하자. 이때 누가복음의 메시지, 특히 예수의 선포 메시지가 어떻게 연속적으로 선포되는지, 복음 메시지를 위탁 받은 제자들의 삶과 사역이 어떻게 예수를 따라가고 있는지를 관찰해 보자. 나는 어떤 점에서 예수의 제자/증인의 길을 따라가고 있는지 물어보자.

(2) 예수에 의해 갈릴리에서 시작된 복음/구원이 이스라엘/유대인(유대교)을 넘어서서 비유대인-이방인의 영역에 도달하기까지 온갖 핍박과 고난 속에서도 하나님의 구원 계획/뜻이 성령의 능력과 인도하심 가운데 증인들의 끊임없는 말씀 선포, 찬양, 기도, 순종, 연합, 거절, 갈등, 인내 등과 같은 일련의 삶의 현장으로 드러나고 있음을 잊지 말자. 복음이 인종-문화-지리적 장벽을 무너뜨린 것은 성령의 앞섬과 성령 충만한 제자들의 뒤따름이 함께 했기 때문이다. 교회 신앙 공동체 및 사회 안에서 내 선입견/편견을 무너뜨리고 복음의 힘으로 화해를 일구어내야 할 오늘의 사마리아와 이방인은 누구인지 내 주위를 부지런히 살펴보자.

(3) 사도행전의 흐름을 파악할 수 있는 주요 구절(예, 1:8; 19:21) 및 핵심 요약 구절(6:7; 9:31; 12:24; 16:5; 19:20)들과 더불어 주요 등장 인물들의 설교(예, 베드로의 설교–2:14-39; 3:11-26; 10:27-43; 스데반의 설교–7:1-53; 바울의 설교–13:16-47; 17:22-31; 20:17-35)를 이해하는 것은 매우 중요하다. 이 설교들

은 누가가 독자들에게 주지시키고자 하는 복음의 핵심이 담겨있는 통로이기 때문이다. 이때 선포자/제자들이 선포되는 지역(도시)과 대상(인종)에 따라 메시지를 어떻게 적용하는지를 주목함으로써 복음의 접촉점 내지 상황화에 대한 필요를 묵상할 수 있다. 양보할 수 없는 복음의 내용과 양보할 수 있는 복음의 수단에 대해 바른 분별력을 갖도록 성령의 지혜를 구하도록 하자.

(4) 예수와 성령의 인도하심과 능력주심 그리고/또는 천사의 도움과 성경 인용에 따른 권위의 순종이 사도행전의 주요 전환점마다 예수의 제자들의 진로에 결정적 역할을 하고 있음을 기억해야 한다. 이때 제자들과 신앙 공동체는 고난과 핍박을 피해간 자들이 아니라 이런 시련을 부딪치면서 복음의 능력으로 고난을 이겨낸 사람들이었다. 이런 점에서 이들은 고난의 주님을 뒤따르는 예수의 제자들이었다. 이와 같은 제자들에게 나타난 대표적인 성품은 복음 안에서 만나게 된 상황들에 대한 담대함(2:29; 4:13, 29, 31; 9:27, 28; 13:46; 14:3; 18:26; 19:8; 26:26; 28:31)이었다. 내 생각과 말과 행동의 최종 권위는 무엇인가? 사도행전의 사람들은 성령에 충만한 자들뿐 아니라 고난/시련에도 '충만한' 자들이었음을 간과하지 말아야 한다. 오늘의 현대 문화와 사회 안에서 내 개인과 가정이 복음 때문에 만나는 고난들은 무엇인가? 내게는 이것들을 이겨낼 성령-말씀 충만의 담대함이 어느 정도 배양되었는가를 묵상해 보자.

(5) 사도행전에 소개된 사건과 인물은 '그때 거기에서' 일어난 일들을 묘사하고 소개하는데 일차적 목적이 있음을 간과해서는 안 된다. 이것은 성경의 이야기(내러티브) 형식을 이해하는 자연스런 독법이다. 따라서 독자들이 사도행전의 본문들을 통해 오늘의 교훈적 메시지로 적용하려고 할 때 독자들은 사도행전의 전체 흐름 속에서 각 사건/본문을 적절히 소화해야 한다. 묵상을 위해서도 성경 주석과 사전이 필요하다는 사실을 다시 한번 기억했으면 좋겠다. 성경을 읽고 묵상하는 나의 삶은 하나님을 감동시킬 만한 수고와 열정이 투자되고 있는지를 질문해 보자.

사도행전 이해를 위한 구조

1:1-2	사도행전 서문
1:3-2:13	증거를 위한 준비
1:3-5	예수의 부활
1:6-11	예수의 승천
1:12-2:13	예수의 성령 보내심
2:14-8:1	예루살렘에서 증거
2:14-40	베드로의 증거
2:41-47	초대 교회 공동체 생활
3:1-26	베드로의 증거
4:1-22	베드로와 요한의 체포
4:23-31	초대 교회 공동체 기도
5:1-11	아나니아와 삽비라의 거짓 증거
5:12-42	기적과 핍박
6:1-7:60	스데반의 증거
8:1-11:18	유대와 사마리아에서 증거
8:1-3	핍박과 헬라파-유대 그리스도인들의 흩어짐
8:4-40	빌립의 증거
9:1-31	바울의 회심, 소명 & 증거
9:32-11:18	베드로의 증거
11:19-28:15	땅 끝을 향한 증거
11:19-12:25	바나바와 바울의 증거
13:1-14:28	소아시아에서 바울의 선교여행
15:1-35	예루살렘 회의
15:36-18:17	마게도냐와 아가야에서 바울의 선교여행
18:18-20:38	소아시아에서 바울의 선교여행
21:1-26:32	예루살렘에서 바울의 체포와 이방인 선교에 대한 변증
27:1-28:15	로마로 향하는 바울의 선교여행
28:16-31	로마에서 증거

사도행전 주요 사건에 대한 연대기적 이해 (바울을 중심으로)

30년	예수의 죽음과 부활	1:1-11
30년	오순절의 성령 강림	2장
33/34년	바울의 회심/소명	9:1-22
36/37년	회심/소명 후 바울의 예루살렘 첫 번째 방문(갈 1:18)	9:23-29
36/37년	다소에 간 바울(갈 1:21)	9:30
43/44년	다소로부터 안디옥에 온 바울	11:25
44년	감옥에서 기적 가운데 풀려난 베드로	12:1-7
44년	헤롯 아그립바 1세의 죽음	12:19하-24
46년	기근으로 인한 예루살렘 두 번째 방문(갈 2:1-10)	11:30; 12:25
47-48년	바울의 1차 선교여행	13:1-14:28
49년 전후	갈라디아서 기록 (남갈라디아서 가설)	
49년	유대주의자들의 반대	15:1-3
49년	예루살렘 회의 - 세 번째 방문	15:4-29
49년	바울과 동행인들의 안디옥 귀환	15:30-35
49-52년	바울의 2차 선교여행	14:36-18:22
50년 초	바울의 고린도 방문	18:1-18
50년 전후	데살로니가전서 및 후서 기록	
52년	바울의 고린도 떠남	
52년	바울의 짧은 에베소 방문	18:19-21
52년 여름	바울의 예루살렘 네 번째 (짧은) 방문	18:22
52-57년	바울의 3차 선교여행	19:1-21:17
52년 말	바울의 에베소 방문	19:1
52-55년	바울의 에베소 사역	19:2-20:1
55-56년 전후	고린도전서 및 후서 기록	
55-57년	마게도냐를 거친 그리스 도착	20:1-3상
57년	고린도 방문(약 3개월?)	20:2-3
57년 전후	로마서 기록	
57년	마게도냐를 거친 귀환	20:3하-6

57년	드로아와 밀레도 방문	20:6하-21:1
57년 5월	가이사랴와 예루살렘 도착 – 다섯 번째 방문	21:2-17
57년	예루살렘에서 바울의 체포	21:27-23:22
57-59년	바울의 가이사랴 구류	23:23-26:32
59년	베스도 총독 앞에서의 심문	25:1-12
59년	헤롯 아그립바 2세 앞에서의 청문회	25:13-26:32
59년 9월-60년 2월	바울의 로마 전도여행	27:1-28:16
60-62년	바울의 로마 가옥 구류	28:17-31

CHAPTER 14

고린도전서의 구조와 목회-신학적 메시지

제2차 전도 여행 중 바울은 마게도냐 지방에 도착하여 빌립보와 데살로니가에 교회를 세운 후, 베뢰아와 아테네를 거쳐 고린도에 도착했다(행 16:11-18:1). 그리고 그는 이 도시에서 상대적으로 오랜 기간이라 할 수 있는 약 18개월 동안 비교적 안정된 상태에서 복음을 전할 수 있었다(행 18:11). 이것이 가능했던 것은 무엇보다 고린도에서 복음을 전해야 한다는 바울의 신적 확신이 분명했으며("밤에 주께서 환상 가운데 바울에게 말씀하시되 두려워하지 말며 잠잠하지 말고 말하라 내가 너와 함께 있으매 아무 사람도 너를 대적하여 해롭게 할 자가 없을 것이니 이는 성 중에 내 백성이 많음이라 하시더라" – 행 18:9-10), 둘째로 바울은 뜻밖에도 아굴라와 브리스길라 유대-그리스도인 부부를 고린도 도시에서 복음의 동역자로 만날 수 있었기 때문이다. 아굴라 부부는 로마에 체류하던 중 기원후 49년 글라우디오(Claudius) 황제 칙령 – '모든 유대인들은 로마를 떠날 것' – 에 의해(행 18:2) 로마에서 고린도로 이주한 상태였다. 이들은 천막을 만드는 동일한 직업을 통해 더욱 쉽게 동역할 수 있었을 것이며, 바울은 이들 부부의 집에 묵으며 생활 할 수 있었다(행 18:2-3). 셋째로 이런 상황 가운데 빌립보 성도들로부터 후원금을 갖고 마게도냐에서 내려 온 실라와 디모데가 고린도에 체류하던 바울과 합류하게 되었다(행 18:5; 빌 4:15; 고후 11:9 참조). 넷째로 고린도에서의 사역 중 아가야 지방의 새 총독으로 부임한 갈리오(Gallio: 51년 7월–52년 6월의 재임 기간) 앞으로 고소를 당했던 바울이 무죄로 판명된 결과를 들 수 있다(행 18:12-17). 따라서, 고린도 성도들(소수의 유대인[행 18:8]과 다수의 이방인들[고전 12:2]이 혼합된)은 실제로 선노자 바울에 의해 복음을 듣고 회심한 사들이었으며, 나름대로 복음의 양육 교육을 받으며 바울에 의해 세워진 교회였다(참조, 행 18:1-19; 고전 3: 6, 10; 4:15).

바울이 고린도'전서' – 고전 5:9에 의하면 바울은 고린도전서 이전에 고린도 교회에 보낸 편지가 있었음을 알 수 있지만, 현재 우리는 이 서신에 대해 알 수 있는 것이 전혀 없다[1] –를 쓰게 된 동기/목적은 다음과 같다:

(1) 바울은 고린도 성도들 안에 분쟁이 있다는 사실을 글로에의 가족들에게 전해 듣게 되었다(고전 1:11-12). (2) 그리고 바울은 고린도 교회로부터 편지를 받게 되어 이 편지 질문에 대한 답변을 써야 될 책임을 강하게 느꼈을 것이다(고전 7:1; 16:17 참조). 그리고 이 같은 질문들은 고린도전서 안에서 "…대하여는"(περί)이라는 문구로 시작되는 각 장(고전 7:1; 25; 8:1; 11:2; 12:1; 15:1; 16:1)에서 논의되고 있다(11장과 15장의 내용도 이 같은 질문에 대한 답변으로 이해됨). (3) 스데바나, 브드나도, 아가이고로 구성된 세 명의 고린도 교회 대표들(고전 16:17)이 에베소에 있는 바울을 찾아와 고린도 성도들/교회의 상황(분열의 문제; 성-도덕 문제; 성도들 사이의 소송 문제; 결혼 및 이혼 문제; 부부 사이의 성 생활 문제; 우상 제물 음식 문제; 성만찬 오용 문제; 은사주의자들의 은사 활용 문제; 방언 오용 문제; 예배 생활과 관련된 문제; 죽은 자들의 부활 문제; 종말 문제 등)을 더욱 구체적으로 전해 줌으로써, 바울은 더 명확하게 이들의 문제들(고전 1:11-12; 5:1; 6:1, 16; 7:10-11; 8:1; 11:4-6, 20-22; 14:26-33; 15:12)을 이해할 수 있었고, 이에 대한 처방으로 고린도전서를 썼던 것이다.

그러나 바울은 당면한 문제를 실질적으로 다루기 전, 먼저 복음의 본질적 요소를 서신 초두뿐 아니라 서신에서 기회가 될 때마다 반복적으로 언급하고 있다: 즉, 이미 "그리스도 예수 안에서 거룩하여지고 성도라 부르심을 입은"(1:2) 고린도 성도들에게 십자가에 달림으로 구원을 이루신 예수 그리스도(고전 1:17, 23-24; 2:2)와 이미 부활하시고 앞으로 재림하실 예수 그리스도(고전 1:7; 3:12-15; 5:5; 7:26, 31; 11:26; 15:23, 29, 36-57; 16:22)가 누구신지를 새롭고도 분명하게 인식시킴으로써, (1) 구원에 이른 성도들의 정체성(신분) 이해와 더불어 (2) 예수 그리스도의 종말론적 십자가 사건이 성도들에게 무엇을 의미하는지(삶)를 밝히고 있다. 즉 구원론과 함께 종말론적 삶 속에서 온전한 기독론 이해가 성도들의 삶의 문제를 푸는 열쇠인 셈이다.

고린도전서를 파악하는 구조[2]

1. 서론(1:1–9)
   1.1. 인사말(1:1–3)
   1.2. 감사와 찬미(1:4–9)
2. 교회 분열 조짐에 따른 교훈(1:10–4:21): '글로에 사람들이 전해준 내용에 대한 답변' (1:10–6:20 – 1:11 참조)
   2.1. 분열의 사실(1:10–17)
   2.2. 분열의 원인(1:18–4:13)
   2.2.1. 기독교 메시지에 대한 오해(1:18–3:4)
   2.2.2. 기독교 사역과 사역자들에 대한 오해(3:5–4:5)
   2.2.3. 기독인에 대한 오해(4:6–13)
   2.3. 분열 해결을 위한 권고(4:14–21)
3. 성도답지 못한 도덕-윤리적 불감증에 따른 교훈(5:1–6:20)
   3.1. 음행에 대한 가르침(5:1–13)
   3.2. 세상 법정에서의 송사 사건에 대한 가르침(6:1–11)
   3.3. 성적 부도덕함에 대한 가르침(6:12–20)
4. 결혼에 대한 교훈(7:1–40): '고린도 교인들이 전해준 서신에 대한 답변' (7:1–16:9 – 16:17 참조)

4.1. 일반적 가르침(7:1-7)
4.2. 기혼자들을 위한 가르침(7:8-24)
4.3. 미혼자들을 위한 가르침(7:25-40)
5. 우상에 바쳐진 음식을 대한 교훈(8:1-11:1)
5.1. 우상 제물에 대한 일반적 가르침(8:1-13)
5.1. 바울 자신에 대한 적용: 사도직 변호 및 권한의 절제(9:1-27)
5.2. 이스라엘 역사에 대한 교훈 및 적용(10:1-22; 10:23-11:1)
6. 공동 예배에 대한 교훈(11:2-14:40)
6.1. 여자들의 수건을 쓰는 것에 대한 가르침(11:2-16)
6.2. 성찬에 대한 가르침(11:17-34)
6.3. 영적 은사에 대한 가르침(12-14장)
6.3.1. 은사에 대한 시험(12:1-3)
6.3.2. 은사의 통일성(12:4-11)
6.3.3. 은사의 다양성(12:12-31a)
6.3.4. 사랑 안에서 행해야 될 은사(12:31b-13:13)
6.3.5. 방언보다 우월한 예언(14:1-25)
6.3.6. 공동 예배에 있어 은사 사용에 대한 가르침(14:26-40)
7. 부활에 대한 교훈(15:1-38)
7.1. 부활의 확실성(15:1-34)
7.2. 부활 사건의 반대에 대한 고려(15:35-57)
7.3. 결론적 호소(15:38)
8. 연보에 대한 교훈과 바울의 계획(16:1-9)
9. 결론
9.1. 형제들에 대한 추천 및 그들의 문안(16:10-20)
9.2. 바울의 문안과 축도(16:21-24)

신학적 메시지를 이해하기 위한 단초

아쉬움을 넘어서서 황당하기까지 한 고린도 성도들의 문제를 접한 바울은 문제투성이인 그들임에도 불구하고 자신의 서신 첫머리를 의미있게 시작하고 있다. 즉, 바울은 그들에게 "성도" 안에서의 문안(1:1-3)을 올릴 뿐 아니라, 그들에 대해 하나님께 감사하는 신령한 여유(1:4-9)를 먼저 전한 후에 교훈적 답변을 시작하고 있다. 실제로 고린도전서의 첫 9절은 문제 앞에 있는 고린도 성도들의 현안에 있어 바울이 그리스도 안에서 선한 일을 이미 역사하셨고(과거), 지금도 역사하시고(현재), 앞으로도 역사하실(미래) 하나님의 신실하심에 충실히 기초하면서 기도하는 마음으로 이 서신을 전한다는 점에서 큰 시사점을 주고 있다. 말하자면 고린도전서의 신학적 메시지는 선교사의 열정과 목자의 통찰력을 소유한 바울의 뜨거운 심령이 활자화된 것임을 잊지 말아야 한다.

고린도전서 1장 10절 이후로 16장 4절에 이르기까지 바울은 고린도 성도들의 구체적 상황을 거론하는 가운데 하나씩 하나씩 그 문제들을 목양적 차원에서 풀어나간다. 이런 처방 속에서 바울의 '신론', '기독론', '성령론', '인간론', '구원론', '교회론', '종말론' 등이 자연스럽게 관계 문맥들 속에서 드러나고 있는 셈이다. 이런 면에서 우리는 고린도전서(다른 서신들을 포함해서)를 오늘날의 '신학 교리서' 나 '조직신학 교과서' 로 간주하려는 것에 주의할 필요가 있다. 물론 이같은 입장이 고린도전서에서 나타나는 '신학적 주제나 교리' 를 도외시 하자는 것이 결코 아니다. 다만 서신 자체가 담지하고 있는 역사적 문맥/정황을 무시한 교리화나 신학화는 성경 본문 자체의 세계를 해석자(들)의 이념적 틀로 이데올로기화할 수 있기 때문이다.

바울은 먼저 '글로에의 종들'에 의해 알게 된 내용을 1장 10절-6장 20절에 걸쳐 고린도 성도들에게 답변하고 있는 듯 하다. 여기에는 (1) 성도들 안의 경쟁적 분열과 (2) 성도들의 음행(근친상간)과 도덕적 타락(성도들끼리의 세상 법정에 고소하는 일)에 대해 경계하며 교훈하고 있다. 그런 후 바울은 계속해서 '고린도 교인들(스데바나, 보드나도, 아가이고 - 고전 16:17 참조)이 전해준 서신 내용들에게 대해 7장 1절-16장 9절에 걸쳐 답변하고 있는 듯 하다: (3) 결혼에 대해 일반적 가르침으로부터 기혼자와 미혼자 그리고 과부의 재혼에 대해 각각 교훈한 후 (4) 성도가 이방 신/우상에게 바쳐진 음식을 먹는 문제를 논하고, 바울 자신의 사도직 권리와 자신의 실천적 적용을 모범적으로 예시하면서 복음에 따른 신약 성도의 삶이 율법에 따른 구약 성도의 삶보다 더 고상하고 성숙한 삶이어야 함을 밝힌다. (5) 바울은 이어서 공 예배 중 여자들의 머리에 수건을 두르는 예의에 대해 논한 후 (6) 성찬/애찬의 예절과 성도들의 신령한 은사들의 활용과 진정한 의미를 설명한다. 이 부분에 있어 다시 한번 성숙한 성도가 자신의 자랑이나 유익이 아닌 예수 그리스도의 주되심과 신앙 공동체의 덕을 위해 자신의 은사가 쓰임 받아야 할 것을 교훈하고 있다. (7) 부활에 대한 성격에 대해서는 먼저 예수 부활의 역사적 확실성을 초대 교회 전승에 기초해서 논증을 하고 있다. 그런 후 바울은 예수 그리스도 부활의 중요한 의미가 예수를 그리스도로 믿는 (고린도 및 오늘의) 성도들의 미래와 필수 불가결한 사건임을 설파하고 있다. 즉 예수 그리스도의 부활은 모든 (과거와 현재와 미래의) 성도들의 '첫 열매'가 되어 우리들의 장래 부활의 보증이 된다는 것이다. (8) 바울은 끝으로 예루살렘 성도들을 위한 연보와 관련된 가르침과 함께 자신의 전도 여행 및 고린도 방문 계획을 언급하면서 동역자들의 안부를 대신 전하고 있다. 고린도전서에 나타난 바울의 마지막 문안과 축도는 바울이 얼마나 예수 중심적이며 – 이것은 곧 하나님 중심적 삶을 표현하는 말이기도 하다 – 철저한 종말론적 인식 속에서 살고 있는지를 보여준다. 또한 예수 제자로서의 바울의 헌신적 삶이 강렬하게 드러나고 있다: "나 바울은 친필로 너희에게 문안하노니 만일 누구든지 주를 사랑하지 아니하거든 저주를 받을지어다 주께서 임하시느니라 주 예수 그리스도의 은혜가 너희와 함께 하고 나의 사랑이 그리스도 예수 안에서 너희 무리와 함께 할지어다."

고린도전서는 갈라디아서나 로마서와 비교할 때 오늘날 성도들을 위한 '순수한 교리'나 '체계적 신학'이 약한 것으로 간주될 수 있다. 그러나 한 번 더 생각해 본다면, 고린도전서(그리고 고린도후서)야말로 진정한 의미에서 '신학의 역할'을 충실히 보여주고 있는 바울의 서신서임에 분명하다. 즉, 과거와 오늘의 성도들에게 요구되는 '복음과 일상적 삶을 위한 신학과 그에 따른 원리'가 매 장마다 나타나고 있다. 필자는 이런 점에서 본 서신에서 발견되는 두 개의 큰 신학적 꼭지점을 짧게 언급한 후, 성도들 특히 오늘의 설교자 또는 목회자의 리더십에 적용되어야 마땅한 신학적 원리(메시지)를 제시함으로써 '고린도전서에서 드러난 신학'을 대신하고자 한다.

고린도전서 신학의 꼭지점: 그리스도의 십자가와 부활

바울은 서신서 전체에 걸쳐 고린도 성도들이 '구원(칭의) 그 이후의 삶(성화)'으로 마땅히 나가야 할 것에 초점을 맞추고 있다. 그런데 이같은 교훈은 철저하게 '그리스도의 십자가' 사건과 의미에 기초한다. 말하자면 마지막 종말론적 구원자로서 하나님의 보내심을 받은 메시아 예수께서, 십자가 위에서 하나님의 저주를 받음으로 하나님의 모든 언약 백성이 은혜로 구원에 이르는 길로 초청받게 된 사실과 그에 따른 감사와 감격이 성도들의 여러 현안 문제들을 푸는 열쇠가 된다는 의미이다. 하지만 '그리스도(종말의 구원자)의 십자가 죽음'은 유대인뿐 아니라 헬라인 모두에게 '복음/구원'의 소식이 아닐 뿐 아니라 이것은 실제로 그들에게 거침돌이요 미련한 것이었던 것이다 (1:22).

왜냐하면 '그리스도의 십자가' 사건에 '하나님의 능력'과 '하나님의 지혜'가 계시된 사건인 것을 깨닫게 된 것은 하나님의 택하심 가운데 하나님의 성령 안에서 부르심을 입은 사람들에게만 주어진 은혜이기 때문이다(1:18-2:16). 따라서 이 '그리스도의 십자가' 메시지에는 기독론(특히, '지혜-기독론')과 구원론과 성령론 그리고 종말론과 인간론이 상호 깊게 관련되어 있음을 보게 된다. 서신의 마지막 부분(15장)에 가서 '그리스도의 부활'이 다루어지는 것은 여러 모로 주목할 가치가 있다. 무엇보다 '그리스도의 죽으심'(1장)과 '그리스도의 살아나심'(15장)은 성도들의 일상 생활에 알파(처음)와 오메가(마지막)와 같은 신앙(구원)의 중심을 차지해야 될 메시지이다. 그리스도 안에서 나타난 이와 같은 하나님의 계획과 뜻을 온전히 알지 못하는 자(고전 15:34 참조)는 "육에 속한 자"(고전 2:14)는 혹 아닐지라도, "육신에 속한 자" (고전 3:1-3)가 되어, 신분상 성도이지만 삶에 있어선 성도답지 못한 행실을 드러내는 연약에 자주 빠지게 된다(5장부터 15장에 나타난 고린도 성도들의 문제; 참조, 고전 4:6-13; 10:1-13). 이런 점에서 '그리스도의 십자가'와 '그리스도의 부활'에 대한 신학-복음적 메시지는 회심을 일으키는 하나님의 능력일 뿐 아니라 그리스도인의 구원-윤리적 삶의 끊임없는 변화와 성숙을 요구하는 하나님의 지혜/지식인 것이다. 따라서 '구원 이후의 성도의 삶'은 그리스도의 십자가 고난과 부활의 영광 안에 함께 연합된 종말론적 긴장('이미'와 '아직')이 요구되는 삶이다: "우리 주 예수 그리스도로 말미암아 우리에게 이김을 주시는 하나님께 감사하노니 그러므로 내 사랑하는 형제들아 견고하며 흔들리지 말며 항상 주의 일에 더욱 힘쓰는 자들이 되라 이는 너희 수고가 주 안에서 헛되지 않은 줄을 앎이니라"(15:57-58).

삶과 리더십에 적용되어야 할 신학적 원리

누가 나를 불렀는가: 신적 기원의 원리

바울은 1장 1절에서 자신의 목회 리더십의 뿌리가 하나님과 예수 그리스도, 즉 신적 기원("하나님의 뜻을 따라 그리스도 예수의 사도로 부르심을 입은 바울")에 기초하고 있음을 담대히 말하고 있다(고후 1:1; 엡 1:1; 골 1:1; 딤후 1:1 참조). 17절 상반절에서도 "그리스도께서 나를 보내심은…"이라고 언급함으로써 자신은 그리스도로부터 "부르심을 입은 자"라는 소명 의식이 철저했음을 보여준다. 물론 이것은 바울이 평생 동안 잊을 수 없었던 다메섹 도상의 회심과 소명에 기초하지만, 바울은 이 사건 이후에도 계속적으로 신령한 체험을 통해 자신의 소명과 사명을 늘 새롭게 한 자이었음을 잊지 말아야 한다(고후 12:1-9; 참조, 행 13:1-3; 16:6-10; 18:9-10; 19:2120:22-23). 그리고 바울의 이같은 신적 소명 의식은 "성령의 나타남과 도우심"(2:4, 참조, 2:12-13; 12:13) 가운데 삶의 현장에서 열매를 맺게 된 것도 주목해야 한다. 이런 점에서 바울은 한 사람의 그리스도인으로서 그리고 복음의 사역자로서 자신의 리더십의 신적 기원을 철저한 소명 의식과 함께 인식하고 있다. 그리고 이에 따른 사역의 결실은 삼위일체적 배경과 조화로 가능했던 것임을 관찰하게 된다.

사역자들은 누구인가: 동역과 섬김의 원리

바울은 고린도 성도들을 위해 사역했던 자신과 아볼로를 거명하면서 자신들은 하나님께 속한, 하나님께 예속된 종들(διάκονοι)이라고 했다(3:4-5). 이런 면에서 고린도 교회의 첫 개척자인 바울은 복음을 심은 자로, 그 이후의 후임자였던 아볼로는 물을 준 자로 묘사된 후, 최종적으로 자라나게 하시는 분은 사람(들)이 아닌 하나님이심을 말하고 있다(3:6-7). 이런 가운데 바울은 자신과 아볼로의 관계를 중심으로 주님의 사역자들과의 관계를 설명한다(3:8-9). 즉, 바울이 주님의 다른 사역자들과의 관계 속에서 보여준 리더십은 바로 동역하는 리더십이었다. 자신의 일이 아닌 또는 자기들의 일이 아닌, 하나님의 일을 하는, '하나님께 속한 동역자' 로서 같은 목적을 갖고 하나님의 일을 하고 있다라는 주장이다.

21절에 "그런즉 누구든지 사람을 자랑하지 말라" 고 함으로써 거룩한 성전으로서의 하나님 백성들의 모임인 교회가 어지럽고, 분열에 이르게 될 정도까지, 사람을 우선하고, 사람을 자랑하는 교인들이나, 그런 자랑을 받고 우쭐하는 주님의 사역자들 모두가 옳지 못함을 증거하고 있는 셈이다. 그리고 바울의 이런 논증에 따른 3장의 결론은 '고린도 성도 너희들은 주님의 사역자들/지도자들에게 속한 자들이 아니라, 그리스도께 속한 자들이다' 라는 것이다. 말하자면 그 당시 고린도 교인들끼리 서로 주장했던 '우리가 누구 누구에게 속했다' 라는 그 주장들을, 그리고 그 주장으로 말미암은 교회 내의 분쟁을, 바울은 유사한 표현을 사용하여 완전히 그 의미를 반전시키고 있다. 즉, '너희가 어떤 지도자들에게 속한 것이 아니라, 어떤 지도자들이 너희에게 속했다!' 라는 말이다. 21-22절의 "그런즉 누구든지 사람을 자랑하지 말라 만물이 다 너희 것임이라 바울이나 아볼로나 게바나 세계나 생명이나 사망이나 지금 것이나 장래 것이나 다 너희 것이요" 라는 메시지는 고린도 교인들이 몇몇 지도자들을 자랑하면서 '우리는 이 사람 편이다', '우리는 저 사람 것이다' 라고 하는 주장과는 달리, '주님의 사역을 맡았던 지도자들이 오히려 고린도 성도들을 위하여 존재하는 사람들로서 고린도 성도들의 것이다' 라는 말이다. 즉, 바울은 자신과 같은 사역자들이 고린도 교인들을 섬기기 위해 존재한다라고 함으로써, 섬김의 크리스천 리더십을 확고하게 보여준다. 오늘 날 교회와 교단의 지도자들 사이에 다시 발견되고 회복되어야 동역과 섬김의 리더십이 아닐 수 없다.

어떠한 마음을 품을 것인가: 아비의 원리

4장 14-16절을 통해 우리는 바울의 복음 사역자와 지도자로서의 또 다른 귀중한 자세를 보게 된다. 그것은 바로 아비같은 심정을 가진 지도자로서의 이미지와 자신을 본 받으라고 외칠 수 있는 모델로서의 이미지이다. 6절에서 고린도 성도들을 향해 "형제들아" 라고 불렀던 바울은, 14절에서 같은 대상을 향해 "내 사랑하는 자녀" 라고 부른다. 그리고 나아가서 바울은 자신을 복음의 다른 사역자들과 구별하기 시작한다: "그리스도 안에서 일만 스승이 있으되 아비는 많지 아니하니 그리스도 예수 안에서 복음으로써 내가 너희를 낳았음이라"(15절). 이것은 바울 자신이 다른 사역자들보다 더 뛰어났다는 것을 과시하기 위함이 아니라, 고린도 성도들을 향한 바울의 애정과 열정이 '선생' 이 아닌 '아비' 의 심정이었음을 간증하기 위함이었다. 바울은 갈라디아 성도들을 향해 자신의 사역을 비유적으로 말할 때 "그리스도의 형상이 이루기까지 다시…해산하는 수고"(갈 4:19)를 한다고 함으로써 '아비' 뿐 아니라 '어미' 의 심정으로 하나님의 사역을 감당했던 것을 보게 된다. 고린도전서 4장 6-13절에는 이런 떳떳함 속에서 바울이 고린도 성도들의 교만과 방종을 책망하는 내용이 담겨있다.

특히 10-13절에서는 지도자 바울의 자기 부인을 통한 겸손과 고통이 바울로부터 양육을 받았던 고린도 교인들의 교만/거짓된 자랑과 함께 역설적으로 대조를 이루며 나타난다. 그렇기에 바울은 이제 당당하게 고린도 교인들을 향해 아비의 심정으로 책망과 사랑을 품고 권면한다. "그러므로 내가 너희에게 권하노니 너희는 나를 본받는 자 되라"(16절).

초점을 어디에 둘 것인가: 공동체를 세우는 덕의 원리

"모든 것이 가하나 모든 것이 유익한 것이 아니요, 모든 것이 가하나 모든 것이 덕을 세우는 것이 아니니 누구든지 자기의 유익을 구치 말고 남의 유익을 구하라"(10:23-24). 이것은 이미 6장 12절에서 바울이 성도들을 향해 자신의 크리스천 삶의 원리를 드러낸 경구이기도 하다. 그리고 성도들의 '단순한 지식' 은 오히려 자신을 교만하게 함으로써 자신뿐 아니라 공동체를 어지럽게 만드는 한편, 성도들의 사랑은 자신과 공동체를 세우는 신앙의 필수 덕목(8:1)임을 언급하고 있다(참조, 14:12, 26). 고린도전서 13장은 실제로 '그리스도의 십자가' 은혜를 입은 성도가 나타낼 수 있는 최고의 삶의 열매를 묘사하는 것이라 할 수 있다.

그리고 14장 33절에서 "하나님은 어지러움의 하나님 아니시요 오직 화평의 하나님이시니라"고 함으로써, 성도 자신의 유익을 저버리고 사랑 안에서 공동체 다른 회원들의 삶에 덕을 세우기 위해 힘쓰고 애쓰는 것이 성도의 마땅한 삶인 것을 밝히고 있다. 말하자면 바울은 그리스도 안에서 구원을 누리고 있는 고린도 성도들이 이제는 율법이 아닌 사랑의 옷을 입고 다시 새롭게 태어난 자들답게 자기 신앙의 자유함을 넘어서서 신앙 생활을 함께 나누고 있는 공동체 회원들을 배려하고 섬길 것을 요구하고 있다. 이런 상호 문맥들 속에서 바울의 논리적 결론이 담긴 메시지가 10장 31절이라는 사실을 우리는 주목해야 한다: "그런즉, 너희가 먹든지 마시든지 무엇을 하든지 다 하나님의 영광을 위하여 하라". 즉, 이 문맥에서 하나님께 영광 돌리는 삶은 같은 신앙 공동체 안에서 믿음이 어리고 나약한 성도들을 배려하고 섬기는 삶임을 의미하는 것이다(10:32-33 참조).

성도들을 어떻게 볼 것인가: 다양성과 통일성 조화의 원리

바울이 12장에서 '그리스도의 몸' 이라고 하는 그림 언어를 통해 말하고자 하는 핵심적인 내용은 성도들의 은사가 많든 적든, 큰 것이든 작은 것이든, 직분자이든 평신도이든, 예수를 구주로 고백하는 자들은 모두 다 성령의 은혜 가운데 그리스도께 속한 지체들로서 하나의 몸이라는 진리이다(3, 13절 참조). 그리고 나아가서 고린도 성도들 가운데 은사가 더 적고, 더 보잘 것 없어 보이는, 말하자면 신앙 공동체에 별 도움이 안 되 보이는 자들을 더욱 존귀히 여기고 그들이 혹 소외 당해 고린도 성도들 가운데 떨어져 나가지 않도록 더 잘 돌보아야 한다는 사실이다. 12장 22-26절에서 말하는 것이 바로 이것이다: "이뿐 아니라 몸의 더 약하게 보이는 지체가 도리어 요긴하고 그것들을 더욱 귀한 것들로 입혀 주며 우리의 아름답지 못한 지체는 더욱 아름다운 것을 얻고 우리의 아름다운 지체는 요구할 것이 없으니 오직 하나님이 몸을 고르게 하여 부족한 지체에게는 존귀를 더하사 몸 가운데서 분쟁이 없고 오직 여러 지체가 서로 같이 하여 돌아보게 하셨으니 만일 한[약한] 지체가 고통을 받으면 모든[다른 강한] 지체도 함께 고통을 받고 한 지체가 영광을 얻으면 모든 지체도 함께 즐거워하나니 너희는 그리스도의 몸이요 지체의 각 부분이라".

여기서 우리가 관찰할 수 있는 목회신학적 리더십은 성도들의 다양한 은사들을 그리스도와 성령 안에서 조화와 균형 가운데 잘 활용하는 지혜와 통찰력이 요구된다는 점이다. 말하자면 성도의 다양성과 통일성이 유기적으로 나타날 수 있도록 힘쓰는 리더십이다. 이것은 무엇보다 교회가 성도들의 공동체라는 사실을 깊이 묵상하도록 도와준다. 이것은 담임 목회자를 포함한 교회의 여러 교역자들도 다른 일반 성도들과 함께 '그리스도의 몸' 된 신앙 공동체의 한 지체들임을 새삼 상기시켜준다. 이것은 오늘날 신체적으로, 영적으로, 경제적으로 약한 자들이 교회에서 무시당하는 풍토가 옳지 않음을 일깨워준다. 또한 교회의 지도자가 품어야 할 이미지는 군림하는 이 세상 왕이 아닌 섬기는 종의 이미지이어야 함을 의미한다. 성령의 인침을 받아 함께 예배 드리고 교제를 나누는 신앙 공동체로서의 교회의 구조와 행정은 필히 이 세상 사회 단체의 조직과는 다른 면을 보여주어야 한다. 성도들의 각양 다른 배경과 은사들에도 불구하고 복음 안에서의 하나됨이 깨지지 않는 교회의 그 신비한 속성이 이 세상 공동체들을 향한 또 하나의 경쟁력인 것이다.

영향력은 어떻게 발휘되나: 믿음과 삶의 일치의 원리

그리스도 예수 안에서 복음을 통해 고린도 성도들을 출산했다고 비유적으로 말하는 바울은 성도들에게 담대한 제안을 한다: "그러므로 내가 너희에게 권하노니 너희는 나를 본받는 자 되라"(4:16). 이런 제안과 명령은 바울이 '말과 행동' 즉 자신의 믿음과 삶이 상당히 성숙했던 자임을 말해 준다. 그리고 바울의 이런 영적 훈련과 성숙의 기준은 다름 아닌 '나사렛 예수 그리스도의 삶' 인 것을 관찰할 수 있다: "내가 그리스도를 본받는 자 된 것같이 너희는 나를 본받는 자 되라"(11:1; 참조, 갈 4:12; 빌 3:17; 살전 1:6; 2:14; 살후 3:7, 9).

복음의 일꾼된 바울에게 있어 나사렛 예수는 무엇보다 '신앙의 대상' 으로서의 그리스도와 주가 되신다. 이것은 고린도전서뿐 아니라 그의 모든 서신에 깔려있는 전제이다. 그러나 또한 '신앙의 대상' (the object of faith)이신 나사렛 예수는 바울에게 있어 '신앙의 모범' (the example of faith)으로도 간주되었음을 잊지 말아야 한다. 나아가 바울은 성도들에게도 그리스도 예수의 삶을 따라야 할 것을 요구한다(빌 2:5-11 참조). 이런 점에서 바울의 '고난 목록' (4:9-13; 참조, 고후 4:7-10; 6:9-10; 11:23-33)은 자신의 믿음과 삶이 분리되지 않았음을 변증해 주는 도구일 뿐 아니라, 성도들을 감동시키는 영적 재산이기도 했다 실로 바울의 고난 목록이 그당시 자신의 사도됨을 간접적으로 변증해 주는 것이었다는 점에서 오늘의 모든 복음 사역자들에게도 그 의미하는 바가 적지 않다.

영향력은 어디서 오는가: 바른 성경과 성령 중심의 원리

고린도전서 10장에는 구약 성경의 한 사건에 대한 바울의 해석이 나타나고 있다. 그리고 총 16장으로 구성된 고린도전서에는 구약성경을 암송하는 듯 바울에 의해 구체적으로 언급된 성경 구절 인용이 최소한 22번이 된다(참조, 고후 14번; 롬 59번; 갈 12번). 고린도전서나 바울의 다른 서신들이 모두 그 지역 성도들의 문제들을 목회적 차원에서 해결해 주기 위한 편지들이었다는 점을 고려할 때, 바울은 성도들의 일상 생활의 문제들 하나하나를 '성경-중심적' 으로 처리했다는 말이 된다. 그런데 우리가 또한 주목할 것은 바울을 반대하는 적지 않은 유대주의자들도 '성경-중심적' 이었다는 사실이다(참조, 9:1-27; 4:14-21; 고후 11:1-12:13).

말하자면 바울의 적대자들도 철저하게 '모세 율법 중심적' 이었다. 이것은 예수께서 공생애 사역 중 바리새인들 및 서기관들과 논쟁을 벌일 때 나타나는 현상과도 유사한 것이었다. 이런 면에서 우리가 긴장할 필요가 있다. 즉, 신앙을 갖고 있는 자들에게는 두 유형의 '성경-중심' 이 있을 수 있다는 사실이다. 하나는 과거 유산이나 전통에만 호소하는 성경-중심이요, 다른 하나는 과거 유산과 전통을 존중하면서도 오늘 우리에게 계속적으로 말씀하시는 성령께 귀 기울일 줄 아는 성경-중심이다. 따라서 진정한 '성경-중심' 은 성경이 성령의 감동으로 쓰여진 책이라는 입술의 고백으로만 만족하지 않고, 성령의 감동으로 기록된 '어제의 성경' 이 오늘 우리에게 그리고 바로 나에게, 다시 한번, 아니 계속해서 말씀하시는 '오늘의 성경' 으로 역사해야 할 것을 의미한다. 따라서 성도들 특히 공동체 리더들은 늘 삶 속에서 역사하시는 성령 안에서 하나님의 말씀인 성경을 날마다 새롭게 만나는 자들이어야 한다.

분명히 고린도전서는 바울이 고린도 성도들의 삶의 문제를 선교-목회적 차원에서 다루는 가운데 기록된 서신이다. 그리고 이 서신은 이같은 역사적 상황과 문맥 속에서 고린도 성도들이 당면한 '구원 그 이후' 의 현안 문제에 대해 바울이 답변한 것이었다. 바로 이 문맥에서 바울의 신앙과 신학이 드러나고 있다. 즉, 바울의 신앙과 신학은 늘 삶의 현장 속에서 교회 공동체를 섬기며 세워나가는 복음의 도구들이었다. 그리고 이 신앙과 신학은 세상 사람들이 꺼리고 어리석게 여기는 '그리스도의 십자가' 에 기초한 것이요 또 이것을 새롭게 드러내기 위한 것이었다. 그리고 무엇보다 주목할 수 있는 것은 성도들에게 답변되는 바울의 신앙과 신학은 자신의 실제적 삶으로 검증된 메시지(설교)였다는 사실이다. 그렇기에 "내가 그리스도를 본받는 자 된 것같이 너희는 나를 본받는 자 되라"(11:1)는 바울의 간증은 필자를 포함한 오늘의 설교자들이 "하나님 나라는 말에 있지 아니하고 오직 능력에 있음"(4:20)을 먼저 심각하게 받아들인 연후에, 비로소 우리의 것으로 소화시킬 수 있는 우리들의 메시지(설교)가 될 듯싶다.

PART 3

CHAPTER 15

예수의 공적 사역과 문둥병자의 사적 요구

(마가복음 1장 40-45절)

40 한 문둥병자가 예수께 와서 꿇어 엎드리어 간구하여 가로되 원하시면
저를 깨끗케 하실 수 있나이다 41 예수께서 민망히 여기사 손을 내밀어 저
에게 대시며 가라사대 내가 원하노니 깨끗함을 받으라 하신대 42 곧 문둥
병이 그 사람에게서 떠나가고 깨끗하여진지라 43 엄히 경계하사 곧 보내
시며 44 가라사대 삼가 아무에게 아무 말도 하지 말고 가서 네 몸을 제사
장에게 보이고 네 깨끗케 됨을 인하여 모세의 명한 것을 드려 저희에게 증
거하라 하셨더니 45 그러나 그 사람이 나가서 이 일을 많이 전파하여 널
리 퍼지게 하니 그러므로 예수께서 다시는 드러나게 동네에 들어가지 못
하시고 오직 바깥 한적한 곳에 계셨으나 사방에서 그에게로 나아오더라

본문의 상황과 배경

우리의 본문인 마가복음 1장 40-45절은 1장 14절부터 본격적으로 증언되는 예수의 메시아적 사역의 한 사건이다. 말하자면 메시아 되신 예수께서 갈

릴리 지역을 기점으로 하나님 나라의 복음(1:14-15)을 선포하는 일련의 사건들의 문맥 가운데 발생된 일이다. 마가는 이 같은 메시아 예수의 공생애 시작을 세례자 요한의 사역이 마무리되는 시점("요한이 잡힌 후 예수께서 갈릴리에 오셔서" – 1:14)과 대조하려는 인상을 독자들에게 준다. 즉, 세례자 요한의 메시아를 위한 '준비 사역' 이 종결되고(1:2-8 참조), 이제 "하나님의 아들 예수 그리스도 복음"(1:1)이 구체적으로 시작되는 배경인 셈이다.

우선 예수께서는 두 쌍의 형제들을 그의 첫 제자들(시몬 베드로와 그 형제 안드레, 야고보와 그 형제 요한)로 부르신 후(1:16-20), 그들이 동행하는 가운데 예수께서는 그들과 함께 가버나움에서 안식일에 하루 종일 메시아적 사역을 감당하고 있는 분으로 묘사되고 있다(1:21-39). 우리 본문에 앞서 마가는 독자들에게 네 가지의 짧은 사건들을 보도해 준다.

(1) 먼저 예수께서는 안식일에 가버나움 회당에 들어가셔서 말씀을 전하시고 그곳에서 '더러운 귀신 들린 사람' 으로부터 더러운 귀신을 쫓아내셨다(21-28절). (2) 회당에서 나온 예수께서는 "곧" 야고보와 요한과 함께 시몬 베드로의 집에 열병으로 누워계신 시몬의 장모를 치유하셨다(29-31절). (3) 안식일에 해가 지고 어두워질 무렵 사람들이 많은 병자들과 귀신 들린 사람들을 예수께 데려 오자, 예수께서는 그들도 역시 고쳐주시며 또한 귀신 들려 고통당하는 사람들로부터도 귀신들을 쫓아내셨다(32-34절). (4) 새벽이 되고 아직 날이 채 밝기 전에 예수께서 홀로 기도하고 계심을 소개해 주면서, 예수의 목적 있는 메시아 사역의 자기 이해를 분명히 드러내 준다(35-39절): "우리가 다른 가까운 마을들로 가자 거기서도 전도하리니 내가 이를 위하여 왔노라"(38절). 기도하시는 예수에 대한 묘사는 메시아 되신 예수께서 메시아로 자신을 이 땅에 보내신 하나님의 뜻/목적에 철저히 순종하는 자임을 설명해 주는 것과 다름없다.

이 같이 가버나움에서 하루 동안 발생한 일련의 네 가지 사건을 짧게 소개한 마가는 예수의 메시아적 공생애 사역이 이후로도 갈릴리 지역을 중심으로 계속 진행되었음을 간접적으로 암시해 준다. "이에 온 갈릴리에 다니시며 저희 여러 회당에서 전도하시고 또 귀신들을 내어 쫓으시더라"(39절). 예수의 메시아적 사역에 대한 일반적 보도를 끝내자마자 마가는 다시 독자들에게 한 사건을 다소 자세하게 묘사해 준다. 소위 한 문둥병자를 고치는 사건(40-45절)으로 우리의 본문이 여기에 해당된다. 이 본문의 사건이 언제 그리고 어디에서 발생했는지를 구체적으로 언급해 주지는 않으나, 전후 문맥상 우리 본문의 사건은 갈릴리 지역에서 발생한 것을 추정할 수 있다(막 2:1에서 다시 언급되고 있는 가버나움을 참조).

우리 본문의 문맥과 관련하여 한 가지 더 언급할 사항은 40-45절에서 언급된 문둥병자 치유 사건이 보도된 직후 마가는 일련의 다섯 가지 논쟁 기사를 독자들에게 소개하고 있다는 사실이다(중풍병자의 죄를 용서하는 권세와 관련하여 – 2:1-12; 세리와 죄인들과의 식탁 교제와 관련하여 – 2:13-17; 금식에 관하여 – 2:18-22; 안식일에 밀 이삭을 자르며 지키는 것과 관련하여 – 2:23-28; 안식일에 손 마른 자를 치유하는 것과 관련하여 – 3:1-6). 따라서 우리의 본문에서 문둥병자가 보여준 불순종(44-45절 참조)은 예수의 메시아적 공생애에 걸림돌로 간주될 여지가 있다. 그러나 예수와 유대인 종교 지도자들과의 필연적 갈등은 유대 종교 지도자들(그리고 또한 예수를 추종하며 따르는 대부분의 유대 군중들과 심지어 예수의 제자들까지도!)이 "예수께서 누구이며(어디서 왔으며), 그 분의 사역의 의미가 무엇인지"를 실제적으로 깨닫지 못했음을 반증해 줄 뿐이다. 따라서 마가복음 2장 이후로 계속되며 또한 증폭되는 내러티브 갈등은 복음서에 나타나는 인물들이 예수를 단순히 거부/거절한다고 하기 보다는 그들이 본질적으로 메시아이신 예수를 깨닫지 못함으로 예수를 오해할 뿐 아니라 이로 인해 예수를 메시아로 보내신 하나님도 결국 거부/거절하게 됨을 의미한다.

본문의 구조와 내용

여섯 절로 구성된 우리의 본문은 다시 (1) 기적 사건(40-42절)과 (2) 선포 이야기(43-45절)의 두 단락으로 나누어 볼 수 있다. 이 구절들, 특히 41-42절과 관련된 본문비평(textual criticism)에 대한 토론은 이 책의 성격상 생략하고자 한다.

이 사건에서 언급되는 인물은 어떤 문둥병자(40, 41, 42, 44, 45절)와 예수(40, 41, 43, 44, 45절) 단 두 사람이다. 그리고 이 사건은 한 문둥병자가 예수께 "와서 꿇어 엎드리어 간구"하는 것으로 발단이 시작된다. 여기서 언급된 "문둥병자"는 다양한 만성적 피부병으로 고통당하는 환자를 포함한 용어로 사용된다. 이런 만성 피부병 환자나 문둥병(Hansen's disease) 환자에게 더욱 고통스러운 것은 질병 그 자체보다는 이런 질병으로 인해 자신이 속했던 가족과 친척 그리고 그 지역 이웃 공동체로부터 분리되는 사회-종교적 소외감이었다. 이들은 자신의 질병이 확인된 순간 자신이 거주하던 도시나 지역으로부터 격리되는 것이 그 당시 율법에 따른 규례 조항이었던 것이다(레 13-14장 참조). 40절의 문둥병자와 마가복음의 독자는 마가복음 1장 21-34절에 언급된 예수의 치유 능력을 전제하게 된다. 실제로 우리 본문에 언급된 문둥병자는 갈릴리 전역(39절 참조)에 소문이 난 예수의 이름을 익히 잘 알고 있었던 사람으로 보인다. 이것이 이 문둥병자의 어두운 일상의 현실에 한줄기 빛으로 다가왔을 것이다. "그래, 마지막 소망을 품고 용기를 내어 마을에 들어가 예수라고 하는 사람에게 나아가보자!" 마침내 문둥병자는 믿음과 용기를 내어 예수께 나아가 청원하였다. "예수께서 원하시면 저를 깨끗하게 하실 수 있습니다"(40절하).

이에 대한 예수의 첫 반응은 문둥병자를 향한 강한 사랑의 연민이었다. "예수께서 민망히 여기사"(σπλαγχνίζομαι). 영어성경의 대부분은 이 동사를 "being filled/moved with compassion/pity"로 번역한 것을 볼 수 있다. 이 그리스어 동사는 마가복음 9장 22절과 마태복음 18장 27절 및 20장 34절에서도 발견되는데 "불쌍히 여기다"라는 의미가 내포된 것을 확인할 수 있다. 무엇보다 복음서 전반에 걸쳐 묘사되고 있는 예수의 질병 치유 기사들은 예수의 메시아적 자기 이해 및 선언과 깊은 연관 관계가 있음을 고려할 필요가 있다. 나아가, 예수께서 종종 질병 치유와 관련하여 죄 용서를 선포하는 경우도 주목할 사항이다(막 2:5; 눅 4:18-21 참조). 말하자면 예수께서는 (그리고 복음서 저자들은) 인간의 질병을 자주자주 "죄"에 붙잡힌 인간의 무능력, 즉 사탄의 권세/나라에 눌려 있는 인간의 고통스런 실존으로 간주하는 것을 보게 된다.

우리의 본문에서는 이 사실이 명확하게 드러나고 있지는 않다. 하지만 이 문맥에서 묘사해 주는 "예수께서 민망히 여기사"는 위의 내용을 암시해 준다고 할 수 있다. 한편 예수의 "불쌍히 여기시는 속마음"은 행동과 말을 통해 치유하는 능력으로 나타나게 된다. 먼저 예수의 "용감한" 행동을 관찰하게 된다. "예수께서…손을 내밀어 저[문둥병자]에게 대시며"(41절). 예수의 이 같은 행동은 모세 율법에 따른 정결 규례(레 5:3; 13:1-46; 민 5:2 참조)를 능가하는 권세가 예수께 있음을 드러내 준다. 실제로 예수는 '모세 같은 선지자' 일뿐 아니라 모세를 능가하는 하나님의 아들로서 메시아이신 분이다. 이 분 예수께서 문둥병자의 간청을 따라 그 소원을 명령으로 응답해 주신다. "내가 원하노니 깨끗함을 받으라." 예수의 긍휼히 여기시는 마음과 주권적 행동 그리고 이것을 적용하시는 그 분의 말씀은 즉각적("곧") 능력을 동반하였다. "곧 문둥병이 그 사람에게서 떠나가고 깨끗하여진지라"(42절). 문둥병자와 문둥병이 분리되는 이적이 벌어진 것이다. 아니 이제 더 이상 "문둥병자"라는 호칭이 그 사람과는 상관없게 된 것이다.

자신의 능력을 통해 치유를 베푸신 예수께서는 곧이어 엄한 어조로 이전에 문둥병자였던 이에게 당부의 말을 전하신다. "[예수께서] 엄히 경계하사(ἐμβριμάομαι) 곧 [전에 문둥병자였던 사람을] 보내시며 가라사대"(43-44절상). 예수께서 엄히 경계하면서 당부했던 말씀은 (1) "아무에게 아무 말도 하지 말고" 제사장에게 갈 것과 (2) 제사장에게 자신의 몸이 깨끗케 된 것을 보여주고 모세의 율법을 따라(레 14:2-31 참조) 예루살렘 성전에 예물을 드림으로써 제사장(들)에게 증거 삼을 것을 명한 것이었다. 여기서 "저들[제사장들]에게 증거하라"는 단순한 또는 긍정적 표현보다는("to them") 보다는 제사장들의 기능과 직무에 도전을 일으킬 여지가 있는 부정적 의미("against them")로 간주하는 것이 더 타당할 듯싶다(막 6:11; 13:9 참조).

예수의 엄한 당부는 자신의 메시아적 공적 사역이 문둥병자 자신과 주위 사람들에 의해 사사롭게 왜곡되는 것을 원치 않았던 것으로 추정할 수 있다

(막 1:38; 2:17; 9:31; 10:45 참조). 또한 예수 자신의 메시아적 사역은 모세 율법의 정신을 따라 그 본래 의도와 목적을 온전히 성취하는 것이지, 모세 율법 그 자체를 무시하거나 부정하는 것이 아님을 간접적으로 밝혀준다. 하지만 유대 종교 지도자들의 그 당시 문맥에서 메시아 예수의 사역과 그 의미는 이미 기존의 유대교 전통에 대항하는 분명한 메시지임이 분명한 셈이다. 따라서 하나님의 종말론적 새 언약 백성들(과 독자들)은 마가복음의 내러티브가 진전됨에 따라 양 진영(예수냐, 전통 유대교 종교 지도자들이냐)에서 하나를 선택해야 될 책임이 있다.

예수의 엄한 낭부에도 불구하고 과서에 문둥병자였던 이 사람은 예수의 명령을 불순종하고 만다. "그러나 그 사람이 나가서 이 일을 많이 전파하여 널리 퍼지게 하니"(46절상). 예수 또는 예수의 치유 기적에 대한 무조건적 증거나 선포가 좋은 것이 아님을 우리는 이해할 필요가 있다. 예수/복음에 대한 선포가 아무리 중요하고 필요한 것이라 할지라도, 문둥병자였던 이 사람은 먼저 예수의 엄한 말씀을 순종했어야 할 필요가 있다. 자신의 깨끗케 된 몸을 갖고 갈릴리에서 출발하여 예루살렘 성전의 제사장들에게 나아가는 과정 속에 이적 체험과 함께 '예수라는 사람'에 대한 묵상이 더 충분히 요구되었을지 모른다. 그리고 무엇보다 이 사람에게 나타난 치유의 일차적 증거의 대상은, 예수의 명령을 고려할 때, 갈릴리 지역의 이웃들이 아닌 예루살렘 성전의 제사장들이었을 가능성이 높다. 이 사람의 불순종으로 인해 "(그러므로) 예수께서 다시는 드러나게 [갈릴리 지역] 동네에 들어가지 못하시고 오직 바깥 한적한 곳"(45절)에 머물게 됨을 우리의 본문은 보도해 준다. 그러나 여전히 예수의 가르침과 이적은 갈릴리 지역 주민들의 호기심 가운데 적지 않은 병자들과 보통 사람들의 관심을 끌기에 충분했다. "[갈릴리] 사방에서 [사람들이] 그[예수]에게로 나아오더라"(45절하). 메시아 예수의 공생애가 시작되면서 얼마 경과하지 않은 시점부터 이내 메시아 예수의 공적 사역은 주위 여러 사람들의 사적 요구와 관심에 의해 오히려 그 의도와 목적이 오해되거나 방해되는 것을 알게 된다. 우리 본문의 사건에 앞서 언급되고 있듯이 분주했던 하루 종일의 사역이 마무리 된 후에도 새벽에 홀로 기도하셨던 예수(35절)께서는 자신을 찾는 많은 무리들의 요구와 자기 제자들의 인간적 기대를 초연히 대처할 수 있었던 능력과 분별력을 소유하고 계셨다. 말하자면 주위 여러 사람들의 사적 요구와 관심에도 불구하고 – 때론 이 같은 사람들의 요구와 관심을 불쌍히 여기고 응답하시면서도 – 예수께서는 자신이 걸어가야 할 메시아적 공생애의 길을 결코 사사롭게 행보하신 분이 아니었던 것이다.

설교 구성을 위한 제안

우리의 본문은 여섯 구절(막 1:40-45)이다. 필자의 판단으론 이 구절에만 집중하면서 설교하는 것은 지혜롭지 않을 뿐 아니라 마가복음 문맥상 그리 효과적이지도 못한 것 같다. 따라서 이 본문을 설교로 구상하고자 할 경우, 독자들은 먼저 마가복음 1장 21절로부터 3장 6절까지의 내러티브 흐름을 이해한 가운데 우리에게 해당된 본문을 소화할 필요가 있다.

이런 후 본문에 집중할 경우, 설교자는 주어진 여섯 구절을 한절 한절씩 강해하면서 말씀을 풀이할 수 있을 것이다. 이때 마가복음(또는 다른 복음서를 포함하여)에서 자주 언급되는 예수의 치유 사건의 참 의도와 가치를 성경적으로 풀이해 줄 책임이 있다. 말하자면 일련의 치유 사건들은 병자(사탄에 종노릇하는 사람의 무기력한 실존)가 질병(죄)으로부터 치유를 받음으로써 그 병자가 하나님의 안식(회복/구원)을 맛보게 됨을 의미한다. 그리고 이런 이적은 바로 예수께서 하나님의 참된 메시아가 되심을 변증해 주는 것과 다름없다. 이런 점에서 우리의 해당 본문을 설교할 경우, 설교자는 이 신학적 의미를 적절하게 설명할 필요가 있다. 즉, 이 본문은 오늘날 성도들의 질병 치유에 소망을 주는 본문이기 이전에 예수께서는 구약에 약속된 메시아가 되시며 하나님의 구원을 가져오는 분으로, 그때 거기에서와 마찬가지로 오늘 여기에서도, 온 인류의 소망과 구원의 구세주 되심에 초점을 맞추어야 한다.

결국 우리의 본문은 위에서 제시한 사항들에 대한 고려 속에서 이 본문의 중심인물인 예수와 문둥병자의 대화 내지 상호 반응을 잘 관찰(비교와 대조)

하는 것이 본문의 메시지 파악에 일차적 관건이 되는 셈이다. 이런 점에서 필자는 해당 본문을 "예수의 메시아적 공적 사역과 문둥병자의 사적 요구"라는 제목으로 풀이해 보았다. 설교자는 이런 본문의 중심적 흐름을 파악한 후, 경우에 따라 이 구절의 한 말씀(40절 또는 41절)에 초점을 갖고 짧은 메시지를 전할 수도 있을 것이다.

CHAPTER 16

내가 갈 길을 가야 하리니:

예수의 선지자적 자기 이해와 사명

(누가복음 13장 31-35절)

31 곧 그 때에 어떤 바리새인들이 나아와서 이르되 나가서 여기를 떠나소
서 헤롯이 당신을 죽이고자 하나이다 32 가라사대 가서 저 여우에게 이르
되 오늘과 내일 내가 귀신을 쫓아내며 병을 낫게 하다가 제 삼일에는 완전
하여지리라 하라 33 그러나 오늘과 내일과 모레는 내가 갈 길을 가야 하리
니 선지자가 예루살렘 밖에서는 죽는 법이 없느니라 34 예루살렘아 예루
살렘아 선지자들을 죽이고 네게 파송된 자들을 돌로 치는 자여 암탉이 제
새끼를 날개 아래 모음 같이 내가 너희의 자녀를 모으려한일이 몇 번이냐
그러나 너희가 원치 아니하였도다 35 보라 너희 집이 황폐하여 버린바 되
리라 내가 너희에게 이르노니 너희가 주의 이름으로 오시는 이를 찬송하
리로다 할 때까지는 나를 보지 못하리라 하시니라

본문의 상황과 배경

우리의 본문인 누가복음 13장 31-35절은 누가복음 안에서 가장 긴 '중심 부분'(the central section)인 누가복음 9장 51절-19장 44절에 속한 구절로써

일명 '예루살렘 여행 이야기'(the Jerusalem journey narrative)라고 불리는 문맥에 포함되어 있다. 갈릴리 사역을 마치고 예루살렘으로 올라가시는 예수의 여정(눅 9:51, 53, 56; 13:22; 17:11; 18:31; 19:28 참조) 가운데 누가는 예수와 관련된 일련의 사건들과 교훈, 특히 비유(예, 눅 10, 11, 12, 15, 16, 18장 참조)들을 집중적으로 소개하고 있다. 아울러 이 중심 부분에는 다른 복음서에선 발견되지 않는 누가복음 고유의 소리(예, 눅 9:51-56; 10:17-20, 29-37; 11:5-8; 13:1-17, 31-33; 14:1-14, 28-33; 15:8-32; 16:1-12, 19-31; 17:11-19; 18:1-14; 19:1-10, 41-44)들이 적지 않게 나타나기도 한다. 이 중심 부분은 크게 두 가지 주목할 메시지를 현저하게 보여주고 있는데, 첫째는 이 부분의 초기 단계(눅 9:51-13:15)에 있어 예수와 유대 지도자들 간의 갈등과 오해의 골이 깊어지면서 나타나는 참된(하나님께서 인정하시는) 리더십, 즉 하나님 나라에 합당한 리더십에 대한 주제이다. 둘째는 중심 단락 전반에 걸쳐 나타나는 것으로써 예수와 그의 제자들 간의 상호 관계 속에서 나타나는 참된(하나님께서 요구하시는) 제자도, 즉 하나님 나라에 합당한 제자에 대한 내용이다. 그런데 예수께서는 갈릴리를 떠나 예루살렘으로 올라가는 "길"(문자적 의미로서의 헬라어 단어 호도스: 눅 9:3, 57; 10:4, 31; 11:6; 12:58; 14:23; 18:35; 19:36; 참조, 행 1:12; 8:26, 36, 39; 9:17, 27; 14:16; 25:3; 26:13) 가운데 자신의 인격과 사역을 통해 하나님의 나라를 선포하고 보여줌으로써, 한편으론 유대 지도자들과의 관계 속에서 참된 종교 지도자의 모습을, 또 다른 한편으론 그의 제자들과의 관계 속에서 하나님을 따르는 참된 제자의 모습을 제시하신다. 말하자면 예수께서는 이 여행 기사 단락 속에서 자신에 대한 정체성을 직간접적으로 드러냄으로써 하나님 나라에 대한 "진리의 도"(비유적 의미로서의 헬라어 단어 호도스: 눅 1:76, 79; 3:4; 7:27; 20:21; 참조, 행 2:28; 13:10; 16:17; 18:25, 26)를 보여주고 있는 셈이다.

누가복음 내러티브의 주제적 문맥에서 볼 때, 우리의 본문은 예수께서 자신에 대한 선지자적 이해와 사명(눅 4:43; 5:31-32; 7:20-23; 9:18-27; 19:10; 20:1-8; 24:25-27, 46-47 참조)에 대한 선포적 메시지가 강하게 드러나는 것을 알 수 있다. 이것은 실제로 누가(복음)-(사도)행전 전반에 흐르는 예수에 대한 이미지 중 하나이다(눅 4:16-21, 24-27; 9:28-36; 12:49-53; 행 2:22-24; 3:22-23; 7:17-44; 신 18:15, 18-19 참조). 특별히 모세와 같은 (종말론적) 선지자로서, 마치 모세가 구약의 이스라엘 백성을 가나안 약속의 땅에 이끌고 가는 하나님의 종-선지자라면, 예수는 새 언약의 시대에 영적 새 이스라엘 백성을 모아 하나님의 나라(구원)에 들어가는 하나님의 종-선지자인 것이다.

실제로 누가복음 9장 31절의 "별세"라고 한글성경에서 번역된 것의 헬라어 단어는 "[예수의] 엑소도스"로서 누가는 예수의 고난과 승천을 새 시대의 새로운 영적 엑소도스 사건의 첫 열매로 간주하고 있음을 보게 된다. 이것은 마지막 시대의 종말론적 선지자로서 예수 그리스도의 십자가 죽음은 실패가 아님을 의미한다. 오히려 그의 죽음은 부활과 승천에 이르는 과정으로 하나님의 새 언약 공동체를 세워나가는데 필수적인 하나님의 뜻임을 말하는 것이다. 우리의 본문에서 드러나는 예수의 선언은 이 여행길의 의미를 바로 이와 같은 문맥에서 이해할 필요가 있다: "그러나 오늘과 내일과 모레는 내가 갈 길을 가야 하리니 선지자가 예루살렘 밖에서는 죽는 법이 없느니라"(눅 13:33).

본문의 구조와 내용

우리의 본문(31-35절)은 두 소 단락으로 구분된다. 첫째는 31-33절로 바리새인들과의 대화 가운데 예수께서 자신에 대한 이해와 사명을 드러내시는 구절이다. 둘째는 34-35절로 이스라엘 민족을 향한 예수의 구원에로의 초청에도 불구하고 이것을 거부하는 유대인들의 불신앙과 이로 인한 심판이 예언적으로 소개되고 있는 구절이다. 이 두 단락을 짧게 살펴보도록 하자.

"오늘과 내일과 모레는 내가 갈 길을 가야 하리니"(31-33절)

"곧 그 때에"로 시작하는 31절은 누가복음 13장 22-30절의 문맥을 염두에 두는 것으로 보인다. 즉 "예수께서 각 성 각 마을로 다니사 가르치시며 예루살렘으로 여행"하시는 중 일어난 사건에 연이어 발생한 것을 말한다. 22-30절에서 발생한 질문("주여 구원을 받는 자가 적으니이까" –23절)에 대해 예수께서는 "구원 받는 숫자"가 아닌 "구원 받는 대상"에 초점을 두시면서, 동시에 이 구원 받는 대상의 뒤집힘(reversal)에 대해 말씀하셨다: "너희가 아브라함과 이삭과 야곱과 모든 선지자는 하나님 나라에 있고 오직 너희는 밖에 쫓겨난 것을 볼 때에 거기서 슬피 울며 이를 갈리라 사람들이 동서남북으로부터 와서 하나님의 나라 잔치에 참여하리니 보라 나중 된 자로서 먼저 될 자도 있고 먼저 된 자로서 나중 될 자도 있느니라"(28-30절). 한 마디로 하나님의 백성으로 구원 받게 될 자들은 유대인들뿐 아니라 모든 열방("동서남북으로부터")에게 허락된 것을 말할 뿐 아니라, 오히려 선민의식에 사로잡혀서 교만한 유대인들보다는 하나님의 백성으로 부름 받게 됨에 감사함으로 순종하는 이방인들에게 이 구원의 문이 더욱 넓게 열리게 된 새 구속사의 시대를 선언한 것이었다. 바로 "곧 그 때에" 어떤 "바리새인들"이 예수께 나아와 묻는 것으로 본 단락은 시작된다.

바리새인들은 이 구절에서 마치 예수를 위하는 듯 말하고 있다. 세례 요한을 이미 처형했던(눅 9:9) 헤롯이 예수도 붙잡아 죽으려고 하니, 헤롯의 지경 또는 팔레스타인을 떠나 멀리 피신할 것을 제안한 것이었다. 그러나 우리는 누가복음 전체적으로 나타나고 있는 바리새인에 대한 일관된 부정적 이미지(5:17, 21, 30; 6:2, 7; 7:30, 36, 39; 11:38, 39, 42, 43, 53)를 고려할 때, 바리새인들의 제안은 매우 위선적이라는 점을 행간으로 읽어야 한다. 또한 헤롯이 예수를 붙잡아 죽이려고 한다는 정보가 어느 정도 진실된 것이지도 의심스럽다(23:8, 11 참조). 바리새인의 제안에 대한 예수의 답변은 매우 단호함 가운데 나타나는 예언-선포적 선언이다. "너희는 가서 저 여우에게 이르되 오늘과 내일은 내가 귀신을 쫓아내며 병을 고치다가 제 삼일에는 완전하여지리라 하라 그러나 오늘과 내일과 모레는 내가 갈 길을 가야 하리니 선지자가 예루살렘 밖에서는 죽는 법이 없느니라"(32-33절).

예수께서는 바리새인들의 시험하는 질문에 아랑곳 하지 않고, 오히려 자신이 하나님의 그리스도로 이 땅에 온 "목적 있는 삶"(4:43; 5:31-32; 19:10

참조)을 드러내신다. 헤롯을 "여우"에 비유한 것은 그 당시 유대-헬라적 문화 양 쪽에 모두 적실한 것으로 거짓되고 간교한 정치 지도자의 부정적 이미지에 대한 은유이다. "오늘과 내일은"은 이 땅에서 펼쳐지는 예수 사역의 현재와 장래를, "삼일에는"은 현재 및 장래 사역이 끝나고 난 결과의 시기/때를 표현한다(호 6:2 참조). 예수께서 귀신을 쫓아내며 병을 고치시는 것은 무엇보다 사단의 권세/통치/나라에 묶여 있던 하나님의 자녀들에게 하나님의 권세/통치/나라를 맛보게 하는 것이었다. 그리고 이 일을 예수께서 (말씀과 이적으로) 가능하게 하셨다는 것은 이분이 바로 하나님의 나라를 이 땅에 가지고 오셔서 이 나라에 하나님의 백성들을 초청하시는 메시아가 되심을 증거하는 셈이다. "삼일에는 완전하여지리라(텔레이오의 수동태)"는 자신의 십자가 죽음 이후에 이루어질 부활과 승천을 예수께서 확신있게 예견하는 말이다. 그러나 예수의 이 단호한 선언은 자신이 구약의 참 선지자들이 걸어갔던 그 길과 다를 수 없음을 말할 뿐 아니라(눅 4:24; 6:23; 11:47, 50; 13:28; 행 7:52 참조) 모든 구약의 선지자들이 대망하던 바로 종말의 메시아로서 죽음의 고난을 받아야 될 마지막 선지자임을 계시하고 있다(눅 9:18-22; 24:25-27, 45-47). 즉, 예루살렘에서 죽임 당하는 고난은 하나님의 메시아인 예수께서 의식적이고도 자발적인 순종 가운데 하나님의 뜻(눅 7:30; 행 2:23; 4:28 참조)을 이루는 메시아의 사명이기도 한 것이다. "내가 [마땅히] 갈 길을 가야 하리니"라는 헬라어 표현에는 신적 동사 "데이"(영어의 should/must의 의미)가 활용되고 있음을 주목할 때, 선지자적 메시아로서 예수의 자기 이해와 그에 따른 메시아적 사명은 하나님의 부르심과 목적하심에 대한 순종임을 더욱 확증시켜 준다.

"보라 너희 집이 황폐하여 버린 바 되리라"(34-35절)

34-35절은 마태복음 23장 37절-39절에서도 동일하게 서술되어 있다. 앞에서 언급한 것처럼 이 소 단락은 하나님의 나라가 이 땅에 도래했음에도 불구하고, 교만하여 회개치 않는 그럼에도 자신들은 하나님의 인정받는 자

들이라고 착각했던 유대 백성들을 향한 예수의 경고와 심판의 예언적 선언이다. 의인법으로 활용된 "예루살렘아 예루살렘아"는 유대 백성들 특히 종교 지도자들과 바리새인들을 염두에 둔 말이다. 특히 이들은 "선지자들을 죽이고 네게 파송된 자들을 돌로 치는 자"(마 21:35; 삼상 30:6; 왕상 12:18; 21:13 참조)이었다. 이것은 참 선지자적 메시아로 이 땅에 오신 예수의 죽음을 또 다시 암시해 주는 것이기도 하다. 예수께서는 동족 유대인을 향한 자신의 메시아적 사역이 매우 간절한 애정과 연민 가운데 이루어지고 있음을 "암탉이 제 새끼를 날개 아래에 모음 같이"라고 함으로써 구약의 이스라엘 백성을 향한 하나님의 사랑과 보호(신 32:11; 룻 2:12; 시 17:8; 91:4; 사 31:5 참조)와 동일시하고 있다. 그러나 구약의 조상들이 그들의 선지자들을 거절했듯이, 이스라엘 백성들도 메시아 예수를 거절하고 있는 것("그러나 너희가 원하지 아니하였도다"－34절)이다. 이것은 결국 그들을 향한 하나님의 최종적 사랑과 열심을 거부하는 것과 전혀 다름이 없는 것이었다.

예수께서는 하나님의 사랑과 메시아인 자신을 거절하는 그들을 향해 준엄한 경고와 심판을 예언적으로 선언한다: "보라 너희 집이 황폐하여 버린 바 되리라". 여기서 "너희 집(오이코스)"은 하나님의 뜻과 사랑을 거부하는 이스라엘 백성을 의미하는 듯하다(눅 1:27, 33, 69; 행 2:36). 또는 예루살렘의 성전을 의미할 가능성도 배제할 수는 없을 것이다(눅 6:4; 11:51; 19:46). 이스라엘 백성이 되었든 아니면 예루살렘의 성전이 되었든, 중요한 것은 하나님의 진노와 심판이 무지하고 깨닫지 못하는－즉, 하나님의 메시아 예수를 거절한－이스라엘 민족에게 임한다는 것이었다. "너희가 주의 이름으로 오시는 이를 찬송하리로다"라는 말은 예수께서 시편 118편 26절을 인용한 것(눅 3:15-16; 7:19-20 참조)인데, 이 시편의 앞 절(22절)에는 "건축자의 버린 돌이 집 모퉁이의 머릿돌이 되었나니"라는 구절을 갖고 있다. 즉 이 시편의 문맥은 특히 누가에 의해 메시아적 적용과 성취로 간주되고 있다(눅 20:17; 행 4:11). 이런 점에서 "주의 이름으로 오시는 이를 찬송하리로다"는 일차적으로 예수께서 예루살렘을 입성하던 종려주일에 성취된 것(눅 19:38; 마 23:39 참조)이기도 하지만 예수의 십자가 죽음과 부활, 승천 그리고 바침내 재림 때에 또한 성취될 성도들의 승리의 찬양일 것이다.

설교 구성을 위한 제안

우리의 본문을 통해 설교할 경우, 설교자는 먼저 해당 본문(31-35절)에서 언급해 주는 예수의 선지자적 메시아의 이미지를 누가복음(그리고 사도행전을 포함한)의 전체 맥락 안에서 이해할 필요가 있다. 이럴 경우 이 본문이 말하고 있는 예수의 "선지자적 메시아" 정체성을 더욱 폭 넓게 소화하여 전달할 수 있을 것이다. 말하자면 우리의 본문은 일차적으로 "예수께서 누구신가"에 초점을 맞추어야 한다. 그리고 이 분은 하나님의 뜻을 따라 구약의 모든 선지자들이 대망했던 종말의 마지막 선지자, 즉 메시아임을 구약성경의 문맥을 최소한 한두 구절(예, 신 18:15; 사 61:1-3) 소개하면서 성경신학적으로 증거할 필요가 있다. 왜냐하면 우리의 본문이 이것을 전제하고 있기 때문이다. 그런 후, 설교 메시지의 주된 포인트로서 선지자적 메시아로 이 땅에 오신 예수 그리스도의 자기 이해(하나님과의 관계에 따른 하나님의 부르심에 대한 자기 이해 – "예수의 소명")와 이에 따른 예수의 결연한 십자가 고난의 삶과 죽음의 의미(하나님의 모든 백성들에게 허락된 구원/영생의 복음 선포 – "예수의 사명")를 드러낼 수 있을 것이다. 말하자면 예수의 십자가 죽으심은 "단순히" 자신의 제자 중 한 사람이 배반함으로 황당하게 죽임 당한 것이 아니었다. 예수의 십자가 죽으심은 "단순히" 유대 종교 지도자들의 모함과 로마 정치 지도자들의 공조 가운데 어쩔 수 없이 억울하게 죽임 당한 것도 아니었다. 예수의 십자가 죽으심은 예수께서 친히 자신을 종말론적 선지자로 이해하는 가운데 하나님의 뜻을 순종하기 위해 메시아적 사명의 성취로서 기꺼이 맞이하신 죽임이었다. 바울은 이것을 갈라디아서 3장 13절에서 "그리스도께서 우리를 위하여 저주를 받은 바 되사 율법의 저주에서 우리를 속량하셨으니 기록된 바 나무에 달린 자마다 저주 아래에 있는 자[신 21:23]라 하였음이라"고 선포한다.

설교자는 하나님을 향한 예수의 철저한 메시아적 순종뿐 아니라, 34절을 통해 하나님 백성을 향한 예수의 애절한 사랑과 마음도 전할 수 있다. 바울은 이것을 "우리가 아직 연약할 때에 기약대로 그리스도께서 경건하지 않은 자를 위하여 죽으셨도다 의인을 위하여 죽는 자가 쉽지 않고 선인을 위하여 용감히 죽는 자가 혹 있거니와 우리가 아직 죄인 되었을 때에 그리스도께서 우리를 위하여 죽으심으로 하나님께서 우리에 대한 자기의 사랑을 확증하셨느니라"(롬 5:6-8)고 증거한다. 아울러 하나님과 예수 그리스도의 이와 같은 선수적이고 무조건적인 사랑을 거부하는 그 당시 이스라엘 백성들을 오늘의 세상 사람들 또는 말씀에 무지하고 무감각한 소위 "성도"들에게도 적용하여 경고할 수 있을 것이다. 바울 역시 성도들을 향해 경고하는 것을 우리는 자주 확인할 수 있다. "우리가 하나님과 함께 일하는 자로서 권하노니 하나님의 은혜를 헛되이 받지 말라 이르시되 내가 은혜 베풀 때에 너에게 듣고 구원의 날에 너를 도왔다[사 49:8] 하셨으니 보라 지금은 은혜 받을 만한 때요 보라 지금은 구원의 날이로다"(고후 6:1-2). 그렇지만 그 당시 예수를 거부했던 유대 종교 지도자들과 예수에 대해 무지했던 유대 백성들은 오히려 하나님 나라의 백성들의 자리에 거하지 못하는 분리/심판을 받게 될 자들로 전락되었다.

예수의 메시아적 독특성을 충분히 전제하고 또 소개하는 가운데 예수의 자기 이해와 사명의 의미를 잘 드러내었다면, 하나님 앞에서 드러난 예수 "그리스도"의 이와 같은 일편단심적 소명과 단호한 삶의 목적을 우리 "그리스도인"에게도 적용할 여지는 있다(고전 11:1; 빌 2:5 참조). 이럴 경우, 설교자는 하나님 앞에서 성도들의 인생의 목적과 방향이 얼마나 하나님 중심적이며, 복음 중심적인지를 질문하는 가운데 우리가 이 세상에서 만나는 "고난들"에도 자유할 수 있는 자임을 도전할 수 있을 것이다. 하나님과 예수에 대한 "어제와 오늘의 우리의 신앙"은 예수 그리스도에 대한 모든 계시를 이미 우리에게 밝히 드러내 준 성경 말씀에 대한 끊임없는 깨달음과 순종의 일상적 삶에 의해 "우리의 내일"이 결정될 것이다.

CHAPTER 17

그리스도 예수 제자의 길을 걷고 계십니까

(누가복음 17장 5-10절)

5 사도들이 주께 여짜오되 우리에게 믿음을 더하소서 하니 6 주께서 가라
사대 너희에게 겨자씨 한알만한 믿음이 있었더면 이 뽕나무더러 뿌리가
뽑혀 바다에 심기우라 하였을 것이요 그것이 너희에게 순종하였으리라 7
너희 중에 뉘게 밭을 갈거나 양을 치거나 하는 종이 있어 밭에서 돌아 오
면 저더러 곧 와 앉아서 먹으라 할 자가 있느냐 8 도리어 저더러 내 먹을
것을 예비하고 띠를 띠고 나의 먹고 마시는 동안에 수종들고 너는 그 후에
먹고 마시라 하지 않겠느냐 9 명한대로 하였다고 종에게 사례하겠느냐 10
이와 같이 너희도 명령 받은 것을 다 행한 후에 이르기를 우리는 무익한
종이라 우리의 하여야 할 일을 한것 뿐이라 할찌니라

본문의 상황과 배경

우리의 본문인 누가복음 17:5-10은 누가복음 안에서 가장 긴 주제 중심 부분(the central section)인 누가복음 9장 51절-19장 44절에 속한 단락으로써

일명 '예루살렘 여행 이야기'(the Jerusalem journey narrative)라고 불리는 문맥에 포함되어 있다. 갈릴리 사역을 마치고 예루살렘으로 올라가시는 예수의 이 여정(눅 9:51, 53, 56; 13:22; 17:11; 18:31; 19:28 참조) 가운데 누가는 예수와 관련된 일련의 사건들과 교훈, 특히 비유(예, 눅 10, 11, 12, 15, 16, 18장 참조)들을 집중적으로 소개하고 있다. 아울러 이 중심 부분에는 다른 복음서에선 발견되지 않는 누가복음 고유의 소리(예, 눅 9:51-56; 10:17-20, 29-37; 11:5-8; 13:1-17; 14:1-14, 28-33; 15:8-32; 16:1-12, 19-31; 17:11-19; 18:1-14; 19:1-10, 41-44)들이 적지 않게 나타나기도 한다.

이 중심 부분은 크게 두 가지 주목할 메시지를 현저하게 보여주고 있는데, 첫째는 이 부분의 초기 단계(눅 9:51-13:15)에 있어 예수와 유대 지도자들 간의 갈등과 오해의 골이 깊어지면서 나타나는 '참된(하나님께서 인정하시는) 리더십' 에 대한 주제이다. 둘째는 중심 단락 전반에 걸쳐 나타나는 것으로써 예수와 그의 제자들 간의 상호 관계 속에서 나타나는 '참된(하나님께서 요구하시는) 제자도' 에 대한 내용이다. 이런 점에서 예수께서는 갈릴리를 떠나 예루살렘으로 올라가는 "길"(문자적 의미로서의 헬라어 단어 호도스: 눅 9:3, 57; 10:4, 31; 11:6; 12:58; 14:23; 18:35; 19:36; 참조, 행 1:12; 8:26, 36, 39; 9:17, 27; 14:16; 25:3; 26:13) 가운데 한편으론 유대 지도자들과의 관계 속에서 '참된 종교 지도자' 의 모습을 (말씀과 행위를 통해), 또 다른 한편으론 그의 제자들과의 관계 속에서 하나님을 따르는 '참된 제자' 의 모습을 (역시 말씀과 행위를 통해) 제시함으로써 "진리의 도"(비유적 의미로서의 헬라어 단어 호도스 – 눅 1:76, 79; 3:4; 7:27; 20:21; 참조, 행 2:28; 13:10; 16:17; 18:25, 26)를 보여주고 있는 셈이다. 예루살렘을 향하고 있는 노정 가운데 자기 고백적 선언을 하고 계신 예수의 다음과 같은 언급은 이 여행길의 의미를 극명하게 시사해 주고 있다: "그러나 오늘과 내일과 모레는 내가 갈 길을 가야 하리니 선지자가 예루살렘 밖에서는 죽는 법이 없느니라"(눅 13:33). 따라서 참된 지도자와 제자가 걸어가야 할 길은 자기 희생과 헌신의 극치로 종결되는 죽음으로써의 자기 부인이라는 진리이다.

이런 맥락에서 우리의 본문 누가복음 17장 5-10절은 '참된 제자도' 와 관련된 본문임을 무엇보다 먼저 인식할 필요가 있다. 그럼, 이제 본문의 가까운 문맥과 내용을 더 살펴보도록 하자.

본문의 구조와 내용

우리의 본문 누가복음 17장 5-10절은 앞의 짧은 구절들인 누가복음 17장 1-4절과 함께 고려할 필요가 있다. 즉 이 짧은 단락은 하나의 주제적 의미를 공유하고 있는 본문으로 네 가지 제자도의 특징을 내포하고 있다. 첫째, 같은 형제로 하여금 심각한 죄를 유발시키는 오류나 거짓된 가르침을 피하고 오히려 자신 스스로를 늘 경계할 것(17:1-3상). 둘째, 그럼에도 불구하고 다른 형제가 의도적 잘못 또는 비의도적 실수를 범했을 경우, 그가 참되게 회개하고 돌이킬 경우 그를 용서하고 다시 형제로 받아들여야 할 것(17:3하-4). 셋째, 이런 일들이 한 신앙 공동체 안에서 가능할 수 있는 참 믿음과 그에 따른 능력이 있어야 할 것(17:5-6). 마지막 넷째로, 이런 참 믿음과 그에 따른 능력이 있을 때 하나님의 참 제자는 하나님의 신실하고 충성된 종으로 어떤 대가를 바라지 않고 그 할 본분을 묵묵히 감당하는 자이어야 할 것이다. 이상과 같이 본문의 먼 문맥(9:51-19:44)과 가까운 문맥(17:1-10)과의 관계 속에서 본문의 구조를 고려할 경우 우리는 이 구절의 내용이 그리스도 예수의 참 제자도에 대한 것임과 더불어 특히 위의 네 가지 항목에 초점을 맞추고 있음을 알 수 있다. 이때, 경우에 따라 유사 병행 구절이라 간주될 수 있는 마태복음 17장 20절과 21장 21절 그리고 마가복음 11장 22-23절을 본문과 관련하여 비교해 볼 수도 있겠지만, 이것은 어디까지나 이차적일 수밖에 없을 것이다. 이제 참된 제자도의 이미지를 우리의 누가복음서 본문 내에 국한시킴으로 좀 더 구체적으로 파악해 보자.

"너희에게 겨자씨 한 알만한 믿음이 있었더면"(17:5-6)

본문 5절은 누가복음 17장 1-4절에서 이미 소개하고 있듯이 예수께서 제자들에게 교훈하고 계시는 문맥임을 재삼 확인시켜 주고 있다. "사도들이 주께 여짜오되"(5절 상)로 시작되는 표현은 이런 점에서 1-4절의 내용을 말씀하신 예수의 교훈을 듣고 난 후 열 두 제자들인 사도들(눅 6:13 참조)이 예수께 응답하는 상황이다. 예수께서 주신 첫 두개의 짧은 메시지(형제를 실족케 하는 오류나 거짓을 피해야 함과 형제를 끊임없이 용서해야 됨)와 관련하여 제자들은 그들의 인간적 한계를 인정하지 않을 수 없었을 것이다. 따라서 제자들은 예수의 말씀의 도전 앞에서 자신들이 이미 소유하고 있는 믿음 위에 더 많은 믿음이 필요하다고 생각되어 "우리에게 믿음을 더하소서"(5절 하)라고 요청하였던 것이다. 이에 따른 예수의 답변은 제자들과 누가복음의 독자들을 다소 당황케 하는 것이었다. "주께서 가라사대 너희에게 겨자씨 한 알 만한 믿음이 있었더면 이 뽕나무더러 뿌리가 뽑혀 바다에 심기우라 하였을 것이요 그것이 너희에게 순종하였으리라"(6절).

여기서 예수의 초점은 '믿음의 분량' 이 아닌 '믿음의 성격' 이다. 즉 믿음을 더하여 달라는 제자들의 요청에 반하여 예수께서는 하나님께 향한 참 믿음이 있다면 그것이 비록 보잘것없어 눈에 겨우 보이는 겨자씨만한 작디작은 것이라 할지라도 이 세상에서 엄청난 변화를 가져오는 능력이 된다는 사실을 증거 하는 것이다. 즉 참 믿음은 그것이 아무리 미미해 보일지라도 매우 커다란 뽕나무가 뿌리 채 뽑혀 바다에 심겨지라 명령을 할 경우 그것이 그대로 되는 능력을 체험케 해 준다. 물론 이 표현은 복음서에 나타나는 예수의 여러 과장된 비유 중 하나이지만, 여기서 제자들에게 주고자 하는 영적 교훈은 매우 실제적인 것으로 믿음에 대한 분량의 (미래적) 장성함 보다는 온전한 참 믿음의 (현재적) 역사함에는 비록 그것이 적은 분량이라 할지라도 현저한 능력을 발휘하게 된다는 점이다.

한 신앙 공동체 안에서 같은 형제를 잘못된 가르침으로 실족케 하지 않거나 다른 성도의 죄악으로 인해 실족되기 쉬운 상황에서도 자신이 이런 미혹에 빠지지 않는 경우 그는 땅에 심겨진 뽕나무를 바다로 옮기는 것 같은 산 신앙의 능력을 소유한 자인 셈이다. 이와 마찬가지로 성도 한 사람이 다른 형제를 상식적으로 용서할 수 없는 상황에서 그를 무조건적으로 용서할 경우 그 역시 참 신앙의 능력을 갖춘 예수의 참 제자인 셈이다.

"우리의 하여야 할 일을 한 것뿐이라"(17:7-10)

참 믿음에 대한 짧은 경구 이후에 예수께서는 그 당시 고대 근동 농경문화에서 늘상 볼 수 있는 '상전과 하인'의 사회적 주종관계를 유비시킴으로 또 하나의 제자도를 설명하고 있다. 즉 이것은 상전과의 사회-문화적 주종관계에 있던 하인의 바른 정체성이 하인의 힘쓰고 있는 어떤 일이나 봉사보다도 당연히 앞서야 함을 전제하고 있다. 이런 점에서 하인은 상전의 소유지에서 밭을 갈거나 양을 먹여 온종일 수고한 후 상전의 집에 돌아왔을지라도 하인이 여전히 상전의 저녁 식사를 위해 또다시 애쓰고 힘쓴 후에야 비로소 자신의 하루를 하인의 신분으로서 온전히 마무리하게 되는 셈이다.

이와 마찬가지로 예수 그리스도를 인생의 주인으로 모시고 살아가는 과거와 현재의 모든 성도들은 현재 무엇을 하며 어떤 봉사를 하고 있든지 간에 먼저 자신이 '그리스도 예수의 종'(참조, 롬 1:1; 고전 7:22; 갈 1:10; 빌 1:1; 딛 1:1; 약 1:1; 행 4:29; 16:17)인 자기 정체성을 분명히 깨닫고 있어야 할 것이다. 이것은 무엇보다 예수 그리스도로 말미암아 하나님께서 자신을 구속해 주신 죄 사함의 은총(엡 1:3-14, 특히 7절; 2:4, 9 참조)의 체험과 감격이 있는 자가 예수 그리스도의 제자로서 첫 걸음을 시작할 수 있음을 의미한다. 예수와의 관계 속에서 성도의 자기 정체성이 분명한 자가 예수의 "명령 받은 것을 다 행한 후에 이르기를 우리는 무익한 종이라 우리의 하여야 할 일을 한 것뿐이라"(10절)고 고백할 수 있게 된다. 말하자면, 성도로서의 봉사나 섬김은 자기 수고나 열심에 대해 교만하거나 자랑할 만한 것이 아니라 오히려 당연하고 이 일을 하게 된 자신의 신분('예수 그리스도의 종')을 늘 곱씹으며 하나님께 영광을 돌려야 할 것이다. 이런 점에서 바울의 감격어린 고백과 간증을 우리도 역시 이해할 뿐 아니라("그런즉 자랑할 데가 어디 어디뇨 있을 수가 없느니라" – 롬 3:27; 참조, 고전 1:29; 엡 2:9) 이 고백과 간증에 또한 동참하는 오늘의 '예수의 제자들'로 나타나야 할 것이다.

설교 구성을 위한 제안

우리의 본문을 중심으로 설교를 구상할 경우, 앞 단락에서 전제했듯이 본문의 먼 문맥과 가까운 문맥을 일차적으로 고려할 필요가 있다. 이럴 경우 본문의 압도적 주제는 예수와 필연적 관계에 있는 사도/제자들의 정체성(신분)과 그에 따른 삶이다. 우리는 이것을 그리스도인의 제자도(discipleship)의 주제로 신앙 공동체인 오늘날 우리의 지역 교회(들)의 문맥에서 적용해 볼 수 있을 것이다. 따라서, 본문과 관련된 설교의 제목을 "그리스도 예수 제자의 길을 걷고 계십니까?"로 잡아 보았다.

좀 더 실질적인 차원에서 우리에게 주어진 누가복음 17장 5-10절은 17장의 첫 네 구절(1-4절)들을 자연스럽게 소개하면서 전개해 나갈 필요가 있다. 이런 점에서 본문의 포인트를 네 개 또는 두 개로 좁힐 수 있을 것이다(2. 본문의 구조와 내용 참조할 것). 여기서는 5-10절에 기초해서 두 개의 포인트를 짧게 적용해 본다. 이 때 우리의 누가복음 본문과 관련하여 사도행전의 제자들, 특히 베드로와 바울을 고려해 볼 수 있으며 그리고/또한 바울 서신 내에서 묘사된 바울의 사역이나 고백을 참된 제자도에 대한 증거 내지 참조 본문으로 활용할 수 있을 것이다.

(1) "나는 어떤 믿음을 원하고 있는가"(17:5-6). 오늘날 성도들은 '예수를 그리스도와 주'로 고백하는 그리스도인으로서, 자기 인생의 주인이신 예수께 향한 본질적 신앙 내지 믿음을 먼저 온전히 정검해 볼 필요가 있다. 오늘 우리에게 필요한 것은 하나님께서 우리를 위해 역사해 주시길 바라는 성도의 믿음의 크고 작음의 분량의 문제라기 보다는 주께 향한 진실된 우리 믿음의 본질에 있다. 그리고 하나님께 향한 성도의 참 믿음은 신앙 공동체 안에서 인정하고 싶지 않은 또는 용서할 수 없는 형제(사람)들을 섬기는(용서하는) 분명한 삶의 능력으로 나타나게 됨을 주목해야 한다. 나는 성도로서 오늘 어떤 믿음을 갈망하고 있는가?

(2) "나는 어떤 종으로 섬기고 있는가"(17:7-10). 주께 향한 바른 믿음의 본질을 소유하고 있는 성도라면 그의 삶은 실천적으로 드러나지 않을 수 없

다. 이때 나타나는 성도의 삶은 성도로서의 하나님과의 바른 정체성에 따른 종의 형상이요 모습이어야 한다. 즉 한 마디로 겸손("무익한 종")과 성실된("하여야 할 일을 한 것뿐") 삶이다. 실제로 성도의 이런 제자도는 오늘날 지역 교회의 초신자보다는 제직분자나 교역자가 더욱 민감하게 주목하고 묵상할 필요가 있다. 하인('예수의 종')은 자신이 과거에 어떤 사역을 했거나 현재 어떤 위치에 있다할지라도 여전히 하인('예수의 종')으로 부름 받았음을 망각하지 말아야 한다. 나는 성도로서 오늘 어떤 종의 모습(말과 행실)으로 교회를 섬기고 있는가?

우리의 본문이 그 당시 예수께서 자신이 부르신 사도/제자들에게 주시는 메시지였던 것처럼 오늘 우리도 그리스도 예수의 제자/증인들로 부름 받은 자들로서 우리 자신이 성도로서의 정체성과 믿음의 본질을 먼저 점검하고 우리들이 그리스도 예수의 제자들로 부름 받은 그 길을 잘 걸어가고 있는지 꼭 반추해 보아야 할 일이다.

CHAPTER 18

하나님의 아들이요 인간의 아들인 예수

(요한복음 19장 25-27절)

25 예수의 십자가 곁에는 그 모친과 이모와 글로바의 아내 마리아와 막달
라 마리아가 섰는지라 26 예수께서 그 모친과 사랑하시는 제자가 곁에 섰
는 것을 보시고 그 모친께 말씀하시되 여자여 보소서 아들이니이다 하시
고 27 또 그 제자에게 이르시되 보라 네 어머니라 하신대 그 때부터 그 제
자가 자기 집에 모시니라

본문의 상황과 배경

우리 본문의 큰 문맥은 예수의 마지막 주간을 보도해 주기 시작하는 요한복음 12장 1절로까지 거슬러 올라갈 수 있다. 즉, 12장 1절부터 19장 42절에 걸쳐서 나타나는 요한복음의 여덟 장은 예수의 일주일 간 수난 주간에 대해 사건과 강론에 집중하고 있다. 요한복음은 공관복음서와 달리 예수의

수난 사건에 앞서 의미 있는 긴 강론을 소개해 줌으로써 예수의 수난과 죽으심이 단순하고 억울한 죽음이 아님을 더욱 분명히 예시하고 있다. 말하자면, 예수의 고난과 십자가 죽음은 하나님의 뜻하심 가운데 예수께서 이미 준비하고 계신 사건으로서 하나님께서 자신을 이 땅에 보내신 뜻을 결정적으로 이루는 일이다. 따라서 예수의 십자가 고난과 죽음은 예수 자신께서 하나님의 아들임을 인정받아 하나님께 들림 받는 영광의 사건이요 진정한 표적이 되는 일로 해석된다(요 16:16-33; 17:1, 13, 21-22, 24; 7:39; 20:22-23 참조). 이런 점에서 요한복음 17장에 기록된 예수의 대제사장적 기도는 17장 이후로 나타날 예수의 십자가 죽음과 부활의 빛 속에서 온전히 해석될 수 있다.

예수의 긴 강론이 끝마친 후에 요한복음 18장 1절부터 19장 42절까지는 (1) 예수의 체포되심(18:1-12)과 (2) 산헤드린 공회에서의 심문(18:13-27)과 빌라도의 심문(18:28-40) 그리고 연이은 빌라도의 판결(19:1-16)이 뒤따르며 이어서 (3) 로마 군병들에 의한 예수의 십자가 처형이 골고다에서 행해지고 예수의 십자가 위에서의 세 말씀(26-27절, 28절, 30절)이 언급된 후, 죽임 당하신 장면이 "머리를 숙이시고 영혼이 돌아가시니라"(30절)로 짧게 보도되고 있다(19:17-30). 요한복음 19장의 남은 부분에서는 (4) 안식일을 거룩히 지키기 원하는 유대인의 소망을 따라 예수의 시신을 십자가에서 제거하고자 하는 시도(31-37절)와 (5) 예수의 시신이 경건한 유대인이요 산헤드린 공회원(막 15:43; 눅 23:31 참조)이기도 한 아리마대 사람 요셉과 바리새인이요 유대인의 관원(요 3:1)인 니고데모의 도움으로 새 무덤에 안장됨을 보여준다(38-42절).

즉, 우리의 본문인 19장 25-27절은 예수의 마지막 수난 주간 중에서도 마지막 날에 벌어진 상황으로서 예수의 십자가 상에서의 마지막 발언을 담고 있다.

본문의 구조와 내용

본문은 3개의 짧은 절로 구성되어 있다. 앞에서 관찰했듯이 이 본문은 산헤드린 공회의 심문과 빌라도 총독의 심문이 모두 끝난 후 빌라도에 의해 십자가 처형이 내려짐으로써 골고다에서 십자가에 못 박힌 가운데 일어나는 예수의 마지막 발언들이 담겨있다. 그리스도 교회가 전통적으로 표현하는 소위 "가상칠언"(架上七言) 중 세 말씀이 우리의 본문에서 나타나는 셈이다.

우리의 본문은 요한복음의 내재적 저자(implied author)에 의해 크게 두 개의 구성 요소를 고려할 필요가 있다. 첫째는 예수의 십자가 상 곁에서 묘사되고 있는 인물들(예수를 포함한)에 대한 소개이며(25절), 둘째는 이들 가운데 클로즈업 되면서 예수께서 직접 화법으로 예수의 모친 마리아와 그의 사랑하는 제자에게 말씀하시는 부분(26-27절)이다.

그러나 헬라어 구문상 25절의 상반절은 24절의 하반절과 자못 대조되는 느낌을 지울 수 없다. 이런 점에서 25-27절에 나오는 "예수의 사람들"은 "빌라도의 사람들"인 군병들과 대조되는 이미지를 읽을 수 있게 해 준다. 즉, 이들은 모두 "십자가 곁에" 선 사람들이지만, 군병들은 예수를 십자가에 못 박고 그의 겉옷과 속옷을 빼앗으며 십자가의 예수를 서로 비웃음으로써 하나님을 두려워하지 않을 뿐 아니라 예수가 누구인지 전혀 깨닫지 못하는 "이 세상에 속한 사람들"임을 보여준다. 반면에 예수의 십자가 곁에 선 또 다른 네 명의 사람들 – 예수의 모친 마리아, 마리아의 자매, 글로바의 아내 마리아, 그리고 막달라 마리아 – 은 비통함과 침묵 가운데 십자가에 달리신 예수를 묵묵히 올려다 바라보는 "하늘에 속한 사람들"임을 보게 된다. 흥미로운 것은 여기서 예수의 십자가 곁에 선 사람들은 "그 사랑하는 제자"를 제외하고 모두 여성이라는 점이다. 예수의 열 두 제자들이 모두 남성이었고, 그 당시 유대 사회뿐 아니라 그레코-로만의 문화적 틀을 고려할 때, 예수의 십자가 죽음의 마지막 현장 가까이에 열 두 명의 남성 제자들보다 평소 예수 사역 현장에 그리 가까이 하지 못했던 여성들이 함께 했다고 하는 것이 매우 고무적이라 할 수 있다. 아울러 이 기사의 내용은 공관복음서의 내용(마 27:55-56; 막 15:40; 눅 23:49)과 비교될 수 있다는 점에서 더욱 주목할 만하다. 이런 면에서 예수의 부활 이후 가일층 "예수의 증인"으로 묘사되는 막달라 마리아의 이미지는 그리 놀랄 만한 이유가 되지 못한다: "막달라 마리아가 가서 [예수의] 제자들에게 내가 주를 보았다 하고 또 주께서 자기에게 이렇게 말씀하셨다 이르니라"(요 20:18).

십자가에 못 박히신 예수의 이미지는 요한복음의 전체를 통합적으로 조망해 볼 때 분명 "하나님의 아들이요 그리스도이신 예수"(예, 요 1:14, 41, 49, 51; 8:31-36, 54-58; 20:31)이다. 말하자면, "세상 죄를 지고 가는 하나님의 어린 양"(요 1:29, 36)으로서 어둠의 이 세상에 "참 빛"(요 1:9)으로 오신 "아버지의 독생자의 영광"(요 1:14)이요 "참 성막과 성전"(요 1:14; 2:19-21)이 됨으로 하나님을 만나는 유일한 "길이요 진리요 생명"(요 14:6)이 되신 분이다. 그렇기에 그는 하나님의 아들이요 그리스도이심을 증거 하는 표적들(2:11; 4:46-54; 5:2-9; 6:4-13; 6:16-21; 9:1-7; 11:1-44)을 자신의 사역 가운데 보여주신 분이었다. 그런데 우리의 본문은 하나님의 아들이요 그리스도이신 예수의 정체성이 가장 극적으로 드러나는 전체 구조 속에서도 우리가 잊지 말아야 할 예수의 또 하나의 정체성을 잘 보여주고 있고 있다. 전자가 "하나님의 아들"로서의 예수 이미지라면, 후자는 "인간의 아들"로서의 예수 이미지이다.

25-27절의 문맥에 도달한 예수는 심신이 매우 지쳐 생명이 멈추기 직전의 곤핍한 상황임을 문맥 전후를 통해 알 수 있다. 바로 이 상황에서 십자가에 달리신 예수의 직접적 발언이 등장하는 것이다. 따라서 예수의 이 발언은 매우 의도적인 것이며 목적적인 것을 쉽게 알 수 있다("예수께서 …보시고… 말씀하시되" – 26절; "또…이르시되" – 27절). 그것은 모친이신 마리아와 그의 사랑하는 제자인 요한 모두에게 당부하며 선언하는 유언과 다름이 없다. 예수의 유언은 자신의 모친을 향해 먼저 발설되었다: "여자여(*gynai*) 보소서 당신의 아들이니이다"(26절 – 한글 개역성경에서는 "당신의"가 번역되지 못했음). 모친인 마리아를 향해 "여자여"라고 언급한 또 한번의 경우가 요한복음 2장 4절에서도 발견된다. 이 헬라적 표현(영어의 가장 적절한 번역은 "dear woman" 에 해당)이 모친을 향한 모욕적인 언사는 결코 아니지만, 그 당시 유대인 아들이 사랑하는 자신의 어머니를 부르는 대표적인 또는 자연스런 표현이라 여기기도 힘들 것 같다(D. A. Carson 1991: 170, 616 참조). 이 본문이야말로 "하나님의 아들" 예수와 "인간의 아들" 예수의 이미지 모두를 손상시키지

않는 가운데 예수께서 자신의 모친인 마리아를 향해 부를 수 있는 가장 적합한 용어를 독자들에게 소개해 주는 듯 하다.

"사랑하는 제자" 요한을 모친 마리아에게 "당신의 아들"(*ho hyos su*)로 소개해 줌으로써 예수께서는 이 땅에서 자신의 메시아적 사역의 마지막을 예비할 뿐 아니라, 한 어머니의 아들로서 의무를 다하는 것에도 최선을 다하고 있음을 보여준다. 예수의 이 선언이 자신의 남동생들과 마리아의 법적 관계를 무시하는 것으로까지 확대 해석할 필요는 없을 것 같다. 다만 현재의 상황에서 자신의 동생들을 향한 안타까움 속에서(요 7:5 참조) 오히려 "하늘에 속한 지혜"를 갖고 있는 자신의 사랑하는 제자에게 "영적 가족 관계"를 맺어 줌으로써 자신의 모친을 의탁하려는 배려와 모친을 향한 강한 "영적 사랑"을 느끼게 해 준다. 바로 연이어 "사랑하는 제자"를 향해 자신의 모친 마리아를 "보라 네 어머니라"(27절) 선언해 줌으로써 위의 해석을 더욱 설득력 있게 해 준다.

"그 때부터 그 제자가 [그녀를] 자기 집에 모시니라"(27절). 여기서의 "그 때부터"(καὶ ἀπ᾽ ἐκείνης τῆς ὥρας)는 예수께서 십자가에 죽으신 시간(날) 이후로부터 마리아를 "사랑하는 제자" 요한이 자신의 집에 모신 것으로 간주된다. 요한복음의 전체 문맥으로 볼 때, "그 때"(요 2:4; 7:30; 8:20; 12:23, 27; 13:1; 17:1)는 예수의 십자가 죽음의 고난의 때요 동시에 하늘에 다시 들림 받아 아버지께로 돌아가는 영광의 때이기도 하다. 이런 점에서 예수는 이 땅의 마지막 순간까지 "하나님의 아들"로서의 정체성 속에서도 "인간 아들"의 또 다른 정체성을 잊지 않은, 그리스도이신 예수이자 동시에 마리아의 아들 나사렛 예수였다.

설교 구성을 위한 제안

본문을 통해 설교하고자 할 경우, 우리는 먼저 십자가에 달리신 예수의 이중 이미지에 집중하여 메시지를 전할 수 있을 것이다. 그것은 (1) 요한복음 처음부터 마지막까지 흐르는 예수의 메시아적/하나님의 아들의 이미지이다. 이것은 요한복음에서 매우 중요하고도 우선적인 예수에 대한 기독론이다. 이와 같은 예수 이해가 십자가에 죽임을 당하시는 이미지와 불가분리의 관계에 있음은 참으로 1세기 유대인들과 21세기 모든 현대인들에게 "스캔들"이 아닐 수 없다. 바로 "이 세상의 죄를 대신 짊어지고 가는 어린 양" 예수께서 자신의 죽음을 통해 새 이스라엘 백성들을 하나님께로 회복시키는 "영생"(진리를 깨닫게 됨/하나님의 자녀 됨) 선언의 축복이, 자신(예수)을 하나님의 아들과 그리스도로 믿는 모든 자에게 열려 있는 것이다. 이런 점에서 우리의 본문은 저자가 드러내고자 하는 십자가 구속의 전체 문맥적 의미가 전제될 필요가 있다. (2) 이와 함께 우리는 본문의 근접 문맥에 초점을 맞출 경우 예수의 또 하나의 주요 이미지를 주목하여 드러낼 필요가 있다. 그것은 바로 예수의 인간미 넘치는 참 인간으로서 "어머니-아들"의 관계에 책임을 다하는 인간 아들의 이미지이다. 이런 점에서 예수의 메시아적 사역의 구원론적 의미(우리가 도저히 모방할 수 없는 예수의 독특한 사역과 삶)가 충분히 전제된 상태에서 우리는 예수로부터 또한 도덕-윤리적 가르침의 모범을 찾고 그에 따른 삶을 우리도 역시 따라가야 할 필요가 있음을 잊지 말아야 할 것이다.

이차적이지만 26-27절에 나오는 "십자가 곁에" 선 여성들과 "사랑하는 제자"들에 초점을 맞추어 메시지를 고려해 볼 수도 있을 것이다. 이럴 경우 위의 제시한 제목("하나님의 아들이요 인간이 아들이셨던 예수")은 수정될 필요가 있을 것이다. 요한복음의 주변 인물들(예, "막달라 마리아")의 이미지에 초점을 맞출 경우, 설교자는 요한복음 내러티브의 처음부터 마지막까지 이 같은 주변 인물들이 중심 인물인 예수와 동시에 요한복음의 전체 메시지 흐름과 주요 사건들과 어떤 상호 인과 관계를 맺고 있는지 파악하는 신중함 속에서 해당 본문을 주해하여 오늘의 문맥에 적용할 필요가 있다.

CHAPTER 19

예루살렘 유대-기독신앙 공동체의 갈등과 해결

(사도행전 6장 1-7절)

1 그 때에 제자가 더 많아졌는데 헬라파 유대인들이 자기의 과부들이 그
매일 구제에 빠지므로 히브리파 사람을 원망한대 2 열 두 사도가 모든 제
자를 불러 이르되 우리가 하나님의 말씀을 제쳐 놓고 공궤를 일삼는 것이
마땅치 아니하니 3 형제들아 너희 가운데서 성령과 지혜가 충만하여 칭찬
듣는 사람 일곱을 택하라 우리가 이 일을 저희에게 맡기고 4 우리는 기도
하는 것과 말씀 전하는 것을 전무하리라 하니 5 온 무리가 이 말을 기뻐하
여 믿음과 성령이 충만한 사람 스데반과 또 빌립과 브로고로와 니가노르
와 디몬과 바메나와 유대교에 입교한 안디옥 사람 니골라를 택하여 6 사
도들 앞에 세우니 사도들이 기도하고 그들에게 안수하니라 7 하나님의 말
씀이 점점 왕성하여 예루살렘에 있는 제자의 수가 더 심히 많아지고 허다
한 제사장의 무리도 이 도에 복종하니라

본문의 상황과 배경

오순절의 성령 강림 이후 예수의 사도들과 그 가르침을 따르는 제자들의

삶의 양식은 예루살렘 안에 있는 이방인들 뿐 아니라 유대인들이 보기에도 상당히 주목을 끄는 파격적인 삶이라 할 수 있었다(행 2:42-47; 4:32). 이 같은 삶의 변화는 무엇보다 그들이 믿고 선포하는 '그 도' (ἡ ὁδός 행 4:2; 참조 9:2; 22:4; 24:14) 때문이라 할 수 있는데, 이 도(ὁδός)의 핵심이 바로 '십자가에서 죽으신 그 예수가 하나님께서 보내신 메시아이시며, 그 분이 부활하시고 승천하셔서 우리들의 주(κύριος)가 되신다' 고 하는 선언이었다(행 2:36; 3:12-26; 4:10; 5:29-32; 6:42). 이런 신앙과 이 신앙에 대한 증거 행위가 사도들과 그 일행들을 통해 점점 더 담대하고 힘있게 나타나자, 그들은 예루살렘 안의 유대인들, 특히 성전 건물을 중심으로 신앙이 종교화되어 있었던 유대 지도자들과 신앙-신학적 충돌을 야기하지 않을 수 없었던 것이다(행 4:1-22; 5:17-41).

그러나 예수를 '그리스도와 주' 로 고백하는 무리들에게는 이런 외부로부터의 핍박이나 고난이 결과적으로 그들의 공동체 신앙을 더욱 돈독히 해주는 반전의 과정일 뿐이었다(행 4:31-37; 5:41-42). 예루살렘의 성전뿐 아니라 가정-교회에서도 모이던 이들에게 오히려 더 큰 아픔과 고통은, 예수를 중심으로 같은 신앙의 형제들 안에서 발생하게 되는 지도자에 대한 불순종(행 5:1-11) 내지 공동체 상호 간의 오해와 불평(행 6:1)이라 할 수 있었다. 우리의 본문은 초대 예루살렘 교회가 바로 아나니아와 삽비라 부부의 죽음으로 종결된 내부적 갈등 이후에 다시 한번 찾아온 유대-기독교 신앙 공동체의 내적 문제를 자연스럽게 보도하고 있는 셈이다.

사도행전을 통해 예수 부활 직후의 초대 유대-기독교 신앙 공동체의 신앙과 삶을 증언해 주고 있는 기록자 누가(Luke)는 예수께서 말씀하신 1장 8절의 핵심적 선언을 토대로 자신의 증언-이야기(witness narrative)를 풀어나가고 있다. 말하자면, 사도행전은 그 중심 인물들이 하나님의 뜻 가운데 성령의 능력과 인도하심을 받아 그들이 '예수의 증인들' 로 나타나게 되는 것뿐만 아니라, 이 증인들의 사역이 예루살렘, 유다와 사마리아 그리고 땅 끝까지 지리적으로 점점 더 확장되는 것을 드러내 주는 신학-문학적 틀 속에서 진행되고 있는 셈이다.

이런 면에서 사도행전 6장은 지리적으론 여전히 예루살렘 안에 속해 있는 문맥(행 1장에서 7장까지)이지만, 이 본문 안에서 새롭게 등장하고 있는 주요 인물들 중 스데반과 빌립은 복음이 유다와 사마리아로 이전해 가는데 있어 변이적 역할을 하는 중요 인물들(significant characters as transitional function)로 묘사되어 있다(실제로, 이름과 함께 사도행전 6장에 소개되는 스데반과 빌립 이외의 다른 5명의 교회 일군들은, 베드로에 비해 다른 열 한 사도가 동일하게 주목을 받고 있지 못하듯이, 이 이후에 단 한번의 언급도 없다). 이런 면에서 기록자 누가는 본 문맥의 구체적인 역사-문화적 배경이나 상황에 대한 관심보다는 다음에 전개할 사도행전 7-8장에서 초대 교회의 순교자와 전도자로 증거 되는 스데반과 빌립이 처음에 어떻게 교회의 일군으로 천거되었는지를 소개하는 것에 초점이 있는 듯 하다. 말하자면, 사도행전에서 증언되고 있는 초대교회의 신앙 공동체는 사람의 계획이나 의도를 넘어서서 성령의 주권적인 능력과 인도하심 가운데 하나님 자신의 구원 계획을 이루게 되는 하나님의 새 언약 백성들인 것이다. 그렇다고 해서 이 본문 자체가 암시하거나 보여주는 직, 간접적인 역사-신학적 의미는 결코 사소한 것이라 할 수 없다. 이와 같은 역사적 배경과 사도행전 텍스트의 문맥적 배경을 인식하면서, 이제 이 본문의 흐름을 따라 그 내용을 좀 더 구체적으로 살펴보도록 하자.

본문의 구조와 내용

사도행전 6장 1절에서 7절의 본문은 다음과 같은 내용 구조로 생각해 볼 수 있다. 예루살렘 유대-기독교 신앙 공동체 안에서 발생한 (1) 갈등의 원인과 (2) 이 갈등을 치유하는 과정 그리고 (3) 갈등 해소 이후에 구성원들의 삶에 나타나는 공동체의 회복과 그에 따른 부흥의 결과이다.

갈등의 원인: 신앙 공동체 내부 문제로부터의 발단과 그 내용(1절)

예수가 그리스도와 주이심을 증거함으로 인해 열 두 사도들과 이 신앙의 무리들이 유대 종교 지도자들로부터 모진 핍박을 받게 되었지만, 그럼에도 불구하고 이들은 자신들이 확신하고 있는 이 믿음의 도를 쉬지 않고 계속 전하는 담대함이 있었는데, 이 같은 예수 증인들의 복음 선포로 인해 이 도를 믿는 제자들의 숫자는 오히려 점점 더 많아지게 되었다(πληθύνω 행 6:7; 9:31; 12:24 참조). 이렇게 예루살렘 신앙 공동체 안에 믿는 무리의 수가 증가하게 된 것은 감사와 위로가 넘치는 일이었음에도, 바로 이 이유가 또한 구성원들 사이에 갈등을 초래하는 결과를 낳게 된다. 이 갈등은 구성원들 가운데 '헬라파 유대인들'(주로 팔레스타인이 아닌 이방 지역에서 출생하여 헬라 문화 속에서 교육을 받은 유대인들로 헬라어를 일상 언어로 사용하는 자들)과 '히브리파 유대인들'(주로 팔레스타인에서 자라 유대 문화 속에서 교육받고 아람어를 일상 언어로 사용하는 유대인들) 사이에 생긴 일종의 분쟁이었다.

그리고 이 분쟁의 원인은 히브리파 유대 과부들과 달리, 헬라파 유대 과부들이 히브리파 사도들에 의해 베풀어지는 공동체의 일용할 양식 대상에서 자주 제외되는 것이 화근이었다. 주지하다시피, 구약 성경은 고아와 과부를 향한 하나님의 관심과 보호가 남다르다는 사실을 기록하고 있다(시 68:5; 참조 출 22:21-24; 신 10:17-19; 24:17-22; 왕상 17:8-24; 왕하 4:1-7; 시 146:9; 잠 15:25; 렘 49:11). 사도행전의 전편이라 할 수 있는 누가복음에서도 종교-사회적으로 소외당하고 있는 과부에 대한 관심은 특별하다(18:18; 20:45-47; 21:1-6; 참조 2:36-38; 4:25-26; 7:11-17; 20:27-40).

결국 공동체의 숫자적 증가로 인한 사도들의 소홀 내지 부주의함으로 인해 헬라파 유대 과부들뿐 아니라, 헬라파 유대 성도들도 히브리파 사람들, 즉 공동체의 지도자들인 열 두 사도들을 포함한 히브리파 유대 성도들을 향해 불평과 원성(γογγυσμός는 70인역에서 모세에 대한 이스라엘 사람들의 원망을 나타낼 때 사용되었던 동사와 같은 어원을 가진 용어임 – 출 16:7; 민 14:27; 고전 10:10)이 터져 나오게 된 것이다.

갈등의 해소: 공동체 지도자로서의 사도들의 바른 깨달음과 교회 일군들의 세움을 통한 구성원들의 만족(2-6절)

이에 대한 열 두 사도들(원문에는 οἱ δώδεκα로 '사도' 라는 명사는 없음)의 대응은 주목해 볼 필요가 있다. 먼저 '모든 제자들' (τὸ πλῆθος τῶν μαθητῶν), 즉 믿음의 공동체 회원들을 가능한 한 모두 모이게 한 후, 교회 지도자로서 자신들의 소명과 사명의 우선권에 오류가 있었음을 고백한 일이다. 여기서 또한 주목해야 할 것은 '하나님의 말씀을 전하는 일' 에 비해 공궤 즉 '식탁을 섬기는 일' 이 결코 열등하다거나 사소한 일은 아니라는 사실이다. 이것은 두 가지 이유로 설명될 수 있는데, 첫째는 초대 교회가 후자의 사역을 단순히 중단함으로써 문제 해결을 하지 않았다는 점과 둘째는 '말씀을 섬기는 일' (4절: διακονίᾳ τοῦ λόγου – serving the word)과 '식탁을 섬기는 일' (2절: διακονεῖν τραπέζαις – serving of the tables)이 같은 어원의 헬라어 용어로 (의도적으로) 표현되어 있다는 사실이다(1절에서 사용된 *diakonia*도 참조하라).

이제 열 두 사도들은 교회 회원들의 수적 증가와 관계없이 자신들의 부르심의 일차적 사명으로서 기도하는 일과 말씀 섬기는 일을 계속적으로 힘써야 함을 깨닫고 교회 앞에서 이일을 천명한다. 말하자면, 현재 교회 구성원들의 불평의 '근원적' 원인을 자신들께로 돌릴 줄 아는 영적 지도자다운 분별력과 책임감을 읽게 된다. 물론 직접적 이슈를 해결하는 것도 잊지 않았다. 즉 과부들, 특히 헬라파 유대인 과부들의 식탁 섬기는 일을 위해 일곱 사람을 따로 선정하게 된다. 우리가 종종 말하는 '일곱 집사의 선택' 에 해당되는데, 실제로 본문에는 교회의 제도적 직분으로서의 '집사' (deacon)라는 용어가 사용되고 있지 않다(행 21장 8절의 경우에도!). 이런 면에서, '말씀을 섬기는 일' 과 구별되는 차원에서의 '식탁을 섬기는 일' 은 후에 좀 더 안정된 교회 공동체의 직분으로서 집사의 교회 섬김에 대한 원형적 성격을 제공한다고 할 수 있다.

일곱 사람을 선택하는 일이 교회로 모인 형제들(ἀδελφοί - 2절의 제자들을 뜻함)에게 주어졌다는 사실이 주목할 만한데, 그것은 특히 이 당시의 사도들의 영적 권위를 고려할 때 더욱 그러하다. 하지만 교회 일군들의 선택을 위해 교회 형제들에게 일임한 것이, 그 당시 문제의 갈등을 올바로 이해하고 있는 사도들의 판단과 지혜에 기초했을 것이라는 것은 자명한 일이다. 교회 내 과부들의 일상의 식탁 섬기는 일을 위해 필요한 일곱 사람의 자격 역시 사도들의 입을 통해 언급된다. 그들은 다름 아닌 "너희 가운데서 성령과 지혜가 충만하여 칭찬 듣는 사람"(3절)이어야 한다. 여기서 요구된 인격적이며 영적인 성품은 세 가지인데 원문 순서에 의하면, (1) 칭찬 듣는(μαρτυρουμένους), 즉 믿음의 형제들 가운데서 좋은 평판을 듣고 있는 자이어야 한다는 것과 (2) 성령(행 6:5; 7:55; 11:24 참조)과 (3) 지혜(행 6:10; 7:10, 22 참조)가 충만한(πλήρεις πνεύματος καὶ σοφίας) 자이어야 한다는 것이다. 그러나 여기서 남들로부터 좋은 평판을 듣는 것은 두 번째와 세 번째의 결과라 할 수 있기에, 사도들은 성도들에게 '성령과 지혜의 사람'을 선출하도록 요구한 것이라 할 수 있다(민 11:16-30; 27:16-23; 출 31:3; 35:31 참조). 즉, 하나님의 능력과 은혜에 잠겨 영적 분별력을 소유한 자가 사심 없이 교회의 공적 사역을 섬길 수 있다는 말이다.

지도자로서 사도들이 자신들의 연약함을 성도들에게 고백하면서 제안한 이 같은 내용의 말은 '온 무리'(παντὸς τοῦ πλήθους), 말하자면 헬라파 유대인들이나 히브리파 유대인들 모두가 듣고 기뻐하는 영적 회복을 가지고 왔다. 사도들의 기준에 기초해서 성도들에 의해 선택된 일곱 사람들의 이름들(5절)은 모두 헬라적 이름을 소유한 자들인데, 이로 미루어 볼 때 언어-문화적으로 이질감이 없는 헬라적 배경을 소유하고 나름대로 성숙된 신앙을 인정받은 유대-크리스천 일곱 사람이 헬라파 과부들을 돌보는 일에 피택된 것은 매우 지혜롭고 유익한 결단이었던 것이다. 아마도 이들은 헬라파 과부들뿐 아니라 헬라파 유대-크리스천 성도들을 광범위하게 돌보는 사역에도 매우 효과적으로 쓰임 받았을 것을 충분히 예측할 수 있다. 여기서 기록자 누가는 일곱 사람들 가운데 특히 스데반에 대해 '믿음과 성령이 충만한 사람'(ἄνδρα πλήρης πίστεως καὶ πνεύματος ἁγίου – 행 6:8, 10도 각각 참조)이라고 부가 설명해 줌으로써, 7장에서 펼쳐지는 교회 외적 사람들을 향한 스데반의 증인 설교의 배경을 암시해 주고 있다.

사도들의 영적-인격적 기준에 따라 일곱 사람을 선출한 예루살렘 교회의 온 성도들은 이제 다시 한번 사도들 앞에서(ἐνώπιον τῶν ἀποστόλων), 즉 사도들의 권위와 지도력 가운데 교회의 공적 절차를 밟아 이 일곱 사람을 교회의 일군으로 세우게 된다. 즉, 사도들이 자신들의 손을 그들에게 얹고 기도함으로써(이 때, '기도하다' 라는 προσευξάμενοι는 분사형이며 '(손을) 얹다' 라는 ἐπιτίθημι가 주 동사로 되어있는데, 이 동사의 주체는 사실 한글 개역성경이나 표준 새번역과 달리 '사도들' 이라는 구체적 명시가 없는 일반 3인칭 복수형이다. 하지만, 우리는 본문의 문맥과 초대 교회 공동체의 상황을 고려할 때, 온 성도들이 안수했다고 생각하는 것 보다는 온 성도들을 대표하는 사도들이 안수했다고 해석하는 것이 더 타당하다고 본다), 선출된 일곱 사람을 통해 하나님의 뜻이 나타나기를 소원했을 뿐 아니라, 성도들을 향한 일곱 사람의 지도적 권위를 인정해 주고(사도들 차원에서), 또 순종하겠다고 하는(성도들 차원에서) 교회적 다짐이 이루어지게 된 것이다. 이렇게 기도하며 안수하는 행위는 사도행전의 계속되는 내러티브에서 소개되고 있는데(행 8:17; 9:17; 13:3; 19:6; 참조 딤전 4:14), 이런 신앙-역사적 배경은 구약에 기초하고 있다(예, 민 27:15-23; 신 34:9).

갈등 그 이후: 하나님의 말씀의 왕성함과 하나님의 도에 대한 복종으로 나타나는 공동체의 회복과 부흥(7절)

이렇게 해서 초대 예루살렘 교회 안에서 벌어진 성도들의 갈등이 일단락되었다. 이런 갈등 이후의 교회의 영적 회복과 부흥의 상황을 우리의 본문 7절은 다음과 같은 요약 구절로 묘사해 주고 있다: "하나님의 말씀이 점점 왕성하여 예루살렘에 있는 제자의 수가 더 심히 많아지고 허다한 제사장의 무리도 이 도에 복종하니라".

갈등 이후의 초대 교회와 관련된 묘사는 그 첫째가 '하나님의 말씀이 점점 성장하여갔다' (αὐξάνω의 미완료형)이다. 여기서 하나님의 말씀이 생명력을 갖춰 성장하는 뜻을 가진 동사와 함께 사용된 것을 주목해야 한다(눅 8:4-15절의 '씨 뿌리는 자의 비유' 중 11절에 예수께서 씨를 말씀으로 비유한 것을 참조하라). 이와 함께, 초대 교회의 능력은 바로 하나님의 복음의 말씀으로 성도들이 양육 받고 힘을 얻을 때 가능했다라는 사실이다. 이런 결과로 예루살렘에 있는 제자의 수가 심히(σφόδρα) 많아지게 된 것(πληθύνω)은 단순히 성도들의 수가 많아진 것(말하자면, 하나님의 말씀으로부터 기인하지 않은 숫적 증가)과는 엄청난 차이가 있다는 것을 인식해야 한다. 왜냐하면 교회 또는 성도의 생명력은 그 외적 규모나 숫자에 있는 것이 아니라 바로 하나님의 말씀에서 비롯되는 것이기 때문이다(행 4:4; 12:24; 13:49; 19:20 참조). '허다한 (유대 종교) 제사장의 무리' (πολύς τε ὄχλος τών ἱερέων)까지도 성도들이 믿고 따르는 '그 믿음' (τῇ πίστει)에 순종하고 예수 메시아와 부활 신앙을 갖게 되었다는 것은 하나님 말씀의 생명력의 큰 권세와 능력의 역사를 보여주는 말이다(행 2:31, 47; 4:4; 5:14 참조). 이 사실은 또한 성전 건물을 중심으로 한 유대 종교 지도자들과 그 종교적 업무를 관계하는 자들이 이미 생명력 잃은 율법과 신앙의 '큰 무리' 라는 사실을 암시하고 있는 것이기도 하다. 이에 대한 구체적인 증거적 선포가 스데반에 의해 사도행전 7장에 나타나고 있다.

설교 구성를 위한 제안

본문(행 6:1-7)의 제한된 구절 속에서도 설교자는 본문의 역사적, 문학적, 신학적 문맥과 상황을 고려하면서, 다음과 같은 사항들을 설교의 주된 테마로 묵상하면서 오늘 날 한국 교회와 목회자 자신의 구체적 교회 상황 속에 적용할 수 있을 것이다.

(1) 초대 예루살렘 교회와 같은 성령의 역사 속에서 그리고 그 능력을 충만히 받은 열 두 사도들의 지도력 속에서도 외적 핍박이나 내적 갈등은 찾아 왔다 라는 점이다.

(2) 초대 교회가 갈등을 겪게 된 것은 직접적 이유가 아닐지라도, 그 교회 성도들의 양적 증가가 일어났을 때라는 점이다. 즉, 양적으로 성장할 때에라도 교회에는 영적 시험이나 어려움이 찾아온다라는 점이다.

(3) 이런 면에서 교회의 지도자는 시험을 두려워하기보다는 그 시험의 내

용과 원인을 바르게 이해하고 파악할 수 있는 분별력이 있어야 한다. 특히, 갈등이나 시험이 일어났을 때, 지도자는 바른 책임의식과 함께 하나님께서 부르신 그 소명에 우선적으로 충실하고 최선을 다하는 것으로 돌아가야 한다는 점이다.

(4) 사도들의 권위와 지도력이 발휘되면서도 교회의 온 성도들이 교회의 일에 함께 참여함으로써, 교회 지도자들이 각자의 은사와 부르심의 소명과 사명에 따라 함께 공동으로 사역할 수 있는 원리를 고려해야 한다는 점이다.

(5) 교회의 일군은 무엇보다 '성령과 지혜'가 충만하여 다른 어떤 조건보다도 하나님의 능력과 은혜에 사로잡힌 자가 선출되어 지도자와 성도들 모두에게 유익하고 기쁨을 주는 자들이어야 한다는 점이다.

(6) 교회에서 벌어진 성도들 간의 갈등이 바른 인식과 깨달음/회개 속에서 사심 없이 갈등의 문제를 해결하고 나면, 교회의 온 성도들은 오해와 편견에서 벗어나 오히려 공동체 회원들 상호간의 귀한 영적 회복을 통해 더욱 신앙의 공동체가 부흥되는 역사가 일어난다는 것인데, 여기서 그 회복과 부흥의 중심은 바로 생명력 있는 하나님의 말씀이라는 점이다.

(7) 스데반과 빌립이 초대 교회 성도들이나 사도들의 인준 속에 선출되고 세움을 입었지만, 이 두 사람은 이들의 교회 내적 안정을 위한 본래의 목적을 넘어서서 성령의 인도하심 가운데, 말하자면 이들의(사람의) 계획을 넘어서서 하나님의 또 다른 계획을 이루는데 사용되었다는 점이다. 오늘 날도 우리는 이 같은 하나님의 초월적 간섭의 여지를 남겨 놓아야 할 것이다.

한국 교회의 영적 회복과 부흥은 하나님의 절대적 주권과 긍휼하심 속에서 가능한 일이다. 그리고 이 가능함은 하나님의 말씀이 교회 안에서 먼저 다시 새롭게 그 권위를 되찾음으로써 그리고 교회의 지도자들이 하나님의 선하신 뜻을 분변할 수 있는 영적 분별력과 사역의 영적 우선권을 회복함으로써 가능한 일이라 고백해 본다.

CHAPTER 20

진노에서 화평으로:

그리스도 안에서 새로워진 성도의 신분과 특권

(로마서 5장 1-11절)

1 그러므로 우리가 믿음으로 의롭다 하심을 받았으니 우리 주 예수 그리스
도로 말미암아 하나님과 화평을 누리자 2 또한 그로 말미암아 우리가 믿
음으로 서 있는 이 은혜에 들어감을 얻었으며 하나님의 영광을 바라고 즐
거워하느니라 3 다만 이뿐 아니라 우리가 환난 중에도 즐거워 하나니 이
는 환난은 인내를 4 인내는 연단을 연단은 소망을 이루는 줄 앎이로다 5
소망이 우리를 부끄럽게 하지 아니함은 우리에게 주신 성령으로 말미암아
하나님의 사랑이 우리 마음에 부은 바 됨이니 6 우리가 아직 연약할 때에
기약대로 그리스도께서 경건하지 않은 자를 위하여 죽으셨도다 7 의인을
위하여 죽는 자가 쉽지 않고 선인을 위하여 용감히 죽는 자가 혹 있거니와
8 우리가 아직 죄인 되었을 때에 그리스도께서 우리를 위하여 죽으심으로
하나님께서 우리에 대한 자기의 사랑을 확증하셨느니라 9 그러면 이제 우
리가 그의 피로 말미암아 의롭다 하심을 받았으니 더욱 그로 말미암아 진
노하심에서 구원을 받을 것이니 10 곧 우리가 원수 되었을 때에 그의 아들

의 죽으심으로 말미암아 하나님과 화목하게 되었은즉 화목하게 된 자로서
는 더욱 그의 살아나심으로 말미암아 구원을 받을 것이니라 11 그뿐 아니
라 이제 우리로 화목하게 하신 우리 주 예수 그리스도로 말미암아 하나님
안에서 또한 즐거워하느니라

본문의 상황과 배경

로마서는 바울이 약 3개월 동안 헬라에 머물고 있을 57년경 고린도에서 기록한 후(행 20:3 참조) 고린도 교회의 여성도인 뵈뵈 편으로 로마에 있는 성도들에게(롬 1:7) 보낸 것으로 추정된다(롬 16:1 참조). 성도들은 그 당시 로마 도시에 거주했던 최소한의 다섯 개의 가정 교회 회원들이 중심이 된 것 같다(롬 16:5, 10, 11, 14, 15). 바울이 로마서를 기록하기 약 6-7년 전, 즉 49년경 로마의 황제였던 클라우디우스(Claudius)는 그 당시 로마에 거주했던 유대인들을 추방하는 법령을 발표했다(행 18:2 참조). '크레스투스' (*Chrestus*)라는 사람으로 인한 소요가 원인이었는데, 적지 않은 신학자들은 이 표현이 '크리스토스' (*Christos*) 즉, 예수 그리스도로 간주한다. 말하자면, 로마 거주 유대인들 간에 예수 그리스도로 인한 논쟁과 갈등이 로마에서 사회적 소요를 일으키는 것에 따른 로마 황제의 추방령이었을 것으로 보는 것이다. 바울이 로마에서 내려 온 브리스길라와 아굴라 부부를 고린도에서 만난 것이 사도행전 18장 2절에 기록된 것이 이런 점에서 고려될 수 있다. 그 후 클라우디우스 황제가 죽은 54년경 네로(Nero)가 그를 이어 황제가 되었을 때 유대인과 유대-그리스도인들은 다시 로마로 들어가게 되었다(롬 16:3에는 아굴라 부부가 이미 로마에 재입국한 것이 전제되어 있다). 바울이 로마서를 보낼 즈음 로마 성도들은 유대-그리스도인들과 숫자적으로 더 많았을 것으로 예상되는 이방-그리스도인들 간의 인종-문화적 긴장 내지 갈등이 있었던 것 같다. 왜냐하면 로마서에서는 이 두 부류에 대한 언급이 주요 신학적 주제와 더불어 직간접적으로 나타나고 있기 때문이다. 이 같은 역사적 상황 속에서 주지시키고자 하는 적절한 메시지는 "예수 그리스도를 믿음으로 말미암아 모든 믿

는 자에게 미치는 하나님의 의"(롬 3:22)로서 "모든 믿는 자에게 구원을 주시는 하나님의 능력"(롬 1:16)에는 '차별이 없다' 고 하는 외침이었다(롬 10:12 참조).

한편 바울은 그의 아시아, 마케도니아, 아가야 지역에서의 선교 사역을 마무리하는 가운데 그의 선교적 비전을 스페인으로 향하게 된다. 그 이유는 바울이 "그리스도의 이름을 부르는 곳에는 복음을 전하지 않기로"(롬 15:20) 힘쓰겠다는 자신의 목회 철학과 깊은 연관이 있었다. 따라서 바울은 이방 성도들의 헌금을 예루살렘에 있는 유대 성도들에게 전달한 후, '이방인의 사도' 로 부름 받은 자신의 소명-사명 의식(롬 11:13; 15:15-16; 참조, 행 9:15; 22:21; 26:16-23)에 따라 (아직 복음이 들어가지 않은) 스페인의 영혼들에게 복음을 전하는 과정에서 로마 성도들을 방문하여 복음의 교제를 나누고 싶었던 것이다. 그리고 이 교제를 통해 바울은 로마 성도들의 기도와 물질의 후원을 사뭇 기대하였다(롬 15:24, 28). 즉 바울은 이와 같은 복음 안에서의 로마 성도들을 만나고자 기대하였으며, 이 만남뿐 아니라 그 당시 로마 교회의 인종-문화적 상황을 인지하면서 로마 성도들의 신앙을 재정립시키고자 선교여행 중이던 고린도에서 로마서를 집필하였던 것이다.

우리의 본문인 5장 1-11절은 로마서 3장 21절 이후부터 8장 39절 안에 포함된 중심 메시지 단락 중 하나이다. 이전 단락에 해당되는 1장 18절로 3장 20절 메시지는 이방인뿐 아니라 유대인도 피할 수 없는 하나님의 진노를 소개한다. 말하자면 이 세상의 모든 사람들은 하나님을 알만한 것이 그들에게 주어졌음에도 불구하고 하나님을 향해 기꺼이 선을 행하지 않을 뿐 아니라 하나님을 거부함으로 인해 모두 죄(하나님의 진노) 아래 놓이게 되었음을 논증한다. 그리고 난 후 바울은 3장 21-22절에서 예수 그리스도를 믿음으로 말미암아 모든 믿는 자에게 미치는 하나님의 의를 적극적으로 소개함으로써 복음의 진수를 설명하고 있다. 여기서 바울은 하나님의 진노에 대한 대가로서 예수 그리스도의 죽음을 통해 나타난 '화목', '구속', '칭의' 의 개념을 매개로 하여 하나님의 의의 선물인 구원을 풀어준다. 4장은 이런 맥락에서 이스라엘 조상의 아버지가 되는 아브라함이 어떻게 하나님으로부터 "의"를 얻게 되었는가를 예증한다. 즉, 아브라함이 하나님께 의롭다 인정을 받은 것은 그의 어떤 선한 행실(4-8절)이나 할례(9-12절) 또는 율법(13-15절)에 의해서가 아니라 오직 하나님의 신실함을 믿었기(13, 16, 17, 18절) 때문이었다. 이런 점에서 아브라함은 유대인이나 이방인 모두를 포함한 "믿는 모든 자(성도들)의 조상"(11, 16-25절)이 된다. 여기서 믿음의 초점은 예수께서 "우리 범죄함을 위하여 내어줌이 되고 또한 우리를 의롭다 하심을 위하여 살아나셨느니라"(롬 4:25)에 있다.

이제 바울은 예수 그리스도를 통해 의롭게 된 성도들이 하나님으로부터 받아 누릴 수 있는 삶의 성격과 내용을 5장 1-11절에서 나열하고 있다. 한마디로 우리의 본문은 예수 그리스도를 힘입어 새 사람 된 성도들이 소유하게 된 신령한 행복(롬 4:6 참조)이 종말론적으로 선포되고 있는 셈이다.

본문의 구조와 내용

"그러므로"로 시작되는 우리의 본문은 11개의 구절들을 통해 물 흐르듯 성도가 누려야 할 현재의 특권과 미래적 축복이 나열되고 있다. 이 모든 내용을 이해하는 출발점은 "그러므로 우리가 믿음으로 의롭다 하심을 얻었은즉"이라고 하는 성도의 새로운 위상과 맞물려 있다. 본문의 흐름과 관련하여 또 하나 우리가 관찰해야 할 것은 로마서 4장 끝부분인 24절부터 5장 11절까지 계속적으로 언급되고 있는 "우리"라고 하는 1인칭 복수 대명사이다. 우리의 본문이 나타나기 전까지 사용된 대명사는 주로 "그들"(이방인)과 "너"(유대인)이었으나, 이제 바울은 자신을 포함하여 유대인과 이방인 모두를 "우리"로 묘사함으로써 예수 그리스도를 믿음으로 말미암아 새로운 삶의 자리로 나아가게 된 모든 인생들은 동일화하고 있다. "우리가 … 하나님으로 더불어 화평을 누리자", "우리가 … 은혜에 들어감을 얻었으며", "우리가 …하나님의 영광을 바라고 즐거워하느니라", "우리가 환난 중에도 즐거워하나니", "우리가 그 피를 인하여 의롭다 하심을 얻었은즉", "우리가 … 하나님으로 더불어 화목 되었은즉", "우리가 … 구원을 얻을 것이니라", "우리가

…하나님 안에서 또한 즐거워하느니라". 이것은 예수 그리스도 안에서 같은 믿음을 소유한 하나님의 자녀다움의 결속력을 드러내준다 하겠다. 이제 해당된 본문을 관찰하면서 "우리에게" 허락된 성도의 특권과 그에 따른 삶의 내용을 간단히 살펴보자. 앞에서도 언급했지만 아래의 주장은 성도인 "우리"가 예수 그리스도로 말미암아 믿음으로 의롭다 하심을 얻었기 때문에 누릴 수 있는 행복의 이유들이다.

성도는 하나님과 화평을 누리는 자이다(1절)

믿음으로 의롭다 하심을 얻은 성도들을 향해 바울은 먼저 이들이 주 예수 그리스도로 말미암아 하나님과 함께 화평(에이레네)을 누리게 되었음을 주장한다. 한글성경과 달리 대다수의 주석가들은 1절 하반절의 동사를 직설법으로 해석한다(즉, "화평을 누리자" 대신에 "화평을 누린다"로 해석). 이것은 헬라어 사본들의 차이에 기인하는데, 본문의 전후 문맥에 비추어 볼 때 성도들은 하나님으로부터 의롭다 함을 이미 선언 받은 자로서 하나님과 더불어 화평을 누릴 수 있는 새로운 관계에 들어간 행복한 자들로 간주하는 것이 더 적절해 보인다. 바울은 자주 그의 선교지 성도들에게 보내는 서신의 첫 머리에서 "하나님 우리 아버지와 주 예수 그리스도로 좇아 은혜와 평강(에이레네)"의 내용으로 안부를 전한다. 실제로 바울에게 있어 하나님과 성도들 간의 새로운 관계는 '화해' 또는 '화목'의 회복된 개념(롬 5:10; 고후 5:18-21; 엡 2:11-19; 골 1:20-22)으로 설명되기도 한다. 본문에서 "우리"는 한 때(과거) "연약한 자들"과 "경건치 않은 자들"(6절)이었을 뿐 아니라 "죄인들"(8절)로서 하나님과 "원수 된 자들"(9절)이었음을 고려할 때 '하나님과 더불어 화평케 되었다'는 것은 한 사람의 말이나 행실이 단지 개선된 것을 결코 의미하지 않는다. 이것은 성도가 그리스도를 믿는 믿음으로 말미암아 하나님 앞에서 새로운 창조물(피조물)로 완전히 다시 태어났다는 것을 의미한다(고후 5:17 참조).

성도는 하나님의 은혜 안에 거하는 자이며 하나님의 영광을 소망하며 즐거워하는 자이다(2절)

죄인의 범죄 함을 위하여 내어줌이 되고 죄인의 의롭다 하심을 위하여 살아나신 예수 그리스도(롬 4:25)께 믿음으로 나아가는 자, 즉 성도는 하나님의 은혜에 들어감을 입었으며 또한 하나님의 은혜 안에(또는 위에) 확고하게 서 있는 자와 다름없다. 하나님의 은혜라고 하는 것은 죄인을 향한 하나님의 사랑과 긍휼이 조건 없는 혜택으로 나타남을 의미한다. 이런 점에서 하나님의 은혜를 누리는 자는 바로 예수 그리스도의 죽으심과 부활의 의미를 깨닫고 그분과 분리될 수 없이 연합된 자를 말한다(롬 6:3-5; 14:7-8; 갈 2:20 참조). 그리고 그리스도와 함께 연합된 자의 소망(바라는 것)은 이제 하나님의 영광이며, 그 안에서 즐거워하는 삶을 영위하게 된다. 하나님의 영광은 무엇보다 이 땅에서 예수 그리스도를 통해 이미 드러났을 뿐 아니라(고후 4:6) 장차 그리스도의 재림의 날에 더 큰 권능으로 나타날 것이다(막 13:26; 딛 2:13). 이처럼 하나님께 의롭다 함을 받은 성도는 하나님과 더불어 화평을 누리게 되고, 하나님의 은혜 안에 거하는 자이며, 하나님의 영광을 소망하며 그것을 바라보며 즐거워해야 할 자로 부름 받은 자이다.

성도는 환난 중에도 즐거워해야 할 이유가 있는 자이다(3-8절)

그러나 하나님께 의롭다 인정함을 받은 성도라 할지라도 이 세상을 사는 동안 늘 좋은 일만 만나는 것이 아니다. 오히려 하나님의 뜻대로 거룩하게 살고자 하면 할수록 환난이나 시련이 찾아온다(딤후 3:12 참조). 바울은 우리 성도들이 이 땅에서 하나님의 영광만 사모하면서 즐거워할 것이 아니라, 우리가 만나는 여러 가지 환난들까지도 즐거워할 것을 격려한다. 왜냐하면 성도가 이 땅에서 만나는 시련들을 잘 인내하고 이겨내면 그 만큼 더 하나님의 자녀다운 성품으로 빚어지고 세워짐으로써 천국시민으로서의 성장을 맛볼 수 있기 때문이다. 이런 점에서 성도가 만나는 환난은 하나님의 자녀로서 더 성숙할 수 있는 기회가 되며, 성도로 하여금 하나님의 나라/통치를 더욱 온전히 사모하고 소망하도록 북돋아준다. 이와 같은 성도의 소망은 결코 우리를 실망시키지("부끄럽게 아니함") 않을 것이 분명하다. 왜냐하면 우리 성도의 소망은 후회함 없고 변함없는 하나님의 사랑에 기초하고 있기 때문이다. 하나님의 크신 사랑을 성도가 확신할 수 있도록 가능케 한 것 역시 하나님 자신이시다. 즉, "우리에게 주신 성령으로 말미암아 하나님의 사랑이 우리 마음에 부은바"(5절) 되었기 때문이다. 이것은 인생의 어떤 환난이나 시련이 찾아올지라도, 그리고 그 고통 속에서 힘겨운 영적 싸움을 겪는다 할지라도, 성도는 마침내 하나님께서 자신을 사랑하고 있다는 그 진리를 기억하고 다시 새롭게 일어설 수 있음을 보증해 준다. 이때 하나님의 사랑을 신뢰할 수 있게 해 주는 동인이 다름 아닌 우리 속에 역사하시는 성령, 즉 하나님의 영이시다.

하나님께서 자신의 사랑을 우리 성도에게 확신시키는 또 하나의 뚜렷한 증표가 있다. 그것은 바로 하나님께서 우리를 위하여 그 아들 예수 그리스도를 십자가에 내어주신(대속적-대리적 죽음) 일이다(6-10절). 언제 이 일이 발생했는가를 진지하게 생각할 때 하나님의 사랑은 더욱 배가될 수밖에 없다. 왜냐하면 이 일이 벌어졌을 때 우리는 한 사람의 예외도 없이 하나님의 사랑(선물)을 받을 수 있는 자격을 조금이라도 갖춘 자가 아니었기 때문이다. 즉, "우리가 아직 연약할 때"(6절)였으며, 우리가 "경건치 않은 자"(6절)들이었고, "우리가 아직 죄인 되었을 때"(8절)이어서 우리는 한 마디로 하나님과 "원수 되었을 때"(10절)였다. 따라서 성도는 이 같이 말로 다 표현할 수 없는 하나님의 사랑을 성령의 감동 가운데 묵상하게 될 경우 자신 앞에 놓인 환난들이 있을지라도 그것들을 잘 인내하면서 오히려 하나님의 풍성한 은혜와 위로를 더욱 소망할 수 있게 된다.

성도는 이미 구원을 얻은 자이지만 장래에 더욱 풍성한 구원을 누릴 자이다(9-11절)

바울은 이 단락의 끝부분에서 로마 성도들에게(그리고 오늘의 성도들에게)

귀중한 교훈을 의미 있게 전달해 준다. 1-8절까지 예수 그리스도를 통해 하나님께서 이미 성도에게 이루신 구원의 신분과 삶에 초점을 갖고 있다면('의롭다 함을 받음', '하나님과 평화를 누림', '은혜 안에 서 있음', '하나님의 영광을 바라고 소망 가운데 즐거워함'), 9-11절은 성도가 장차 더욱 풍성하게 누릴 구원의 축복을 약속하며 그것을 하나님 안에서 끊임없이 즐거워할 것을 요청하고 있다. 그렇다면 하나님께서 약속하신 장래의 구원에 대해 바울은 무엇이라 하는가? 성도에게 미칠 장래의 축복은 첫째 하나님의 최종적 진노/심판으로부터의 구원이다(9절). 성도는 예수 그리스도를 믿음으로 인해 이미 의롭다 함을 받았기에 하나님의 (현재적) 진노로부터 해방된 자임에 자명하지만, 장차 있을 마지막 심판의 날에도 성도는 하나님의 무서운 심판으로부터 보호를 받게 될 것이다.

이처럼 성도가 믿는 예수 그리스도의 보혈은 위대하다. 둘째로 성도는 예수 그리스도의 부활하심의 은총에 기초하여 더욱 풍성한 구원을 온전하게 누릴 것이다(10절). 이처럼 성도는 예수 그리스도 안에서 이미 구원을 받은 자이며 영생을 누리고 있는 자이지만 동시에 성경은 예수 그리스도의 재림의 때에 성도가 장차 더욱 풍성하게 누려야 할 구원/영생이 있음을 약속하고 있다. 9절과 10절에서 반복적으로 활용되고 있는 "더욱"은 과거-현재에 나타난 하나님의 은총에 비해 장래에 있을 하나님의 은총이 더욱 크고 분명한 것임을 논증하기 위함이다. 즉, 하나님께서 그의 아들 예수 그리스도의 죽음을 감내하면서도 원수였던 우리를 의롭게 하셨다면, 이미 의롭게 된 하나님의 백성인 우리를 위해 자신의 최종적인 진노로부터 구원하실 것이다. 또한 하나님께서 원수였던 우리들을 그리스도의 보혈로 화목 시키셨다면, 이미 화목을 이룬 자신의 자녀들을 위해 우리의 구원을 더욱 온전케 하실 것이다. 바로 이 같은 하나님의 주권적 은총 안에 살고 있는 성도는 "우리 주 예수 그리스도로 말미암아 하나님 안에서 또한 (더욱) 즐거워"(11절)하는 것이 마땅한 것이다.

설교 구성을 위한 제언

우리에게 주어진 본문은 무엇보다 예수 그리스도 안에서 의롭게 된 성도의 신분과 특권이 무엇인지를 잘 보여주고 있다. 그것은 앞에서 언급한 것처럼 (1) 하나님과 화평을 누리게 된 자, (2) 하나님의 은혜 안에 거하며 하나님의 영광을 바라고 즐거워하는 자, (3) 세상의 환난 중에서도 하나님의 사랑을 묵상하며 즐거워해야 할 이유가 있는 자, (4) 현재 누리는 은총/구원보다 더 풍성한 은총/구원이 기다리고 있음을 묵상하며 하나님을 즐거워하는 자이다. 성도가 누리게 된 이와 같은 하나님의 은총은 실제로 우리가 만나야 될 하나님의 진노가 바뀌어서 나타나게 되었다는 사실로부터 부각될 필요가 있다. 한 마디로 '진노에서 화평으로' 역전된 인생이다. 이와 같이 역전된 인생을 새롭게 시작할 수 있었던 기원은 하나님의 크신 사랑이며, 이 같은 하나님의 사랑이 구체적으로 드러나게 된 사건이 예수 그리스도의 죽으심과 부활의 의미이다(롬 8:3, 32; 고후 5:19). 물론 하나님의 사랑만큼이나 간과하지 말아야 할 것이 우리를 향한 예수 그리스도의 사랑이다(갈 2:20; 고후 5:14; 엡 5:5 참조).

우리의 본문에서는 하나님의 사랑이 주체로, 예수 그리스도의 십자가 사건이 그에 따른 매개로 묘사되고 있는 것이 사실이지만, 바울서신의 큰 문맥에서 우리를 향한 그리스도의 주체적 사랑도 기억할 필요가 있을 것이다. 신학적 메시지와 관련하여 한 가지 더 지적하고 싶은 것은 구원에 대한 성도의 균형 감각이다. 바울에게 이 개념은 소위 자신의 직설법과 명령법의 어법을 통해 설명되고 있기도 한데, 오늘날 한국 교회의 현실 속에서 이미 누리고 있는 구원의 확신(구원의 현재성)과 함께 성도들이 의식적으로 열매 맺어야 할 구원의 과정 내지 성숙의 단계(구원의 미래성)를 성서적으로 잘 교훈할 필요가 있다. 그리고 이 구원의 양면성 모두는 우리를 선택하고 부르시는 하나님의 변함없는 사랑과 은혜에 기초하고 있음을 주지시켜야 할 것이다.

CHAPTER 21

복음과 함께 할 고난을 갖고 계십니까

(디모데후서 1장 1-14절)

1 하나님의 뜻으로 말미암아 그리스도 예수 안에 있는 생명의 약속대로 그
리스도 예수의 사도 된 바울은 2 사랑하는 아들 디모데에게 편지하노니
하나님 아버지와 그리스도 예수 우리 주께로부터 은혜와 긍휼과 평강이
네게 있을찌어다 3 나의 밤낮 간구하는 가운데 쉬지 않고 너를 생각하여
청결한 양심으로 조상 적부터 섬겨 오는 하나님께 감사하고 4 네 눈물을
생각하여 너 보기를 원함은 내 기쁨이 가득하게 하려 함이니 5 이는 네 속
에 거짓이 없는 믿음을 생각함이라 이 믿음은 먼저 네 외조모 로이스와 네
어머니 유니게 속에 있더니 네 속에도 있는 줄을 확신하노라 6 그러므로
내가 나의 안수함으로 네 속에 있는 하나님의 은사를 다시 불일듯하게 하
기 위하여 너로 생각하게 하노니 7 하나님이 우리에게 주신 것은 두려워
하는 마음이 아니요 오직 능력과 사랑과 근신하는 마음이니 8 그러므로
네가 우리 주의 증거와 또는 주를 위하여 갇힌 자 된 나를 부끄러워 말고
오직 하나님의 능력을 좇아 복음과 함께 고난을 받으라 9 하나님이 우리

를 구원하사 거룩하신 부르심으로 부르심은 우리의 행위대로 하심이 아니
요 오직 자기 뜻과 영원한 때 전부터 그리스도 예수 안에서 우리에게 주신
은혜대로 하심이라 10 이제는 우리 구주 그리스도 예수의 나타나심으로
말미암아 나타났으니 저는 사망을 폐하시고 복음으로써 생명과 썩지 아니
할 것을 드러내신지라 11 내가 이 복음을 위하여 반포자와 사도와 교사로
세우심을 입었노라 12 이를 인하여 내가 또 이 고난을 받되 부끄러워하지
아니함은 나의 의뢰한 자를 내가 알고 또한 나의 의탁한 것을 그 날까지
저가 능히 지키실 줄을 확신함이라 13 너는 그리스도 예수 안에 있는 믿음
과 사랑으로써 내게 들은바 바른 말을 본받아 지키고 14 우리 안에 거하시
는 성령으로 말미암아 네게 부탁한 아름다운 것을 지키라

본문의 상황과 배경

디모데후서는 AD 64-65년 경 네로 황제(54-68년 재위 기간) 치하 당시 바울의 2차 투옥 시에 그의 '동역자'(롬 16:21)이면서 '믿음의 아들' (빌 2:22; 고전 4:17; 참조 빌 2:20)인 디모데에게 써 보내는 목회서신으로서의 옥중서신이다. 1차 투옥 당시(행 28:30 참조)와 달리 바울은 옥에 갇혀 있는 자신의 삶이 이제 복음의 사명자로서 거의 막바지에 다다랐음을 의식하면서(딤후 4:6-8) 본 서신을 담담하게 기록하고 있다(딤후 4:18). 과거에 바울과 함께 했던 동역자들이(누가를 제외하고) 이런 저런 이유들로 바울과 함께 있지 못함(딤후 1:15; 4:10, 10-12)도 디모데에 대한 바울의 그리움(딤후 1:4; 4:9, 21)을 가일층 증폭시켰음에 틀림이 없었을 것이다. 그러나 무엇보다 디모데에게 서신을 써 보내는 바울의 각별한 관심과 목적은 두 사람의 영적 부자지간의 애정을 확인하는 정도에서 그치지 않았다. 말하자면, 바울은 이 같은 관계 속에서 하나님의 백성인 에베소 성도들의 영적 지도자인 디모데에게 선교-목회적 메시지를 줌으로써, 영적 아들인 디모데 뿐 아니라 에베소 성도들이 당면한 상황 가운데 그들이 처음부터 받았던 복음과 교훈, 즉 구원의 중심 메시지를 다시 한번 일깨워주고자 함에 있었다. 이런 면에서 바울은 '망령되고 헛된

말'(딤후 2:16)이나 '어리석고 무식한 변론'(딤후 2:23)들 앞에서 디모데와 에베소 성도들에게(딤후 4:22의 복수형 '너희'를 참조하라) 복음의 참 의미와 내용을 새롭게 함으로써 복음의 바른 교훈 속에서 성도의 삶을 온전케 하기 위해 기독교 목회변증적 서신을 기록했다고 볼 수 있다.

본문의 구조와 내용

디모데후서 1장 1-14절은 바울이 '사랑하는 아들'(1:2) 디모데에게 보내는 (1) 본 서신의 인사말(1:1-2)과 함께 (2) 바울의 디모데를 향한 사적 친분 속에서 나타나는 깊은 감사와 신뢰(1:3-5) 그리고 (3) 격려와 권면(1:6-14)에 대한 첫 부분의 메시지로 이해할 수 있다.

디모데를 향한 인사말(1:1-2)

바울의 다른 서신들과 마찬가지로, 본 서신 역시 그 당시 그레코-로만 서신의 첫 인사말의 형식(누가-누구에게-짧은 문안 인사) 가운데 시작되고 있음을 알 수 있다. 그러나 그 당시 문화적 서신 양식의 짧은 패턴 속에서도 바울은 자신의 정체성을 (헬라어 원문 상) 첫 단어들을 통해 분명히 밝힘으로써 자신의 인생관을 자연스럽게 하지만 확고하게 드러내고 있다: '하나님의 뜻으로 말미암아 그리스도 예수의 사도된 바울'(Παῦλος ἀπόστολος Χριστοῦ Ἰησοῦ διὰ θελήματος θεοῦ). '그리스도 예수의 사도'로서의 자기 인식은 무엇보다 '예수께서 메시아이다'라는 신앙 고백과 선포를 전제하는 가운데, 메시아이신 예수께서 복음을 위하여 자신을 불러 사명을 주셨다고 하는 신앙 간증 속에서 나오는 자기 이해이다. 그리고 이것은 바로 그 다음에 나오는 표현처럼 '하나님의 뜻에 의해서' 자신이 이렇게 '그리스도 예수의 사도'가 되었음을 선포하고 고백하는 것이다. 바울이 다메섹 도상에서 자신의 회심과 소명 이후 복음의 전도자로서 지금까지 생활해 오면서, 자신의 사역을 되돌아보며 마지막으로 담담하게 기록하였을 본 서신에서의 이 표현 '하나님의 뜻으로 말미암아' 는 실로 매우 오묘한 하나님의 섭리를 반영하는 것이 아닐 수 없다(고전 1:1; 고후 1:1; 골 1:1 참조).

수신자로서 본 서신은 '사랑하는 아들 디모데' (Τιμοθέῳ ἀγαπητῷ τέκνῳ)에게 보낸 것으로써, 이 같은 표현을 통해 디모데를 향한 바울의 남다른 애정과 관심을 읽을 수 있다(딤전 1:2, 18; 6:11; 딤후 2:1 참조). 이것은 무엇보다 디모데가 바울의 양육과 교훈 속에서 자라 이제 복음의 동역자(롬 16:21; 빌 2:20)로 선 그의 인격과 사역에 대한 바울의 감사와 기쁨을 드러내는 것이기도 할 것이다. 바울이 디모데에게 보내는 짧은 문안 구절은 "하나님 아버지와 그리스도 예수 우리 주께로부터 은혜와 긍휼과 평강"이다.

이 구절은 그 당시 그레코-로만 서신 인사말(약 1:1; 행 15:23; 23:26 참조)뿐 아니라 전통적 유대교적 서신 인사말(민 6:23-24 참조)과도 구분되는 새로운 '기독교적' 인사 양식(즉, 하나님 아버지로부터 뿐 아니라 '그리스도 예수 우리 주' 께로부터도 기인하는 은혜와 긍휼과 평강)인 것이다. 본문에서는 특히 '긍휼' (ἔλεος)의 단어가 '바울 서신들에서 자주 나타나는 표현인 '은혜' (χάρις)와 '평강'(εἰρήνη)의 용어 사이에 끼여 함께 사용되고 있다(롬 1:7; 고전 1:3; 고후 1:2; 빌 1:2; 몬 3 참조).

디모데를 향한 감사와 신뢰(1:3-5)

짧은 인사말을 끝낸 후 바울은 디모데와 자신과의 관계를 회상하는 가운데 먼저 디모데로 인해 하나님께 감사함으로써 자신들의 만남과 특별히 디모데에게 역사하시고 섭리하신 분은 무엇보다 하나님 자신임을 상기하고 있다. 이 하나님은 바울이 속한 유대인들의 조상들이 경배하던 바로 그 하나님으로서 현재 바울과 디모데 뿐 아니라 예수를 메시아와 주로 고백하는 모든 (크리스천) 성도들이 경배하는 하나님과 동일한 분임을 밝히고 있다. 바울은 그의 사역 가운데 복음의 동역자들을 기억하면서 날마다("밤낮 간구하는 가운데") 기도하였는데(롬 1:9; 빌 1:3; 골 1:3 참조), 특히 그의 기도 속에서 디모데를 생각하는 정도는 남다른 것이었다. 바울은 무엇보다 디모데의 눈물(행

20:37 참조)을 기억하는 가운데 그를 간절히 보고자(ἐπιποθῶν - 롬 1:11; 살전 3:6; 빌 1:8 참조) 하는 열망이 있었다.

성숙한 신앙인을 넘어 온전한 지도자로 성장해 나가는 디모데의 '거짓없는 믿음'(딤전 1:5 참조)은 바울 사역의 기쁨이요 면류관과 다름이 없었을 것이다. 바울은 디모데 속에 있는 이 믿음을 그의 외조모 로이스와 그의 어머니 유니게 속에서부터 내려오는 신앙의 뿌리 있는 계승임을 상기시킴으로써, 디모데의 자존감을 높임과 동시에 디모데를 향한 바울의 신뢰의 이유를 하나 더 열거하고 있다. 전자와 관련하여서는 디모데의 아버지가 비유대인이라는 사실(행 16:1 참조)로 인해 혹 사역자로서 (혼혈아) 디모데가 느낄 수도 있을 열등감을 떨쳐버리게 하는 역할을, 후자와 관련하여서는 디모데의 영적 아버지로서 디모데를 향한 바울의 신뢰를 상기시킴으로써, '사랑하는 아들' 디모데를 향한 바울의 사랑과 기대를 여실히 보여준다.

디모데를 향한 격려와 권면(1:6-14)

바울은 이제 좀 더 적극적으로 사역자 디모데를 향한 격려와 권면의 메시지를 주고자 한다. 바울은 앞에서 디모데에게 언급했던 3-5절에 기초하여(6절의 "그러므로"를 참조) 디모데의 영성과 사역에 힘을 주고자 한다. 바울은 무엇보다 하나님께서 디모데 자신 속에 이미 허락하신 하나님의 은사(τὸ χάρισμα τοῦ θεοῦισμα τοῦ θεοῦ)를 다시 불일 듯 하게 하라고 권면하고 있다. 여기서 사용된 '다시 불일 듯 하게 하다'(ἀναμιμνῄσκω)는 신약성경 중 이곳에서만 사용된 것으로, 구약성경 칠십인 역의 창세기 45장 27절에서 죽었다고 생각했던 요셉이 살아있다고 하는 소식을 접한 야곱의 마음의 상태를 묘사했던 단어이기도 하다. 어쨌든 이 하나님의 은사는 디모데가 예수 그리스도의 신앙을 소유하게 되고 하나님의 사역자로 나서게 될 때, 하나님께서 허락하시고 베푸신 하나님의 선물이 있음을 강하게 암시해 준다. 바울이 디모데에게 주는 권면의 중요한 점은 디모데가 하나님의 사역자로 부름을 받았을 때, 그 속에는 이미 하나님의 은사가 있었다는 사실과 지금 디모데에게 필요한 것은 어떤 새로운 은사가 아닌 그 때 받았던 그 은사를 다시 불붙이라고 하는 것이다(골 1:29; 고전 15:10 참조).

디모데는 이 당시 어떤 영적 침체나 두려움으로 낙심 가운데 빠져있었을 가능성이 높다. 지도자로서 디모데의 연소함이나(딤전 4:12), 그의 유약한 성격(고전 16:10-11) 또는 그의 건강(딤전 5:23)이 문제가 되었을 수도 있다. 바울이 에베소를 떠난 이후로 거짓 교사들이 나타남으로 배교가 일어나고 에베소의 성도들이 하나 둘 교회를 떠났기 때문에(딤전 6:3-5; 딤후 3:1-13) 디모데가 사역자로서의 자신감을 잃었는지도 모른다. 뿐만 아니라, 디모데와 에베소 성도들의 지도자였던 사도 바울이 '복음 때문에' 이전과 같이 또 감옥에 잡혀 있다는 소식을 듣고 모두 다 의기소침해 진 것(딤후 1:8)도 사실이다. 이유가 자신의 성격 때문이었든, 타인의 상황 때문이었든, 그것이 어떤 이유이든지 간에 성도는 결코 두려워하거나 좌절할 필요는 없다. 왜냐하면 "하나님이 우리에게 주신 것은 두려워하는 마음이 아니요 오직 능력과 사랑과 근신(절제)하는 마음"이기 때문이다. 능력(롬 1:16; 고전 1:18, 23-24 참조)이나 사랑(요일 4:18-19 참조)이나 근신(벧전 4:7-8 참조)하는 마음. 이것은 성도들이 소유하고 있는 '하나님의 복음'을 온전히 묵상하면서, 그 분께 소망을 두고 그 분을 의지할 때 생길 수 있는 마음이다. 따라서 바울은 디모데에게 자신의 영적 아버지요 스승인 바울 자신의 현재 옥에 갇힌 사실을 '부끄러워하지 말라'(μὴ ἐπαισχυνθῇς)고 권면한다. 바울은 오히려 한 걸음 더 나아가 디모데에게 하나님의 사역자로서 적극적인 메시지를 주고 있다. 그것은 다름 아닌 "오직 하나님의 능력을 좇아 복음과 함께 고난을 받으라"(ἀλλὰ συγκακοπάθησον τῷ εὐαγγελίῳ κατὰ δύναμιν θεοῦ)이다. 고난을 받되 '하나님의 능력을 좇아 복음과 함께' 고난을 받으라고 한다. 이것은 고난을 받을 때, 하나님의 능력이신 그리스도께 향한 깊은 신뢰를 갖아야 할 것을 의미한다. 하나님의 능력의 말씀과 성령의 인도 속에서 '복음 때문에' 이 세상에서의 핍박이나 고통을 이겨내는 성화의 삶이기도 하다.

바울은 이제 9-10절에서 초대 교회 성도들에 의해 널리 암송되며 고백되고 있는 듯한 구절을 열거하고 있다. 9절에서는 성도들을 구원하고 부르신 주체로서의 하나님을 명백하게 보여주는데(롬 8:28; 고전 1:9; 갈 1:6 참조), 즉 이 구원과 소명은 – 성도들의 행위가 아니라(οὐ κατὰ τὰ ἔργα ἡμῶν) – 전적으로 하나님의 주권적 뜻과 영원 전부터 그리스도 예수 안에서 성도들에게 베푸신 은혜로 말미암았다(롬 8:28; 9:11; 엡 1:11; 3:9 참조)는 사실을 밝히고 있다. 그리고 성도들의 부르심은 하나님에 의한 '거룩한 부르심' (κλήσει ἁγίᾳ)이라는 사실에서 구원 이후의 즉각적이고도 점진적인 거룩한 삶에로의 부르심을 함께 이해해야 할 것이다(살전 4:7 참조). 이어서 10절에서는 하나님의 구원과 은혜가 그리스도 예수께서 이 땅에 오심(인격과 사역)으로 말미암아 성도들에게 온전히 성취되었음을, 특히 그의 죽으심과 부활로 사망을 멸망시키시고, 생명과 영생을 베푸신 사실을 고백하고 있다. 바로 이 사건이 복음이요, 이 사건을 고백하며 나누는 것이 복음을 믿고 전하는 것이다.

이런 면에서 바울은 하나님의 사역자로서 자신의 정체성을 분명히 하고 있다. "내가 이 복음을 위하여 반포자와 사도와 교사로 세우심을 입었노라" (11절; 딤전 2:7 참조). 이 같은 자신의 소명에 따른 사역으로 인해 바울은 자신이 과거와 현재에도 당하고 있는 일련의 고난들(고전 4·10-13; 고후 6:3-10; 11:23-27; 행 9:23-25, 29-30; 13:50; 14:19; 16:19-24; 21:30-31; 24:27; 27:14 이하; 28:20)을 담대하게 맞이하며 견디어 낼 수 있었다. 자신의 고난들은 부끄러워하거나 숨겨야 할 제목들이 아니라 오히려 복음의 사도요 하나님의 참 종으로서의 자신을 새삼스럽게 확인할 수 있는 바울 속에 각인되는 '예수의 흔적들' (갈 6:17 참조)인 셈이었다. 왜냐하면 바울은 이 같은 고난들을 통해 자신이 의뢰하는 자이신 하나님과 예수 그리스도를 더욱 인격적/체험적으로 알아나갈 수 있었고, 자신을 부르시고 사명을 주신 분께서 고난 가운데서도 바울을 끝까지("그 날까지" [12절; 딤후 1:18; 4:8; 살후 1:10 참조] – 예수의 재림을 염두에 둔 것으로써 바울의 종말론적 시각을 강하게 보여준다) 지키시고 인도하시리라는 확신의 소망과 믿음이 있었기 때문이다. 결국, 바울은 11-12절을 통해 하나님 앞에서 자신의 신앙을 고백할 뿐 아니라, 본 서신의 수신자인 바울의 영적 아들 디모데에게 큰 격려와 소망의 메시지를 자신의 과거와 현재의 삶을 통해서 다시 한번 주지시키고 있는 셈이다.

바울은 13-14절에서 복음의 사역자로 부름받은 디모데를 향해 더욱 구체적인 권면의 메시지를 두 명령형 동사를 통해 제시하고 있다. 바울은 먼저 디모데에게 자신에게 들었던 '바른 말들'(ὑγιαινόντων λόγων – 딤전 6:3 참조)의 본이나 기준을 지키라(ἔχε)고 하면서 이것이 단순히 디모데의 인위적인 노력에 의한 것이 아닌 "그리스도 예수 안에 있는 믿음과 사랑에 의해서"(ἐν πίστει καὶ ἀγάπῃ τῇ ἐν Χριστῷ Ἰησοῦ – 딤전 1:14 참조) 되어지는 것임을 나타내고 있다. 말하자면, 복음의 지도자와 사역자로서의 디모데가 거짓 교사들에 의한 거짓 교훈들에 미혹되지 않고(딤후 2:14 이하; 3:1 이하; 4:3 이하, 15), 바울이 계시 받고 전해 받은 권위 있는 복음의 교훈들을 온전히 지켜내기 위해서는 무엇보다 그리스도 예수께 향한 디모데의 믿음과 사랑을 통해 나타나는 능력들이 필수적이었던 것이다. 바울은 둘째로 디모데에게 "네게 부탁한 아름다운 것을 지키라"(τὴν καλὴν παραθήκην φύλαξον)로 명령함으로써 다시 한번(13절의 "내게 들은 바" 참조) 바울 자신의 복음의 권위를 보여줌과 동시에 이 '바른 말들'은 귀하고 가치 있는 것으로써 온갖 거짓 교훈들의 훼방 속에서도(딤전 6:20; 딤후 2:14 이하, 25; 3:13-14 참조) 온전히 보존하고 지켜나가야 할 진리임을 디모데에게 각인 시키고 있다. 그리고 디모데에게 의탁된 이 아름다운 교훈은 바울과 디모데 그리고 모든 성도들의 심령 속에 살아서 역사하시는 거룩한 영으로 말미암아(διὰ πνεύματος ἁγίου τοῦ ἐνοικοῦντος ἐν ἡμῖν) 온전하게 지켜지고 전수되는 것임을 밝히고 있다.

위에서 살펴 본 디모데후서 1장 1-14절의 본문은 서신 전반에 걸쳐서 나타나고 있듯이, 영적 아버지와 아들 관계의 바울과 디모데의 각별한 인격적 관계 속에서도 그리스도 예수의 사명자로 부름받은 복음의 선후배요 동역자로서 자신의 임종을 어느 정도 예감하면서 감옥에 처했던 바울이 에베소 성도들의 실제적 삶을 염두에 두면서 디모데에게 보내는 서신의 첫 부분이다. 이런 점에서 디모데에게 보낸 바울의 남다른 애정과 관심, 그리고 그의 격려와 권면은 충분히 이해하고도 남음이 있다. 무엇보다 하나님의 복음을 염두에 두면서 디모데에게 남기고자 했던 바울의 메시지는 우리의 본문 속에서 디모데를 향한 감사와 신뢰(3-5절), 그리고 격려와 권면(6-14절)으로 특징 되어서 나타난다. 그리고 이 같은 내용 속에서 모든 사건과 계획의 주체가 되시는 분은 하나님이심이 강하게 드러나고 있다(1-2절, 7절, 9절). 하나님께 향한 바울의 이런 고백적 메시지는 바울 자신의 '성경신학적' 또는 '조직신학적' 논리적 체계(9-10절)를 뛰어넘어 서는 것으로써, 바울의 선교-목회적 현장에서 자신의 체험을 통해 인격적으로 깨달은 그의 '실천신학적' 삶(1절, 7-8절, 11-12절)으로 확증되어 간증되는 것이었다.

설교 구성을 위한 제안

본문(딤후 1:1-14)을 설교하고자 할 경우, 우리는 크게 3가지 초점에 따라 메시지의 내용과 제목을 달리 할 수 있다고 본다. 첫째로, 본문에서 드러내 주고 있는 '하나님과 예수 그리스도 (그리고 성령)'께 초점을 맞출 수 있다. 이 경우 강해의 주된 구절은 1-2절, 7절, 10절, 13-14절들로서 이 구절들에서의 주요 단어와 표현들을 주목해야 할 필요가 있다. 이 때에 고려할 수 있는 본문 중심의 설교 제목들은 '하나님의 뜻으로 말미암아'(1절), '하나님이 우리에게 주신 것'(7절), '하나님이 우리를 부르심은'(9절), '그리스도 예수의 나타나심은'(9절), 그리고 '우리 안에 거하시는 성령'(14절)을 생각해 볼 수 있을 것이다. 둘째로 사도 바울이나 디모데에 주목하면서 전개할 수도 있을 것이다. 이럴 경우 고려해야 될 주요 구절은 바울의 경우 1절, 3-6절, 11-12절이(예, '이 복음을 위하여' –11절), 디모데의 경우 2절, 3-6절, 13-14절(예, '네 속에 거짓없는 믿음' –5절)이 될 것이다. 마지막으로 본문의 자연스런 흐름 속에서 바울이 디모데에게 말하고자 하는 메시지의 중심을 그대로 설교 내용의 중심으로 잡아 이것을 오늘의 각 교회 성도들의 삶에 적용하여 제시할 수 있을 것이다.

이 세 번째의 경우와 관련하여 적절한 설교 제목은 '(당신은) 복음과 함께 할 고난을 갖고 계십니까?' 로 제안해 볼 수 있다. 주된 메시지의 대상은 교회의 초신자나 평신도보다는 믿음의 연륜이 깊어지는 제직분자들이 고려될 것이다. 말하자면, 신앙 생활의 연수가 많아지면서 공동체 안에서나 가정/개인적으로 적지 않은 영적 스트레스나 영적 침체에 빠진 성도들에게 바울이 디모데에게 전한 격려와 권면의 메시지를 새롭게 부각시킬 수 있을 것이다. 위 제목 하에 주된 소지는 (1) (하나님으로부터 받은) 하나님의 은사를 다시 불일 듯 하라 (2) 현재 처한 영적 침체나 스트레스를 두려워하지 말라 (3) (하나님의 능력을 힘입어) 복음과 함께 고난을 받으라로 고려할 수 있을 것이다. 이상과 같은 요지의 메시지 속에서 우리는 하나님/예수/성령의 인격이나 사역에 대해 본문이 드러내는 대로 자연스럽게 증거할 수 있으며, 아울러서 주된 인물인 바울과 디모데에 대해서도 그리할 수 있을 것이다. 마지막으로 언급할 필요가 있는 것은 설교를 위해 본문(딤후 1:1-14)을 준비하는 과정에서 디모데전후서의 전체 본문들 뿐 아니라 바울의 다른 서신들과 사도행전의 관련된 주요 구절들을 함께 염두에 두어야 한다는 것이다.

보 록

1. 사도행전에서 나타난 회개와 이를 통해 본 평양대부흥운동
2. 경건과 학문의 로드맵을 어떻게 세울 것인가
3. 성경 주해/해석에 유익한 문헌

보록 1

우리가 어찌할꼬

사도행전에서 나타난 회개와 이를 통해 본 평양대부흥운동*

1. 들어가는 말

한국 교회의 초기 각성-부흥운동(특히 1903년 원산부흥운동 및 1907년 평양대부흥운동)은 회개운동이었다. 이것은 기독교 서양역사 속에서 일어난 대각성-부흥운동에서도 확인될 수 있다.[1] 이런 점에서 우리는 '회개' 라는 용어에 주의를 기울이지 않을 수 없다. 나는 본 글에서 사도행전에 언급되고 있는 '회개하다' ("메타노에오" μετανοέω)와 '회개' ("메타노이아" μετάνοια)의 상호 문맥을 살펴봄으로써 신약성서가 말하는 '회개' 의 성서적 함의를 사도행전 내러티브 흐름 안에서 파악하고자 한다. 이것은 1907년에 일어난 평양대부흥운동의 종교적 현상들을 성서적 회개 관점 아래 점검하고 평가하기 위함이다. 따라서 나의 글은 전자를 텍스트(text)로 치중하면서 후자를 컨텍스트(context)로 관찰하는 형식을 갖게 될 것이다. 이 글을 통해 오늘과 내일의 한국 기독교 신앙 공동체(성도/교회/신학교)가 더욱 새롭게 영적 각성-부흥과 갱신의 회복을 맛보는 성서적 단초를 확인하고 이것들을 실천하는 용기와 기쁨이 있기를 소망해 본다.

2. 누가-행전 내러티브 줄거리 안에서 연속적 메시지 선포로서 회개

신약성서는 회개에 대한 메시지 선포가 세례 요한으로부터 시작되고 있음을 말한다(마 3:1-2; 막 1:4; 눅 3:3, 7-9). 그리고 이것은 무엇보다 메시아 예수에 의한 하나님 나라 복음 선포의 핵심이기도 했다(막 1:15; 눅 5:32; 6:24-26; 11:37-54; 13:34이하; 15:3이하; 19:9-10; 21:8-36). 복음서의 다른 저자들과 달리 누가는 갈릴리에서 시작된 회개에 대한 메시지 선포가 예수의 제자/증인들(눅 24:47-48), 특히 베드로(행 2:38, 40; 3:19; 5:31; 참조, 행 8:22; 10:42이하; 15:8)[2]와 바울(행 13:40-46; 18:6; 28:25-28)[3]을 통해 예루살렘, 유대, 사마리아를 거쳐 안디옥, 소아시아, 마게도냐, 아가야 및 로마까지 전파되는 것을 보여줌으로써 하나님 나라 복음 선포에 있어 회개의 핵심가치를 연속성 있게 묘사해 준다. 즉, 누가 자신이 복음서 이후로 그 후편인 사도행전을 기록한 맥락에서 우리는 예수의 제자/증인들이 전한 회개-선포의 정보를 얻을 수 있다. 실제로 누가는 '회개하다' ("메타노에오" μετανοέω)의 동사형과 '회개' ("메타노이아" μετάνοια)의 명사형을 신약성서 저자들 가운데 가장 많이 활용하는 것을 보게 된다.[4]

표 1: 신약성서에서 나타나는 "메타노에오" 및 "메타노이아" 빈도수

용어	마태	마가	누가+행전	계시록	바울	기타	전체
μετανοέω	5번[5]	2번[6]	9번[7]+5번[8]	11번[9]	1번[10]		33번
μετάνοια	2번[11]	1번[12]	5번[13]+6번[14]		4번[15]	4번[16]	22번
계	7번	3번	14+11 (25번)	11번	5번	4번	55번

그렇다면 우리말 성서에서 '회개'(悔改)[17]로 번역된 그리스어 "메타노에오"/ "메타노이아"의 의미는 무엇인가? 권위 있는 신약성서 그리스어-영어 사전은 동사형과 관련하여 (1) '마음을 바꾸다'(change one' s mind)와 (2) '후회하다,' '회개하다,' '회심되다'(feel remorse, repent, be converted)로, 명사형과 관련하여 '회개,' '돌이킴,' '회심'(repentance, turning about, conversion)으로

번역하였다.[18] 한편 또 다른 성서사전은 "복음서에서 의미하는 회개가 하나님을 향한 온전한 신뢰를 '훼방하는 것들로부터 강하게 돌아섬' 을 말하며, 사랑과 순종 가운데 '하나님께로 돌이키는 것' 이 자주 내포되어 있다"[19]고 서술한다. 사도행전과 일반서신을 다루는 전문성서사전에서는 사도행전의 회개 개념을 다음과 같이 결론 내린다. "베일리가 바르게 관찰했듯이 사도행전에서 회개는 유대인과 이방인 양자 모두 하나님께서 형성하는 새 백성으로 동화됨에 헌신하는 것뿐 아니라(이것은 주로 세례를 통해 상징적으로 행해진다) 윤리적 행위(행 26:20)에 헌신하는 것을 의미한다. 이제 (회개를 통해) 하나님의 한 백성이 된 두 인종적 그룹이 누리는 결과는 '생명' (행 11:18)과 '죄 용서' (행 5:19)이며 하나님의 새 백성은 약속된 축복으로서 '새롭게 되는 날' (행 3:19)을 맞이하게 된다."[20]

누가의 회개 이해에 대한 최근의 연구는 내이브(Guy D. Nave, Jr.)의 박사학위 논문인데 그의 견해는 회개라는 용어 자체를 내러티브 문맥에서 해석한다는 점에서 회개에 대한 학계의 (다소) 추상적 개념을 잘 극복하여 학문적 기여를 이끌었다.[21]

> 좀 더 광범위한 문학적 배경 속에서 용례들이 밝혀진 것처럼, "메타노에오"(μετανοέω)와 "메타노이아"(μετάνοια)는 본질적으로 행위나 삶의 태도에 변화를 인도하는 사고의 변화를 의미한다. 이것은 누가-행전의 문서(상, 하)에서도 발견되는 회개의 의미이다.…누가는 그레코-로만, 유대인, 그리고 초기 기독교 문헌으로부터 이 의미를 차용한다. 누가-행전에서 독특한 것으로 간주될 수 있는 것은 회개의 의미가 아니라 오히려 저자의 내러티브 안에서 나타나는 회개의 역할과 기능이다. 대부분의 문학적 내러티브와 달리 누가-행전 안에서는 회개의 주제가 저자 이야기의 발전과 의미 속에서 중대한 역할을 하고 있다. 누가-행전 안에서 회개는 단순히 부적절한 사고들 그리고/또는 행동들에 대해 적절한 대응으로 인도해 주는 사고의 변화만이 아니다. 누가의 회개는 사고와 행위 속에 나타나는 필수적 변화로서 개개인의 사람들이 우주적 구원을 향한 하나님의 계획을 성취하도록 이끌어주며 나아가 모든 사람들을 용납하는 하나의 신앙 공동체

를 세우도록 북돋아준다.[22]

누가-행전에서 회개에 대한 나의 이해는 위에서 밝힌 성서사전적 용어들을 배경으로 함('마음의 깨달음과 행위의 실천이 악함이나 죄악된 세상을 떠나 하나님께로 나아감')과 동시에 내러티브적 관점에서 밝힌 내이브의 견해('하나님의 계획을 성취하게 하고 하나님의 공동체를 포용하는 마음과 행위의 결단')를 수용하면서도, 누가-행전 내러티브 흐름 속에서 회개의 문맥적 이해를 위해 한 가지 분명히 드러내야 할 것이 있다고 판단된다. 그것은 바로 누가-행전 전체 내러티브 줄거리(플롯)와 회개와의 상관 관계이다.[23]

누가-행전 안에는 회개라고 하는 용어의 빈도수뿐 아니라 누가-행전의 전체 내러티브 줄거리를 통해서도 회개가 누가의 주요 관심 주제임을 파악할 수 있다. 나는 다른 논문에서 줄거리는 "인과관계에 의해 정돈된 순서에 따라 진행되어짐으로써 독자에게 (자연스런) 감정적 또는 정서적 반응을 불러일으키는 힘을 가진 이야기의 흐름"으로, 누가-행전의 줄거리는 "예수와 그의 제자/증인들이 하나님의 계획에 따라 성령의 능력과 인도 가운데 하나님의 백성을 구하고 찾아나서는 증인의 길"임을 논증한 바 있다. 이와 함께 하나님의 백성을 구하고 찾아나서는 증인의 길은 (1) 구원을 위한/향한 길이며(눅 1:76-79; 2:30-32; 3:4-6; 5:32; 19:10; 행 16:17; 참조, 행 6:7; 9:31; 12:24; 16:5; 19:20), (2) 하나님의 나라(눅 4:18, 43; 7:22; 8:1; 9:6; 10:11; 11:20-23; 16:16; 행 1:3; 8:12; 14:22; 19:8; 20:25; 28:23, 31) 그리고/또는 예수의 인격과 사역 특히 그의 죽음과 부활/승천(눅 1:32, 35, 43, 76; 2:11, 26, 30-32; 행 2:36; 5:42; 8:4, 5, 12; 9:20; 10:37, 42; 11:20; 17:18; 18:25; 19:13; 28:31)을 증거하는 길이며, (3) 예수와 그의 제자/증인들이 성령의 능력 받음과 인도함(눅 3:22; 4:1, 14, 18; 행 1:2; 10:38; 눅 24:49; 행 1:8; 8:29, 39; 9:17; 10:19-20; 11:12; 13:2, 4; 16:6-7; 19:21) 가운데 나아가는 길로서, (4) 인종-문화-지리적 장벽을 넘어서 구원이 점점 확장되는 복음의 길임을 밝혔다.[24]

여기서 회개의 주제는 누가-행전의 줄거리 안에서 특히, 구원을 위한/향한 증인의 길과 하나님 나라 및 예수 선포의 길과 분리될 수 없는 깊은 연관성을 갖고 있다. 왜냐하면 누가에게 있어 회개는 죄 용서함을 받아 구원 즉, 하나님과의 온전한 관계 회복에 이르는 은총의 통로요 결단의 기회이기 때문이다. 말하자면, 누가는 구원의 교향곡적 사건(하나님 말씀 들음–긍정적 반응–회개–예수의 이름으로 세례–죄 용서 받음–성령 받음–삶의 의식적/행위적 변화: 행 2:37-42 참조) 속에서 회개를 다룸으로써, 회개가 분명히 하나님 구원 역사의 주요 과정 요소임을 드러내고 있다.[25] 바로 이점이 하나님 나라 선포와 회개가 (특히 복음서에서) 상호 떨어질 수 없는 이유이며(눅 10:9, 13; 11:20, 32; 참조, 마 4:17; 눅 4:18-20), 예수의 선포 및 예수에 대한 선포가 (특히 사도행전에서) 회개와 함께 자주 언급되고 있는 이유(눅 5:32; 24:46-48; 행 2:22-39; 3:13-21; 5:30-32; 17:30-31; 19:4-5, 20:21; 26:19-23)이다. 예를 들어, 예수 자신의 직접화법을 통해 누가복음에서 밝히는 예수의 의식적 사역은 '잃어버린 자[회복되어야 할 하나님의 백성]를 찾아 구원하려는 것'(눅 19:10)인데 이것은 복음서의 앞선 내러티브 문맥에서 '죄인을 불러 회개시키는 일'(눅 5:32)과 결코 다름이 아니다.[26]

즉, '잃어버린 자'는 '죄인'과 병행되며, '찾아 구원하는 일'은 '회개시키는 일'과 상호 깊은 연관성을 갖게 된다. 이런 점에서 회개/구원은 잃어버린 자 즉 하나님과 깨어졌던 관계에 놓인 자가 하나님의 사랑과 은혜의 초청 가운데["찾아", "불러"] 하나님과의 인격적 관계가 회복되는 것을 의미한다(눅 15장에 소개된 '잃어버린' 양, '잃어버린' 동전, '잃어버린' 아들 비유 속에 회개 주제가 나오는 것도 주목할 것).[27] 예수께서는 바로 이 같은 회복(회개-구원)의 사역을 이 땅에서 가르치고 행하고 성취하신 분이며, 예수의 제자/증인들은 오순절 성령 강림 이후 이 회복(회개-구원)의 사역을 예수께로부터 계승 받아 성령의 능력 가운데 "예수의 이름으로 죄 사함(죄로부터 해방)을 얻게 하는 회개"를 예루살렘에서부터 시작하여 유대-사마리아-땅 끝까지 전파해야 될 자들로 부름 받은 자들이었다(눅 24:47-49; 행 1:8). 따라서, 예수와 그의 제자/증인들이 하나님의 계획에 따라 성령의 능력과 인도 가운데 하나님의 백성을 구하고 찾아나서는 증인의 길은 곧 잃어버린 하나님의 백성(죄인)들로 하여금 회개를 촉구함으로써 죄 용서(해방)를 받아[28] 구원으로 인도

하는 길이다.

3. 사도행전에서 나타나는 회개 문맥과 이에 따른 성서적 함의

앞에서 이미 언급했듯이 사도행전에서 나타나는 회개의 문맥들은 특히 예수의 제자들의 회개 선포와 연관해서 사도행전 전편인 누가복음 24장 46-49절에서 나타난 (구약)성서 해석의 성취와 성령("위로부터 능력으로 입혀질 때까지") 약속에 따른 증인 메시지 사역(행 1:8 참조)의 성취라 할 수 있다. 따라서 복음서에서는 성령으로 기름 부으심 받은(눅 3:21, 22; 4:1, 14, 18) 예수께서 친히 회개 메시지를 통해 잃어버린 자/죄인을 초청했다면, 사도행전에서는 동일하게 성령으로 기름 부음 받은 예수의 제자들이 회개 메시지를 선포함으로 잃어버린 자/죄인을 초청하는 연속성을 갖게 된다.

그러나 여기서 간과하지 말아야 할 것은 오순절에 예수의 제자들이 받게 되는 성령은 '하나님의 영임과 동시에 승천하셔서 존귀케 되신 주 예수의 영'(행 2:33; 참조, 행 16:6-7)이기도 하기에, 예수께서 메시아 사역 직전에 받은 '하나님의 영으로서 성령' 과는 긴장적 이해 관계가 놓이게 된다.[29] 오순절 이전과 이후의 성령 이해는 이처럼 구속사적 점진에 따른 예수의 위상과 깊이 맞물려 있다.[30] 따라서 사도행전에서 '주 예수의 영' 으로서의 성령을 받은 제자들의 회개 선포 사역은 엄밀히 말할 때 제자들 속에서 역사하는 주 예수의 사역과 다름 없게 됨으로써 '사도행전'(使徒行傳)은 '사도들의 행전' 이라기 보다는 '성령(주 예수의 영)의 행전' 나아가 '천상에서 자신의 영을 통해 제자들과 함께 사역하는 주 예수의 천상행전' 이라 할 수 있다.[31] 이런 내러티브 흐름 속에서 사도행전에서는 전반부와 후반부 각각의 중심 인물이라 할 수 있는 베드로 및 바울과 관련된 문맥에서 "메타노에오" 및 "메타노이아" 용어들이 모두 나타난다.

3.1. 베드로와 관련된 회개의 문맥과 성서적 함의

다섯 번에 걸쳐 언급되는 회개의 문맥을 표로 구성해 보면 다음과 같다.

표 2: 베드로와 관련된 회개의 문맥

구절	선포자	문 맥	회개 대상	장 소	비 고
2:38	베드로	오순절 성령 강림 직후 요엘서 및 시편을 인용하면서 예수의 죽음, 부활, 승천의 의미가 구원을 받게 함임을 증거하면서 회개를 촉구	유대인들 (디아스포라 유대인 포함)	예루살렘	"아페시스 하말티온" 언급(38절)
3:19	베드로	장애인을 고친 후 성전 앞에서 예수의 죽음, 부활, 재림을 설명하고 죄 사함(구원) 받을 것을 증거하면서 회개를 촉구	유대인들	예루살렘	"아페시스 하말티온" 언급(19절)
5:31	베드로 및 사도들	유대종교 지도자들 앞에서 심문 받는 중 예수의 죽음, 부활, 승천은 이스라엘을 회개케 하여 죄 사함을 얻게 하기 위함임을 증거	유대인들	예루살렘 (산헤드린 공회)	"아페시스 하말티온" 언급(31절)
8:22	베드로	베드로와 요한의 안수기도 후 성령 받는 것을 목도한 시몬이 이와 같은 권능을 돈을 주고 사려고 할 때 그의 마음과 계획이 악함을 지적하며 회개를 촉구하고 기도할 것을 명령; 사마리아 사람들은 이미 빌립이 "하나님 나라와 및 예수 그리스도의 이름에 관하여 전도함"을 믿고 세례를 받은 것으로 소개(12절)	마술사 시몬 (사마리아인)	사마리아	"아페스쎄 세타이" 수동태로 언급(22절)
11:18	예루살렘 사도들과 형제들	베드로로부터 고넬료 가정 사건을 직접 들은 사도들과 형제들이 베드로의 이방인 사역이 생명을 얻는 회개를 일으킨 하나님의 일임을 고백 - 베드로가 고넬료에게 전했던 말씀은 예수의 갈릴리 메시아 사역과 예루살렘에서의 죽음, 부활이었으며, 예수의 이름으로 말미암는 죄 사함의 구원 선포(10:36-43 참조)	고넬료 가정 (이방인)	예루살렘 (가이사랴 참조)	"생명 얻는 회개"를 통해 "죄 사함" 전제; "아페시스 하말티온"(10:43) 언급됨

베드로와 관련된 회개의 문맥들을 고려할 때 공통적으로 확인될 수 있는 것은 관련된 이들이 예수 그리스도의 사건(특히 죽음과 부활)과 의미를 듣고 회개(구원)의 은총으로 나아갔다는 점이다. 사도행전 2장 38절과 3장 19절에서 베드로는 예루살렘/성전에 모인 유대인들에게 강하게 회개를 촉구하고 있으며, 5장 31절의 경우 베드로와 사도들은 산헤드린 공회 앞에서 심문을 당하면서도, 이스라엘 백성이 회개케 됨으로 죄 사함/구원을 얻도록 하나님께서 십자가에 달려 죽은 예수를 다시 살리셨다고 설파한다. 세 경우의 문맥에서 회개의 초점은 유대인들이 그리스도로 이 땅에 오신 예수를 거절하고 부인함으로 십자가에까지 죽임을 당케 한 자신들의 무지와 교만에 대한 회개이다.[32] 왜냐하면 예수의 죽임 당함은 역설적이게도 성서와 하나님의 오묘하신 뜻/계획(2:23; 30-31, 36; 3:18; 5:32; 시편 16, 110편 인용 본문들 참조)을 성취한 것이었기 때문이다.[33] 부활은 이런 점에서 예수께서 그리스도이심의 진정성과 예수 그리스도에 대한 하나님의 인정을 확증하는 사건으로 소개된다(2:36; 3:15; 5:30). 사도행전 초두인 2장에서 베드로의 첫 메시지 선포를 들은 유대인 청중들의 반응은 "우리가 어찌할꼬"("티 포이에소멘" τί ποιήσωμεν 2:37)라는 탄식의 자각이었다. 이것은 사도행전의 전편인 누가복음 초두에서 세례 요한이 회개의 세례를 전하며 첫 메시지를 전할 때 그 당시 유대인 백성/세리/군인들이 연속적으로 보였던 "우리가/는 무엇을 하리이까"("티 포이에소멘" τί ποιήσωμεν 3:10, 12, 14)의 자각과 동일한 그리스어 문장이다(눅 10: 25; 18:18; 행 16:30; 22:10 참조). 다른 점이 있다면 이에 대한 답변으로 세례 요한은 "회개에 합당한 열매들"("칼푸스 악시우스 테스 메타노이아스" καρποὺς ἀξίους τῆς μετανοίας 눅 3:8)을 구체적으로 각각 언급한 반면(눅 3:11, 13, 14), 베드로는 "회개하라"("메타노에사테" μετανοήσατε 2:38 명령 I), "세례를 받으라"("밥티스쎄토" βαπτισθήτω 2:38 명령 II), "구원함을 받으라"("소쎄테" σώθητε 2:40 명령 III)는 세 개의 구원 초청 명령으로 대신한다.[34]

이것은 오순절 성령 강림 이후 누가가 회개에 합당한 열매로서 가장 우선적으로 전제하는 삶은 것이 회개에 따른 '구원의 신분' 임을 의도한 것으로 보인다. 그렇다고 해서 누가가 "회개의 합당한 열매"로서 '구원의 삶' 을 희

석시키는 것은 결코 아니다. "이 패역한 세대에서 구원을 받으라"(40절)고 명령한 직후로 누가는 사도행전 2장 42-47절에 걸쳐 마음의 회개가 일어난 성도들에게 행위의 회개가 자발적으로 뒤따르고 있음을 잘 드러내 준다(4:32-37 참조).

사도행전 8장 22절의 회개 촉구는 앞의 세 본문들과는 다소 다른 상황에서 언급되고 있다. 마술사 시몬은 그릇된 마음을 품고 탐욕과 잘못된 처세술을 드러냄으로써 "시몬도 믿고 세례를 받은 후에 전심으로 빌립을 따라 다니"(13절)는 동기와 목적을 의심 받지 않을 수 없다. 물론 빌립이 전한 "하나님 나라와 예수 그리스도의 이름에 관하여 전도함을 그들이[사마리아 백성] 믿고 남녀가 다 세례를"(12절) 받은 사람들은 본문의 흐름 상 복음을 받고 변화된 성도들이라 할 수 있다. 따라서 본문을 심층적으로 고려할 때 하나님의 나라와 예수 그리스도의 이름을 믿고[35] 세례를 받은 대다수의 사마리아 사람들 역시 사도행전 2장의 유대인들처럼 믿을 때 예수 그리스도께 대한 변화의 마음(회개)이 있었던 것으로 추정된다(2:38-39; 11:17 참조).[36] 이들이 예외적으로 성령을 뒤늦게 받은 것은 그 당시 유대-그리스도인들에게도 인종-문화-지리적으로 큰 벽이었던 사마리아인들을 영입하는데 있어 하나님의 특별한 간섭에 따른 것이었다.[37] 즉 예루살렘 교회 지도자들인 베드로와 요한으로 하여금 사마리아 성도들에게 임한 성령을 목도하게 함으로써 사마리아인들의 회개-구원의 역사는 하나님의 뜻/계획에 따른 것임을 증거토록 하기 위함이었다.[38] 한편 마술사 시몬의 경우는 사도행전 8장 22-23절을 고려해 볼 때 사사로운 동기와 목적을 갖고 '잘못된 믿음' 에 기초한 '형식적 세례' 를 받은 후 빌립을 따라다녔던 것으로 추정되며(8:13), 베드로의 통찰력에 의해 이 사실이 더욱 구체적으로 발각된 것이라 판단된다. 회개 촉구에 따른 시몬의 답변 역시(8:24) 온전한 회개를 경험한 자답지 않은 것으로 추정된다.[39] 시몬에 대한 더 이상의 언급이 밝혀지지 않음으로 인해 독자들은 시몬의 신앙에 대해 더 많은 궁금증을 갖게 되지만 누가는 더 이상의 정보를 제공하지 않는다. 복음을 받아들인 다른 사마리아 성도들과 달리 시몬이 중생의 회개를 경험하지 못한 자였다면, 베드로의 책망은 좀더 본질적인 회개-죄 사함(구원)의 촉구로 판단될 수 있다. 시몬이 혹 이미 회심한 자였다면, 이 본문은 구원 이후에도 성도답지 못한 시몬의 악한 마음과 행실을 본 베드로가 그를 향해 강한 질책과 경고를 전하면서 (성화론적) 회개를 촉구하고 있는 것으로 가정할 수 있다. 하지만 이 후자의 가능성은 매우 낮아 보인다.

사도행전 11장 18절은 예루살렘 사도들과 형제들(즉 예루살렘 교회)에 의해 베드로의 이방인 고넬료 가정 사역(복음전파와 식탁교제)이 하나님의 뜻/계획이었음을 설명해 준다. 특히 여기서 중요한 매개가 되는 것은 고넬료에게 나타난 환상과 천사의 지시(10:3, 4, 7, 22), 베드로에게 나타난 세 번에 걸친 하늘 환상(10:9-16), 성령의 지시(10:19) 및 현장에 임한 성령의 역사(10:44)이다. 그리고 마침내 베드로의 (요약된) 예수 중심적 복음 선포(10:34-43)가 이방인 고넬료 가정 구성원 모두에게 "생명(죄 사함, 즉 구원–43절 참조) 얻는 회개"(11:18)의 결실로 나타나게 되었다. 비록 이방인이었지만 (아마도 팔레스타인에 온 이후 계기가 되어) 유대인의 하나님을 이미 믿고 경외함으로 하나님께 항상 기도하던 로마 장교 고넬료(10:1-2)는–십자가에 달린 예수에 대해 무지했던 유대인처럼–나사렛 예수가 하나님께서 보내신 그 메시아(36절, 38절, 43절 참조)라는 말씀을 처음 듣고(44절) 마음의 변화를 받아 믿게 됨으로–즉 회개와 죄 사함을 받음으로–"성령의 선물"("헤 도레아 투 하기우 프뉴마토스" ἡ δωρεὰ τοῦ ἁγίου πνεύματος 10:45)을 받게 되었다.[40] 사도행전 2장 38-39절에 따를 때 이들이 "성령의 선물"("텐 도레안 투 하기우 프뉴마토스" τὴν δωρεὰν τοῦ ἁγίου πνεύματος 2:38)을 받게 된 것은 이방인 고넬료 가정 역시 회개하여 죄 사함–구원을 얻게 되었음을 반증하는 것이다. 이것이 그 당시 베드로의 깨달음이었으며, 하나님께서 "성령의 선물" 부어주심을 목격한 베드로는 기꺼이 비유대인 가정 구성원들에게 물로 세례를 베풀고자 했던 것이다: "이에 베드로가 이르되 이 사람들이 우리[유대인]와 같이 성령을 받았으니 누가 능히 물로 세례 베풂을 금하리요"(47절). 이런 점에서 사도행전 2장 37-38절은 사도행전 내러티브에서 언급되는 구원론적 적용에 있어 청사진적 인덱스 역할을 해 준다. 따라서 회개하는 영혼들에게 성령의 선물은 유대인과 유대인의 자녀들뿐 아니라 "모든 먼데 사람 곧 주 우리 하나님이 얼마든지 부르시는 자들에게"(2:39)도 약속한 하나님의 구원 선물이다. 이와 같이 사도행전 내러티브는 줄거리가 진행되면서 성령의 나타남과 인도함 가운데 회개-구원의 길이 인종-문화-지리적 장벽을 넘어서게 된다(유대 예루살렘[유대인] ⇨ 사마리아[혼혈 유대인] ⇨ 가이사랴[이방인 고넬료]). 이것은 다음 단락인 바울의 경우에서 더욱 잘 드러난다.

3.2. 바울과 관련된 회개의 문맥과 성서적 함의

여섯 번에 걸쳐 언급되는 회개의 문맥을 표로 구성해 보면 다음과 같다.

표 3: 바울과 관련된 회개의 문맥

구절	선포자	문 맥	회개 대상	장 소	비 고
13:24	바울	요한의 사역을 "회개의 세례"로 언급하는 가운데 요한이 전한 그리스도가 십자가 죽은 후 하나님께서 살리신 예수임을 시편을 통해 증거하면서 바울은 비시디아 안디옥 유대인을 중심으로 예수를 힘입어 "죄 사함"(38절)과 "의롭다 하심"(39절)을 얻는 "구원의 말씀"(26절)을 증거	이스라엘 모든 백성(요한 선포); 비시디아의 디아스포라 유대인(바울 선포)	비시디아 안디옥 회당	"아페시스 하말티온"(38절) 및 의롭게 됨이 언급
17:30	바울	아덴에서 복음을 전하던 바울은 그들이 만든 "알지 못하는 신"의 단을 보고 접촉점을 찾아, 죽었다가 (하나님의 능력으로) 다시 살아나신 예수를 증거하면서 모든 사람들이 회개해야 할 것(그들의 우상/신들을 버리고 예수를 다시 살리신 하나님께로 돌아올 것)을 촉구	아덴 시민을 포함한 모든 사람 (유대인 포함) - "안쓰로포이스 판타스 판타구"	아덴	

구절	선포자	문 맥	회개 대상	장 소	비 고
19:4	바울	요한의 세례만 알고 있던 에베소의 제자들과 대화하던 중 바울은 요한이 행한 "회개의 세례"를 언급하면서 요한이 증거한 분이 예수임을 설명 – 이로 인해 그들이 "주 예수의 이름으로 세례를 받고" "성령"의 선물도 받음(2:38-39 참조)	직접적 언급 없음; 그러나 에베소의 제자들이 회개한 후 세례와 성령을 받은 것으로 전제됨	에베소	
20:21	바울	에베소 장로들을 초청하여 고별 설교를 전하던 중 바울은 에베소에서 사역하던 자신의 과거 사역을 회상하고 또한 그들에게 상기시키면서 "하나님께 대한 회개와 우리 주 예수 그리스도께 대한 믿음을 증언"한 것이 바로 "하나님의 은혜의 복음을 증언"(24절)한 것을 의미하며 또한 "하나님의 나라를 전파"(25절)하고 "하나님의 뜻"(27절)을 전한 것임을 호소	유대인과 헬라인	밀레도	"하나님께 대한 회개(돌이킴)"는 예수를 "주와 그리스도"로 믿는 것임을 전제
26:20	바울	헤롯 아그립바 왕 2세와 베스도 총독 앞에서 자신을 변호하던 바울은 간증을 통해 자신에게 나타난 부활의 예수로부터 자신이 어떻게 하나님의 사명을 받았는지를 소개 - 유대인과 이방인에게까지 "회개하고 하나님께로 돌아와서 회개에 합당한 일"(20절)을 행해야 함을 선포의 메시지로 받은 후 바울 자신이 (구약)성서대로 예언된 그리스도의 고난과 부활(22-23절)을 증거하게 되었음을 호소	다메섹, 예루살렘, 유대 온 땅의 유대인과 이방인	가이사랴	"아페시스 하말티온"(18절)이 언급되는데 이것은 "예수를 믿음"과 병행됨

바울과 관련된 회개의 문맥에서 사도행전 13장 24절과 19장 4절은 메시아 예수에 앞서서 먼저 사역한 세례 요한의 구속사적 의미를 바울이 설명하면서 요한의 세례를 "회개의 세례"로 표현하고 있는 경우이다. 의미 있는 것은 이 두 문맥의 청중인 비시디아 안디옥 사람(다수의 유대인과 소수의 이방인)들과 에베소의 열 두 제자들은 모두 바울에 의해 예수를 정확하게 소개받았다(13:22-23, 27-39; 19:4-5)는 점이다. 특히 비시디아 안디옥에서 선포된 바울의 메시지에는 (구약)성서의 풀이(삼상 13:14 – 22절; 시 89:20 – 33절; 사 55:3 – 34절; 시 16:10 – 35절; 합 1:5 – 41절)와 함께 복음의 핵심이 담겨있다. 그것은 곧 예수의 죽음과 부활에 힘입은 죄 사함과 예수를 힘입어 믿는 자마다 의롭다 하심을 얻는 것이었다(38-39절). 결과에 대한 누가의 보도("회당의 모임이 흩어진 후에 유대인과 유대교에 입교한 경건한 사람들이 많이 바울과 바나바를 따르니 두 사도가 더불어 말하고 항상 하나님의 은혜 가운데 있으라 권하니라" – 45절; "이방인이 듣고 기뻐하여 하나님의 말씀을 찬송하며 영생을 주시기로 작정된 자는 다 믿더라 주의 말씀이 그 지방에 두루 퍼지니라" – 48-49절)는 비시디아 안디옥에서 회개-구원(죄 사함 – 믿음 – 의롭다 함 – 제자 됨 – 은혜 – 기쁨 – 찬송 – 영생)의 역사가 일어났음을 말해 준다. 에베소의 경우 역시 바울의 복음을 받은 후 제자들(19:1)은 주 예수의 이름으로 세례(5절)를 받고 성령의 임함(6절)과 함께 방언과 예언을 하게 된다. 사도행전 2장 38-39절의 문맥에서 볼 때 이 현상들은 에베소의 제자들 역시 회개-죄 사함을 통한 구원의 온전한 자리로 나아가게 된 것을 시사한다.[41]

사도행전 17장 30절은 바울이 아가야 지방 아덴에서 시민들이 만든 "알지 못하는 신"의 단을 매개로, 죽었다가 다시 살아나신 예수를 증거하는 가운데 옛 과거와 달리 예수 그리스도를 이 땅에 밝히 드러낸 이제는("뉜" νῦν; 롬 3:21 참조) 하나님의 구원과 심판이 임하는 때임을 증거한다. 이 구원을 심각하게 받아들이지 않는 자들은 하나님께서 작정하신 한 날에 돌이킬 수 없는 심판을 맞이하게 될 뿐이다(30상반절, 31절). 이 문맥 역시 회개 선포 배경은 예수 그리스도의 나타남(특히, 부활과 재림) 때문이며, 어디서든("판타쿠" πανταχοῦ) 모든사람들("토이스 안쓰로포이스 판타스" τοῖς ἀνθρώποις πάντας)이 할 수만 있으면 다 회개해야 하는 것이 하나님의 뜻임을 암시한다("파랑겔레이…메타노에인" παραγγέλλει…μετανοεῖν 30절; 딛 2:11 참조). 아덴에서 바울의 선교 사역이 큰 효과를 거두지는 못했지만 열매가 전혀 없었던 것도 아니다. 즉, 바울의 예수 부활의 복음을 듣고(32절) 몇 사람들이 믿게(회개-구원) 되었다: "몇 사람이 그[바울]를 가까이하여 믿으니 그 중에는 아레오바고 관리 디오누시오와 다마리라 하는 여자와 또 다른 사람들도 있었더라"(34절).

사도행전 20장 21절과 26장 20절은 각각 다른 상황 가운데 과거와 현재를 전체적으로 회상하면서 바울이 자신의 복음 사역에서 선포한 핵심가치를 동일하게 고백한다는 점에서 매우 주목할 가치가 있다. 먼저 20장 21절의 전후 문맥은 에베소 장로들을 초청한 밀레도의 고별설교에서 자신의 에베소 및 소아시아 사역(18절)을 총체적으로 소개하는 대목이다. 바울이 이때 유대인들과 헬라인들에게("유다이오이스 테 카이 헬레신" Ἰουδαίοις τε καὶ Ἕλλησιν) 전심전력으로 증거했던 것은 "하나님께 대한 회개와 우리 주 예수 그리스도께 대한 믿음"("텐 에이스 쎄온 메타노이안 카이 피스틴 에이스 톤 퀴리온 헤몬 예순" τὴν εἰς θεὸν μετάνοιαν καὶ πίστιν εἰς τὸν κύριον ἡμῶν Ἰησοῦν 21절)이었다.[42] 여기서 우리의 시선을 끄는 것은 "하나님께 대한 회개"와 "주 예수 그리스도께 대한 믿음"이 분리될 수 없는 선언이요 고백이라는 사실이다.[43] 즉 유대인이든 이방인이든 하나님께 회개한다는 고백은 곧 예수를 주와 그리스도로 믿는다는 진리이다. 말하자면 하나님께 대한 회개의 적극적 표현이 다름 아닌 예수께 대한 믿음인 것이다. 이것은 역으로도 적용될 수 있다. 중요한 것은 하나님께 대한 회개와 예수께 대한 믿음이 (유대인뿐 아니라 이방인) 그리스도인들에게는 떨어질 수 없게 된 것이다(행 26:18; 살전 1:9-10 참조). 바울은 또한 에베소 장로들에게 환난 속에서도 자신이 얼마나 사심 없이 최선을 다해 복음을 전했는가를 상기시키면서(18-20절, 26-27상반절) 자신이 전한 복음의 메시지는 "하나님의 모든 뜻"("파산 텐 불렌 투 쎄우" πᾶσαν τὴν βουλὴν τοῦ θεοῦ 27하반절)을 전달한 것과 다름이 없다고 역설했다.[44] 다시 말해 유대인들과 헬라인들에게 전한 하나님께 대한 회개와 예수께 대한 믿음은 바울이 섬겨야 할 하나님의 뜻이었던 것이다.

사도행전에서 마지막으로 나타나는 회개의 구절은 26장 20절로 바울이 로마로 압송되기 직전 즉 유대 땅 가이사랴에서 헤롯 아그립바 왕 2세와 베스도 총독 앞에서 행한 자신의 최종적 변증 가운데 나타난다. 여기에는 바울이 다메섹 도상 회심 이후 그의 전 사역 가운데 선포한 핵심 내용과 그가 전했던 복음의 대상이 언급되고 있다. 실제로 이것은 부활하신 예수께서 바울에게 극적으로 나타나 그에게 맡긴 사명("그들[이스라엘과 이방인들]의 눈을 뜨게 하여 어둠에서 빛으로, 사탄의 권세에서 하나님께로 돌아오게 하고 죄 사함과 나[예수]를 믿어 거룩하게 된 무리 가운데서 기업을 얻게 하리라" – 18절; 참조 9:15; 22:14-15, 21)이기도 했다: "먼저 다메섹(행 9:19-22)과 예루살렘에 있는 사람(행 9:26-29)과 유대 온 땅과 이방인(행 11:26; 13:4-14:28; 15:40-18:22; 18:23-21:16)에게까지 회개하고 하나님께로 돌아와서 회개에 합당한 일을 하라 전하므로"(20절). 바울이 이 같이 전한 복음 선포는 부활하신 주 예수께 받은 것일 뿐 아니라 (구약)성서의 예언대로 약속된 것으로서 선포의 핵심가치가 다름 아닌 예수 그리스도의 죽음과 부활인 것을 알 수 있다: "…내가[바울이] …증언하는 것은 선지자들과 모세가 반드시 되리라고 말한 것밖에 없으니 곧 그리스도가 고난을 받으실 것과 죽은 자 가운데서 먼저 다시 살아나사 이스라엘과 이방인들에게 빛을 전하시리라 함이니이다"(22-23절). 위에서 관찰될 수 있는 내러티브적 의미(특히 행 20:21; 26:20; 참조, 11:18)는 사도행전의 저자인 누가는 회개라는 용어를 구체적으로 언급하지 않는 사건들이나 문맥들 속에서도 회개의 역사를 전제하고 있다는 것이다. 다시 말해 사도행전에서 의미하는 회개는 유대인과 이방인들이 예수를 그리스도와 주로 고백하면서 새로운 마음과 행위의 결단을 통해 성서의 하나님을 (유대인/'하나님을 경외하는 이방인' 으로서) 새롭게 만나거나 (이방인으로서) 처음 만나게 되는 구원 과정의 필수적 요소로 언급한다는 사실이다.

베드로와 바울에게 집중되는 사도행전의 회개 문맥은 위의 내러티브적 문맥의 관찰 결과 다음과 같은 다섯 가지 성서적 함의를 결론적으로 제시할 수

있다: (1) 회개는 죄 사함과 성령의 나타남 가운데 진행되는 구원의 중요 과정이다. (2) 회개는 예수 증인들이 예수의 죽음과 부활 그리고/또는 하나님의 말씀(성서)을 인용-해석하여 풀어줄 때 나타난 열매이다. (3) 회개는 복음을 받은 사람들의 예수/하나님/성령 중심적 사고와 함께 행위/삶의 새로운 결단과 헌신으로 나타난다. (4) 회개는 유대인과 이방인 모두에게 필요한 신앙적 체험이며 그리스도인으로서 하나님의 동일한 신앙 공동체 의식을 배양해 준다. 나아가 회개는 인종-문화-지리적 장벽을 넘어서 전도/선교를 발생시키는 동인이 된다. (5) 회개는 결국 하나님의 뜻/계획 가운데 일어나는 일이며, 회개 선포 자체가 하나님의 뜻/계획을 세우는 일이다. 종합적으로 볼 때 회개는 구원의 역사를 이루어가시는 삼위 하나님의 주도적 일하심에 전적으로 의존하게 된다.[45] 하지만 동시에 회개는 하나님의 사랑과 긍휼－특히 예수의 죽음과 부활 사건과 그 의미에 대한 인간의 철저한 인격적 반응(입술 고백과 삶의 변화)으로 나타나는 회심(구원)의 첫 단계임을 또한 알 수 있다.

4. 사도행전 회개에 대한 성서적 함의를 통해 본 평양대부흥운동

앞에서 나는 누가-행전 내러티브 줄거리로서 잃어버린 하나님의 백성(죄인)을 구하고 찾아나서는 증인의 길이 회개를 촉구함으로써 죄 사함을 받아 구원으로 인도하는 길임을 언급하였다. 그리고 회개를 촉구하는 증인/구원의 길이 사도행전 안에서는 베드로(전반부)와 바울(후반부)의 메시지 선포를 중심으로 나타나는 것을 확인하였다. 이런 맥락에서 나는 회개를 중심으로 사도행전의 내러티브 흐름을 파악하면서 동시에 사도행전 문맥 안에서 회개의 성서적 함의를 도출해 보았다. 그렇다면 이제 우리의 눈을 1907년을 중심으로 한국 땅에서 일어난 평양대부흥운동에 돌려보자.[46] 평양대부흥운동을 기록한 기록자들의 대표적인 내러티브들과 그 당시 부흥운동을 평가한 국내의 현대 역사신학자들의 공통된 시각이 있다면 그것은 평양대부흥운동(1903년 원산부흥운동을 포함하여)이 한 마디로 '회개운동' 이었다는데 있다.[47] 그렇다면 우리가 이미 살펴본 사도행전 회개에 대한 성서적 함의에 비추어 볼 때 평양대부흥운동은 어떤 의미에서 연속성 있는 성서적 회개 개념을 공유한다고 말할 수 있는가? 이제 나는 평양대부흥운동을 기록한 선교사들의 생생한 역사-신앙적 내러티브들[48]의 보도를 직접 인용함으로써 평양대부흥운동을 사도행전 회개의 맥락에서 분석해 보고자 한다.

4.1. 죄 사함과 성령의 선물로 이어지는 구원의 과정으로서 회개

사람들이 연이어 일어나 자기 죄를 고백하고 거꾸러져서 울고, 그 다음에 바닥에 쓰러져서 참회로 인한 극심한 고통 속에서 주먹으로 바닥을 쳤다. 우리 집 요리사가 고백을 하고 그 가운데 거꾸러지더니, 예배실 건너편에 있던 내[이길함 선교사]게 부르짖었다. "목사님, 말씀해 주세요. 저도 용서받을 수 있는 희망이 있습니까?" 그런 다음 바닥에 쓰러지더니 계속해서 울며 고통 속에서 비명을 질렀다. 고백이 있은 후 조금 있다가 온 청중이 갑자기 통성으로 기도하기 시작했는데, 수백 명의 군중이 통성으로 함께 기도하는 모습은 이루 말할 수 없는 것이었다. 또 다른 사람이 고백을 한 다음, 그들은 억제할 수 없는 듯 울음을 터뜨렸다. 우리도 모두 울었는데, 도저히 울음을 참을 수 없었다. 그렇게 집회는 새벽 2시[1907년 1월 14일 월요일 집회가 끝난 후 새벽]까지 고백과 울음과 기도로 계속되었다.[49]

이전에 한 번도 보지 못했으며 또한 하나님 보시기에 절대적으로 필요한 것이 아니라면 다시 보고 싶지도 않은 종류의 집회가 시작되었다[1907년 1월 15일 화요일 집회]. 인간이 범할 수 있는 모든 죄악이 그 날 밤 공개적으로 고백되었다. 심신의 고통 속에서 창백한 얼굴과 복받친 감정으로 범죄한 영혼들이 심판의 밝은 빛 가운데 서서, 하나님이 보시는 그대로 자신을 보았다. 그들은 지극히 추악한 자기 죄들이 떠올라 완전히 수치와 슬픔과 자기 혐오에 사로잡혔다. 교만을 물리치고 체면도 잊었다. 그들은 하늘을 쳐다보며 자신들이 배반한 예수님을 바라보면서, 자신을 힘껏 때리며 비통하게 울부짖었다. "주님, 주님, 우리를 영원히 버리지 마소서! …죄를 공개적으로 고백하는 것이 바람직한가에 대하여 각자의 견해가 있을 수 있다. 내[방위량 선교사–윌리엄 블레어]도 나름대로의 견해를 가지고 있었다. 그러나 나는 이제 하나님의 성령이 죄를 범한 영혼에 임하시면 죄를 고백하게 되고, 이 땅의 어떤 힘도 그것을 막을 수 없다는 것을 안다.[50]

내[방위량 선교사]가 돌보던 교회 중의 하나인 남산모루교회는 매우 약하고 침체된 상태였다. 하지만 이 교회는 하나님 앞에서 울며 죄를 고백할 때, 중생과 권능을 얻었다.…그 시간 역시 소감교회를 위한 새 생명과 능력의 출발점이 되었다. 그들은 최근 300백 석 이상 규모의 훌륭한 새 예배당을 지었다.…하나님은 오래 기다리셨으며 그러한 사람들[즉 회개하는 사람들]을 구원하시기 위해서 모든 힘을 다 쏟아 부으시는 것 같았다.[51]

내[방위량 선교사]는 일어서서 기도하기 시작했다[1907년 1월 15일 화요일 저녁 집회]. '아바지 아바지.' 그런데 더 이상 기도할 수 없었다. 마치 지붕이 건물에서 들리고 하나님의 성령께서 하늘에서 힘찬 권능으로 쇄도하며 우리 위에 내려오시는 것 같았다.…모두가 다른 사람은 잊고 각자 하나님과 대면하고 있었다.…우리는 하나님의 성령을 그 사람들에게 부어 달라고 하나님께 기도했으며 이 일이 일어났다.[52]

하나님은 말 못 하는 비극이 숨겨져 있는 바로 이 심령 속에 구속과 구원을 이루기 위해 성령의 능력을 보내셨다.[53]

평양대부흥운동은 1907년 1월 2일부터 평양장대현 교회에서 시작된 평안도 오전 사경회(2-15일), 선교사 정오 기도회(2-16일), 저녁 연합 부흥회(6-15일 – 남성만 참석), 및 저녁 여성 부흥회(17-22일)가 결정적 시발점이 되었다. 말하자면, 회개운동은 평양장대현 교회를 중심으로 교인들로부터 시작되었던 것이다.[54] "이 부흥은 선교사들의 마음에서부터, 특히 가장 순결한 삶을 살고 있던 일부 선교사들 가운데서 시작되었으며, 또한 현지 교회에서도 가장 영적인 전도인과 조사 가운데서 시작되었다는 것을 기억해야 한다. 이것은 사람 마음의 가장 깊은 것들도 폭로하기를 주저하지 않으시는 성령의 사역이 얼마나 철저하고 완전한 것인지를 보여준다"[55] 즉, 회개가 하나님을 이미 신앙하고 있던 성도/지도자, 즉 '교회 안에서부터' 출발되었다는 것이 고무적이라 할 수 있다.[56] 이런 점에서 평양장대현 교회를 중심으로 일어난 부흥운동으로서 회개는 성도의 성화 과정에서 일어난 즉 ("이미와 아직의") 구원의 과정으로서 회개라 할 수 있다. 물론 평양대부흥운동이 본격적으로 발화되면서 성령의 회개 운동은 '교회 밖의 사람들' 로까지 확산됨으로 이들의 회개는 곧 회심(중생) 체험과 다름 없는 것이었다. 이것은 사도행전의 회개와 매우 유비적인 현상이 아닐 수 없다. 사도/제자들과 바울 그리고 적지 않은 그 당시 유대인들의 회개는 '성전/회당 안에서부터' 시작된 회개로 간주될 수 있으며, 바울을 통해 이방 지역에서 일어난 이방인들의 회개는 '성전/회당 밖으로부터' 일어난 회개로 이해할 수 있기 때문이다. 우리가 확인하고 싶은 것은 성서적으로뿐 아니라 목회적 맥락에서도 회개는 구원의 시작(중생/칭의)과 함께 구원 그 이후(성화)에도 계속적으로 유효한 하나님의 선물이라는 점이다.

한편, 평양장대현 교회 집회 중에 나타난 회개의 현상 중 대표적인 특징은 교인/지도자들이 공개적으로 자신들의 죄를 고백했다는 것이다. 이것은 무엇보다 교인/지도자들의 심령 속에 자리잡았던 죄의 심각성을 자신들이 깨닫고 그 흉측함을 하나님께 토로할 뿐 아니라 성도들 앞에서도 자백하는 회개였다.[57] 베드로의 설교를 들은 직후 유대인들이 "우리가 어찌할꼬" 라는 탄식과 평양 성도들의 "목사님, 말씀해 주세요. 저도 용서받을 수 있는 희망이 있습니까?" 내지 "주님, 주님, 우리를 영원히 버리지 마소서!" 라는 탄식은 상황의 차이가 있다 할지라도 양자 모두 자신들 속에 있는 죄악의 허물을 깨달았을 때 나오는 애통함이라는 점에서 동일한 현상인 것이다.

이 같은 회개운동은 다름 아닌 성령운동이었다. 이것은 그 당시 현장을 목격했던 선교사들의 체험이자 그들의 기록에서 잘 확인된다. 이에 대한 가장 대표적인 보도로는 방위량을 언급하는 것으로도 충분하다. 그는 평양에서의 1907년 사건을 "한국의 오순절"(the Korean Pentecost)이라 칭했다.[58] 1907년 1월 평양장대현 교회로부터 시작된 평양부흥운동은 그 해 4월 개강한 평양신학교의 새 학기 개학 인사말이 "성령을 받았느냐?"(행 19:2 참조 - "너희가 믿을 때에 성령을 받았느냐")로 시작될 만큼 그 당시 성도들은 성령의 나타나심에 대해 누구도 부인할 수 없었다.[59] 또한 실제로 75명의 신학생 대부분이 성령 체험을 한 것으로 증언되고 있다.[60] 성령의 역사에 따른 평양의 교인들의 집단적 회개 현상에 대해 평양의 많은 교회 지도자들이 이 운동을 "맹렬히 반대"했다고 하는 보도는 흥미롭다. 이들은 이것이 성령의 사역이라기 보다는 귀신에 사로잡혀 일어난 것으로 폄하했기 때문이었는데, 얼마되지 않아 적지 않은 반대자들이 집회 현장을 직접 체험하면서 이들도 역시 하나님께서 하시는 일 앞에 자신들의 무지를 깨닫고 회개한 것을 볼 수 있다. 대표적인 이가 평양 남산현 감리교회의 이은승 목사였다.[61] 이처럼 평양 대부흥운동의 회개의 특징은 주로 성도들 속에 감추어져 있던 죄악들이 공개적으로 고백되면서 구원의 새 지평으로 더욱 온전히 나아가는 성령의 역사였던 것이다.

4.2. 예수의 죽음과 부활 그리고/또는 성서(하나님의 말씀)를 인용-해석하여 줄 때 나타나는 열매로서 회개

주목할만한 장면 가운데 하나는 회중들이 성경을 반복해서 읽는 것이었다. 그들은 인도자를 따라서 중요한 성경 본문을 한 절씩 한 절씩 따라 읽었다. 예배를 드리기 전에 15분 동안 기도회를 가졌는데 한번은 선교사가 한번은 장로나 집사, 주일학교 교사 같은 한국인 지도자가 인도한 것이 아주 좋았다. 하나님의 성령이 강하게 임하여 가슴을 찢는 죄의 자백이 이루어졌는데 하루 저녁에는 설교 도중 한 여인이 일어나더니 말씀을 듣는 중 전에는 몰랐던 자신의 죄를 깨닫게 되었노라 외치는 바람에 설교를 중단할 수 밖에 없었다. 많은 사람들이 자신의 영적 생활이 더욱 강화되었다고 간증하였다.[62]

초대 교회를 인도하신 성령께서 한국 교회도 인도하신다는 또 다른 증거는 하나님의 말씀을 향한 열정이다. 부흥 운동 당시에는 미처 성경을 인쇄하지 못할 정도였다. 1년[1907년] 동안 평양에서 6천 권의 성경이 팔렸다. 모든 사람이 심지어 가장 우둔한 여성들까지도 성경을 배웠다. 장사하러

> 돌아다니는 기독교인들은 항상 성경을 소지했다. 길을 갈 때나 여관에 묵을 때나 그들은 성경을 펴서 읽었고 많은 사람들이 하나님의 말씀에 사로잡혀 구원을 얻었다.[63]

> 사경회[성경공부 모임] 제도는 한국 사역의 특징이다. 각 교회는 연중 어느 때 일주일이나 그 이상의 기간을 성경 공부를 위해 지정하고 이 때 모든 일은 중단된다. 유대인들이 안식일을 지키는 것과 똑같이 한국인 기독교인들은 이 날들을 기도와 하나님의 말씀을 공부하기 위해 거룩하게 지킨다. 그러한 중단 없는 성경 공부는 필연적으로 전체 교회의 각성, 사랑과 섬김의 참된 부흥으로 이어졌다.[64]

> 초기 선교사와 그 부인들, 한국인 조사와 장로들 및 권서들이 인도한 사경회는 뒷날에는 주로 한국인 지도자들이 부흥회를 인도하면서 사경회를 겸하게 되었다. 20세기에 들어서서는 1908년 미 북장로교 선교구역에서만 800여회의 사경회에 5만여 명의 신자들이 참석한 것을 비롯하여 이 무렵에는 신자들의 60% 정도가 매년 사경회에 참가하고 있었다.…따라서 한국교회의 주목할 만한 성장과 발전은 성경을 체계적으로 가르친 때문이라는 것이 충분히 관찰한 사람들의 확신이다. 초기 한국 교회의 부흥운동은 사경회와 더불어 이뤄졌던 것이다.[65]

위의 역사적 보도는 평양대부흥운동에 있어 큰 동인이 된 것이 바로 사경회, 즉 성서읽기 및 성서공부임을 알 수 있다. 아펜젤러와 언더우드 선교사가 1879년 제물포에 들어오기 전 한국에는 이미 한국인에 의해 번역된 한글 성서가 읽히고 있었던 것이다. 이것은 기독교 선교 역사에 유례가 없는 하나님의 섭리적 축복이었는데 한국 교인들이 선교 초기부터 성서를 사랑하고 사경회를 중심으로 교회가 세워져 나간 것은 1907년 평양대부흥운동 속에서 나타나는 성서 중심적 운동과 깊은 연관성을 갖고 있다.[66] 또한 한국 교인들에게 성서가 곧 하나님 말씀이어서 경전으로서 성서에 대한 절대적 권위가 잘 수용되었고 이를 통한 사고와 행동의 순종과 변화가 뒤따르게 되었던 것이다.[67] 성서를 풀어 해석하는 특징은 오순절 성령 강림과 함께 계속적으로 나타나는 베드로의 선포사역일 뿐 아니라 바울의 설교에서 나타나는 주된 요소이기도 하다. 누가는 사도행전의 주요 요약구절들마다 이것을 더욱 강조해 주고 있다: "하나님의 말씀이 점점 왕성하여 예루살렘에 있는 제자의 수가 더 심히 많아지고 허다한 제사장의 무리도 이 도에 복종하니라"(6:7); "하나님의 말씀은 흥왕하여 더 하더라"(12:24); "이와 같이 주의 말씀이 힘이 있어 흥왕하여 세력을 얻으니라"(19:20). 즉, 평양대부흥운동의 회개운동은 하나님 말씀이 왕성하게 힘을 얻게 되면서 나타난 성서운동의 열매였던 것이다. 그런데 이와 같은 사경회(성서) 운동은 실제적으로 성서와 복음의 중심이라 할 수 있는 십자가와 부활 그리고 다시 오실 예수 그리스도를 핵심으로 읽혀지고 풀이되었을 것이기에 하나님 말씀운동은 곧 예수 중심의 복음운동이 전제된 것이라 할 수 있다. 즉, 평양대부흥운동이 일어난 사건들의 현상들과 함께 그 전후 배경이 심층적으로 고려된다면, 이 부흥운동은 그 동안 지속적인 말씀운동(사경회)에 기초한 성령운동이었다는 사실이며, 또한 이것은 예수 그리스도에 대한 새로운 자각과 헌신이 동반된 예수운동이자 예수 전도운동으로 간주된다.[68]

4.3. 하나님 중심적 사고와 함께 행위/삶의 새로운 결단과 헌신으로서 회개

[브루스 헌트 선교사의] 짧은 설교 후에 리[길함 선교사]는 집회를 주관하며 기도를 요청했다. 너무도 많은 사람들이 기도하기 시작하자, 리가 "여러분도 이처럼 기도하기를 원하면, 모두 함께 기도합시다."라고 말하자, 모든 청중이 함께 큰 소리로 기도하기 시작했다. 그 결과는 말할 수 없었다. 이는 혼란이 아니라 목소리와 영의 거대한 조화요, 기도에 대한 억제할 수 없는 충동에 의해 감동된 영혼들의 어우러짐이었다. 내게 이 기도는 거대한 폭포수, 하나님의 보좌를 두드리는 기도의 바다처럼 들렸다. 이는 여러 기도가 아니라 한 성령에게서 나와 위에 계신 한 하나님께 올라가는 하나의 기도였다. 오순절 때와 똑같이 "그들이 다 같이 한 곳에 모였더니

홀연히 하늘로부터 급하고 강한 바람 같은 소리가 있어 그들이 앉은 온 집에 가득했다(사도행전 2:1).[69]

부흥의 세 번째 결과는 기독교인의 기도 생활이 심화된 것이었다.…부흥이 진행되는 동안 많은 기독교인들은 기도에 관해 새로운 비밀을 배웠다.…이처럼 한국 교회는 기도에서 새로운 능력을 발견하였으며, 지금은 하나님의 자녀로서 무한한 가치를 지닌 이 복된 특권의 능력에 대해 확신하고 있다.[70]

평양에서는 한 달 이상 여러 교회에서 특별 집회가 열렸다. 심지어 학교도 학생들이 함께 자기 잘못에 대해 울면서 회개했으므로 학교는 며칠 동안 수업을 중지해야 했다. 회개는 고백과 눈물로 끝나지 않았다. 배상이 가능한 경우, 배상이 이루어질 때까지 평화는 오지 않았다. 수년 동안 우리가 도둑맞았던 작은 물건이나 돈을 돌려 받는 동안에, 우리 가슴은 거듭거듭 찢어지는 듯했다.…사람들이 온 시내의 집집마다 돌아다니며, 피해를 주었던 사람에게 고백하고, 훔친 재산과 물건을 돌려 주었는데, 단지 기독교인만 아니라 불신자들에게도 그렇게 했으며, 그로 인해 온 도시가 떠들썩하게 되었다.[71]

내[조나단 고포스 – 중국 허난에서 사역하던 캐나다 장로교 선교사]가 한국 선교회에 있던 해[1907년], 한국교인들은 139명의 남녀 사역자와 교사와 전도인들을 지원하고 있었는데, 그 해에만 사역자의 수를 57명이나 늘였다. 그 선교사는 말했다. “우리는 예배당이 너무 작다는 것을 알고, 1,500명을 수용할 수 있는 예배당 건축을 계획하기 위해 모임을 가졌습니다. 참석한 사람들은 가지고 있는 모든 돈을 바쳤습니다. 남자들은 시계를 바치고, 여자들은 패물을 빼서 드렸습니다. 어떤 사람들은 땅 문서 일부를 드렸습니다. 그들은 가진 것을 모두 바치고 더 바치지 못해 울었습니다. 그들은 빚 없이 예배당을 건축했습니다.[72]

무엇보다 이 부흥[평양대부흥]은 기독교 변증사에 또 하나의 반박할 수 없

> 는 사건을 기록했다. 십자가와 보혈과 부활의 옛 복음이 지금 수많은 사람들에게 자유롭고 온전하며 완전한 구원이 되었으며, 실제로 게으르고, 무기력하고, 목적 없이 살던 한국인을 사로잡아 복음적 능력을 가진 헌신적인 사역자로 변화시켰다.…선교사들은 제사를 특별히 공격하지는 않지만, 기독교와 이 부흥회가 제사를 뿌리 뽑고 있음은 매우 분명하다. 이 점에서 기독교는 한국에 적응하지 않았다. 반면, 기독교가 한국 민족의 영적, 지적, 도덕적 욕구를 충족시키고 있다는 것은 모든 곳에서 더욱 분명하다.[73]

사도행전의 회개 내러티브 문맥 전후에서 나타나는 가장 현저한 하나님 중심적 사고와 태도는 기도라 할 수 있다. 실제로 회개에 큰 관심을 갖고 있었던 누가에게 있어 기도의 문맥이 자주 나온다는 것은 결코 우연이 아니다.[74] 하나님과 하나님의 사람(들)과의 인격-신앙적 대화요 만남/사귐을 기도라 정의할 때, 이 대화와 만남의 결정적 동인이 "하나님의 영이요 승천하신 예수의 영"으로서 성령인 것과 하늘/하나님의 뜻을 찾고 사모하며 기대하는 하나님의 사람(들)에게 주요한 통로가 또한 기도이기에, 기도하는 마음과 행위는 자신의 불순종을 회개하는 표현이 된다. 또한 기도하는 가운데 성령의 능력이 하나님의 임재로서 나타났을 경우 회개는 감사, 기쁨, 결단과 함께 어우러진다. 사도행전의 오순절 성령강림 사건 직전에 제자들의 기도가 있었던 것이 사실이지만 오순절 성령 강림 이후의 제자/성도들과 신앙 공동체의 합심 된 기도는 성령의 능력을 계속적으로 체험하고 인도함 받는데 있어 더욱 결정적이었다. 1907년 평양대부흥이 역사하기 직전 장로회 및 감리회 소속 연합 선교사들이 1906년 9월부터 한국 교회의 부흥을 위해 집중적으로 기도한 것75은 사도행전 1장의 문맥과도 좋은 연관성을 맺는다. 그리고 무엇보다 1907년 1월 이후로 폭포수처럼 폭발된 (회개) 기도 가운데 성령의 임재를 강하게 체험한 것과도 잘 유비가 된다.

평양대부흥운동은 성도로서 자신이 복음을 알고 난 이후에 범한 죄악들뿐 아니라 복음을 알기 전에도 범했던 악한 행실들을 고백하며 그것들을 최대한 금전적으로 배상하려고 했다는 점에서 (신앙적) 사고와 함께 (윤리-도덕적)

행위/삶이 뒤따르는 회개임을 알 수 있다(눅 3:7-14 참조). 또한 회개의 은총을 체험한 교인들은 과거의 불의한 행실과 별개로 자신의 소유물과 금전을 주님께 기꺼이 헌상함으로써 교회의 큰 부흥이 더욱 가속화 된 사실을 보게 된다. 이와 관련된 사례들은 특히 조나단 고포스의 기록에 잘 소개되어있는데,[76] 이것은 사도행전에서 나타나는 초대 교회 성도들의 모습과 유사한 것이다(행 2:44-45; 4:32-37; 9:36; 20:33-35). 성도들의 배상과 헌상의 두 경우는 말할 것도 없이 성령으로 말미암은 회개의 역사였음이 분명하다. 이런 점에서 평양대부흥운동의 회개는 개인과 공동체의 삶에 갱신을 가져온 사회적 영향력을 결코 간과할 수 없을 것이다(행 19:8-41; 갈 3:28; 4:8-11; 살전 1:5-10; 롬 12:1-2; 엡 5:22-6:9; 골 3:18-4:1 참조).

4.4. 인종-문화-지리적 장벽을 넘어 전도/선교를 발생시키는 동인으로서 회개

> 금년[1907년]까지 내[무어 선교사]는 동양은 동양이고 서양은 서양이며 양자 사이에는 어떤 유사성이나 공통 기반이 있을 수 없다는 혐오스런 생각에 다소 사로잡혀 있었다. 다른 사람들에게 나는 한국인들은 서양인의 종교적 체험을 결코 체험하지 못할 것이라고 말했다. 그러나 이번 부흥은 나에게 다음 두 가지를 가르쳐 주었다. 첫째, 표면적으로 서양과는 정반대가 되는 것이 천 가지가 있을지라도, 한국인은 마음과 모든 근본적인 것들에서 서양의 형제와 하나다.…둘째, 이 부흥은 모든 생활을 경건하게 하는 일, 기도, 단순하고 어린이와 같은 신뢰에서 동양은 서양에게 가르쳐 줄 수 있는 많은 것들, 오히려 더 깊은 것들을 가지고 있다고 가르쳐 주었다. 우리는 이러한 것들을 배우기 전에는 결코 그리스도의 온전한 복음을 알 수 없다.[77]

> 길[선주] 장로가 양반들에 대해 말한 이야기를 듣는 것은 매우 흥미로웠습니다. 연못골교회에서 집회가 시작되기 전과 집회가 시작되었을 때, 양반들은 방 한쪽에 앉아 있었고, '상놈들'은 반대편에 앉아 있었는데, 집회가 끝나기 전에 양반과 상놈이 형제애 속에서 한 자리에 앉게 되었습니다.[78]

다음[평양 집회] 날 그[일본군 장교]는 평양의 일본인 교회의 목사와 함께 선교사를 만나기 위해서 왔다. 그는 예전에 하나님에 대해서 거의 알지 못했지만, 그 집회에서 일어났던 일에 너무도 깊은 인상을 받아 더 이상 하나님을 의심할 수 없었으므로 그 자리에서 그리스도께 마음을 드렸다고 말했다. 그는 곧 일본으로 돌아갈 예정이었으므로 세례를 요청했다. 그 다음날 밤에 작은 무리의 일본인이 거대한 한국인 청중 사이에 자리를 잡았다. 예배가 끝날 때 일본인과 한국인이 함께 즐거워하는 가운데 이 군인 기독교인은 기독교 신앙으로 세례를 받았다. 그 장교는 영혼을 향한 거룩한 열정이 넘치는 마음으로 일본으로 돌아갔다. 그는 고향 마을에서 그리스도의 복음을 열심과 불타는 열정으로 전파하여, 마을 전체가 깊이 감동을 받았으며, 많은 사람들이 그리스도에게로 나아갔다.[79]

평양에서 특별 집회가 끝나기 오래 전부터, 동일하게 죄에 대한 참회와 통회라는 놀란 만한 현상이 다른 지역에서도 나타났으며, 비록 정도의 차이는 있지만 단기간에 한국의 모든 교회들이 불타올랐다.[80]

부흥회의 결과는 교회에 커다란 도움이 되었으며 교회의 사기를 앙양시켰다. 온 교회가 씻음을 받고 정화되고 사랑스러워지고 새로워졌다. 그 해 가을[1907년 9월], 우리가 독립된 한국 교회를 조직하게 되었을 때["장로회 독노회"], …새로운 한국 교회의 첫 회의는 해외 선교 회의였다. 해외 선교부가 조직되었다. 노회는 일곱 사람 중의 한 명으로 반에서 가장 뛰어난 인물이었던 이기풍을 전도 사역을 위해 안수하고, 해외 선교사로 한국의 남쪽에 있는 제주도로 파송했다. 선교 정신이 온 교회 특히 대학의 청년들을 사로잡았다.[81]

평양대부흥운동은 한국 교회 지도자/선교사들의 회개로부터 시작되었다고 할 수 있다. 이 사실은 무엇보다 1903년 원산부흥운동을 이끌었던 하디 선교사로부터 소급될 수 있을 것이다. 그리고 우리에게 흥미로운 것은 1907년 평양대부흥운동이 일어나기 일년 전인 1906년 9월 이후부터 장로회 및 감리회에 소속된 약 20여명의 선교사들이 한 마음으로 연합되어 약 4개월 동안 지속적으로 한국 교회의 부흥을 위해 기도했다는 점이다.[82] "그들은 약 4개월 동안 기도했으며, 그 결과 모두 감리회 교인이나 장로회 교인이라는 사실도 잊었다고 말했다. 그들은 오직 주 예수 그리스도 안에서 모두 하나라는 사실을 깨달았다. 이것이 진정한 교회 연합이었다. 이것은 무릎을 꿇음으로써 이루어졌고, 오래 지속될 것이며, 지극히 높으신 분을 영화롭게 할 것이다."[83]

이처럼 성령의 역사 속에 일어난 평양대부흥운동의 회개운동은 시작 전부터 지도자/선교사들의 회개와 이에 따른 연합기도운동의 연결 속에서 고려될 필요가 있다(예수의 사도들, 여인들, 예수의 모친 및 아우들 등이 모여 약 120 명이 함께 기도하던 것을 참조 – 행 1:12-14). 그리고 평양의 집회가 폭발적 회개운동으로 나타나면서 외국인 선교사들은 한국 교인 지도자들과 교인들을 진정한 복음의 동역자들이요 그리스도의 한 몸 된 지체들로 기꺼이 수용하게 되었던 것이다. 아울러 회개한 한국 교인들이 그리스도 안에서 양반과 상놈의 경계선이 무너지는 체험을 넘어서서 (부분적일지라도) 일본인 장교도 수용할 수 있었다는 것은 문화-인종적 장벽이 허물어지는 것을 시사해 주는 큰 도전이 아닐 수 없다(사도행전에서 볼 수 있는 예루살렘 유대-히브리파 그리스도인과 유대-헬라파 그리스도인의 화해[행 6:1-6], 예루살렘-그리스도인들과 사마리아 그리스도인들의 화해[행 8:14-17, 25], 고넬료 로마 장교 가정과 유대인 베드로 및 예루살렘 성도들과의 화해[행 10:1-11:18], 예루살렘 신앙공동체와 안디옥 신앙공동체의 연합[행 11:19-30; 12:25; 15:1-35], 예루살렘 사도들과 바울의 연합[9:26-30; 18:22], 예루살렘 공동체를 향한 이방 그리스도인들의 사랑(헌금)의 교제와 연합[행 24:17-18; 롬 15:25-27, 31]을 참조). 마음의 회개와 삶의 갱신이 분리될 수 없으며, 진정한 개인의 회개는 공동체의 갱신뿐 아니라 인종-문화적 차이가 뚜렷이 있었던 공동체 상호 간에도 연합을 가져올 수 있음을 확인할 수 있는 대목이다. 그리고 이와 같은 평양대부흥의 (신앙 공동체 내부와 상호 간의) 회개-화해/연합-갱신운동은 마침내 (신앙 공동체 외부를 향한) 복음의 전도/선교운동의 열매로 나타났다는 점에서 성서적 교훈이 또한 얼마나 기독교 역사적 교훈과 상통하는가를 잘 보여준다.

4.5. 하나님의 뜻/계획으로서 회개

앞에서 살펴 본 그 당시 선교사들과 한국 교인들의 체험과 목격담을 기초로 해 볼 때 평양대부흥에서 일어난 일련의 종교적 현상들은 사람들이 준비하고 진행된 종교적 집회 가운데 일어난 감성적 흥분이나 죄책 고백을 넘어선 체험과 증언들이었다. 즉, 이것은 한국 교회의 부흥을 가져온 하나님의 뜻/계획이었다. 내가 참고한 문헌 가운데 평양대부흥운동을 문자적으로 '하나님의 뜻/계획' 으로 묘사한 기록물은 발견할 수 없었지만,[84] 이 사건을 체험하고 보도하는 선교사들의 내러티브는 한결 같이 이 부흥운동이 하나님으로부터 말미암은 하나님의 역사로 수용한 것이 너무나 분명하다. 마치 사도행전의 내러티브가 그러했듯이, 이 부흥운동의 주체를 묘사하는 핵심적 동인은 (위에서 살펴본 것처럼) 성서(하나님의 말씀)요 성령(하나님의 영)이다. 그리고 이에 따른 사람들의 구원 역사(회개-갱신-전도/선교)가 신앙 공동체 안팎으로 나타나면서, 적지 않은 환난이나 어려움에도 불구하고 복음을 따르는 수가 점점 더 늘어나면서 지리적으로도 확장되는 결과를 낳고 있다. 조나단 고포스는 평양대부흥운동에 대한 소개를 끝마치는 마무리에서 "확실히 성령 하나님은 1세기에 팔레스타인처럼 한국에서도 우리의 승천하신 주님을 영화롭게 하신다"[85]고 확신에 찬 증언을 하였다.

하나님의 뜻/계획이 여러 시대 여러 상황 가운데 하나님의 동일한 주권적 일하심을 보여준다 할지라도, 심지어 외관적으로 매우 유사한 현상들을 동반한다 할지라도 시대와 장소와 때에 따른 하나님 섭리의 독특함을 이해할 필요가 있다. 즉, 1세기 중후반에 유대 땅과 소아시아 및 유럽에서 펼쳐진 초대 교회 부흥운동과 20세기 초에 평양을 중심으로 한국 땅에서 일어난 한국 교회 부흥운동에는 연속성과 비연속성의 긴장이 놓여있다.[86] 이런 점에서 나는 '사도행전에서 나타난 회개의 성서적 함의' 를 매개로 평양대부흥운동을 평가함으로써 하나님께서 허락하신 두 부흥운동들의 연속성 내지 연결점에 더욱 초점을 맞춘 것이라 할 수 있다. 그리고 이 같은 평양대부흥운동에서 나타난 회개의 성서적 연속성은 오늘 한국 교회/성도들에게 단순한 도전과 교훈을 넘어, 성서의 텍스트와 함께 '또 하나의 텍스트'로 활용될 수 있는 역사-신앙-신학적 가치가 충분하다고 말할 수 있다.

5. 나가는 말

이 글은 1907년 평양에서 일어난 부흥운동을 성서에 비추어서 관찰했다는 장점이 있음과 동시에 사도행전 회개의 틀 안에서만 바라 본 단점도 함께 갖고 있다. 회개라는 신학적 주제 내지 개념에만 집중함으로써 초대 교회 및 한국 초기 기독교 양편 모두에게서 마땅히 주목되어야 할 사회-정치적 상황 변수들을 다루지 못한 아쉬움도 있다. 무엇보다 초대 교회 부흥운동에 대한 사도행전의 독자적이면서도 권위 있는 정경적 성서 내러티브와 평양대부흥운동을 다양하게 보도해 준 내러티브들 간의 비교를 통한 평가라는 점에서도 한계를 피할 수 없다.[87] 하지만 1907년 평양에서 일어난 부흥운동이 사도행전에서 도출된 회개의 주제와 이에 따른 5가지 관련 특징을 유비적으로 담지 하고 있다는 점에서 우리에게 큰 가치와 적용을 안겨준다. 이것은 오늘 우리의 신앙 공동체를 돌아보고 세워나가는데 있어 평양대부흥운동이 하나의 소중한 역사-신앙적 텍스트(text)로서 간주될 수 있음을 의미한다. 즉 성서와 더불어 평양대부흥운동은 '오늘 여기에서 우리가 무엇을 해야 하는가'("우리가 어찌할꼬")에 대해 분명한 메시지를 던져준다. 이것은 더욱 구체적으로 '한국 교회/신학교의 영적 각성-부흥을 위해 이제 우리는 무엇을 해야 하는가'("우리가 어찌할꼬")를 도전하는 것이기도 하다.

한국의 기독교 신앙 공동체가 이제는 허울 좋은 위선적/가식적 거품들을 하나 둘 거두어내고 각자의 자리에서 우리 개인 및 공동체의 허물과 죄악을 깊이 회개해야 할 때이다. 회개가 '이미와 아직'의 구원론적 긴장 구조 안에서 매우 유효한 접점(고후 7:9-11; 12:21; 딤후 2:25; 벧후 3:9)인 것을 인식할 때, 하나님을 신앙하고 있는 자(특히 지도자)들의 "우리가 어찌할꼬"라는 애통과 탄식은 "하나님의 뜻대로 하는 근심"이요 "후회할 것이 없는 구원에 이르게 하는 회개를 이루는 것"이 될 것이다(고후 7:10 참조). 오늘의 성도/지도자들과 한국 교회는 하나님의 말씀인 성서의 권위와 능력을 삶의 자리에서 실질적으로 회복해야 한다. 성도들과 교회 안에서 다른 무엇보다도 하나님의 말씀이 힘이 있고 점점 더 왕성하여짐으로(행 6:7; 12:24; 19:20) "교회가 평안하여 든든히 서가고 주를 경외함과 성령의 위로로 진행하여 수가 더 많아지니라"(행 9:31)의 증거가 그때 1세기 중엽의 "온 유대와 갈릴리와 사마리아 교회"(원어에서 단수형임! – 행 9:31) 및 1907년의 평양장대현 교회뿐 아니라, 이제 2007년 한국의 각 지역에서도 일어날 수 있기를 더욱 사모하게 된다. 하나님 말씀운동과 성령운동이 분리될 수 없는 복음-구원(회개)운동임을 깨달아 더욱 새롭고 강력한 하나님 능력의 옷으로 갈아입어야 할 때이다. 그래서 우리들의 회개가 마음과 입술의 고백을 넘어 그에 합당한 행위와 삶을 통한 새 결단과 헌신의 징표로 나타나는 회개이고 싶다. 차마 공개적으로는 힘들지라도, 신뢰하고 존경하는 멘토들에게, 가까이에 있는 동기들과 동역자들에게, 함께 웃고 울 수 있는 형제 자매들에게, 깊이 감춰지고 숨겨왔던 우리 "죄를 서로 고하며" "서로 기도"하면서(약 5:16) 갱신의 의미가 살 깊이 다가오는 회개이고 싶다. 지역교회와 신학교와 교단의 '인본주의적' 장벽들이 해마다 조금씩 무너짐으로 오늘과 내일 우리가 마땅히 바라보아야 할 우리들의 동서남북이 '신본주의적' 한 몸으로 해마다 조금씩 더 연결됨으로 우리 회개의 뿌리가 하나님 주시는 은혜와 기쁨의 열매로 가득 채워지길 소망한다. 이것이 오늘 한국 교회/신학교/교단이 의식적이고도 책임 있게 인정하고 추구해야 할 하나님의 뜻이 아니겠는가? 이런 점에서 평양대부흥운동은 오늘의 한국 교회를 짊어질 우리들이 끊임없이 방문해야 할 '오늘의 미스바 운동'이자, 내일의 한국 교회를 이끌어나갈 우리가 쉼 없이 극복해야 할 '오늘의 두란노서원 운동'이다

"우리가 어찌할꼬." 우리를 위하여 간구하시는(롬 8:34; 참조, 히 7:25) 예수 그리스도의 사랑과 말할 수 없는 탄식으로 우리를 위하여 친히 간구(롬 8:26)하시는 성령의 위로가 오늘의 한국 기독교 공동체와 각 지체들 안에 가득하기를 기도한다.

● 한글 (번역) 자료

김성규, "마가복음 1:14-15에 나타난 예수의 선지적 회개 개념의 의미,"「신약연구」5.1 (2006): 51-87.

로이드 존스, 마틴, 『마틴 로이드 존스의 부흥』정상윤 옮김 (서울: 복 있는 사람, 2006).

류대영, "20세기 초 한국교회 부흥현상 연구에 관한 몇 가지 재검토,"「1907년 대부흥운동 100주년 기념 학술대회-한국복음주의 역사신학회 제 15차 논문발표회 및 한국교회사학회 제 93차 논문발표회 미발행 논문집」(2007. 3): 43-59.

민병수 감수, 『새국어사전』(서울: 교학사, 1988).

박용규, 『평양대부흥운동』(서울: 생명의말씀사, 2000).

박종천, "회개, 화해, 새창조,"『영적대각성 100주년기념 학술연구: 각성, 갱신, 부흥』(서울: 감리교신학대학교 출판부, 2006), 209-247.

박형용, 『사도행전 주해』(수원: 합동신학대학원출판부, 2003).

변종길, 『우리 안에 계신 성령』(서울: 생명의말씀사, 2003).

변종길, "사마리아에서의 복음전파: 사도행전 8장의 주해와 적용," 목회와신학 편집부, 『사도행전 어떻게 설교할 것인가』(서울: 두란노, 2003), 189-206.

스토트, 존『사도행전 강해』정옥배 옮김 (서울: IVP, 1992).

옥성득 외 2인 편집, 『한국 교회 대부흥 운동 100주년 자료집 1903-1908』(서울: 장로회신학대학교 출판부, 2007).

왕대일, "초기 한국교회 부흥운동에 대한 구약적 평가,"『영적대각성 100주년기념 학술연구: 각성, 갱신, 부흥』(서울: 감리교신학대학교 출판부, 2006), 117-165.

유상섭, 『교회 갱신을 위한 분석 사도행전 I』(서울: 생명의말씀사, 2002).

유상현, "사도행전의 기도,"『사도행전 연구』(서울: 대한기독교서회, 1996), 113-140.

윤철원, 『사도행전 다시 읽기』(서울: 한국성서학연구소, 2006)

양낙흥, "평양대부흥과 회개,"「1907 평양대부흥 100주년 기념 제 6차 학술세미나 자료집 미발행 논문집」(2006. 10): 48-68.

이만열, "1907년 평양 대부흥운동에 대한 몇 가지 검토,"「2006년 한국기독교역사학회 학술 심포지움-1907년 대부흥운동과 한국교회 기조강연 미발행 논문집」(2006. 11): 7-25.

이승진, "부흥 설교에 대한 설교학적 이해,"「헤르메네이아 투데이」38호

(2007): 17-40.

임희국, "신앙각성운동을 통한 갱신과 부흥, 토착교회의 형성: 1907년 평양 대각성운동을 중심으로," 장신근 편집, 『한국교회의 영적 부흥과 리더십: 제 1, 2회 소망신학포럼』(서울: 장로회신학대학교출판부, 2006), 437-475

한규삼, 『사도행전』(서울: 생명의말씀사, 2006).

허주, "누가와 성령," 『신학의 종을 어떻게 울릴 것인가』(서울: 그리심, 2005), 50-87.

허주, "영적 각성과 그리스도인의 삶," 『신학의 종을 어떻게 울릴 것인가』(서울: 그리심, 2005), 344-358.

허주, "오순절 성령강림에 대한 베드로의 설교: 기독론적 해석과 적용," 「교회와 문화」15호 (2004): 39-67

● 영문 자료

Bayer, H. F., "The Preaching of Peter in Acts," *Witness to the Gospel: The Theology of Acts* eds., I H. Marshall and D. Peterson (Grand Rapids: Eerdmans, 1998), 257-274.

Behm, J. and E. Wurthwein, "metanoe,w, meta,noia," *Theological Dictionary of the New Testament eds. G. Kittel and G. Friedrich* (trans. Geoffrey W. Bromiley; Grand Rapids, 1964), IV, 975-1008.

Blair, W. N. and Bruce Hunt, *The Korean Pentecost and the Suffering Which Followed* (Edinburgh: The Banner of Truth Trust, 1977).

Danker, F. W. (ed.), "μετανοέω," "μετάμοια, ἀ, η," *A Greek-English Lexicon of the New Testament and Other Early Christian Literature* (Chicago and London; The University of Chicago Press, 3rd edition, 2000), 640-641.

DeSilva, D. A., "Repentance," *Dictionary of the Later New Testament & Its Developments* (Downers Grove: IVP, 1997), 1011-1015.

Dunn, J., *Baptism in the Holy Spirit: A Re-examination of the New Testament Teaching on the Gift of the Spirit in Relation to Pentecostalism Today* (Philadelphia: Westminster Press, 1970).

Egan, K., "What Is a Plot," *New Literary History* 9 (1978): 455-473.

Han, K. S. (한규삼), "Theology of Prayer in the Gospels of Luke," *Journal of Evangelical Theological Society* 43 (2000): 675-693.

Hur, J.(허주), *A Dynamic Reading of the Holy Spirit in Luke-Act*s (Sheffield: Sheffield Academic Press, 2001).

Goforth, J., *When the Spirit' s Fire Swept Korea* (Grand Rapids, MI: Zondervan Publishing House, 1943),

Lee, B. W., "Pentecost Again," *Woman' s Work for Woman* (June, 1905): 119.

Lee, G., "How The Spirit Came to Pyeng Yang," *Korea Mission Field* 3 (March, 1907): 33-37.

Kearns, C. E., "One Year in Syen Chun Station," *Assembly Herald* (Nov., 1905): 602-603.

Kim, Sung-Gyu (김성규), 'La Conversion: Des prophètes á Jesus,' unpublished Th. D. Thesis (Bruxelles: Faculte Universitaire de Theologie Protestante, 2003-2004).

Kingsbury, J. D., "The Plot of Luke' s Story of Jesus," *Interpretation* 48 (1994): 369-378.

Lunde, J., "Repentance," *Dictionary of Jesus & the Gospels* (Downers Grove: IVP, 1992): 669-673.

Marshall, I. H., *Luke: Historian and Theologian* (Grand Rapids: Zondervan, 1989, 2nd edition).

Marshall, I. H., *Acts* (Tyndale New Testament Commentaries; Leicester: IVP, 1980).

Matera, F. J., "The Plot of Matthew' s Gospel," *Catholic Biblical Quarterly* 49 (1987): 233-253.

Moessner, D. P., "Paul in Acts: Preacher of Eschatological Repentance to Israel," *New Testament Studies* 34 (1998): 96-104.

Moffett, S. A., "Policy and Methods for the Evangelization of Korea," *The Chinese Recorder and Missionary Journal, XXXVII-5 (May, 1906): 235-248.*

Moffett, S. A., "A Call to a Special Effort," *Korea Mission Field* 2 (Dec.,

1905): 30.

Moore, J., "The Great Revival Year," *Korea Mission Field* 3 (Aug., 1907): 118.

Moose, J. R., "A Great Awakening," *Korea Mission Field* 2 (Jan., 1906): 51.

Nave, Jr., G. D., *The Role and Function of Repentance in Luke-Acts* (Atlanta: SBL, 2002).

Noble, W. and G. Heber Jones, *The Religious Awakening of Korea: An Account of the Revival in Korean Churches in 1907* (New York: Board of the Foreign Missions, MEC, 1908).

O' Brien, P. T., "Prayer in Luke-Acts," *Tyndale Bulletin* 24 (1973): 111-127.

Squires, J., *The Plan of God in Luke-Acts* (Cambridge: Cambridge University Press, 1993).

Swallen, W. L., "Advance in Pyeng Yang," *Assembly Herald* (Nov., 1903): 517-518.

Swallen, W. L., "Our Training Class System: From Annual Report of Pyeng Yang Station, September, 1904," *Korea Field* (Feb., 1905): 233-235.

Trites, A. A., "The Prayer Motif in Luke-Acts," in *Perspectives on Luke-Acts, ed. C. H. Talbert* (Edinburgh: T & T Clark, 1978), 168-186.

Wallace, D. B., *Greek Grammar Beyond the Basics: An Exegetical Syntax of the New Testament* (Grand Rapids: Zondervan, 1996).

Witherington, III, B., *The Acts of the Apostles: A Socio-Rhetorical Commentary* (Grand Rapids: Eerdmans, 1998).

● 서신 영문 자료

S. A. Moffett to Arthur J. Brown, January 31, 1906 (KMPCUSA Microfilm #281, vol. 236, letter #23).

W. N. Blair to A. J. Brown, February 1, 1906 (KMPCUSA, Microfilm reel #281, vol. 236, letter #24).

William M. Baird to A. J. Brown, March 14, 1906 (KMPCUSA, Microfilm reel #281, vol. 236, letter #43).

Margaret Best to A. J. Brown, March 12, 1907 (KMPCUSA, Microfilm reel #281, vol. 237, letter #52).

보록 2

경건과 학문의 로드맵을 어떻게 세울 것인가

목회학석사 과정과 관련하여*

0. 이 글을 왜 생각하게 되었는가
1. 신학교육에 있어 목회학석사 과정이란
   - 1.1. 목회학석사 과정은 누구를 위한 과정인가
   - 1.2. 목회학석사 과정의 커리큘럼은 어떻게 구성되어 있는가
   - 1.3. ACTS 목회학석사 한국어과정 커리큘럼을 한 눈에
2. 목회학석사 과정 커리큘럼 이대로 좋은가: 허(虛)와 실(實)
   - 2.1. "신학" 발전에 따른 목회학석사 과정의 허와 실
   - 2.2. "교회" 성장에 따른 목회학석사 과정의 허와 실
   - 2.3. ACTS 목회학석사 한국어과정의 허와 실
3. "경건과 학문을 위한 로드맵" – 이렇게 준비해 보라

0. 이 글을 왜 생각하게 되었는가

0.1 목회학석사 과정의 적지 않은 신학생들이 신학교육 과정으로서 목회학석사 과정의 현 주소를 잘 파악하지 못하고 학업에 임하는 것을 지난 교수 사역 중 알게 되었습니다.

0.2. 좀더 체계적이고 집중력 있는 목회학석사 과정을 만들어 나가야 할 책임과 의무가 학생뿐 아니라 학교/교수에게도 있다는 자각 때문입니다.

0.3. 현실적으론 ACTS 신학대학원 원우회로부터 신입생 오리엔테이션 특강을 요청 받은 터에 이 제목을 함께 나누며 토론-제안하고 싶었기 때문입니다.

1. 신학교육에 있어 목회학석사 과정이란

1.1. 목회학석사 과정은 누구를 위한 과정인가

경건과 학문의 로드맵 정복의 첫 단계로 목회학석사(Master of Divinity) 과정을 신학의 다른 제 학위 과정들과 관련하여 이해할 필요가 있습니다. 이 과정은 북미(특히 미국)의 신학대학원(theological seminary)으로부터 전적으로 도입된 학위과정임을 보게 됩니다. 우리가 알고 있듯이 이 과정은 학부 전공에 관계없이 학사학위를 소지한 자가 신학을 공부하고자 할 때 지원할 수 있게 되어 있습니다. 그러나 목회학석사 과정은 주로 기독교 신앙 지역공동체(교회/선교단체/학교기관)에서 풀-타임으로 섬기기 소망하는 전임 사역자(특히, 목사-선교사) 후보생이 신학을 체계적이고 집중력 있게 배우기 위한 신학교육 과정이라 할 수 있습니다.

신학교육 학위과정은 일반적으로 아래와 같이 구분됩니다(북미와 유럽의 신학교육 과정과 학위 이름이 다소 다를 수 있습니다).

(1) 신학학사(*Bachelor of Theology*) – 대학 학부에서 신학을 전공하는 학위 과정입니다.

(2) 종교학석사/문학석사(*Master of Arts in Religion*) – 대학원에서 신학을 전공하는 학위 과정으로 목회자-선교사-신학교수 후보생이라기 보다는 평신도로서 신학을 체계적으로 접하고자 할 경우 취득할 수 있는 과정이라고 생각됩니다. 북미와 유럽에서는 MA 과정도 매우 학문적으로 뛰어난 학위과정으로 개설 운영되고 있음을 주의해야 됩니다. 이럴 경우 MA 학위 취득을 성공적으로 한 후 바로 박사과정으로 진학됩니다.

(3) 목회학석사(*Master of Divinity*) – 유럽(영국)에서는 Bible College에서 Bachelor of Divinity 학위로 제공됩니다. 북미의 경우 M Div 과정은 일반 대학교(예, Havard University 또는 Yale University) 산하의 신학대학원(Graduate School of Theology) 또는 (전문) 신학대학원(Theological Seminary – 예, Westminster Theological Seminary 또는 Princeton Theological Seminary)에서 취득할 수 있습니다. 국내의 경우도 유사합니다만 일반 대학교의 경우는 목회학석사 과정을 개설하고 있는 학교들(예, 연세대학교 또는 이화여자대학교)이 상대적으로 매우 제한적이며, 신학대학원의 경우는 각 교단별 장벽이 상대적으로 매우 높은 것(국내 신학대학원 상호간의 학점 교환은 현실적으로 거의 불가능함)을 보게 됩니다. 이 학위과정은 오늘날 목회자-선교사 후보생과 신학교수 후보생 모두에게 거의 절대적인 교육과정으로, 일반학과 관련시킬 경우 목회학석사 과정(M. Div.)은 사실 학사 전공 과정과 유사한 가치를 갖게 됩니다(3년 과정에 평균 100학점을 이수해야 합니다!). 따라서, 목회학석사 과정에서는 다른 일반학의 석사과정과는 달리 일반적으로 학위 논문을 요구하지 않는 경우가 많습니다. 어떤 점에서 학부 전공이 일반학인 것을 다소 선호하는 것도 이와 관련이 있을 것입니다. 중요한 것은 목회자-선교사-신학자 후보생의 신학이 정립되는 결정적인 때가 바로 목회학석사 과정이라는 사실입니다.

(4) 신학석사(*Master of Theology; cf. Master of Philosophy; Master of Literature*) – 신학의 제 분야(아래 참조) 중 하나의 신학분야를 비로소 전공하는 학문적 학위과정입니다. 여기서 학문적이라는 것은 신학의 한 분야를 구체적으로 더 심화 있게 공부함으로써 학위 논문 제출을 의무적으로 요구한다는 것과 맞물려 있습니다.

(5) 목회학박사(*Doctor of Ministry*) – 이 과정에서도 논문이 요구됩니다만 거의 대부분 목회-선교-상담 현장을 이론화 하는 학위과정이라고 볼 수 있습니다. (참조, Doctor of Missiology)

(6) 신학박사/철학박사(*Doctor of Theology/Doctor of Philosophy*) – 신학석사 때 전공한 분야를 계속해서 업그레이드 하여 본인이 연구하고자 하는 분야에 대한 충분한 학문적 지식과 더불어 학위 논문을 통해 그 분야에 학문적 기여를 추구하는 과정입니다. 소위 신학자-신학교수의 길로 들어서는 데 요구되는 "자격증"으로도 간주될 수 있습니다. 이 학위과정은 북미의 경우 신학대학원과 일반 대학원에서 취득할 수 있으나 유럽의 경우는 대부분 일반 대학원 즉 종합대학교의 대학원에서만 허락됩니다.

그렇다면 "목회학 석사(M. Div.) 과정은 목회자-선교사-신학자 지망생들만 들어야 할 신학교육 과정입니까?" 목회자-선교사-신학자 후보생들이 이 학위과정을 이수해야 되는 것은 거의 절대적인 사실입니다. 그러나 – 나는 개인적으로 – 의식 있는 평신도-그리스도인(또는 비신학 전문 그리스도인)들이 점점 더 목회학 석사(M. Div.) 과정에서 공부하기를 소망합니다. 물론 MA 과정을 공부할 수도 있을 것입니다만 의식 있는 평신도 지도자라면 3년의 세월이 결코 헛되지 않음을 이해할 필요가 있습니다. 무엇보다 이것은 기독교적 또는 성경적 소명이 하나님으로부터 부름 받은 모든 그리스도인들(전임 사역자뿐 아니라)에게 적용되는 것과 분리되지 않습니다. 의식 있는 신학교라면 이제 목회학석사 과정을 최소한 2~3개의 트랙(track – 사역자 트랙과 평신도 트랙 또는 목회자 트랙과 학문적 트랙)으로 조금 더 세분화하여 커리큘럼을 세워나갈 필요가 있다고 생각합니다.

1.2. 목회학석사 과정의 커리큘럼 편성은 어떻게 구성되어 있는가

목회학석사 과정 개설 과목 이해를 위해서는 신학의 제 전공분야를 잘 파악해야 합니다. 왜냐하면 3년(6학기) 과정으로 편성된 교과과정은 신학의 제 전공분야를 골고루 책임 있게 이수하는 과정으로 구성되어 있기 때문입니다. 형식적인 면에서 신학기관에 좋은 교수진 구성은 아래의 신학 제 전공분야의 전임교수를 적절히 균형 있게 갖춘 것을 의미합니다. 목회학석사 과정에서는 이와 같이 신학의 제 영역을 전반적으로 학습하게 됩니다.

(1) 구약학/구약신학 Old Testament Theology (성서히브리어-아람어 포함)
(2) 신약학/신약신학 New Testament Theology (성서그리스어 포함) + 성경해석학 Hermeneutics
(3) 조직신학/교의학 Systematic Theology (변증학 포함)
(4) 역사신학/교회사 Historical Theology
(5) 선교학 Missiology
(6) 실천신학 Practical Theology (설교학 + 목회상담학 + 기독교교육학 + 기타 포함)

따라서 신학교육 과정으로서 목회학석사 과정은 가장 중요한 기간이며, 신학교와 학생 양자가 가장 집중해야 될 교과교육입니다 – 목회학석사 과정은 신학교육 과정의 꽃이라고 봅니다. 제 개인적 경험으로는 일단 양적인 면에서 목회학 석사 과정이 가장 힘들었던 것 같습니다. 하지만 매 학기마다 신학/성경의 눈이 열리면서 배움의 기쁨과 감격이 있었던 것을 또한 잊을 수 없습니다. (미국에서는 목회학석사 과정 1~2학년 때 풀-타임 신학생이 교회 사역자가 되는 것을 거의 추천하지 않는데 이는 목회학 석사 과정 때 경건과 학문의 훈련에 생명을 걸고 집중하라는 취지에서 입니다).

그렇다면 강해설교 목회자 양성으로 이름을 얻고 있는 미국의 Dallas Theological Seminary는 왜 목회학석사(Master of Divinity) 과정 프로그램이 개설되어 있지 않은 것입니까? 형식적으로 보면 그렇습니다만, 내용적으론 오히려 더 강화되어 있는 것을 발견하게 됩니다. 말하자면 DTS는 애초부터 목회자 양성 신학교육 과정으로 3년이 불충분하다고 인식하고 4년 과정의 신학석사(Master of Theology) 학위를 모든 목회자 후보생들에게 이수할 것을 요구합니다. 그리고 이 4년 과정 중 구약성경과 신약성경 본문들을 가장 비중있게 다루는 교과과정을 제공합니다. 한편 미국 대부분의 신학대학원에서는 학생들에게 목회학석사 과정을 (3년이 아닌) 4년 동안 이수할 것을 자주 권합니다. 이는 학위 취득 자체가 목적이 아니라 이 과정에서 개설하는 모든 과목들을 충실히 이수해야 함을 증거하는 한 예에 불과합니다.

신학교육으로서 목회학석사 과정과 함께 그 상위 과정은 신학생 자신의 "인격"과 "상식" 그리고 "공동체 안에서의 관계"를 훈련시킬 수 있는 교과과정이 거의 절대적으로 부족하다는 사실을 깊이 인식해야 합니다. 즉, 이를 위해 신학생 자신이 의식적인 별도의 수고가 치열하게 있어야 한다는 말입니다. 이 과정은 또한 본의 아니게 "경건" 보다는 "학문"에 치우치는 경향이 아주 높습니다. 이 또한 신학생 자신과 또래 동기들이 함께 별도의 각별한 노력을 기울여야 할 대목입니다. 예를 들어, 6학기 동안 읽고 토론해야 될 "경건 서적" 목록을 함께 만들어 독서-공동체 모임에 적극 참여할 것을 추천해 봅니다. 목회학석사 과정을 "어디에서", "누구에게" 그리고 "어떻게" 공부했느냐도 상당히 중요한 것이지만, 그것보다 더 중요한 것은 "누가" (어떤 변화와 도전 속에서) 그 과정의 공부를 어떻게 감당했느냐가 더 중요한 것 같습니다.

참고로 허주, "성경신학의 이해와 사명", 『신학의 종을 어떻게 울릴 것인가: 복음과 삶을위한 성경신학』(서울: 그리심, 2005), 11-47을 읽는다면 좀 더 학문적 차원에서 "신학의 목표와 방향"을 형성하는데 도움을 얻을 수 있을 것입니다.

1.3. ACTS 목회학석사 한국어 야간과정 커리큘럼을 한 눈에

(1) ACTS 설립

1974년 5월 서대문에서 "아세아연합신학연구원"(***A**sia **C**enter for **T**heological **S**tudies and Mission*) 개원

(2) ACTS 설립목적

"ACTS has been established for the evangelization of Asia and the World. The goal of the evangelization of Asia and the World is the coming of the Kingdom of God."

(3) ACTS 교육이념

"신본주의"(Theocentrism)와 "복음주의"(Evangelicalism)

(4) ACTS 교육목적

신학연구 및 교육과 현장지향적 학습을 통한 "선교지향적 글로벌 리더 양성"(Mission Oriented Global Leadership)

(5) ACTS 교육목표

(i) 신앙과 학문을 겸비한 복음 사역자 양성

(ii) 국제적 소양을 지닌 선교 전문가 함양

(iii) 시대를 선도하는 기독교 지도자 양성

현재 ACTS의 목회학석사 학위과정 이수에 필요한 총 학점은 영어 주간과정은 96학점, 한국어 야간과정은 90학점으로 편성되어 있습니다.

[국내 다른 신학대학원]

총신대원, 장신대원, 고신대원은 모두 100학점이며, 합동신대원 104학점, 한신대원 93학점, 감신대원 84학점 백석대학교 기독신학대학원은 98학점, 대전에 위치한 침례신학대학원은 95학점입니다. 한편 미국의 Westminster Theological Seminary(필라델피아 소재)의 경우 필수 학점은 111학점[히브리어 9학점 + 그리스어 10학점]으로 국내 대부분의 신대원보다 11~16학점을 더 요구하고 있는 셈입니다.

- 고신대학교 신학대학원 (100 학점)
  "장로교 표준에 입각하여 개혁주의 신학의 연구와 학문에 대한 이론과 실무를 연구, 교수하며 국가와 교회에 봉사하는 목사의 양성을 목적으로 한다."

- 총신대학교 신학대학원 (100 학점)
  "대한예수교 장로회 총회의 지도 이념 하에 개혁주의적 신학사상에 입각하여 장로회 신조와 헌법에 기준한 신학 이론과 응용 방법을 교수 연구하며, 지도자적 인격을 함양하고 독창적 능력을 개발하여 국가와 교회 발전에 헌신하는 신학자와 목회자 양성을 목적으로 한다."

- 장로회신학대학교 신학대학원 (100 학점)
  "대한예수교 장로회 신조에 입각한 교역자 양성을 위하여 신학을 정심하게 연구하고 교역자의 지도자적 인격과 독창적 능력을 함양하며 신학의 학술적 발전에 기여하는 것을 목적으로 한다."

- 침례교신학대학교 신학대학원 (95 학점)
"기독교 신앙의 이론과 실제를 교수, 연구하여 기독교 지도자로서의 인격을 함양하고 독창적 능력을 개발하여 침례교회 목회자와 기독교 사업에 공헌할 자를 양성"하는 것이다.

- 기독신학대학원대학교/백석대학교 신학대학원 (98 학점)
"본 기독신학대학원대학교는 신구약 성경을 토대로 대한민국의 교육이념을 근간으로 하고, 교리적으로 웨스트민스터 신조와 역사적 개혁주의 신앙을 표방하며, 교회사적으로는 전통적 보수주의 신학이념에 입각하여 신학 전반에 걸친 심도 있는 연구는 물론 목회자 및 목회동반 협력자로서의 지도자적 인격과 독창적 능력을 함양케 하여 신앙의 학술적 발전과 목회사역에 기여하도록 한다."

- 합동신학대학원대학교 (104학점)
"교육기본법에 규정한 교육목적과 개혁주의 신학에 근거한 바른 신학, 바른 교회, 바른 생활을 교육 이념으로 하여, 교회가 필요로 하는 교역자와 지도자를 양성함을 그 설립 목적으로 한다. 본교는 개혁주의 신학과 경건을 겸비한 목회자 및 신학자 그리고 세계 복음화의 열정을 가지고 헌신하려는 선교사를 양성하는 것을 목표로 한다."

- 한신대학교 신학대학원 (93학점)
신학석사(M.Div) 과정은 "세계 신학의 조류를 선도하고 한국 사회의 개혁과 교회의 발전에 이바지해 온 기장성과 한신성을 배경으로 한국기독교장로회의 목사를 양성하기 위한 전통적인 목사후보생 교육과정이다. 이 과정은 학문의 질적 향상과 경건의 영적 심화를 통해 학문과 경건의 조화를 이룬 신학적 소양과 목회 지도력을 갖춘 전문 목회자 양성을 교육목표로 하고 있다."

● 감신대학교 신학대학원 (84학점)

"대학교육의 목적을 일층 심오하게 추구하는 동시에 기독교 정신에 입각하여 전문적 신학과 선교를 위한 현대적 이론과 방법을 철저히 교수 연구하며, 지도적 인격과 독창적 능력을 함양하여 국가와 교계에 이바지할 인재 양성에 기여함을 목적으로 한다."

● 서울신학대학교 신학대학원 (93학점)

교육목표

1. 진리 탐구
2. 목회자 양성
3. 교회 지도자 양성

교육목적

1. 목회 전문인 양성
2. 복음주의적 성서 및 신학 연구
3. 교회 지도자로서의 인격과 지도력 함양

● 한세대학교 영산신학대학원 (98학점)

"영산신학대학원은 영산 조용기 목사님의 목회와 신학을 통하여 한국과 세계의 목회 지망생들과 목회자들에게 본이 되는 영적 지도자상을 심어주고, 한국적 상황의 독특한 신학을 정립하여 한국 신학의 위상을 높이고 영산 신학의 저변 확대를 통해 세계 신학계에 기여하는데 목적이 있습니다"

1. 실천하는 지성인
2. 창조하는 전문인
3. 봉사하는 지식인

ACTS 신학대학원 영역별 교과과정 (한국어 과정)

구약신학 (19학점)	신약신학 (19학점)
히브리어 I (2) 히브리어 II (2) 구약개론 (3) 모세오경 (2) 역사서 (2) 시가서 (2) 선지서 (3) 구약신학 (3)	헬라어 I (2) 헬라어 II (2) 신약개론 (3) 해석학 (2) 복음서 (3) 바울서신 (2) 일반서신 (2) 신약신학 (3)
조직신학 (14학점)	**역사신학 (14학점)**
변증학 (3) 신론과 기독론 (3) 인간과 구원론 (3) 교회론과 종말론 (3) 현대신학 (2)	고대교회사 (3) 중세교회사 (3) 종교개혁사 (3) 현대교회사 (3) 한국교회사 (2)
실천신학 (18학점)	**선교신학 (6학점)**
목회철학 (2) 예배학 (2) 설교학 I (2) 설교학 II (2) 목회상담학 (2) 목회리더십 (2) 목회실습 (2) 교회성장학 (2) 기독교교육학 (2)	선교신학 (2) 비교종교학 (2) 선교인류학 (2)

ACTS 신학대학원 학년-학기별 교과편성 (한국어 과정)

	1학기	2학기
1년차	헬라어 I (2) 구약개론 (3) 신약개론 (3) 신론과 기독론 (3) 목회철학 (2) 선교신학 (2) **총 15학점**	헬라어 II (2) 모세오경 (2) 복음서 (3) 변증학 (3) 고대교회사 (3) 기독교교육학 (2) **총 15학점**
2년차	히브리어 I (2) 해석학 (2) 구약신학 (3) 인간과 구원론 (3) 중세교회사 (3) 예배학 (2) **총 15학점**	히브리어 II (2) 역사서 (2) 바울서신 (2) 종교개혁사 (3) 설교학 I (2) 교회성장학 (2) 비교종교학 (2) **총 15학점**
3년차	시가서 (2) 신약신학 (3) 현대신학 (2) 현대교회사 (3) 설교학 II (2) 선교인류학 (2) 목회실습 (2) **총 16학점**	선지서 (3) 일반서신 (2) 교회론과 종말론 (3) 한국교회사 (2) 목회상담학 (2) 목회리더십 (2) **총 14학점**

2. 목회학석사 과정 커리큘럼 이대로 좋은가: 허(虛)와 실(實)

신학-목회 교육과정으로서 목회학석사 과정의 커리큘럼은 현재 적지 않은 딜레마에 빠져있다고 판단됩니다. 이것은 특히 어느 정도 학문적 논의로서 신학(비복음주의 신학에 대한 지식과 비판력을 포함하여)을 다룰 것이며, 어느 정도 목회적 소양을 갖춘 교회 지도자 양성에 초점을 둘 것인가 사이에서 벌어지는 "균형잡기"의 어려움이라 할 수 있습니다. 이런 점에서 목회학석사를 취득한 이후에도 목회 현장을 염두에 두는 신학도들이 신학석사(Th M) 과정에 진학하는 수는 과거에 비해 계속적으로 증가하고 있는 추세입니다. 이것은 말하자면 목회학석사 과정 졸업 이후에도 자신의 신학 체계와 정립에 불만족이 있음을 암시하는 것이라고 봅니다.

2.1. (학문으로서) "신학" 발전에 따른 목회학석사 과정의 허와 실

2.1.1. 긍정적 면

(1) 국내 대부분의 신학대학원은 우수한 신학 교수진을 확보하고 있습니다.

(2) 학문의 최근 경향과 함께 신학 각 분야의 전문성을 높이게 되었습니다.

(3) 국내에서 출판되는 신학도서들이 매우 우수하며, 해외의 주요 도서들은 늦어도 5년 안에 거의 번역되어 출판됩니다.

2.1.2. 부정적 면

(1) 성경이나 본질-원리적 이슈들보다는 신학 도서들 또는 학문적 논의들이 신학 훈련 중심에 자리잡을 수 있습니다.

(2) 신학적 통합적 지식과 이해보다는 단편적-지엽적 지식 쌓기가 되기 쉽습니다.

(3) 무엇보다 "신학"과 "목회"의 괴리가 점점 커질 위험성이 높아집니

다: “theologism”

2.2. (목회지인) “교회” 성장에 따른 목회학석사 과정의 허와 실

2.2.1. 긍정적 면

(1) 소위 “세계적” 지역교회들이 남한에 현저하게 자리잡고 있음과 무엇보다 이 교회들이 거의 대부분 복음주의권 교회들이라는 사실이 고무적입니다. 이것은 교회와 신학교의 협력관계가 필연적임을 보여주는 증거입니다. 아울러 신학생들은 목회학석사 과성 때부터 지역교회를 섬길 수 있는 기회를 갖게 됩니다.

(2) 학문적 이론과 목회선교적 실천을 자연스럽게 터득하게 되는 이점이 있습니다.

(3) 한국의 주요 신학대학원은 이전에도 그랬듯이 앞으로도 당분간은 목회학석사 과정에 입학할 학생들 모집을 걱정하지 않을 것입니다.

2.2.2. 부정적 면

(1) 신학교육이 성경 원리에 충실하기 보다는 실제 현장에 더 치중하는 실용주의 신학이 되기 쉽습니다. 무엇보다 목회자 후보생들이 집중적으로 신학 훈련 받아야 될 시기를 낭비하게 되는 “죄”를 범하게 됩니다.

(2) 소위 “목회 성공” 여부가 목회자의 “신학”을 검증하는 역기능을 초래할 수 있습니다. 이로 인해 목회자 후보생들 역시 “신학”을 순수하게 학습하는 훈련에 적지 않은 유혹을 받게 됩니다.

(3) 무엇보다 “목회”와 “신학”의 괴리가 점점 더 커질 위험성이 높아집니다: “ecclesiaism”

2.3. ACTS 목회학석사 한국어 야간과정의 허와 실

2.3.1. 긍정적 면

(1) 수업이 야간에 진행되기 때문에 직장을 갖고 있지 않은 풀-타임 학우들의 경우 아침과 낮 시간을 최대한 이용하여 개인 공부에 전념할 수 있으며, 직장을 갖고 있는 학우들의 경우에도 밤 시간을 이용하여 학업을 진행할 수 있는 이점이 있습니다.
(2) 야간 과정이어서인지 학우들의 연령 및 사회적 경력이 매우 다양하며, 특히 전문사역을 하는 학우들과의 교제를 통해 신앙과 사역의 비전이 매우 폭넓게 형성됩니다. (선교를 목적으로 하는 학우들이 상대적으로 많은 편입니다).
(3) 국내의 교단중심적 관계와 신학을 넘어서서(ACTS 교수진의 신앙-신학적 배경을 고려해 보라!), 신본주의와 복음주의 아래 국내외 선교를 지향하는 교회연합적 관계와 신학을 통해 온전한 하나님 나라 운동의 기수로 준비될 수 있습니다.
(4) 오늘날 국내 신학대학원의 신학 교육이 평준화 되었습니다만, ACTS교수진은 교단적으로 다양한 배경을 갖고 있으면서도 개혁-복음주의 신학 노선을 지키고 발전시키는 우수한 전임 교수들을 확보하고 있습니다.

2.3.2. 부정적 면

(1) 수업이 야간에 개설됨으로 인해 직장을 풀-타임으로 갖고 있는 학우들의 경우 학업을 따라가기가 여간 버거운 것이 아닙니다. 특히 목회학석사 과정이 "신학훈련 과정의 꽃"과 같은 기간이기 때문에 학업이 부실할 경우 신학생 장래 사역에 상당한 위험부담이 됩니다.
(2) 야간의 제한된 요일과 시간에 수업이 진행됨으로 인해 동기 학우들 및 선후배 상호 간의 교제가 쉽지 않습니다. 따라서 학교의 전체 신앙 수련회 또는 신대원 원우회 자체의 행사 모임(특히, 마지막 학기 졸업여행)과 채플에 적극적 참여가 요망됩니다.
(3) ACTS 전임 교수진은 신대원 한국어과정과 더불어 학부(신학과의 경우는 주간 + 야간 과정), 목회학석사 영어과정, 석사-박사과정, 개인교

수(tutorial) 수업을 진행하고 있습니다. 그리고 학교 행정 업무도 감당해야 됩니다. 이런 점에서 신대원 원우회와 학생 개인이 원활한 "교수-학생" 관계를 위해 좀 더 개인적인 노력을 할 필요가 있습니다.

3. "경건과 학문을 위한 로드맵"이렇게 준비하라

3.1. 학교의 신학-신앙적 역사와 전통을 파악하십시오. 현재 재직하고 계신 교수들의 전공분야와 그들의 학문-신앙적 배경을 이해해야 합니다. 이들이 수학했던 국내외 학교들의 신앙-신학-학문적 배경을 확인하고 도서관에 비치된 박사학위 논문의 제목과 목차 정도는 복사해 놓으면 도움이 됩니다. 시간을 내어 인터넷을 통해 국내외 주요 신학대학원의 교수진도 가끔씩 방문하면 유익합니다.

3.2. 처음부터 목회학석사 과정의 6학기 학습계획을 체계적으로 수립해야 합니다. 여름-겨울방학은 3~4년의 학습계획 기간 중 절대적으로 중요한 기간임을 명심하십시오. 이때, 학교에서 개설하는 각 학기 교과목들을 잘 숙지해야 하며, 되도록 개설과목의 강의계획서(syllabus)를 미리미리 개인 컴퓨터에 저장해 놓으면 좋습니다. 강의계획서는 그 과목의 "로드맵"인 것을 잊지 말아야 하며, 실제로 그 과목을 수강하는 학기에도 자주 확인해 보아야 할 가치가 있는 "보석함"과 같습니다. 좋은 강의계획서일수록 그 과목과 관련된 유익한(나중에도 도움이 되는) 문헌들을 소개해 줍니다. 앞에서 언급했던 신학 제 분과들에 대한 통전적 그림을 잊지 말고, 통합적 이해와 분석을 추구하도록 힘쓰십시오.

3.3. 경건과 학문의 진보가 최대한 균형 있게 이루어지도록 모든 수고를 아끼지 말아야 합니다. 이를 위해 그룹 스터디를 적극 활용할 필요가 있습니다. 성경 묵상과 읽기 그리고 기도 훈련은 신학도의 "평생 필수 과

목" 임을 잊지 마십시오. 경건 서적 읽기도 한 학기에 1~2권은 별도로 책정할 가치가 있습니다. 청교도 문헌을 중심으로 한 고전들은 방학을 철저하게 이용하면 좋습니다. 사실 이런 책들은 신대원 입학 전에 읽어야 할 책들이기도 합니다. 학문적 정보와 복음의 시사적 감각 유지를 위해서는 정기간행물인 신학잡지를 규칙적으로 점검할 필요가 있습니다. 국내에서는 『헤르메네이아 투데이』, *Cannon & Culture*(한국신학정보연구원; www.iktinos.org), 『성서마당』(한국성서학연구소; www.bibleforum.org), 『목회와신학』과 별책부록으로 함께 발행되는 『그말씀』(www.duranno.com/moksin/default.asp), 『기독교사상』(www.gisang. net/gisang/index.asp), 시사성과 복음의 사회적 책임을 주목시키는 『복음과상황』(www.newsnjoy.co.kr)을 정기적으로 확인하면 유익이 됩니다. 아울러 각 신학대학원에서 발행하는 교수논문집도 도서관에 갈 때마다 틈틈이 체크하면 최근 학문 동향과 함께 각 신학대학원의 신학적 경향을 비교적 쉽게 파악할 수 있습니다. 양재동에 위치한 대한성서공회(www.bskorea.or.kr)는 성서학 문헌정보 자료를 빼어나게 소장하고 있습니다. 학교 도서관에 책이 없다고 불평하지 말고, 이곳에 있는 수 많은 책들로 인해 우리의 게으름과 무지를 도리어 한탄해야 합니다. ("신학대학원에서 어떤 책을 어떻게 읽을 것인가" 및 "신학대학원의 논문을 어떻게 쓸 것인가"에 대한 글은 필자의 홈페이지 "허주의신학나라"[http://kingdomoftheology.cyworld.com]에 올려진 글을 참고해 보십시오).

3.4. 성경에 생명을 걸어야 합니다. 신학생과 목회자 후보생은 어찌되었건 성경의 전문가로 부름 받은 자들임을 명심하십시오. 성경의 전문가가 되는 것과 작금의 주요 신학대학원의 입시성경고사를 잘 푸는 것과는 반드시 정비례된다고 생각지 않습니다. 이것은 신대원 커리큘럼과 관계없이 자신의 성경 읽기 계획표를 별도로 가져야 됨을 의미할 뿐 아니라, 성경묵상과 더불어 개인연구를 포함하는 것이기도 합니다. 성경 개인연구는 특히 방학 때 집중적으로 투자할 필요가 있습니다. 이 때 필요한 것은 주요 성경사전들과 성경주석서들이 될 것입니다. 도서관의 Reference Section(개

인적으로 빌릴 수 없는 도서들)에는 주요 사전류들과 주석서들이 말씀에 갈급한 신학도들을 지금도 애타게 사모하며 기다리고 있습니다. 기억하십시오! 교수들을 만나기는 쉽지 않아도 교수들에게 영향을 준 도서들은 도서관에서 너무 쉽게 만날 수 있다는 사실을 말입니다.

3.5. 매 학기 강의에 임할 때에는 그 과목의 강의계획서에 따라 최대한 미리 준비하기를 힘써야합니다. 아무리 애써도 예습이 정말 힘들다면 강의안이나 교재의 목차만이라도 최소한 미리 읽고 수업에 임하도록 하십시오. 학기가 진행될수록 질문과 토론을 통해 수업 참여도를 높이는 것은 자신의 신학적 사고의 장단점을 발견하는데 도움을 줍니다. 수업에 있어 교수들의 강의 내용뿐 아니라 교수들에게 영향을 끼친 사람들과 책들도 참조하기 바랍니다. 또한 강의 내용에 너무 집중함으로써 그 강의 내용을 이끌어가고 있는 교수 자신의 신학적 관점과 인생관을 놓치는 일이 없도록 해야합니다. 강의의 진정한 묘미는 책 10권을 읽어도 잡히지 않았던 신학적 맥을 잡는 일입니다.

3.6. 나만의 강의 노트를 만들어야 합니다. 매 학기가 끝날 때마다 자신이 (i) 새롭게 깨닫게 된 것 (ii) 여전히 풀리지 않는 신학적 이슈들 (iii) 나중에 꼭 다시 보아야 할 책들 (iv) 그리고 무엇보다 강의안들을 잘 정리하여 하나의 파일로 만들도록 힘쓰십시오. 이것은 3년 기간 동안 신학을 수학하는 동안 단순히 신학적 정보 퍼즐 조각들만을 모으는 차원을 넘어서서, 자신의 신학적 사고와 정립을 수립해 나가는데 매우 중요한 역할을 하게 되고, 졸업 이후에도 웬만한 신학 책들보다 더 보배로운 말씀 창고임을 확인하게 될 것입니다.

3.7. 복음을 위해 함께 평생 헌신하고 사랑할 동역자와 멘토를 찾아야 합니다. 목회와 신학은 하나님과 인간과의 관계 속에서 이루어집니다. 목회학석사 과정 동기는 또한 영원한 동기이어야 합니다. 폭 넓게 사귀되 학

기가 더해가면서 내 자신의 깊은 속사정까지도 터놓을 수 있는 소수의 동기를 얻도록 힘쓰는 것이 지혜입니다. 선배들과 교수들을 적절히 괴롭히고 활용하면 등록금이 아깝지 않을 수 있습니다. 학문과 사역과 비전을 나누고 상담할 교수들을 찾아야 합니다. 그리고 기회가 된다면 교수들과 함께 학회(한국복음주의신학회; 한국기독교학회; 한국성경신학회 등)에 참석하는 기쁨과 특권도 누리기 바랍니다. 또한 졸업 이후에도 내 이름을 기억할 수 있는 교수 한 분은 신대원 기간 중 꼭 만드십시오. 졸업 이후 정들었던 캠퍼스를 언젠가 다시 찾을 때, 그때는 단순한 사제지간을 넘어 복음의 동역자로 만나는 기쁨의 대화를 꿈꾸시기 바랍니다.

3.8. 게으름과의 전쟁 – 잠과의 전쟁을 선포하십시오. 목회학석사 과정에 입문하게 되는 순간 하루에 6시간 이상 자면 어떤 점에서 자신과 하나님 앞에서 죄를 짓는 일이라고 할 수 있습니다. 위의 7가지를 성실하게 해 보려고 결단하는 자는 자연스럽게 그러나 큰 결심 속에서 잠을 줄여야 하는 결론에 도달하지 않을 수 없습니다. 목회학석사과정 때 신학-신앙 기초 공사가 부실하면 당장 아니더라도 장래에 자신과 이웃과 하나님 앞에서 죄를 짓게 되기가 아주 쉽습니다. 경건과 학문의 훈련이 제대로 준비되지 못하면 본인이 원하지 않아도 죄를 짓게 될 기회가 더 많이 찾아오기 때문입니다. 기억하십시오. 사탄도 지금 열심히 자기 사람들을 최선으로 훈련시키고 있다는 사실을 말입니다. 잠을 줄이기 위한 도전을 받기 위해서는 (i) 도서관과 서점을 자주 방문할 필요가 있으며 (ii) 가까운 종합병원의 영안실을 가끔씩 방문하고 (iii) 영적 거인들의 자서전이나 경건서적(예, 리차드 백스터의 *The Reformed Pastor* 또는 스펄전의 *Lectures to My Students*)을 자주 반복해서 읽으면 큰 효과가 있습니다. 그리고 명심할 것이 있습니다. 이렇게 수고하고 애쓰는 진정한 동기는 내가 "힘쓰는 사람"(a person of power/a powerful person)이 되기 위해서가 아니라 "쓰임 받는 사람"(a person of channel/a person empowered)이 되기 위함이라는 사실을 말입니다.

목회학석사 과정 – 내 머리 속의 신학인가? 내 삶 속의 신학인가? 목회학석사 과정 – 신학의 추억인가? 신학의 기초석인가? 이제 여러분의 목회학석사 과정을 여러분 스스로 만들어나갈 파일이 곧 ACTS라고 하는 캠퍼스에서 열리게 됩니다. 여러분 한 사람 한 사람을 향해 참으로 기대가 되고 또 위로하는 마음을 갖게 됩니다. 바라기는 여러분 각자에게 가장 유익하고 도움이 되는 경건과 학문의 로드맵이 잘 준비되어 ACTS의 설립 목적("아세아와 세계 복음화" – "하나님 나라의 오심")과 교육목적("선교지향적 글로벌 리더 양성")에 잘 부합되는 여러분 되시기를 간절히 기원합니다.

보록 3

성경 주해/해석에 유익한 문헌

▶ 아래 목록은 신학생-목회자에게 도움이 되는 성경 주해/해석 및 강해 설교를 위한 문헌이다.

(신약)성경 주해 및 강해 설교와 관련하여

Carson, D.A., *Exegetical Fallacies* (Grand Rapids: Baker, 1996 revised edition); 『성경 해석의 오류』(박대영 옮김; 서울: 성서유니온선교회, 2002).

David Allan Black, *Using New Testament Greek in Ministry: A Practical Guide for Students and Pastors* (Grand Rapids: Baker, 1993); 『설교자를 위한 신약석의 입문』(김경진 옮김; 서울: 솔로몬, 1997).

Danker, F. W., *Multipurpose Tools for Bible Study* (St. Louis: Concordia Publishing House, 1993; 3rd edtion).

Fee, G. D., *New Testament Exegesis: A Handbook for Students and Pastors* (Louisville: Westminster John Knox Press, 2002); 『신약성경 해석방법론』(장동수 옮김; 고양: 크리스찬출판사, 2003) - 본서 제 4장에 소개된 "석의 작업 각 단계에 필요한 참고자료들"은 매우 유용한 정보를 상세하게 소개하고 있다.

Fee, G. D. & D. Stuart, *How to Read the Bible for All Its Worth: A Guide to Understanding the Bible* (Grand Rapids: Zondervan, 1982, 1993 revised); 『성경을 어떻게 읽을 것인가』(오광만 옮김; 서울: 성서유니온, 1988, 2001 증보판) - 본서 "부록: 주석들의 평가 및 사용"(398-408 - 한글번역)도 유익하다.

Fee, G. D. & D. Stuart, *How to Read the Bible Book by Book* (Grand Rapids: Zondervan, 2002); 『책별로 성경을 어떻게 읽을 것인가』(김진선 옮김; 서울: 성서유니온선교회, 2003).

Lloyd-Jones, D. Martyn, *Preaching and Preachers* (London: Hodder & Stoughton, 1971); 마틴 로이드 존스,『설교와 설교자』(정근두 옮김; 서울: 복있는 사람, 2005).

Logan, Jr., Samuel (ed.), *Preaching: The Preacher and Preaching in the Twentieth Century*; 사무엘 T. 로건 편,『설교는 왜 하는가?: 21세기를 위한 설교자와 설교』(천정웅, 서창원 옮김; 서울: 말씀의집, 1990).

Metzger, Bruce M., *A Textual Commentary on the Greek New Testament* (D-Stuttgart: Deutsche Bibelgesellschaft, 1994 2nd edition); 『신약 그리스어 본문 주석』(장동수 옮김; 서울: 대한성서공회 성경원문연구소, 2005) - 세계성서공회연합회『그리스어 신약성서』(개정 4판)의 자매편

Porter, S. E., *Handbook to Exegesis of the New Testament* (Leiden: E. J. Brill, 1997).

Robinson, Haddon W., *Expository Preaching: Principles and Practice* (Leicester: IVP, 2001).

Robinson, Haddon W., *Biblical Preaching: The Development and Delivery of Expository Messages* (Grand Rapids: Baker, 2001 2nd edition).

Robinson, Haddon & Craig B. Larson, *The Art and Craft of Biblical Preaching*; 해돈 로빈슨 & 크레그 브라이언 라슨,『성경적인 설교와 설교자』(전의우 외 5명 옮김; 서울: 두란노, 2006); 『성경적인 설교 준비와 전달』(이승진 외 4명 옮김; 서울: 두란노, 2006).

Stuart, D. & G. D. Fee, Old and *New Testament Exegesis*, 『성경해석 방법론』(김의원 옮김; 서울: 기독교문서선교회, 1987).

D. A. 카슨, R. T. 프란스 편집자문, 『IVP 성경주석: 구약 및 신약』(서울: IVP, 2005).- 신학을 공부할 때 가장 우선적으로 구입할 것을 추천하고픈 신구약 단권주석

김서택, 『건축술로서의 강해설교』(서울: 홍성사, 1998).

박완철, 『개혁주의 설교의 원리』(서울: 합신대학원출판부, 2007).

송인규, 『성경 어떻게 적용할 것인가』(서울: 성서유니온선교회, 2001).

이용세, 『개인성경연구』(서울: 성서유니온선교회, 2007).

이재천, 『개인성경연구핸드북』(서울: IVP, 2003).

장두만, 『다시 쓰는 강해설교 작성법』(서울: 요단, 1986, 개정증보판 2000).

Yohanan Ahroni & Michael Avi-Yonah, *The Macmillan Bible Atlas* (New York/London: Macmillan Publishing Company, revised edn., 1977).

Anson F. Rainey and R. Steven Notley, *The Sacred Bridge: Carta's Atlas of the Biblical World* (Jerusalem: Carta, 2006).

신약성경 서구권 주석(단권 및 시리즈)에 대한 소개 및 이해를 위해서는 D. A. Carson, *New Testament Commentary Survey* (Grand Rapids: Baker, 2001, 5th edition)가 매우 유용하다. 신구약 성경 주석뿐 아니라 성경 전반에 걸쳐 참조할 가치가 있는 문헌을 잘 소개하는 자료가 있다: Bauer, David R., *An Annotated Guide to Biblical Resources for Ministry* (Peabody: Hendrickson, 2003).

성경 해석 이론/방법론과 관련하여

Barton, J. (ed.), *The Cambridge Companion to Biblical Interpretation* (Cambridge: Cambridge University Press, 1998).

Berkhof, L., *Principles of Biblical Interpretation* (Grand Rapids: Baker, 1950); 『성경해석학』(윤종호, 송종섭 옮김; 서울: 개혁주의 신행협회, 1965/ 1985, 13판).

Bray, G., *Biblical Interpretation: Past & Present* (Leicester: Apollos, 1996).

Burrows, M.S. & P. Rorem (eds.), *Biblical Hermeneutics in Historical Perspective: Studies in Honor of Karlfried Froehlich on His Sixtieth Birthday* (Grand Rapids: Eerdmans, 1991).

Conn, H.V., (ed.), *Inerrancy and Hermeneutic: A Tradition, A Challenge, A Debate* (Grand Rapids: Baker, 1988); 『성경무오와 해석학』(정광욱 옮김; 서울: 엠마오, 1991).

Corley, B., S. Lemke, G. Lovejoy, *Biblical Hermeneutics: A Comprehensive Introduction to Interpreting Scripture* (Nashville: Broadman & Holman, 1996).

Cotterell, P. & M. Turner, *Linguistics & Biblical Interpretation* (Downers Grove: IVP, 1989).

Exum, J.C. and D.J.A. Clines (eds.), *The New Literary Criticism and the Hebrew Bible* (Journal for the Study of the Old Testament Supplement Series, 143; Sheffield: Sheffield Academic Press, 1993).

Frei, H.W., *The Eclipse of Biblical Narrative: A Study in Eighteenth and Nineteenth Century Hermeneutics* (New Havens: Yale University, 1980); 『성경의 서사성 상실: 18-19 세기 유럽의 성경해석학 연구』(이종록 옮김; 서울: 한국장로교출판사, 1996).

Goldingay, J., *Models for Scripture* (Carlisle/ Grand Rapids: Paternoster Press/ Eerdmans, 1987).

Goldingay, J., *Models for Interpretation of Scripture* (Carlisle/ Grand Rapids: Paternoster Press/ Eerdmans, 1995).

Green, J.B., *Hearing the New Testament: Strategies for Interpretation* (Grand Rapids: Eerdmans, 1995).

Greidanus, S., *The Modern Preacher and the Ancient Text: Interpreting and Preaching Biblical Literature* (Grand Rapids: Eerdmans, 1988); 『성경해석과 성경적 설교』(김영철 옮김; 서울: 여수룬, 1992).

Jeanrond, W.G., *Theological Hermeneutics: Developments and Significance* (Macmillan Publication Company, 1991); 『신학적 해석학: 해석학의 역사와 특성』(최덕성 옮김; 서울: 본문과현장사이, 1997).

Kaiser, W.C. & M. Silva, *An Introduction Biblical Hermeneutics: The Search for Meaning* (Grand Rapids: Eerdmans, 1994); 『성경 해석학 개론』(강창헌 옮김; 서울: 은성, 1996).

Klein, W.W., C.L. Blomberg, R.L. Hubbard, Jr., *Introduction to Biblical Interpretation* (Nashville: Word, 1993; 2004 2nd edition); 『성경 해석학 총론』(류호영 옮김; 서울: 생명의말씀사, 1997) - 필자가 재직하고 있는 ACTS의 신학대학원(한국어 및 영어과정) 교과목인 "성경해석학"에서 주교재로 사용하고 있는 책.

Kugel, J.L. and R.A. Greer, *Early Biblical Interpretation* (Library of Early Christianity; Philadelphia: Westminster Press, 1986).

Larkin, W.J., Jr., *Culture and Biblical Hermeneutics* (Grand Rapids: Baker, 1988); 『문화와 성경해석학』(정득실 옮김; 서울: 생명의말씀사, 2000).

Long, V.P., *The Art of Biblical History* (FCI, vol. 5; Grand Rapids: Zondervan, 1994).

Longenecker, R.N., *Biblical Exegesis in the Apostolic Period* (Grand Rapids: Eerdmans, 1975/ 1999, 2nd edn.).

Longman, III, T., *Literary Approaches to Biblical Interpretation* (FCI, vol. 3; Grand Rapids: Zondervan, 1987).

Maier, G., *Das Ende der historisch-kritischen Methode;* 『역사 비평학의 종말』(김성수 옮김; 서울: 여수룬, 1986).

Malbon, E.S. and E.V. McKnight (eds.), *The New Literary Criticism and the New Testament* (Journal for the Study of the New Testament Supplement Series, 109; Sheffield: Sheffield Academic Press, 1994).

Marshall, I.H., (ed.), *New Testament Interpretation: Essays on Principles and Methods* (Exeter: Paternoster, 1977); 『신약해석학』(이승호, 박영호 옮김; 서울: 크리스찬다이제스트, 1994).

McCartney, D. & C. Clayton, *Let the Reader Understand: A Guide to Interpreting and Applying the Bible* (Wheaton, Illinios: Victor Books, 1994); 『성경해석학』(김동수 옮김; 서울: IVP, 2000).

McKenzie, S.L. and S.R. Haynes, (eds.), *To Each its Own Meaning: An Introduction to Biblical Criticisms and Their Application* (Louisville: Westminster/John Knox Press, 1993); 『성서비평 방법론과 그 적용』(김은규, 김수남 옮김; 서울: 대한기독교서회, 1997).

Mickelsen, A.B., *Interpreting the Bible* (Grand Rapids: Eerdmans); 『성경해석학』(김인환 옮김; 서울: 크리스챤 다이제스트, 1995).

Morgan, R. and J. Barton, *Biblical Interpretation* (Oxford: Oxford University Press, 1988).

Perrin, P, *What Is Redaction Criticism?* (Philadelphia: Fortress, 1969).

Powell, M.A., *What Is Narrative Criticism?: A New Approach to the Bible* (London: SPCK, 1993); 『서사비평이란 무엇인가?』(이종록 옮김; 서울: 한국장로교출판사, 1993).

Poythress, V.S., *Symphonic Theology: The Validity of Multiple Perspectives in Theology* (Grand Rapids: Zondervan, 1987); 『교향곡적 신학: 신학에 있어서 다양한 관점들의 타당성』(김성웅 옮김; 서울: 나침반사,

1993).

Ryken, L., *The Literature of the Bible* (Grand Rapids: Zondervan); 『문학에서 본 성경』(유성덕 옮김; 서울: 크리스챤 다이제스트, 1993).

Ryken, L., *How to Read the Bible as Literature* (Grand Rapids: Eerdmans, 1984); 『성경의 문학 해석학: 문학으로 성경을 읽는 방법』(곽철호 옮김; 서울: 은성, 1996).

Ryken, L. and T. Longman, (eds.), *A Complete Literary Guide to the Bible* (Grand Rapids: Zondervan, 1993).

Silva, M., *Biblical Words & Their Meaning: An Introduction to Lexical Semantics* (Grand Rapids: Zondervan, 1983); 『성경어휘와 그 의미: 어휘의미론 서론』(김정우, 차영규 옮김; 서울: 성광문화사, 1990).

Silva, M., *Has The Church Misread The Bible: The History of Interpretation in the light of Current Issues* (Foundations of Contemporary Interpretation, vol. 1; Grand Rapids: Zondervan, 1987).

Tate, W.R., *Biblical Interpretation: An Integrated Approach* (Peabody: Hendrickson, 1991/ 1997, revised edn.).

Thiselton, A.C., *The Two Horizons: New Testament Hermeneutics and Philosophical Description with Special Reference to Heidegger, Bultmann, Gadamer, and Wittgenstein* (Grand Rapids: Eerdmans, 1980); 『두 지평: 신약해석학과 철학적 기술』(권성수 외 옮김; 서울: 총신대학출판부, 1990).

Thiselton, Anthony C., *New Horizons in Hermeneutics* (Grand Rapids: Zondervan, 1992).

Thiselton, A.C., *The Promise of Hermeneutics* (Grand Rapids: Eerdmans, 1999).

Thiselton, A.C., *Theselton on Hermeneutics: Collected Works with New Essays* (Grand Rapids: Eerdmans, 2006).

Tuckett, C., *Reading the New Testament: Methods of Interpretation* (Philadelphia: Fortress, 1987).

Vanhoozer, K.J., *Is There a Meaning in This Text?: The Bible, The Reader, and the Morality of Literary Knowledge* (Grand Rapids: Zondervan, 1998); 케빈 밴후저, 『이 텍스트에 의미가 있는가?』(김재영 옮김; 서울: IVP, 2003).

Vanhoozer, K.J., *First Theology* (Downers Grove: IVP, 2002); 케빈 밴후저, 『제일신학: 하나님, 성경 그리고 해석학』(김재영 옮김; 서울: IVP, 2007).

권종선, 『신약성서 해석과 비평』(서울: 침례신학대학교출판부, 2002).

강성열, 『성서해석학입문』(서울: 대한기독교서회, 2002).

김상훈, 『해석매뉴얼: 성경해석법의 이론과 실제』(서울: 그리심, 2003).

김희성, 『신약주석 방법론』(서울: 한들출판사, 2000).

박형용, 『성경해석의 원리』(서울: 엠마오, 1991).

서영환, 김기원, 『성경해석학 원론』(서울: 한국기독교말씀사, 1999).

오덕호, 『문학-역사비평이란 무엇인가?』(서울: 대한기독교서회, 2000).

이문장, 『한국인을 위한 성경 연구: 원리편』(서울: 이레서원, 2003).

한국복음주의신학회 엮음, 『성경과 신학』(논문집 5권; 서울: 임마누엘, 1987).

성경신학과 관련하여

Alexander, T.D., B.S. Rosner, D.A. Carson and G. Goldsworthy, *New Dictionary of Biblical Theology: Exploring the Unity & Diversity of Scripture* (Leicester/ Downers Grove: IVP, 2000); 『IVP 성경신학사전』(권연경 외 4명 옮김; IVP, 2004).

Baker, D.L., *Two Testaments One Bible: A Study of Some Modern Solutions to the Theological Problem of the Relationship between the Old and New Testament* (Leicester: IVP, 1976); 『구속사적 성경해석학』(오광만 옮김; 서울: 엠마오, 1989).

Barr, J., *The Concept of Biblical Theology: An Old Testament Perspective* (Minneapolis: Fortress Press, 1998).

Childs, B.S., Biblical Theology in Crisis (Philadelphia: Westminster Press, 1970); 『성경신학의 위기』(박문재 옮김; 서울: 크리스찬 다이제스트, 1992).

Childs, B.S., *Biblical Theology of the Old and New Testaments: Theological Reflection on the Christian Bible* (Philadelphia: Fortress Press, 1992).

Clowney, E.P., *Preaching and Biblical Theology* (Phillipsburg: Presbyterian and Reformed Publishing Company, 1979); 『설교와 성경신학』(김정훈 옮김; 서울: 한국기독교교육연구원, 1979).

Dumbrell, W., *Covenant and Creation* (Paternoster: Lancer, 1984).

Dumbrell, W., *The End of the Beginning: Revelation 21-22 and the Old Testament* (Lancer: Baker, 1985).

Goldsworthy, G., *Preaching the Whole Bible as Christian Scripture: The Application of Biblical Theology to Expository Preaching* (Grand Rapids: Eerdmans, 2000); 『성경신학적 설교 어떻게 할 것인가』(김재영 옮김; 서울: 성서유니온선교회, 2002).

Goppelt, L., *Typos: The Typological Interpretation of the Old Testament in the New* (Grand Rapids: Eerdmans, 1982); 『모형론: 신약의 구약 해석』(최종태 옮김; 서울: 새순출판사, 1987).

Green, J.B. & M. Turner (eds.), *Between Two Horizons: Spanning New Testament Studies & Systematic Theology* (Grand Rapids: Eerdmans, 2000).

Grudem, W., *Systematic Theology: An Introduction to Biblical Doctrine* (Grand Rapids: Zondervan, 1994).

Lehman, C.K., *Biblical Theology: Old Testament and New Testament*, vol. 1 & 2 (Scottdale: Herald Press, 1971); 『성경신학』I & II (김인환 옮김; 서울: 크리스챤 다이제스트, 1993, 1995).

Longman, T., III & D.G. Reid, *God is a Warrior* (Grand Rapids: Zondervan, 1995); 『거룩한 용사』(성종현 옮김; 서울: 솔로몬, 1996).

Reymond, R.L., *A New Systematic Theology of the Christian Faith* (Nashville: Zondervan, 1998); 『최신조직신학』(나용화 외 3명 옮김; 서울: CLC, 2004).

Robertson, O.P., *Covenants: God's Way with His People* (1987) -『언약이란 무엇인가?: 하나님과 하나님 백성의 관계』(오광만 옮김; 서울: 그리심, 2002).

Scobie, Charles H. H., *The Ways of Our God: An Approach to Biblical Theology* (Grand Rapids: Eerdmans, 2003).

Storm, M., *The Symphony of Scripture: Making Sense of the Bible's Many Themes* (Downers Grove: IVP, 1990); 『성경교향곡』(오광만 옮김; 서

울: IVP, 1993).

Stuhlmacher, P., *How to Do Biblical Theology* (Allison Park: Pickwick, 1995).

VanGemeren, W., *The Progress of Redemption: The Story of Salvation from Creation to the New Jerusalem* (Grand Rapids: Zonderan, 1988); W. 게매런, 『구원계시의 발전사』 I, II (안봉호, 김의원 옮김; 서울: 성경읽기사, 1993).

Vos, G., *Biblical Theology: Old and New Testaments* (Grand Rapids: Eerdmans, 1948); 『성경신학』(이승구 옮김; 서울: 기독교문서선교회, 1985, 2000 개정판).

Vos, G., *Redemptive History and Biblical Interpretation: The Shorter Writings of Geerhardus Vos* (R.B. Gaffin, Jr., ed.; Phillipsburg: Presbyterian and Reformed Publishing, 1980); 『구속사와 성경해석』(이길호, 원광연 옮김; 서울: 크리스챤 다이제스트, 1988).

Zuck, R.B. & D. Bock (eds.), *A Biblical Theology of the New Testament* (Chicago: The Moody Bible Institute of Chicago, 1994); 『신약성경신학』(류근상 옮김; 고양: 크리스챤출판사, 2004).

박윤선, 『성경신학』(서울: 영음사, 1983).

손석태, 『여호와, 이스라엘의 남편』(서울: 솔로몬, 1997).

황창기 편저, 『성경신학이란 무엇인가?』(서울: 기독교문서선교회, 1987).

허주, 『신학의 종을 어떻게 울릴 것인가: 복음과 삶을 위한 성경신학』(서울: 그리심, 2005).

한국성경신학회(회장 - 박형용 박사) 정기 논문집 『교회와 문화』에 소개되는 논문들은 “성경신학적 설교”에 유익하다. 본 학회는 매년 2월과 8월 신반포중앙교회(www.sbpcc.or.kr 담임목사 김성봉 - 학회 부회장) 정기 논문발표회를 개최하고 있다.

▶ 아래는 국내의 대표적 신학/목회 월간지『목회와신학』에서 특집 주제로 다룬 것으로 성경해석 방법과 실제에 도움을 주는 글들이다.

『목회와신학』(1991/4월호) 우리 시대를 위한 성경해석론
박종칠, "구속사적 성경해석과 설교, 그 흐름과 전망"
나종화, "사회학적 성경해석학"
김정우, "성경의 문학적 접근, 그 기여와 한계"
최봉기, "해석학적 철학과 성서해석"
간하배, "상황화와 성경해석"
정근두, "성령과 성경해석"
편집부, "성경해석 관계문헌 소개"

『목회와신학』(1996/3월호) 차세대 목회를 위한 성경해석학
심상법, "성경해석사가 말하는 성경해석의 교훈을 본다"
김연태, "한국교회 성경해석의 변천과 그 교훈"
유영기, "가변의 문화와 불변의 복음, 그 해석학적 관계는"
강창희, "신약의 구약해석 방법과 원리는 무엇인가"
노우호, "통독을 위한 쉬운 성경해석의 길"
홍인규, 이형원, 이종록, "성경해석학의 실재를 본다"
류호준, "차세대를 위한 성경해석, 이렇게 제안한다"
김덕신, 이상근, 이종성, 장두만, 정근두, 김서택, "성경해석, 나는 이렇게 생각한다"

『목회와신학』(1999/11월호) 성경 본문해석, 어떻게 할까
이문장, "한국교회가 열어가야 할 성경해석의 길"
김서택, "설교자의 성경해석 방법론"
양용의, "복음서 해석과 설교자"
김지찬, "문법적-문예적 주해가 필요한 설교"
정창균, "설교자의 본문 접근을 위한 제언"
김상훈, "성경해석학의 흐름과 실제적인 해석법"
존 왈튼, "효과적인 단어연구를 위한 원리들"
도날드 칼슨, "본문 주해에 있어 전제와 역사적 오류"

『목회와신학』제 159호 (2002/9월호) 설교의 세계를 여는 성경해석에 도전하라
시드니 그레이다누스, "성경의 모든 본문이 곧 설교입니다": 56-65.

이한영, "설교를 위한 성경해석에 도전하라": 66-73.
엔토니 티슬튼, "성경본문이 우리를 해석하게 하자": 74-81.
김회권, "해석학적 도구들, 어떻게 활용해야 하나": 82-92.
최승락, "성경해석, 오해를 넘어 이해의 세계로": 93-101.
로버트 H. 스타인, "성경 해석에 있어 '저자 지향적 접근'의 유익": 102-115.
브라이언 채플, "성경 해석과 이야기체 설교의 비밀": 116-126.

기타 참조할 내용
『목회와신학』(1992/3월호) 신학하는 길
신복윤, "신학은 경건에서 시작하는 학문"
김지철, "신학도의 길"
김의원, "구약이해와 해석의 학문, 구약신학"
성종현, "신약학의 어제와 오늘"
차영배, "신학 전반의 연결고리, 조직신학"
이형기, "역사신학의 과제와 유용성"
박근원, "실천신학의 바른 이해를 위하여"
전호진, "지구촌 시대의 선교학"
강용운, "기독교 공동체를 이루는 기독교 교육학"
이상직, "현대 신학을 어떻게 공부할 것인가"
맹용길, "실천적 이론을 구축하는 기독교 윤리학"
이보민, "신학과 주변학문"
편집부, "『목회와신학』이 추천하는 신학 필독서"

『목회와신학』(1990/8월호) 한국교회와 복음주의 운동
방선기, "복음주의란 무엇인가"
신복윤, "복음주의, 근본주의, 개혁주의 비교"
박건택, "한국교회사에 나타난 복음주의 운동"
이형기, "복음주의와 에큐메니칼의 비교(1) - 사회 참여를 중심으로"
권성수, "복음주의와 에큐메니칼의 비교(2) - 성경해석을 중심으로"
이정배, "자유주의에서 본 복음주의 운동"
홍순우, "한국교회 성장과 복음주의"
김명혁, "한국 복음주의 운동의 전망과 과제"
편집부, "관계문헌 소개"

『목회와신학』(1992/7월호) 한국신학사조의 긴급진단(1)
박용규, “한국신학사조의 복음주의적 고찰”
배국원, “성의 신학, 한의 신학, 상생신학의 비판적 검토”
김영한, “종교 다원주의와 한국 토착화 신학”
김지철, “토착화론의 해석학”
이상직, “과정신학의 한국적 전개와 평가”
이보민, “단군신화와 신학이 만날 수 있는가”

『목회와신학』(1992/8월호) 한국신학사조의 긴급진단(2)
김인수, “한국신학사조의 역사적 배경”
나용화, “복음주의 입장에서 본 민중신학”
윤철호, “해방신학에 대한 복음주의적 조명”
황승룡, “정치신학의 재조명”
목창균, “생태학적 신학과 창조신학”
김영한, “포스트모더니즘과 한국신학”
김명혁, “자유주의 신학에 대한 복음주의 신학의 당면과제”

김기홍, “한국신학의 어제와 오늘”『목회와신학』(1989/8월호) 한국 신학의 현주소
홍정길, “삶의 실증 속에 담긴 권위”『목회와신학』(1989/7월 창간호) 목회자, 그들은 누구인가
정성구, “설교는 곧 인격이다”『목회와신학』(1989/7월 창간호) 목회자, 그들은 누구인가

주(註)

Part 1

CHAPTER 1

1. Ridderbos, H.N., 『마태복음』(상) (오광만 옮김; 서울: 여수룬, 1990), 394. Ridderbos 1990: 394. 예수의 비유와 하나님 나라 그리고 이 두 관계에 대한 전반적 이해를 위해서는 Blomberg, C.L., 『비유해석학』(김기찬 옮김; 서울: 생명의말씀사, 1996)과 Ridderbos, H.N., 『하나님 나라』(오광만 옮김; 서울: 엠마오, 1988)을 참조하라.

2. 허주, "마태복음의 문학적 성격," 본서의 제12장을 참조하라.

3. Kingsbury, J.D., 『마태복음 13장에 나타난 예수의 비유』(김근수 옮김; 서울: 도서출판 나단, 1991), 27-34.

4. Davies, W.D. & D.C. Allison, *A Critical and Exegetical Commentary on the Gospel according to Saint Matthew* (vol. 2; ICC; Edinburgh: T. & T. Clark, 1991), 370-372.

5. 예를 들어 Gerhardsson, B., "The Seven Parables in Matthew XIII," *New Testament Studies* 19 (1972-73): 16-37와 Wenham, D., "The Structure of Matthew XIII," *New Testament Studies* 25 (1978-79): 516-522의 견해를 고려할 수 있다.

6. Hagner, D.A., *Matthew 1-13* (WBC, 33A; Dallas: Word Books, 1993), 362-364를 보라.

7. 실제로 Hagner(*Matthew 1-13*, 365)는 이 비유를 후자의 이름으로 제목화 하였다. Blomberg,(『비유해석학』, 286-291)는 이 비유가 다소 '복합적인 세 요점을 담고 있는'(씨 뿌리는 자/열매 맺는 씨/열매 맺지 못하는 씨) 비유들 속에 범주화 시켰다.

8. Kistemaker, 『예수의 비유』, 38-39.

9. 마태복음 17장 20절의 '겨자씨만큼만 한 믿음'은 이 겨자씨 비유와 직접적 관련이 있다고 할 수는 없지만 성장의 주제와 연관해서 고려해 볼 만하다. .

10. Hagner, *Matthew 1-13*, 396.

11. Blomberg, 『비유해석학』, 256-258.

12. Ridderbos, 『마태복음』(상) , 417.

CHAPTER 2

1. 본 사건들과 관련하여 마태복음(21:1-27)과 마가복음(11:1-33)의 보도 차이로 인한 학자들의 관심과 질문들이 적지 않았다. 예를 들어, 무화과나무 저주와 성전 심판이 예루살렘 입성을 기점으로 마가복음은 3일 간에 벌어진 것으로 소개(첫째 날: 예루살렘

입성하신 후 다시 베다니로 돌아오심; 둘째 날: 무화과나무 저주하신 후 성전을 청결케 하심; 셋째 날: 무화과나무가 뿌리까지 마름을 발견한 후 제자들에게 가르치심)되는 반면, 마태복음에서는 이 두 사건이 2일 간에 걸친 것으로 묘사(첫째 날: 예루살렘 입성하시자마자 성전을 청결케 하심, 그리고 베다니로 돌아오심; 둘째 날: 무화과나무를 저주하시자 곧 마름, 그리고 이에 따른 가르침)된다. 한편, 누가복음에서는 무화과나무 저주 사건이 언급되어 있지 않다. 이 공관복음서 본문들은 소위 '공관복음서의 문제'의 이름으로 그 이슈들을 고려해 볼 수 있는 대표적인 병행 본문들 중 하나일 것이다. 우리가 여기서 언급할 필요가 있는 것은, 각 복음서가 증언하는 예수에 대한 사역들이 대략적인 연대순으로 기록하는 동일한 원칙을 따르면서도, 경우에 따라 각 복음서 저자의 신학적 관심(지리적 관심을 포함)과 메시지의 강조가 연대적 사건들을 문학-주제적 관점으로 소개되고 있다는 점이다. 본 이슈에 대한 일반적 이해에 대해서는 『목회와 신학』146호 (2001년 8월) 특집: "복음서 간의 차이, 어떻게 볼 것인가," 46-135를, 본문과 관련하여 편집비평적 관점으로 무화과나무 사건을 정밀하게 연구한 W.R. Telford, *The Barren Temple and the Withered Tree: A Redaction-Critical Analysis of the Cursing of the Fig-Tree Pericope in Mark's Gospel and Its Relation to the Cleansing of the Temple* (JSNTSS, 1; Sheffield: JSOT Press, 1980), 특히 69-94를 참조하라. 국내에서 발표된 양용의, "열매 없는 성전(막 11:12-21),"『신약신학 저널』2호 (2000), 166-85도 유익하다.

2. J.R. Edwards, "Markan Sandwiches: The Significance of Interpolations in Markan Narratives," *Novum Testamentum* 31 (1989): 193-216, 특히 197-98을 보라.

3. W.R. Telford, *The Barren Temple and the Withered Tree*, 161-163; 양용의, "열매 없는 성전(막 11:12-21)," 177, 182-83을 참조, 비교해 보라. 필자는 마가복음 11장 본문이 기독론과 종말론뿐 아니라 구원론과 제자도의 메시지를 함께 드러내고 있음을 지적하고 싶다.

4. 로버트 스타인, 『메시아 예수』(황영철 옮김; 서울: IVP, 2001), 213.

5. 막 5:11-13도 종종 함께 이 '파괴적 기적'에 고려 대상이 되곤 하지만, 막 5장의 몰사하는 이천 마리의 돼지 떼는 그 직접적 원인이 '더러운 귀신'(막 5:2, 8, 12-13)임을 확인할 수 있다.

6. 이런 면에서 Telford는 이 분야에 있어 귀한 공헌을 한 셈이다. 앞에서 소개한 저서와 함께 동일한 저자가 쓴 *Mark* (New Testament Guides; Sheffield: Sheffield Academic Press, 1995), 137-38을 보라.

7. 예수의 이 같은 상징적 행동에 의한 메시지 전달 기법은 구약의 몇몇 대표적인 선지자들에게도 발견된다(사 20:1-6; 렘 13:1-11; 19:1-3, 10-11; 27:1-15; 28:10-17; 참조, 대하 18:10; 겔 4-5장).

8. 팔레스타인 무화과나무의 잎사귀는 겨울의 세 달(12-2월) 기간 동안을 제외하고 발견되는데, 이 나무가 열매를 맺히는 계절은 6월에서 11월 사이의 기간인 것으로 알려져 있다. 예수께서 예루살렘 성전에 이르시던 때가 유월절, 즉 4월에 일어난 사건이라는 점에서 이 본문이 예수의 상징적 메시지를 담고 있음을 보게 된다. Brooks, *Mark* (Nashville:

Broadman Press, 1991), 182을 보라.

9 즉, 여기서 예수께서 무화과나무에게 '답변했다'(to answer)는 것은 무화과나무가 예수께 '열매 없는 잎사귀'로 말한 것에 대한 반응이라는 의미를 고려할 수 있는 중요한 단서도 되는 셈이다. 이에 대한 관찰에 대해서는 R. Gundry, *Mark: A Commentary on His Apology for the Cross* (Grand Rapids: Eerdmans, 1993), 638을 보라.

10. "기구(σκεῦος 영어 NIV는 merchandise로 번역함)를 가지고 성전 안으로 지나다님"과 관련하여 로버트 스타인(2001: 217)을 비롯한 몇몇 주석가들은 다른 유대 문헌(Jesephus, *Against Apion 2:8*; m. *Berakot*. 9:5)에 도움을 받아, 유대인들이 그 당시 물건들을 들고 어떤 시내나 지역으로 통과하는데 있어 성전을 하나의 '지름길'(a shortcut)처럼 이용한 것에 대한 예수의 분노 하심으로 보고 있으나, 본문에서 이것을 뒷받침할 만한 근거가 매우 약하기 때문에, 일반 도구가 아닌 성전 제사용 도구들을 들고 자신들의 일상적 소임을 하고 있는 사람들을 향한, 즉 이미 성전의 기능을 상실한 차원에서 형식적이고 무의미하게 성전 제사를 준비하는 자들을 향한 심판적 메시지로 보는 것이 더 자연스럽다고 판단된다. 이에 대해서는, D.E. Garland, *Mark* (Grand Rapids: Zondervan, 1996), 437, n. 15를 보라.

11 이런 점에서 '강도의 굴혈'이란 표현이 나오는 예레미아 7장 11절의 전후 문맥인 7장 1-15절을 주의 깊게 살펴 볼 필요가 있다. "너희는 이것이 여호와의 전이라, 여호와의 전이라, 여호와의 전이라 하는 거짓말을 믿지 말라(4절)…너희가 무익한 거짓말을 의뢰하는도다(8절)…내 이름으로 일컬음을 받는 이 집에 들어와 서 내 앞에 서서 말하기를 우리가 구원을 얻었나이다 하느냐 이는 이 모든 가증한 일을 행하려 함이로다 내 이름으로 일컬음을 받는 이 집이 너희 눈에는 도적의 굴혈로 보이느냐 보라 나 곧 내가 그것을 보았노라 여호와의 말이니라(10-11절)." 11 하반 절에 나오는 "내가 그것을 보았노라"는 마가복음 11장 11절의 성전에 들어가신 "예수께서 ... 모든 것을 둘러 보시고"를 어느 정도 관련시켜 고려해 볼 수 있다. Garland, *Mark*, 438-39를 보라.

12. 참고로 막 11:23은 마 17:20과 눅 17:6과, 막 11:24은 마 7:7; 18:19; 눅 11:9과, 막 11:25은 마 6:14-15과 각각 병행되거나 유사한 구절들이다.

13. 이 논지에 대한 구체적 설명에 대해서는 김세윤, "예수와 성전," 『예수와 바울』(서울: 도서출판 참말, 1993), 119-65, 특히, 151-60과 156 각주 97에서 같은 주장을 갖고 있는 학자들의 문헌을 참고해 보라.

14. M.D. Hooker, *The Gospel According to Saint Mark* (Peabody, Mass.: Hendrickson, 1991), 270; C.D. Marshall, *Faith as a Theme in Mark's Narrative* (SNTSMS, 64; Cambridge: Cambridge University Press, 1989), 162-69; Garland, *Mark*, 441-42을 비교하여 참고하라.

15. 예수께서 대제사장들과 서기관들과 장로들에게 직접적인 질문을 하는 가운데 그들에게 두 번씩 자기 자신(예수)에게 "대답하라"(ἀποκρίθητέ: 29, 30절)고 다그치신다.

CHAPTER 3

1. 이에 대한 상세한 논의를 위해서는 필자의 책 *A Dynamic Reading of the Holy Spirit in Luke-Acts* (JSNTSS 211; Sheffield: Sheffield Academic Press, 2001)의 5장을 참조하라.

2. 누가복음의 서문은 앞에서 다룬 내용을 염두에 둘 때, 누가-행전의 서문으로 보아야 한다.

3. 한글개역성경에서 "내력", 표준새번역에서 "이야기"라고 번역된 이 헬라어 단어 διήγησις는 영어성경에서 "account"(NIV) 또는 "narrative"(RSV)로 번역되었다. 참고로 이 헬라어 단어의 동사형인 διηγέομαι는 눅 8:39; 9:10; 행 8:33; 9:27; 12:17에서 사용되고 있다.

4. 데오빌로가 누구인지에 대한 논의는 적지 않았지만 여전히 그의 정체성과 관련된 몇 가지 의문들(그 민족적 기원이 이방인인가 유대인인가 혹은 '하나님을 경외하는' 유대교로 회심한 이방인인가; 로마 정부의 관리인가 아니면 단지 높은 사회적 신분을 갖고 있는 자인가)은 확실치 못한 실정이다. 그러나 데오빌로가 복음을 받아 들여 회심한 기독인으로 보는 데에는 학자들이 거의 동의하고 있다. "각하"로 번역된 헬라어 κράτιστος는 행 23:26; 24:3; 26:25에도 사용되었다.

5. Robert C. Tannehill, *The Narrative Unity of Luke-Acts: The Gospel according to Luke* (vol. 1; Philadelphia: Fortress Press, 1986), 15-20.

6. 엘리사벳의 시련은 다음과 같은 구약의 여성들을 상기시킴으로써, 이 가운데 역사하실 하나님의 선하신 섭리와 뜻을 예기시켜 준다: 사라(창 16:1; 18:11), 리브가(창 25:21), 라헬(창 30:1), 삼손의 어머니(삿 13:2), 그리고 한나(삼상 1-2장).

7. C. A. Evans, *Luke* (New International Biblical Commentary; Peabody: Hendrickson, 1990), 25를 참조하라.

8. 눅 1-2장에서 묘사된 주요 인물들은 성령의 충만이나 인도함을 받아 결국 예수의 증인들로 나타나는데, 이것은 사도행전의 주요 인물들에게도 동일하게 나타나는 주된 특징이다. 자세한 논의를 위해서는 필자의 *A Dynamic Reading of the Holy Spirit*, 196-203을 보라.

9 눅 1-2장에는 하나님께 영광을 돌리는 세 개의 찬미 단락이 나오는데 그 첫째가 1:46-56에 나오는 마리아에 의한 찬미(*the Magnificat*)이고 둘째는 1:67-79에 있는 사가랴의 찬미(*the Benedictus*)이며, 마지막 찬미는 위의 두 개와 비교할 때 다소 짧은 2:28-32에 나타나는 시므온의 것(*the Nunc Dimittis*)이다. 이 세 찬미들은 누가-행전 전체의 중심 주제를 파악하는데 필수적인 것이다. 마리아와 사가랴의 찬미들에 대한 구조 분석에 대해서는 Joel Green, *The Gospel of Luke* (NICNT; Grand Rapids: Eerdmans, 1997), 98-101, 112-114을 보라.

10. Darrell L. Bock, *Luke* (Downers Grove: IVP, 1994), 46-47.

11. D.L. Bock, *Luke*, 47-48.

12. "주 예수"에 대한 표현은 사도행전에서 더욱 두드러지게 나타나고 있다: 행 1:21; 4:33; 7:59; 8:16; 9:17; 10:36; 11:17, 20; 15:11, 26; 16:31; 19:5, 13, 17; 20:21, 24, 35; 21:13; 28:31.

CHAPTER 4

1. 흥미로운 것은 누가복음이 '죄인'으로서의 세리에 대한 관심뿐 아니라 그 평가에 있어서도 우호적이라는 사실이다. 물론 여기서 우호적이라고 하는 것은 '회개하는 죄인'으로서의 세리에 있다(눅 3:12; 5:27-28, 30; 7:29; 15:1; 18:10 참조).

2. 누가-행전에서 기쁨은 하나님의 주권적 구원 계획이나 역사에 따른 하나님 백성의 자발적 반응이었다: 눅 1:14; 2:10; 10:20; 13:17; 15:5, 32; 19:37; 24:41, 52; 행 2:46; 3:19; 13:52; 16:34.

CHAPTER 5

1. Gary M Burge, *John* (The NIV Application Commentary; Grand Rapids: Zondervan, 2000), 221.

2. D. A. Carson, *The Gospel according to John* (Grand Rapids: Eerdmans, 1991), 309; Burge, *John*, 222를 참조하라.

3. 37절에 언급된 "명절 끝날 곧 큰 날"이 초막절의 칠일 째(신 16:13-15 참조)인지 아니면 팔일 째(레 23:34-37; 민 29:39 참조) 되는 날인지에 대해선 다소 학자들의 견해가 갈리고 있다. 본문을 이해하는데 있어 어떤 견해도 해석의 결정적 차이를 초래하지는 않지만 필자는 개인적으로 이 날이 팔일 째라고 보는 것에 더 설득력 있다고 본다. 변종길, 『성령과 구속사』(서울: 개혁주의신행협회, 1997), 136-140; D. A. Carson, *John*, 321-322을 참조하라.

4 예수께서 언급하신 이 메시지의 본문 역시 학자들 사이에서 크게 두 가지 견해로 양분되는데, 38절의 "나를 믿는 자"(ὁ πιστεύων εἰς ἐμέ)라는 분사구로 된 주어가 어디에 속하는 것으로 볼 것인가에 따라 구두점이 달라지게 됨으로써 해석에 차이가 나타난다. (1) 대부분의 한글성경과 영어성경은 "나를 믿는 자"가 38절의 주어 역할을 함으로써"마시라" 다음에 구두점을 찍은 경우이다 - Lightfoot, Westcott, Zahn, Bernard, Barrett, Lindars, Morris, Carson, 이한수, 변종길의 입장. (2) 이와 달리 "나를 믿는 자"의 분사구가 37절에 속한 것으로 봄으로써 이 분사구 다음에 바로 구두점을 찍는 경우이다. 흔히 '기독론적 독법'으로 간주된다 - Abbott, Brown, Bultmann, Dodd, Dunn, Jeremias,

Burge, 김희성의 입장. 먼저 이 두 견해는 헬라어 문법상 모두 가능하다. 또한 해석에 있어서도 두 견해는 차이 보다는 공유하는 바가 사실 더 많다. 해석의 차이를 유발하는 것은 "생수의 강이 흘러내는 배"가 누구의 배로 볼 것이냐 이다. 전자는 '예수를 믿는 모든 사람들'의 배를, 후자는 "예수 자신'의 배를 의미한다. 그러나 전자의 견해를 취한다 할지라도 "생수의 강"의 근원은 예수 그리스도 자신임이 잘 드러나고 있다. J. B. Cortez, "Yet Another Look at John 7:37-38", *CBQ* 29 (1967): 75-86; G.M. Burge, *The Anointed Community: The Holy Spirit in the Johannine Tradition* (Grand Rapids: Eerdmans, 1987), 88-93; 변종길, 『성령과 구속사』, 140-176; 이한수, "요한의 성령이해", 『신학지남』239 (1994): 77-109; 김희성, "신자의 배냐 예수의 배냐?", 『신학과 선교』26 (2001): 29-51을 보라.

5. G.M. Burge, *John*, 226-228; 유상섭, 『설교를 돕는 분석 요한복음』(서울: 규장, 1999), 178-181을 참조하라.

CHAPTER 6

1. F. F. Bruce, *The Book of the Acts* (Grand Rapids: Eerdmans, revised version, 1988), 50 n. 5와 J.D.G. Dunn, *The Acts of the Apostles* (London: Epworth Press, 1996), 24를 보라.

2. J. Hur, *A Dynamic Reading of the Holy Spirit in Luke-Acts* (JSNTS 211; Sheffield: Sheffield Academic Press, 2001; London/New York: T & T Clark International, 2004, reprinted), 219-26을 참조하라.

3. Hur, *A Dynamic Reading of the Holy Spirit in Luke-Acts*, 26-33; 183-191을 보라.

4. 바울에게 있어, 성령이 '첫 할부금'과 '처음 익은 열매'라는 표현으로 사용된 의미에 대해서는 허주, "성령과 그리스도인의 삶", 『신학의 종을 어떻게 울릴 것인가』(서울: 그리심, 2005), 270을 보라.

5. 사도행전 2장 4절에서 '성령으로 충만케 됨'(to be filled with)을 뜻하는 것으로 그리스어 동사 πίμπλημι가 수동태로 사용되었는데, 이 동일한 사건을 누가는 다른 그리스어 단어들을 통해 표현하고 있음을 알 수 있다: '세례를 받다'(to be baptized: 눅 3:16; 행 1:5; 11:16); '임하다'(to come upon: 행 1:8); '부어 주다'(to pour out upon: 행 2:17, 18, 33; 10:45); '받다'(to receive: 행 2:38; 10:47).

6. G. A. Kennedy는 고대 그레코-로만 수사적 관점에서 베드로 설교를 (1) 논박(refutation - 14-21절)과 기소(indictment - 22-36절)를 담고 있는 법정적 수사양식(judicial rhetoric)과 (2) 심의적 수사양식(deliberative rhetoric)으로 분석한 바 있다 - *New Testament Interpretation through Rhetorical Criticism* (Chapel Hill/London: University of North Carolina Press, 1984), 116-118.

7. 사도행전에서는 예수의 사도/제자들의 설교가 19번 나오는데, 그 가운데 베드로가 8번(1장, 2장, 3장, 4장, 5장, 10장, 11장, 15장), 바울이 9번(13장, 14장, 17장, 20장, 28장), 그리고 나머지 2 번은 스데반(7장)과 야고보(15장)에 의한 것이었다. 우리는 이 설교/연설들이 축자적으로 소개된 것은 아니지만 기록자 누가의 손 끝을 통해서도 각 설교자들의 중심 메시지를 최대한 그들의 표현에 따라 잘 반영하고 있다고 본다. 이를 위해서는M. L. Soards, *The Speeches in Acts: Their Content, Context, and Concerns* (Louisville: Westminster/John Knox Press, 1994)와 F. F. Bruce, *The Speeches in the Acts of the Apostles* (London: Tyndale Press, 1943)을 참조하라.

8. Soards, *The Speeches in Acts*, 31-38; 163-164와 김정훈, 『사도들의 설교와 신학』(서울: 그리심, 2003), 107-113을 참조 비교해 보라.

9. 페셔는 히브리어로 '해석'이란 의미로서 '주석'(commentary)이란 뜻으로 그 복수형(페샤림: pesharim)이 자주 쓰이는데, 이는 주로 사해 사본에서 구약성경(예, 하박국, 이사야)에 대한 주석서에 붙여진다. 여기서 발견되는 해석적 특징은 종말론적 경향 속에서 오늘 이 인물 내지 이 사건이 바로 구약성경에서의 그 인물 내지 그 사건의 원(原) 의미라는 차원('이것이 바로 그것이다' - This is That)에서 풀이된다는 점이다. R. N. Longenecker, *Biblical Exegesis in the Apostolic Period* (Grand Rapids: Eerdmans, 1975), 38-45를 보라.

10. 이 본문에서 나타나는 구약 인용의 변형과 이에 따른 학자들의 견해에 대해서는 Hur, *A Dynamic Reading of the Holy Spirit in Luke-Acts*, 228 n. 144를 참조하라.

11. 누가-행전, 특히 사도행전에서 "하나님의 뜻/계획"(ἡ βουλῆ τοῦ θεοῦ)은 내러티브 플롯을 이끌어 가는 모체이다(행 2:23; 4:28; 13:36; 20:27; 참조, 10:42; 17:26, 31). 더 자세한 것을 위해서는 Hur, *A Dynamic Reading of the Holy Spirit in Luke-Acts*, 183-187을 보라.

12 이런 맥락에서 우리는 "성령"(행 16:6)이 "예수의 영"(행 16:7)으로 직접 표현되는 것을 이해할 수 있을 것이다("예수 그리스도의 영" - 빌 1:19; "그리스도의 영" - 롬 8:9; 벧전 1:11; "그의 아들의 영"'- 갈 4:6 참조). 예수의 주 되심(lordship)을 구약의 하나님과 성령의 보내심과의 상호 관련 속에서 고려할 수 있는 것을 '성령-기독론'(Spirit-Christology)이라 하는데, 이에 대해서는 Hur, *A Dynamic Reading of the Holy Spirit in Luke-Acts*, 141-44를 보라.

13. 이에 대해 학술적 논의는 G. D. Nave, Jr., *The Role and Function of Repentance in Luke-Acts* (Atlanta, GA.: the Society of Biblical Literature, 2002), 7-38을 보라.

14. 사도행전 2장 38-39절의 문맥에서는 성령에 대한 이해에 있어 앞에서 인용된 요엘서2장 28-32절의 배경뿐 아니라, 에스겔서 36장 22-28절과 이사야서 44장 3-4절의 배경이 함께 깔려 있다고 판단된다. Hur, *A Dynamic Reading of the Holy Spirit in Luke-Acts*, 230 n. 151을 보라.

15. 예레미아스에 따르면 예수 당시 예루살렘에 거주했을 유대인들을 약 55,000

- 95,000 명으로 추정하는데, 유대인들의 3대 명절 시기에는 순례자들로 인해 훨씬 더 많은 유동 인구가 운집했을 것이다. J. Jeremias, *Jerusalem in the Time of Jesus* (London: SCM, 1969), 83-84 n. 24.

16. 사도행전 2장 46-47 상반절 안에는 주 동사(main verb)와 함께 4개의 분사형(a, b, c, d)이 사용되었다.

17. 이 점에서 우리는 신약성경 서신서보다도 '예수와 사도 시대"에 속한 계시-역사적 사건을 '서술적으로'(일차적 차원에서) 다루고 있는 복음서와 사도행전을 해석하고 적용, 즉 설교하는데 있어 주의가 요구된다. 이것은 계시-역사적 사건뿐 아니라 계시-역사적 인물에 있어서도 마찬가지다. 이에 대한 이해를 위해서는 글레엄 골즈워디, 『성경신학적 설교 어떻게 할 것인가』(김재영 옮김; 서울: 성서유니온선교회, 2002), 345-378와 고든 피 & 더글라스 스튜어트, 『성경을 어떻게 읽을 것인가』(오광만 옮김; 서울: 성서유니온, 1988)의 복음서와 사도행전을 다룬 부분을 참조하라.

18 사도행전에서 선포되는 사도/제자들의 메시지는 어떤 면에서 '그리스도의 십자가 죽음'보다 '그리스도의 부활'에 더 큰 강조가 있는 것이 발견된다. 예를 들어, 그리스도의 피(20:28)와 '죽임 당하셨다'(3:15; 참조, 2:36; 4:10; 5:30; 10:39; 13:29)는 언급은 단 한번이지만, 그리스도의 부활에 대한 언급이 약 10번 정도 언급되며, '죽은 자 가운데서 살아나셨다'라는 사실도 13회, 또 이 부활에 대해 사도들이 '증인'이라는 사실이 약 10회 가량 언급되고 있다("부활" - 1:22; 2:31; 4:2; 17:18, 32; 23:6; 24:21; "살리셨다" - 2:24, 30; 3:15, 26; 4:10; 5:30; 10:40; 13:30, 33, 34, 37; 17:3, 31; 25:19; 26:8, 23). F. F. Bruce, *Paul: Apostle of the Heart Set Free* (Grand Rapids: Eerdmans, 1996), 98; G. E. Ladd, *A Theology of the New Testament* (Grand Rapids: Eerdmans, 1987 reprinted), 317을 보라.

19. H. F. Bayer는 그의 논문을 통해 사도행전에서 나타나는 설교자로서의 베드로를(1) 회개를 선포하는 자(as a preacher of repentance), (2) 구원을 선포하는 자(as a preacher of salvation), (3) 그리스도를 선포하는 자(as a preacher of Christ)로 묘사하고 있다: "The Preaching of Peter in Acts", in *Witness To the Gospel: The Theology of Acts* (eds., I. H. Marshall and D. Peterson; Grand Rapids: Eerdmans, 1998), 257-274.

20. '성경신학'에 대한 이해를 위해서는 허주, "성경신학 이해와 사명", 『신학의 종을 어떻게 울릴 것인가』(서울: 그리심, 2005), 12-47을, '성경신학적 설교'에 대한 이해를 위해서는 그레엄 골즈워디, 『성경신학적 설교 어떻게 할 것인가』를 참조하라.

CHAPTER 7

1. 존 스토트,『사도행전 강해: 땅 끝까지 이르러』(정옥배 옮김; 서울: IVP, 1992), 189.

2. 바울의 회심/소명과 그의 신적 사도직에 대한 간접적 암시가 롬 1:1; 고전 1:1; 고후 1:1; 엡 1:1; 골 1:1에 나타나 있다. 바울 서신 안에서의 다른 이 같은 암시적 본문과 바울의 회심/소명에 있어 사도행전 증거 본문들의 중요성에 대해서는 김세윤, 『바울 복음의 기원』(홍성희 옮김; 서울: 엠마오, 1994), 13-58을 보라.

3. 사도행전 9장, 22장 그리고 26장에 나오는 다메섹 도상에서의 사울의 체험은 학자들 사이에서 (1) 사울의 회심(e.g., J.D.G. Dunn, *Baptisim in the Holy Spirit* [Philadelphia: Westminster Press, 1970: 73-78]) 또는 (2) 사울의 특별한 소명(e.g., K. Stendahl, *Paul among Jews and Gentiles and Other Essays* [Philadelphia: Fortress Press, 1976 :7-23]; R.P. Menzies, *The Development of Early Christian Pneumatology with Special Reference to Luke-Acts* [Sheffield: JSOT Press, 1991: 260-63])으로 각각 구별하여 주장되곤 하는데, 이에 대해 필자의 입장은 행 9장이 소명을 동반하는 사울의 회심에 대해, 그리고 행 22장과 26장은 사울의 소명 받음에 대해 강조점을 갖고 묘사되었다고 본다. 사울의 회심/소명에 대한 묘사가 3번에 걸쳐 다소 상이하게 소개되고 있는 것에 대해 학자들은 오랜 동안 누가의 자료설에 근거하여 설명하고자 했다. 그러나 최근에 누가 학계에서는 이 묘사를 설명하는 내러티브의 각각의 문맥을 다른 각도에서 주의 깊게 고려하는 가운데(청중의 차이: 행 22장의 유대 백성; 행 26장의 아그립바 왕; 나레이터의 차이: 행 9장의 사도행전 전체 나레이터; 행 22장과 26장은 바울 자신이 나레이터) 자료설이 아닌 내러티브 안에서 '기능적 중복'의 문학적 장치로 설명함으로써, 누가가 부주의하게 자료들을 인용한 것이 아니라 내러티브 안에서 의도적이면서도 중요한 기능을 하는 해석으로 제시하였다. R.D. Witherup, "Functional Redundancy in the Acts of the Apostles: A Case Study," *JSNT* 48 (1992): 67-86; D. Marguerat, " 'Saul's Conversion (Acts 9, 22, 26) and the Multiplication of Narrative in Acts," in C.M. Tuckett, *Luke's Literary Achievement* (Sheffield: Sheffield Academic Press, 1995): 127-55을 보라.

4. 헬라어 ὁδός(way)가 이와 같이 은유적으로 사용된 것은 구약 칠십인 역에서도 발견되는 발견되지만, 이것이 더욱 전문적인 표현으로 발견되는 것은 자신들이 '의의 교사'(the teacher of righteousness)로부터 가르침을 받아 장차 오실 메시아가 자신들의 종말론적 신앙 공동체를 참 이스라엘 백성으로 맞아준다고 믿었던 쿰란 공동체의 문서(1 QS 9:17-18; 10:21; 11:13; CD 1:13; 2:6)이다.

5. 누가에 의해 묘사된 행 9:7("같이 가던 사람들은 소리만 듣고 아무도 보지 못하여")이 바울 자신이 회상하면서 보도하는 행 22:9("내[바울]와 함께 있는 사람들이 빛은 보면서도 나더러 말하시는 이의 소리는 듣지 못하더라")과 행 26:13하-14상("하늘로서 해보다 더 밝은 빛이 내[바울]와 내 동행들을 둘러 비추는지라 우리가 다 땅에 엎드러지매 내가 소리를 들으니")의 묘사와 다소 차이가 있다. 이것에 대해서는 I.H. Marshall, *Acts* (Leicester: IVP, 1980), 170, 355, n. 1을 각각 참조하라.

6. 부활하시고 존귀케 되신 예수께서는 성령을 통하여 역사하실 뿐 아니라(행 16:7), 마치 구약의 여호와 하나님(즉, theophony)처럼 직접 그의 제자들에게 말씀하시는 분으로 묘사(즉, christophony)되고 있다(행 9:4-6, 10-12; 18:9-10; 22:7-10, 18-21;

23:11; 26:4-18).

7. 여기서 우리는 다메섹 도상에서 사울을 찾아온 이후에도 예수께서 아나니아 뿐 아니라 사울에게도 환상 가운데(in a vision) 계속 자신을 계시해 주었음을 보게 된다. 행 10장에서도 하나님께서 베드로와 고넬료에게 환상 가운데 자신의 뜻을 계시하는 것으로 묘사되고 있다. 누가-행전에서는 이처럼 누가(또는 나레이터)에 의해 '(하늘로부터의) 소리'(눅 3:22; 9:35; 행 7:31; 9:4, 7; 10:13, 15; 11:7, 9; 22:7, 9; 22:14; 16:14)와 '환상'(행 2:17; 9:10; 10:3, 17, 19; 11:5; 16:9, 10; 18:9; 26:19)이 하나의 '신적 준거틀'(the divine frame of reference)로서 사용되고 있다. 신적 준거틀에 대해서는 Ju Hur, *A Dynamic Reading of the Holy Spirit in Luke-Acts* (Sheffield: Sheffield Academic Press, 2001), 101-113을 보라.

8. 누가-행전에서 '하나님의 영'이 '성령'(54번 발견)으로 표현된 것에 따른 중요성에 대해서는, 허주, "누가 문서에서 묘사된 문학적 인물로서의 성령: 직접 표현과 간접 묘사를 중심으로," 김영봉, 오덕호 편, 『누가복음 새로 읽기』(서울: 한들출판사, 2001), 231-263, 특히 244-245, 257-258을 보라.

9. 사도행전에서 '이름'(name)과 관련하여 나타나고 있는 다음의 표현들을 주목해 보라: '예수 그리스도의 이름'(행 2:38; 3:6; 4:10; 8:12; 10:48; 16:18), '예수의 이름'(행 4:18, 30; 5:40; 9:27, 29; 22:16; 26:9), '주 예수/그/나의 이름'(행 5:41; 8:16; 9:16; 19:5, 13, 17; 21:13), '그[예수]의 이름을 통한 죄 용서'(행 10:43).

10. W. Barclay, *The Acts of the Apostles* (St. Andrew Press, 1953; 2nd edition, 1955), 74; 존 스토트, 『사도행전 강해』, 202 n. 35에서 재인용.

11. R.B. Rackham, *The Acts of the Apostles* (Methuen, 1901; 4th edition), 88; 존 스토트, 『사도행전 강해』, 197 n. 26에서 재인용.

12. 구약과 유대 중간기 문헌들 속에서 '하나님의 아들'로 묘사된 경우는 (1) 천사들(창 6:2; 욥 1:6; 단 3:25; 에녹서 69:4-5; 71:1; 주빌리 1:24-25), (2) 이스라엘 백성들(출 4:22-23; 호 11:1; 말 2:10), 그리고 (3) 이스라엘 왕들(삼하 7:14; 시 2:7; 89:26-27)인데, 우리에게 관심을 끄는 것은 이 용어가 왕에게 적용된 경우인데, 특히 다윗 왕과 그 후손에게 적용되고 있다는 사실이다. 하나님의 아들과 메시아적 이미지가 함께 복합되어 나타나는 경우는 쿰란 문서이다(4 QFlor 1:10-14/ 삼하 7:11-14; 1QS 2:11-12/ 시 2:7; 참조, 4Q246). D.R. Bauer, "Son of God," in J.B. Green, S. McKnight, I.H. Marshall (eds.), *Dictionary of Jesus and the Gospels* (Leicester: IVP, 1992), 770.

13. 바울 자신에 의해서 두 번(갈 1:13, 23) 더 쓰여진 '잔해하다'(πορθέω)라는 이 동사는 신약의 다른 곳에서는 발견되지 않는데, 칠십인 역에서는 이 단어가 유대인들을 엄청나게 박해한 안티오커스 에피파네스의 폭력을 묘사하는 경우에 쓰여졌다(4 마카비서 4:23). L.T. Johnson, *The Acts of the Apostles* (Collegeville: The Liturgical Press, 1992), 171을 보라.

14. 이 헬라어 동사 ἐνδυναμόω는 칠십인 역에서 성령에 붙잡힌 사사 기드온(사 6:34)과 선지자 아마새(대상 12:18)의 상태를 묘사할 때 사용되었다. 바울이 자신의

사역과 관련하여 이 동사를 사용한 문맥도 주목해 보라: 빌 4:13; 딤전 1:12; 딤후 4:17; 참조, 롬 4:10; 엡 6:10.

15. L.T. Johnson은 누가의 증거와 바울 자신의 증거에서 발견되는 일치점과 상이점을 나열한 후, 이 상이점들은 각 문서의 문맥과 저자들의 관심 입장에서 볼 때 강조점의 차이에 의한 것임을 밝히고 있다: *The Acts of the Apostles*, 173-74.

16. 행 24:5절에서는 유대인들로부터 바울의 가르침이 '나사렛 사람들의 이단/당파'(τε τῆς τῶν Ναζωραίων αἱρέσεως)으로 낙인 찍힌 것을 알 수 있고, 행 24:14절에서도 유대인들의 고소 가운데 벨릭스 총독 앞에서 자신의 가르침이 동료 유대인들로부터 '이단/당파라 불리는 도'(τὴν ὁδὸν ἣν λέγουσιν αἵρεσιν)로 알려져 있다는 사실을 바울이 언급하고 있다.

CHAPTER 8

1. Harris, M. J., "구원", 『IVP 성경신학사전』(데스몬드 알렉산더, 브라이언 로즈 편집; 서울: IVP, 2004), 588-595.

2. Morris, L., "Salvation", in *Dictionary of Paul and His Letters* (eds., G. F. Hawthorne and R. P. Martin; Leicester: IVP, 1993), 858-862를 보라.

3. 홍인규, "바울과 구원 메타포", 『복음주의신약학 연구』창간호 (서울: 도서출판 바울서신, 2002), 280-313.

4. Lincoln, A. T., *Ephesians* (WBC, 42; Dallas, TX: Word Books, 1990), 27; Danker, F. W., (revised and edited), *A Greek-English Lexicon of the New Testament and Other Early Christian Literature* (Chicago and London: The University of Chicago Press), 117, 606.

5. Louw, J. P. and E. A. Nida (eds.), *Greek-English Lexicon of the New Testament Based on Semantic Domains* (New York: United Bible Societies, 1988), 488; Danker, F. W., *Greek-English Lexicon of the New Testament*, 14, 343.

6. Morris, L., "Redemption", in *Dictionary of Paul and His Letters* (eds., G. F. Hawthorne and R. P. Martin; Leicester: IVP, 1993), 784-786, 특히 785를 보라.

7. 올바른 성경신학적 이해와 관점에 대한 필자의 견해를 위해서는 허주, "성경신학 이해와 사명", 『신학의 종을 어떻게 울릴 것인가: 복음과 삶을 위한 성경신학』(서울: 도서출판 그리심, 2005), 11-47과 이 글에 나오는 주요 문헌을 참조해 보라.

CHAPTER 9

1. 에베소서 주석가들은 5장 21절의 문맥 선정을 놓고 이견이 있다. 헬라어 본문에서는 5장 21절을 22절 이후 단락(5:21-6:9)의 첫 시작으로 간주하는 것에 비해 한글개역성경은 5장 21절을 그 이전 단락(5:15-21)의 끝맺음으로 본다. 반면에 영어성경 NIV과 RSV는 5:15-20을 한 문단으로 번역한 후 21절을 한 문장으로 된 하나의 독립된 문단으로 제시하고 있다. 21절을 22절 이후 문단의 시작으로 보는 입장은 A. T. Lincoln, *Ephesians* (WBC, 42; Dallas, TX: Word Books, 1990), xliii-xliv; 337; R. E. Brown, *An Introduction to the New Testament* (New York: Doubleday, 1997), 621에서 볼 수 있으며, 21절을 그 이전 문단의 끝으로 보는 견해는 F. Foulkes, *Ephesians* (TNTC; Grand Rapids: Eerdmans, 1989), 49, 161; D. Guthrie, *New Testament Introduction* (Leicester: Apollos, 1990), 539에서 발견된다.

2. K. Snodgrass, *The NIV Application Commentary: Ephesians* (Grand Rapids: Zondervan, 1996), 286-88을 참조하라.

3. A. Lincoln이 지적했듯이 바울 서신에서는 거의 대부분 '상호 복종'이 아닌 문맥 속에서 어느 한편이 공동체 안에서 '복종할 것'을 언급하고 있는데(예, 여자들에게 - 고전 14:34; 골 3:18; 딤전 2:11; 딛 2:5; 자녀들에게 – 딤전 3:4; 종들에게 – 딛 2:9) , 이런 면에서 에베소서의 이 문맥은 독자들의 관심을 더욱 끌게 된다: *Ephesians*, 365을 보라.

4. 바울 서신에서는 "주(Lord) [예수]를 경외함" 또는 "[예수] 그리스도(Christ)를 경외함"이 "하나님(God)을 경외함"(참조, 신 6:2, 4-5; 10:12; 시 103:17-18; 행 10:2)과 상호 교차적으로 사용되고 있는데(행 9:31; 고후 5:11; 7:1; 빌 2:12; 골 3:22), 이런 점에서 엡 5:21은 5:19-20(경배의 대상으로서의 주 예수)과 함께 초대 교회 신앙에 있어 야훼 하나님과 공유되는 기독론적 함의의 중요성을 내포하고 있다.

5. A. Lincoln, *Ephesians*, 368-70을 참조하라. 케팔레가 쓰여진 바울의 다른 주요 문맥인 엡 1:22; 4:15; 골 2:19; 고전 11:3을 보라.

6 갈 3:28 뿐 아니라 고전 7:15의 경우, 불신자 남편의 허락이 있다면 이혼해도 좋다는 말은 그 당시 1세기 여성들에게 매우 이례적인 교훈이 된다. 이런 점에서 초대 교회 당시 불신자들은 성도들, 특히 크리스천 여성들의 삶의 태도에 대해 못마땅하게 여긴 것들이 적지 않았을 것으로 추정된다. 디도서 2장 5절의 말씀, 즉 "(젊은 여자들은) 근신하며 순전하며 집안 일을 하며 선하며 자기 남편에게 복종하게(ὑποτασσομένας τοῖς ἰδίοις ἀνδράσιν) 하라 이는 하나님의 말씀이 [불신자들로부터] 훼방을 받지 않게 하려 함이니라"(참조, 고전 11:3; 골 3:18; 벧전 3:1-2)는 이런 점에서 더욱 이해할 만하다.

7. 한글개역성경과 달리 헬라어 본문 32절은 "이 비밀이 크도다" 다음에 "그러나 내가 그리스도와 교회에 대하여 말하노라"로 번역되어야 한다.

8. 한글개역성경은 "그러나"로, 영어 성경 NIV와 RSV는 모두 "however"로 번

역하였다. A. Lincoln은 자신의 주석 *Ephesians*에서 “in any case”(어쨌든)로 번역하였다(384).

9. 바울은 다른 서신에서 ‘부모께 불순종/거역’하는 것을 하나님을 모르는 이방인이 타락한 증표(롬 1:30)일 뿐 아니라 말세를 만난 이 세상에서 ‘겉 모양의 성도들’에게서도 나타나는(딤후 3:2) 주요 현상으로 지적하고 있다.

CHAPTER 10

1. Bauckham, R. J., *Jude, 2 Peter* (WBC; Waco, Texas: Word Books, 1983), 236.

2. 대부분의 학자들은 베드로후서의 저자가 유다서에서 언급한 거짓 교사들에 대한 성격을 참고했을 것으로 이해한다: 벧후 2:1-2/유 4; 벧후 2:4, 6/유 6-7; 벧후 2:10-16/유 8-13을 대조하여 비교해 보라. Bauckham, R., *Jude, 2 Peter*, 259-260; 272-273. 베드로전서와 후서의 관계와 더불어 베드로후서와 유다서의 상호 관계와 유사성 그리고 유대문헌의 배경에 대해서는 Knight, J., *2 Peter and Jude* (NTG; Sheffield: Sheffield Academic Press, 1995), 9-36을 참조하라.

3. Bauckham, R., *Jude, 2 Peter,* 248-255를 참조하라.

4. Jerome Neyrey는 자신의 주석서에서 베드로후서에서 언급되고 있는 “거짓 교사”들을 에피큐리안 사상에 물들은 그리스도인 지도자들로 간주하는 것이 그 당시 사회-역사적 배경 하에 가장 적합하다고 제안하였다. 이들의 대표적 입장은 그리스도의 재림과 장래 심판에 대한 부정(벧후 1:16-21; 3:3-12) 그리고 이생에 대한 부정과 육신에 대한 자유함 등이다. 이런 해석이 옳다면, 거짓 교사들은 그 당시 기독교 공동체 안에서 나타난 이단자들이라 할 수 있다. Neyrey, J. H., *2 Peter, Jude: A New Translation with Introduction and Commentary* (AB; New York: Doubleday, 1993), 122-128를 보라.

5. 11절에 있는 “영광 있는 자”(δόξας)에 대한 해석에 있어 현대 주석가들은 대부분의 한글판 번역들과 달리 ‘선한 천사들’보다는 ‘악한 천사들’로 간주한다. Moo, D. J., 2 Peter, *Jude: The NIV Application Commentary* (Grand Rapids: Zondervan, 1996), 121와 Bauckham, R. J., *Jude, 2 Peter*, 261을 보라.

6. Green, M., *2 Peter and Jude: Tyndale New Testament Commentaries* (Grand Rapids: Eerdmans, 1987, 2nd edition), 121-122.

7. 한글성경이나 NIV 영어성경과는 달리 그리스어 원문은 “음심이 가득한 눈을 가지고”(with eyes full of adultery)라고 번역된 한글성경이나 NIV 영어성경과는 달리 그리스어 원문은 “음심” 대신에 “음녀”(μοιχαλίδος - adulterous women)로 되어 있다.

8. Bauckham, R., *Jude, 2 Peter,* 277을 보라.

9. 베드로후서 2장 20-21절의 문맥은 독자들에게 "거짓 교사들"의 정체성에 대해 또 다른 이슈를 질문하지 않을 수 없게 해 준다. 즉, 이들은 실제로 한때 소위 "중생 받은 성도들"이라고 말할 수 있는가에 대한 신학적 물음이다. 이와 관련하여 Moo는 칼빈주의적 입장에 서 있는 자신의 신학적 기초를 인정하면서 성도를 향한 구원의 보장은 하나님의 신실하신 성품과 계획에 근거하여(즉, 성경의 다른 전체적 메시지에 근거하여, 특히 롬 5-8장), 이 본문의 "거짓 교사들"이 과거에 '실질적인 그리스도인들'이 아니었을 것으로 해석한다. 그럼에도 베드로후서 본문 자체의 문맥은 실질적 그리스도인 독자/지도자들을 향한 강한 경고임을 밝히고 있다. 나아가 Moo 자신도 자신의 견해가 이 본문에 '충분히' 만족스럽지 못함도 인정하고 있다. "And when that context is considered, my hesitant conclusion is that the best interpretation I can now discover is that Peter is not talking about truly regenerate believers. But I will honestly admit that I am not finally satisfied with this conclusion, and I keep coming across warning passages that I struggle to do exegetical justice to," *2 Peter, Jude*, 155. 나는 서신들뿐 아니라 복음서에서 드러나고 있는 이와 유사한 '경고 구절들'(예, 히 3:12-18; 6:4-6; 10:26-31; 롬 11:13-24; 고전 10:1-12; 갈 5:16-21; 마 7:15-27; 유 1:4-6 참조)은 일차적으로 그 해당 문맥을 충실히 고려하여 해석해야 될 것을 제안하고 싶다. 이런 점에서 성경의 '경고 구절들'이 우선적으로 그리스도인 독자들을 주된 대상으로 고려된 원 저자들의 의도와 본문의 의미를 좀더 심각하게 고려하고 적용할 가치가 있다고 본다.

10. Moo, D., *2 Peter, Jude*, 146-147을 보라.

CHAPTER 11

1. 룩 존슨은 요한 서신들의 밀접한 상호 관계에 대해 흥미있는, 하지만 근거가 제한적인 한 견해를 피력하였는데, 그것은 동일한 '장로'로부터, 같은 시기에 같은 수신자들에게 이 3개의 서신들이 데메드리오에 의해(요삼 12) 한 묶음으로 전달되었을 것('a three-letter packet from the elder')이라는 가정이다. 말하자면, 요한삼서는 장로가 가이오(요삼 1)를 추천하는 편지로서, 요한이서는 (편지 형식이 약한 한 편의 설교문으로서 기록되었다고 보아지는) 요한일서를 읽기 전에 먼저 읽어야 할 '커버 서신서'(cover letter)로서 기록되었을 것이라는 추측이다. L. T. Johnson, *The Writings of the New Testament: An Interpretation* (London: SCM Press, 1986): 503-510을 보라.

2. 요한이서를 포함한 요한 서신들에 대한 일반적 배경과 개론적 소개는 지난 달 7월 호에 실린 <그말씀>의 글들을 참조하라.

3. 어떤 학자들은 '결론적 문구'(concluding formula)로서 마지막 13절만을 포함시키고 있다. 예를 들어, 레이몬드 브라운(R. E. Brown)의 *An Introduction to the New Testament* (New York: Doubleday, 1997): 396을 보라.

4. 이런 '적대적 태도'는 요한 삼서에서 '장로'와 교회적 갈등 관계로 나타나는 디오드레베가 '장로'와 함께 속한 자들에게 보여주는 태도(요삼 9-10)와 유사하다는 점에서 더욱 주목할 만하다.

5. 김득중, 『신약성서개론』(서울: 컨콜디아사, 1996), 281.

6. Johnson, *The Writings of the New Testament*, 501-503을 비교하면서 참조해 보라.

7. 파피어스(Papias)는 예수의 사도들인 빌립, 도마, 야고보, 요한 그리고 마태를 '장로들'로 말하고 있다(Eusebius, *Ecclesiastical History* 3.39.4) - Brown, *An Introduction to the New Testament*, 398에서 재인용.

8. 여기서도 하나님과 예수에 대해 쓰여진 수식어들은 요한적이라기 보다는 바울적인데, 이런 면에서 에드워즈는 본 서신의 기록자가 자신의 신학적 무게를 싣기 위해 다소 위엄있는 '사도적' 인사말(rather grand 'apostolic' greeting)을 3절에 도입한 것으로 본다. R. B. Edwards, *The Johannine Epistles* (New Testament Gudies; Sheffield: Sheffield Academic Press, 1996), 26과 S. S. Smalley, *1, 2, 3 John* (WBC, 51; Waco, Texas: Word Books, 1984), 321을 보라.

9. J. R. W. Stott, *The Letters of John* (Grand Rapids: Eerdmans, 1988, revised edn.), 208.

10. 6절 끝에 '그(여성형) 안에서'(개역성경은 "그 가운데서")로 직역되는 ἐν αὐτῇ는 문법적으로 둘 다 여성형인 '계명'과 '사랑'을 의미할 수 있지만, 병행 구문의 문맥 상, '사랑 안에서'로 보는 것이 더욱 자연스럽다.

11. 여기서 표현된 분사 ἐρχόμενον은 완료형이 아닌 현재형이라는 점에서 문법적으로 '육신으로 임할 예수의 재림'으로 보아야 하겠으나, 본문의 문맥 상 이것보다는 그 분의 성육신 사건의 '역사적 사실을 진리'로 받아들이는 요한의 의도에서 이 현재분사를 이해하는 것이 더 합당한 것으로 보인다(요 6:14; 11:27의 현재분사를 참조하라). 예수의 성육신에 대해 요일 4:2에서는 완료형 분사가, 요일 5:6에서는 부정형 분사가 활용되었다. Stott, *The Letters of John*, 211-212과 Smalley, *1, 2, 3 John*, 329-30를 보라.

12. 10절에서 사용된 동사들은 고대 사본들에 따라 1인칭 복수형과 2인칭 복수형으로 각각 다르게 증거되고 있는데, 특히 동사 ἐργάζομαι의 경우는 그 우열(εἰργασάμεθα /εἰργάσασθε)을 가리기가 쉽지 않다. 영어성경 RSV와 NIV는 2인칭 복수형('you have worked for)으로, NRSV와 NASB는 한글 개역성경 및 표준새번역과 동일한 1인칭 복수형(we have worked for/accomplished)으로 번역하였다.

13. 사본들의 엇갈림이 있기는 하지만, 개역 성경에 '너희 기쁨'(ἡ χαρὰ ἡμῶν)으로 되어있는 것과 달리 Nestle-Aland 판과 UBS 판의 헬라어 성경 본문은 '우리의 기쁨'(ἡ ξαρὰ ἡμῶν)으로 되어있다.

Part 2

CHAPTER 12

1. 허주, "The Unity, Genre & Purpose of Luke-Acts Revisited," 『고려신학』3 (2000): 236-243을 참조하라.

2. 이것은 이미 1961년 C.H. Lohr에 의해 마태복음에 담긴 구전적 서술에 대한 연구와 관련하여 주장된 것이다. H.J.B. Combrink 1983; D.C. Allison 1992; D.A. Hagner 1993. Lohr, C.H., "Oral Techniques in the Gospel of Matthew," *Catholic Biblical Quarterly* 23 (1961): 403-435.; Hagner, D.A., *Matthew 1-13* (WBC, 33A; Dallas: Word Books, 1993).

3. Kingsbury, J.D., *Matthew: Structure, Christology, Kingdom* (Philadelphia: Fortress Press, 1975); Bauer, D.R., *The Structure of Matthew's Gospel: A Study in Literary Design* (JSNTSup, 31; Sheffield: Almond/Sheffield Academic Press, 1988).

4. 나는 이런 관점이 누가복음과 사도행전의 내러티브(narrative)를 이끌어 가고 있는 나레이터(narrator)에게 나타난다고 주장한 바 있는데, 이 같은 '신적 관점'은 성경에서 특히 이야기 형식으로 쓰여진 문서들에서 매우 효과 있는 수사적 어법을 통해 동일하게 나타난다고 할 수 있다: J. Hur, *A Dynamic Reading of the Holy Spirit in Luke-Acts* (JSNTSup, 211; Sheffield: Sheffield Academic Press, 2001), 74-94.

CHAPTER 14

1. 정경으로서의 신약성경에는 바울과 고린도 성도들 간의 서신 교환이 '고린도전서'와 '고린도후서'의 이름으로 나타난다. 그러나 실제로 두 서신들의 내적 증거에 따르면 바울은 두 번 이상에 걸쳐 고린도 성도들에게 서신을 보낸 것을 알 수 있다. 이런 이유로 인해 학자들 사이에서는 고린도전서와 후서에 대한 '분할 이론'이 다양한 가설과 함께 주장되고 있다. 하지만, 가설과 함께 주장되는 이 분할 이론들은 서신들에 대한 '온전한 역사적 재구성'에 있어 어느 것 하나 확증적이지 못하다는 치명적 불확실성 내지 불충분성을 안고 있다. 어쨌든, 사도행전과 고린도전후서에 따르면, 우리는 다음과 같은 방문 및 서신 교환들이 바울과 고린도 성도들 사이에 오고 갔음을 알게 된다: (1) 제 2차 전도 여행 시 바울의 고린도 첫 방문(행 18:1-17); (2) 고린도 성도들에게 보내진 최초의 (하지만 소실된) 서신(고전 5:9) - '고후 6:14-7:1'이 소실된 서신의 내용?; (3) 고린도 성

도들이 바울에게 보낸 서신(고전 7:1); (4) 고린도 성도들이 바울에게 보낸 서신에 대한 바울의 답장: '고린도전서'; (5) 바울의 짧은 두 번째 고린도 방문(참조, 고후 2:1; 12:14; 13:1-2); (6) 두 번째 방문 이후에 고린도 성도들에게 보내진 '슬픔의 편지'(고후 2:3; 7:8) - '고후 10-13장'이 '슬픔의 편지'의 내용?; (7) 디도로부터 고린도 성도들의 소식을 듣고 바울이 또 다시 고린도 성도들에게 보내는 서신: '고린도후서'; (8) 제 3차 전도 여행 시 바울의 세 번째 고린도 방문(행 20:1-3).

2. 고린도전서에 대한 최근의 구조 분석은 1세기 당시 그레코-로만 서신의 수사학적 구조 내지 특징의 배경 속에서 접근되고 경향이 강하게 나타나고 있다. M. M. Mitchell, *Paul and the Rhetoric of Reconciliation: An Exegetical Investigation of the Language and Composition of 1 Corinthians* (Louisville:; Westminater Press, 1992); B. Witherington, III, *Conflict & Community in Corinth: A Socio-Rhetorical Commentary on 1 and 2 Corinthians* (Grand Rapids: Eerdmans, 1995), 39-48, 73-77; A. C. Thiselton, *The First Epistle to the Corinthians* (Grand Rapids: Eerdmans, 2000), 46-52를 보라.

보록1

*이것은 2007년 5월 평양대부흥운동 100주년 기념 성서학술 심포지엄(주제: "회개와 갱신: 평양대부흥운동의 성경신학적 조명")에서 발표했던 글이다.

1. 이승진, "부흥 설교에 대한 설교학적 이해,"「헤르메네이아 투데이」38호(2007), 26-27. 부흥에 있어 회개의 중요성을 논한 마틴 로이드 존스,『마틴 로이드 존스의 부흥』정상윤 옮김 (서울: 복 있는 사람, 2006), 207, 288-297도 참조하라.

2. H. F. Bayer, "The Preaching of Peter in Acts," *Witness to the Gospel: The Theology of Acts* (eds. I H. Marshall and D. Peterson; Grand Rapids: Eerdmans, 1998), 257-274, 특히 262-267에서 사도행전의 베드로는 구약 선지자들의 회개 전승(렘 3:12-16; 7:3-25; 14:6이하; 겔 18:30; 슥 1:3; 7:8-10; 말 3:7)을 따르는 회개의 선포자임을 증거한다.

3. 사도행전의 바울이 종말론적 회개 선포자로 강하게 묘사되고 있다는 주장에 대해서는 D. P. Moessner, "Paul in Acts: Preacher of Eschatological Repentance to Israel," *New Testament Studies* 34 (1998): 96-104을 보라. 회개의 종말론적 선포자라는 점에서 사도행전의 베드로와 바울은 누가복음의 예수와 구속사적 연속성을 소유하며, 무엇보다 이들은 누가복음 24장 47-49절에 비추어 볼 때 예수의 진실된 증인들로서 누가-행전 내러티브의 핵심 인물들임을 단번에 알 수 있다.

4. "에피스트레페인"(ἐπιστρέφειν) - '~향하다', '돌이키다/회심하다'의 동사도 주목할 필요가 있다: 눅 1:16-17; 22:32; 17:4; 행 3:19; 9:35; 11:21; 14:15; 15:19; 26:18, 20; 28:27; 참조, 살전 1:9; 약 5:19. 강조된 구절은 "메타노에오" 동사와 함께 병행되어 사용된 누가의 본문이다.

5. 마 3:2; 4:17; 11:20, 21; 12:41.

6. 막 1:15; 6:12.

7. 눅 10:13; 11:32; 13:3, 5; 15:7, 10; 16:30; 17:3, 4.

8. 행 2:28; 3:19; 8:22; 17:30; 26:20.

9. 계 2:5상, 5하, 16, 21, 22; 3:3, 19; 9:20, 21; 16:9, 11.

10. 고후 12:21.

11. 마 3:8, 11.

12. 막 1:4.

13. 눅 3:3, 8; 5:32; 15:7; 24:47.

14. 행 5:31; 11:18; 13:24; 19:4; 20:21; 26:20.

15. 롬 2:4; 고후 7:9, 10; 딤후 2:25.

16. 히 6:1, 6; 12:17; 벧후 3:9.

17. 회개에 대한 한글사전은 "전에 잘못을 뉘우치고 고침"이라 명명했다 - 민병수 감수,『새국어사전』(서울: 교학사, 1988), 2118.

18. "μετανοέω," "μετάνοια," *A Greek-English Lexicon of the New Testament and Other Early Christian Literature* (F. W. Danker revised and edited; Chicago and London; The University of Chicago Press, 3rd edition, 2000), 640, 640-641.

19. J. Lunde, "Repentance," *Dictionary of Jesus & the Gospels* (Downers Grove: IVP, 1992), 669. 구약성서에서는 히브리어 "슈브"(שׁוּב)가 활용되었는데, 주로 죄로부터 돌아서다(왕상 8:35), 죄악된 길에서 돌아서지 않음으로 인한 하나님의 심판(렘 15:7; 참조, 렘 18:8; 사 59:20; 겔 3:19; 13:22; 왕상 13:33)과 연관되어 있다. 이것은 '죄로부터 돌아섬이 곧 하나님께로 돌이킴'을 의미한다("turn from" sin is a corresponding "turning to" God") - 호 6:1; 참조, 호 7:10; 사 10:21; 렘 3:7; 암 4:6; 왕상 8:33, 48. 칠십인 역에서는 히브리어 "슈브"(שׁוּב)가 거의 대부분 "에피스트레포"(ἐπιστρέφω) 또는 "아포스트레포"(ἀποστρέφω)로 번역되었다. 다른 유대 중간기 문헌에서 역시 회개의 의미는 죄로부터 돌아섬과 함께 하나님께로 돌이키는 의미의 영적이며 윤리적 개념으로 활용된다(Sir 17:24-26; 48:15; Wis 11:23; 12:10, 19; Pr Man 13-15; T. Zeb. 9:7). 신약성서에서 나타나듯이 회개의 결과로서 죄 용서와 구원(Sib. Or. 1:128; Pr Man 7; T. Gad 5:7; 7:5; 1 Enoch 40:9; b. Sanh. 97b)이, 또 다른 한편으론 하나님께 향하는 갱신된 순종과 이웃을 향한 사랑(T. Sim. 2:13; T. Gad 5:7; 6:3; T. Asher 1:6; 2 Apoc. Bar. 84:1-10; 참조, 1QS 5:8; 10:20; 1QH 2:9)이 언급되고 있다, *idem*, 669; J. Behm and E. Wurthwein, "μετανοέω, μετάνοια ," *TDNT*, IV, 975-1008.

20. D. A. DeSilva, "Repentance," *Dictionary of the Later New Testament & Its Developments* (Downers Grove: IVP, 1997), 1012.

21. 김성규는 회개와 관련된 가장 최근의 신약성서 박사학위 논문(Kim, Sung-Gyu, "*La Conversion: Des prophètes á Jesus*," unpublished Th. D. Thesis [Bruxelles: Faculte Universitaire de Theologie Protestante, 2003-2004])을 발표하였는데 그의 초점은 예수의 선지자적 메시아 사역에서 나타난 회개의 개념이 구약 선지자들의 회개 선포 전통을 충실히 따르고 있지만, 구약과 다른 점은 회개의 내용이 철저히 기독론적으로 선포되고 형상화된다는 사실이다. 회개에 대한 그의 어원적 의미는 "사고 활동을 통하여 명확한 기준과 본질을 인식하고 원래의 자리로 돌아오는 능력과 창조적 삶"을 말한다(69). 김성규, "마가복음 1:14-15에 나타난 예수의 선지적 회개 개념의 의미,"「신약연구」5.1 (2006): 51-87.

22. G. D. Nave, Jr., *The Role and Function of Repentance in Luke-Acts* (Atlanta: SBL, 2002), 145 (나의 번역).

23. Nave의 논증 가운데 가장 취약한 점은 누가-행전 안에서 회개의 내러티브적 역할과 기능을 밝히고자 하면서도 누가-행전 내러티브 전체의 줄거리를 전혀 제시하지 않고 있다는 사실이다. 문학적 분석 내지 내러티브 분석에 있어 줄거리의 중요성에 대해서는 K. Egan, "What Is a Plot," *New Literary History* 9 (1978): 455-473; F. J. Matera,

"The Plot of Matthew's Gospel," *Catholic Biblical Quarterly* 49 (1987): 233-253, 특히 236; J. D. Kingsbury, "The Plot of Luke's Story of Jesus," *Intpretation* 48 (1994): 369-378. 내러티브의 '줄거리'가 일차적으로 이야기의 내부적 세계와 상관 관계를 갖는 반면, 내러티브의 '목적'은 이야기의 외부적 세계와 우선적으로 연관되는 경향이 있다.

24. 허주, "누가와 성령," 『신학의 종을 어떻게 울릴 것인가』(서울: 그리심, 2005), 68-84. 더 구체적인 논증을 위해서는 J. Hur, *A Dynamic Reading of the Holy Spirit in Luke-Acts* (Sheffield: Sheffield Academic Press, 2001), 181-278을 참고하라.

25. I. H. Marshall, *Luke: Historian and Theologian* (Grand Rapids: Zondervan, 1989, 2nd edition), 94-102. 마샬은 회개를 믿음과 함께 회심의 주요 요소로 다루면서 누가의 구원론적 용어들을 소개한다. *idem*, 188-202를 참조하라. 또한 누가-행전에서 회개의 주제가 하나님의 구원 계획의 한 요소라는 것을 효과적으로 증거한 논문을 주목할 필요가 있다-G. D. Nave, Jr., *The Role and Function of Repentance*, 29-38.

26. 누가복음에서 묘사되는 예수의 의식적 자기 사역 선언은 네 번(4:18-19, 43; 5:32; 19:10) 발견된다. 이 선언들은 상호 유기적 관계 속에서 해석될 필요가 있다. 4:18에 따르면 '잃어버린 자' 및 '죄인'은 '가난한 자', '포로 된 자', '눈 먼 자', '눌린 자'라 할 수 있으며, '찾아 구원하는 일'과 '회개시키는 일'은 4:18, 43에 따를 때 '복음을 전하는 일', '자유/해방을 주는 일'이다. 4:18에서 그리스어 "아페시스"(ἄφεσις)가 두 번이나 언급되고 있는데 이 용어는 누가가 '죄 사함'의 문맥에서 활용하는 단어일 뿐 아니라 "아페시스 하말티온"(ἄφεσις ἁμαρτιῶν)이 회개("메타노이아")와 자주 병행되어 사용된다는 점에서 관심을 끈다. 각주 28을 보라.

27. "내가 너희에게 이르노니 이와 같이 죄인 한 사람이 회개하면 하늘에서는 회개할 것 없는 의인 아흔 아홉으로 말미암아 기뻐하는 것보다 더하리라"(눅 15:7); "내가 너희에게 이르노니 이와 같이 죄인 한 사람이 회개하면 하나님의 사자들 앞에 기쁨이 되느니라"(눅 15:10); "내가 일어나 아버지께 가서 이르기를 아버지 내가 하늘과 아버지께 죄를 지었사오니…이 네 동생은 죽었다가 살아났으며 내가 잃었다가 얻었기로 우리가 즐거워하고 기뻐하는 것이 마땅하다 하니라"(눅 15:18, 32).

28. '자유/해방'의 뜻을 갖고 있는 "아페시스"(ἄφεσις)는 누가-행전에서 10번 언급되고 있는데 이 중 8번이 '죄 사함/탕감/용서'("아페시스 하말티온" ἄφεσις ἁμαρτιῶν)의 의미("release from sins"/"forgiveness of sins")로 활용된다-눅 1:77; 3:3; 24:47; 행 2:38; 5:31; 10:43; 13:38; 26:18. 우리가 주목할 필요가 있는 것은 이 표현이 누가-행전에서 '회개'의 용어와 병행적으로 사용된다는 점이다. 문맥적으로 회개와 죄 사함은 동전의 앞뒤(원인-결과)와 같은 기능을 하며(눅 24:47; 행 2:38; 5:31), 회개-죄 용서는 구원의 핵심적 요소(행 2:38; 5:31; 10:43; 13:38; 26:18-20)로 자리잡게 된다.

29. 오순절 성령 이해에 대한 더 자세한 논의를 위해서는 Hur, *A Dynamic Reading of the Holy Spirit in Luke-Acts*, 228-235를 보라.

30. 더 자세한 논의를 위해서는 허주, "오순절 성령강림과 베드로의 설교" 본서 제 6장을 보라.

31. 이런 관점에서 본다면 누가복음은 '주 예수의 지상행전'이라 명명할 수 있을 것이다. 존 스토트, 『사도행전 강해』 정옥배 옮김 (서울: IVP, 1992), 29-31 참조.

32. 내이브는 누가복음의 회개와 사도행전의 회개에 뉴앙스의 차이를 지적하면서 전자는 주로 다른 사람들과의 관계에 있어 사고 행위의 변화에 치중했다면, 후자는 대부분의 경우 나사렛 예수와 관련된 사고의 변화에 집중되어 있다고 했다. Nave, *The Role and Function of Repentance*, 199. 회개의 용어가 직접적으로 나타나는 누가복음의 본문들에 있어 이와 같은 관찰이 옳기는 하지만 복음서 역시 회개-구원의 본질적 의미는 나사렛 예수가 전하는 하나님 나라 선포에 따른 하나님께로의 돌이킴이 전제된 것(5:32; 15:7, 10; 24:47)을 기억할 필요가 있다.

33. 스퀴리스는 누가-행전 전체 내용을 붙잡고 있는 누가의 독특한 주제가 '하나님의 뜻/계획'이라고 했다. J. Squires, *The Plan of God in Luke-Acts* (Cambridge: Cambridge University Press, 1993), 1-3. '하나님의 뜻/계획'("헤 불레 투 쎄우" ἡ βουλὴ τοῦ Θεοῦ)의 표현만 해도 신약성서 13번의 빈도수 중 누가-행전에서만 10번 발견된다(눅 7:30; 행 2:23; 13:36; 20:27; 참조, 행 4:28; 5:38-39).

34. 여기에 대한 주해는 허주, "오순절 성령강림과 베드로의 설교," 본서 제 6장을 을 보라.

35. 사도행전 8장 12절의 개역한글과 개역개정은 모두 모호하게 표현되어 있는데, 사마리아 사람들이 믿은 것은 빌립이었다. 하지만 이것이 빌립 개인을 믿었다고 하기보다는 빌립이 선포하고 있는 "하나님의 나라와 예수 그리스도의 이름"인 것과 다름이 없다. 왜냐하면 그리스어 문장에서 빌립은 하나님의 나라와 예수 그리스도의 이름에 대하여 '복음을 전하고 있는'("유앙겔리조메노") 상황의 주체로 되어있기 때문이다.「우리말성경」의 번역을 참조("그러나 빌립이 하나님 나라와 예수 그리스도의 이름에 대한 복음을 전파하자 남자와 여자가 모두 그의 말을 믿고 세례를 받았습니다").

36. 제임스 던은 빌립의 전도에 따른 사마리아 사람들의 '믿음'과 '세례'에 결함이 있었다고 주장하면서 이렇게 해석하는 근거로서 베드로와 요한에 의해 성령이 나중에 임한 것을 지적한다. J. Dunn, *Baptism in the Holy Spirit: A Re-examination of the New Testament Teaching on the Gift of the Spirit in Relation to Pentecostalism Today* (Philadelphia: Westminster Press, 1970), 63-68. 교리적 전제(회심-입문으로서 성령세례 또는 회심 이후의 2차적 축복으로서 성령세례) 속에서 이 사건을 해석하는 학자들의 견해를 위해서는 Hur, *A Dynamic Reading of the Holy Spirit in Luke-Acts*, 240 각주 183을 보라. 하지만 누가와 사도행전의 흐름은 오히려 이것과 정반대인 것으로 보인다. 즉, 사마리아 사람들의 믿음과 세례가 정상적인 것이었음에도 불구하고 이례적으로 성령의 임함이 지연된 것을 보도해 주는 것이다.

37. 국내 학자 가운데 같은 입장의 학자로서 유상섭, 『교회 갱신을 위한 분석 사도행전 I』(서울: 생명의말씀사, 2002), 296을 보라. 그러나 박형용은 바울서신(고전 12:3; 롬 10:9-10, 17)에 의지해서 사마리아 성도들이 빌립의 전도 시 예수를 믿을 때에 성령을 받은 것으로 간주하면서 뒤늦게 베드로와 요한의 방문 시 성령의 역사가 외적으로 강하

게 나타난 것에 불과하다고 해석한다. 이 같은 보도의 동기가 "교회에서 사도들의 권위에 대한 특별한 교훈을 주기 위해서였다"고 보았다. 박형용, 『사도행전 주해』(수원: 합동신학대학원출판부, 2003), 117. 한편 변종길은 사마리아 성도들이 빌립의 복음을 믿고 회심할 때 예수의 제자들처럼 오순절 전에도 (중생의 영으로서) 성령을 받았지만, 예수의 부활과 승천 이후 제자들이 오순절에 '보혜사 성령'을 다시 받은 것처럼 사마리아 사람들도 베드로와 요한을 통해 '보혜사 성령'을 받은 것으로 해석한다. 변종길, 『우리 안에 계신 성령』(서울: 생명의말씀사, 2003), 221-227; "사마리아에서의 복음전파: 사도행전 8장의 주해와 적용," 목회와신학 편집부, 『사도행전 어떻게 설교할 것인가』(서울: 두란노, 2003), 197-199.

38. 이런 점에서 사마리아의 성령 오심은 (사도행전 전체 내러티브에서 그러하듯이) 빌립과 사마리아 성도들뿐 아니라 베드로와 요한(예루살렘 교회 공동체)에게 하나님의 뜻/계획을 인도하고 확증하는 대표적 표식이다. Hur, *A Dynamic Reading of the Holy Spirit in Luke-Acts*, 238-241,

39. 유상섭, 『교회 갱신을 위한 분석 사도행전 I』, 298; 윤철원, 『사도행전 다시 읽기』(서울: 한국성서학연구소, 2006), 146; 한규삼,『사도행전』(서울: 생명의말씀사, 2006), 133.

40. 개역한글 및 개역개정은 사도행전 10장 45절을 "성령 부어주심" 이라고 했으나 그리스어는 "성령의 선물을 부어주심으로"로 되어있다. 이는 가이사랴에서 일어난 로마 장교 고넬료 사건을 예루살렘에서 일어난 오순절 사건(행 2:38)과 유비시키기 위한 누가의 의도 때문이라 할 수 있다. 사도행전 11장 17-18절은 이것을 더욱 분명히 확인시켜 준다.

41. I. H. Marshall, *Acts* (Tyndale New Testament Commentaries; Leicester: IVP, 1980), 305; B. Witherington, III, *The Acts of the Apostles: A Socio-Rhetorical Commentary* (Grand Rapids: Eerdmans, 1998), 570-572.

42. 한글성서 번역의 "우리 주 예수 그리스도"와 달리 영어번역본들은 "우리 주 예수"(our Lord Jesus – NIV; NRSV; NAB) 또는 "우리 주 예수 그리스도"(our Lord Jesus Christ – KJV; NASB; AB, RNT)로 선택 번역되었는데 이것은 그리스어 사본들의 차이에 기인한다. 전자는 B, H, L, P 등이며, 후자의 경우는 P^{74}, a, A, C, E 등이다.

43. 월래이스는 누가문서에서 종종 나타나는 비인칭적 정관사 합성명사("article + substantive + 카이[καί] + substantive")의 경우 첫 번째 명사형은 두 번째 명사형의 부분집합으로 이해할 것을 주장했다. 즉, 이 경우에 있어서도 하나님께 대한 회개가 곧 주 예수 그리스도께 대한 믿음이라는 사실을 더욱 강화시켜준다. D. B. Wallace, *Greek Grammar beyond the Basics: An Exegetical Syntax of the New Testament* (Grand Rapids: Zondervan, 1996), 289.

44. 개역한글과 개역개정은 모두 27절의 "하나님의 모든 뜻" 대신에 "하나님의 뜻을 다 전하였음이라"고 함으로 "파산"(πάσαν)의 그리스어 형용사를 부사로 잘못 번역함으로 하나님의 "모든 뜻"이 약화된 아쉬움이 있다. 영어성서들은 "the whole will of

God"(NIV), "the whole purpose of God"(NRSV), "the whole counsel of God"(ESV)로 각각 번역했다.

45. 초대 교회 성도들의 영적 각성/부흥이 삼위일체적 특징을 갖고 있는 것에 대해서는 허주, "영적 각성과 그리스도인의 삶", 『신학의 종을 어떻게 울릴 것인가』(서울: 그리심, 2005), 344-358을 보라.

46. 평양에서 일어난 그 때의 사건들이 '영적 각성'이었는가 아니면 '영적 부흥'이었는가에 대한 견해 차이에 있어서 이 글에서는 의식적 구분을 하지 않고자 한다. 예를 들어 대다수 학자들과 달리 임희국은 1907년 평양에서의 사건을 '평양 대각성운동'으로 본다. 임희국, "신앙각성운동을 통한 갱신과 부흥, 토착교회의 형성: 1907년 평양 대각성운동을 중심으로," 장신근 편집,『한국교회의 영적 부흥과 리더십: 제 1, 2회 소망신학포럼』(서울: 장로회신학대학교출판부, 2006), 437-475를 보라.

47. 이만열, "1907년 평양 대부흥운동에 대한 몇 가지 검토",「2006년 한국기독교역사학회 학술 심포지움 – 1907년 대부흥운동과 한국교회 기조강연 미발행 논문집」(2006. 11), 19; 박종천, "회개, 화해, 새창조,"『영적대각성 100주년기념 학술연구: 각성, 갱신, 부흥』(서울: 감리교신학대학교 출판부, 2006), 209-247; 양낙흥, "평양대부흥과 회개,"「1907 평양대부흥 100주년 기념 제 6차 학술세미나 자료집 미발행 논문집」(2006. 10), 48-68; 박용규,『평양대부흥운동』(서울: 생명의말씀사, 2000), 205-345.

48. 그 당시 선교사들의 기록 형식은 서신 또는 소책자인데, 소책자뿐 아니라 서신일 경우에도 평양에서 일어난 사건을 묘사하는 경우 거의 내러티브(이야기) 형식을 따르고 있다. 그 동안 흩어져 있던 평양대부흥운동 관련 주요 영문 자료들이 옥성득 박사의 일차적 수고와 다른 돕는 손길을 통해 원어와 함께 한글로 번역되어 올해 출간되었다.『한국 교회 대부흥 운동 100주년 자료집 1903-1908』(서울: 장로회신학대학교 출판부, 2007). 본문의 인용에서는 원자료 소개와 함께 괄호 안에 편집된 책의 한글 부분을 페이지를 밝힐 것이다.

49. Graham Lee, "How The Spirit Came to Pyeng Yang," *Korea Mission Field* 3 (March, 1907): 34.

50. W. N. Blair, "10. The Korean Pentecost," in W. N. Blair and Bruce Hunt, *The Korean Pentecost and the Suffering Which Followed* (Edinburgh: The Banner of Truth Trust, 1977),73(173-174).

51. W. N. Blair, "11. The Results," in W. N. Blair and Bruce Hunt, *The Korean Pentecost and the Suffering Which Followed,* 76(175), 77(176).

52. W. N. Blair, "10. The Korean Pentecost," 73(172-173).

53. W. Noble and G. Heber Jones, *The Religious Awakening of Korea: An Account of the Revival in Korean Churches in 1907*(New York: Board of the Foreign Missions, MEC, 1908), 19(204).

54. 이만열, "1907년 평양 대부흥운동에 대한 몇 가지 검토", 9-12.

55. W. Noble and G. H. Jones, *The Religious Awakening of Korea*, 11(190),

참조 13(193-194).

56. 길선주 이외의 다른 성도들의 회개에 대해서는 J. Goforth, *When the Spirit's Fire Swept Korea* (Grand Rapids, MI: Zondervan Publishing House, 1943), 8(232-233)을 보라

57. 스무 살이 채 안 된 청년이 자신의 갓난아기 동생을 살해한 것에 대한 공개적 고백과 회개 그리고 평양연합대학[숭실대학 전신]을 중심으로 일어난 학생들의 강력한 회개와 죄 고백 및 회개 이후에 임한 죄 사함의 기쁨이 잘 묘사되어 있다. W. Noble and G. H. Jones, *The Religious Awakening of Korea*, 12(190-191), 13-14(194-197).

58. W. N. Blair & W. B. Hunt, *The Korean Pentecost and the Suffering Which Followed*, 71.

59. G. S. Mccune, "Opening Days at the Theological Seminary", *Korea Mission Field* (1907. 6); 임희국, "신앙각성운동을 통한 갱신과 부흥, 토착교회의 형성," 447 재인용.

60. W. M. Baird, "The Spirit among Pyeng Yang Students", *Korea Mission Field* (1907. 5); 임희국, "신앙각성운동을 통한 갱신과 부흥, 토착교회의 형성," 447 재인용.

61. W. Noble and G. H. Jones, *The Religious Awakening of Kore*a, 8-9(185-187).

62. S. F. Moore, "The Revival in Seoul," *Korea Mission Field* (1906), 116; 왕대일, "초기 한국교회 부흥운동에 대한 구약적 평가,"『영적대각성 100주년기념 학술연구: 각성, 갱신, 부흥』(서울: 감리교신학대학교 출판부, 2006), 134 재인용.

63. J. Goforth, *When the Spirit's Fire Swept Korea*, 27-28(250).

64. W. N. Blair, "9. The Pyengyang Class," in W. N. Blair and Bruce Hunt, *The Korean Pentecost and the Suffering Which Followed* (Edinburgh: The Banner of Truth Trust, 1977), 67(115).

65. 이만열, "1907년 평양 대부흥운동에 대한 몇 가지 검토," 24.

66. W. L. Swallen, "Advance in Pyeng Yang," *Assembly Herald* (Nov., 1903): 517-518; "Our Training Class System: From Annual Report of Pyeng Yang Station, September, 1904," *Korea Field* (Feb., 1905): 233-235; Blanche Webb Lee, "Pentecost Again," *Woman's Work for Woman* (June, 1905): 119; Carl E. Kearns, "One Year in Syen Chun Station," *Assembly Herald* (Nov., 1905): 602-603; Samuel A. Moffett, "Policy and Methods for the Evangelization of Korea," *The Chinese Recorder and Missionary Journal*, XXXVII-5 (May, 1906): 235-248; "A Call to a Special Effort," *Korea Mission Field* 2 (Dec., 1905): 30; J. Robert Moose, "A Great Awakening," *Korea Mission Field* 2 (Jan., 1906): 51; 'Samuel A. Moffett to Arthur J. Brown,' January 31, 1906 (KMPCUSA Microfilm #281, vol. 236, letter #23); 'W. N. Blair to A. J. Brown, February 1, 1906 (KMPCUSA, Microfilm reel #281, vol. 236, letter #24); 'William M. Baird to A. J. Brown, March

14, 1906 (KMPCUSA, Microfilm reel #281, vol. 236, letter #43) – (46-92).

67. 이덕주, "한국기독교 초기 신앙공동체 형성과정,"「한국기독교와 역사」창간호(1991), 35; 왕대일, "초기 한국교회 부흥운동에 대한 구약적 평가," 125-129 재인용. 선교사들이 한국 기독교를 "성경 기독교"(Bible Christianity), 한국 교인들을 "성경을 사랑하는 기독교인"(Bible-loving Christian)이라고 부른 것도 단적인 예가 될 수 있다. 류대영, "20세기 초 한국교회 부흥현상 연구에 관한 몇 가지 재검토,"「1907년 대부흥운동 100주년 기념 학술대회 – 한국복음주의 역사신학회 제 15차 논문발표회 및 한국교회사학회 제 93차 논문발표회 미발행 논문집」, (2007. 3), 50 특히 각주 134에 실린 원자료를 참고할 것.

68. 신약성서가 경전으로 형성되기 전이었던 초대 교회 상황의 말씀 선포는 '예수 사건'(그의 죽음과 부활/승천)이 더욱 중심(눅 24:25-27, 46-47; 행 2:22-36)이 된 (구약)성서운동 및 사도/제자들에게 계시적으로 임한 직접적 말씀-환상-이적운동이었다는 점에서 구속사적 비연속성이 있음을 잊지 말아야 한다.

69. W. N. Blair, "10. The Korean Pentecost," 71(170-171); 참조, W. Noble and G. H. Jones, *The Religious Awakening of Korea,* 7(183).

70. W. Noble and G. H. Jones, *The Religious Awakening of Korea*, 27, 28(218, 220).

71. W. N. Blair, "11. The Results," 75(174); W. Noble and G. H. Jones, *The Religious Awakening of Korea*, 21-22(209)와 23-24(212)에는 각각 1907년 제물포교회의 집회 시 구체적 행동이 동반된 성도들의 회개와 정동제일교회의 최병헌 목사가 선교사에게 훔쳤던 금전 배상을 동반한 회개가 소개되어 있다.

72. J. Goforth, *When the Spirit's Fire Swept Korea*, 26(248).

73. J. Z. Moore, "The Great Revival Year," *Korea Mission Field* 3 (Aug., 1907), 118(154); 참조, W. Noble and G. H. Jones, *The Religious Awakening of Korea*, 29(222); Margaret Best to A. J. Brown, March 12, 1907, (KMPCUSA, Microfilm reel #281, vol. 237, vol. #52) (147).

74. 이에 대해서는 P. T. O'Brien, "Prayer in Luke-Acts," *Tyndale Bulletin* 24 (1973): 111-127; A. A. Trites, "The Prayer Motif in Luke-Acts," in *Perspectives on Luke-Acts,* ed. C. H. Talbert (Edinburgh: T & T Clark, 1978), 168-186; K. S. Han, "Theology of Prayer in the Gospels of Luke," *Journal of Evangelical Theological Society* 43 (2000): 675-693; 유상현, "사도행전의 기도,"『사도행전 연구』(서울: 대한기독교서회, 1996), 113-140을 보라. 그런데 사도행전에서 나타나는 기도들 중 주목할 것은 성도들의 기도가 주로 타 성도들 또는 (자신을 포함한) 신앙 공동체를 위해 간구했다는 점인데, 평양대부흥운동을 기점으로 성도들은 자신뿐 아니라 주위 동료/성도들을 위해 중보 기도생활을 더욱 적극적으로 도입했다는 점이다. W. Noble and G. H. Jones, *The Religious Awakening of Korea*, 14-15(197-198)을 보라.

75. J. Goforth, *When the Spirit's Fire Swept Korea*, 7(231).

76. J. Goforth, *When the Spirit's Fire Swept Korea*, 25-27(248-250). 또한 선교사에 의해 보고된 한국 교회 초기 10년간의 교인과 헌금 증가를 참조하라–W. Noble and G. H. Jones, *The Religious Awakening of Korea*, 1(180).

77. J. Z. Moore, "The Great Revival Year," *Korea Mission Field* 3 (Aug., 1907), 118(153); 참조, W. Noble and G. H. Jones, *The Religious Awakening of Korea*, 28-29(221).

78. Margaret Best to A. J. Brown, March 12, 1907, (146).

79. W. Noble and G. H. Jones, *The Religious Awakening of Korea*, 31(226-227); 참조, J. Goforth, *When the Spirit's Fire Swept Korea*, 12(235).

80. 윌리엄 노블과 조지 히버 존스는 특히 평양 이외에 영변, 양덕, 증산, 신천, 해주, 공주에서의 부흥을 소개한다. W. Noble and G. H. Jones, *The Religious Awakening of Korea*,19(204-205), 24-25(213-215); 참조, J. Goforth, *When the Spirit's Fire Swept Korea*, 12-16(235-239).

81. W. N. Blair, "11. The Results," 78(177).

82. J. Goforth, *When the Spirit's Fire Swept Korea*, 8(232). 이런 기도회가 열린 계기는 서울과 평양에서 열린 뉴욕 출신 하워드 애그뉴 존스턴 박사의 1905-1906년에 일어난 인도 카시아 고원의 부흥 소식을 전해 들었기 때문이었다.

83. J. Goforth, *When the Spirit's Fire Swept Korea*, 8(232); 참조, W. N. Blair, "9. The Pyengyang Class," 68-69(116-117).

84. 방위량의 다음과 같은 고백을 참조하라–"나는 되도록 빨리 내가 맡은 지방 교회들을 돌보러 내려갔다. 우리는 어디서나 이미 준비가 되어 성령의 축복을 받기 위해 기도하는 사람들을 만났으며 성령께서는 한 번도 우리를 실망시키지 않으셨다. 연약한 공동체나 어린아이 하나라도 이 은총을 놓치지 않도록 하는 것이 분명 하나님의 뜻이었다." W. N. Blair, "11. The Results," 75-76(175).

85. J. Goforth, *When the Spirit's Fire Swept Korea*, 30(253).

86. 오늘의 한국 교회가 평양대부흥운동을 어떻게 바라볼 것인가에 대한 국내 신학자들의 입장은 크게 'Again 1907'(합동측을 중심으로 한 장로교 신학자)과 'Beyond 1907' (감리교 신학자)로 양분된다고 볼 수 있는데, 평양대부흥운동에 대한 이들 각각의 입장은 이 운동에 대한 긍정적 평가가 거의 절대적이라는 점에서 상이한 모토에 비해 실질적으로 함께 공유하는 견해들이 더 많음을 보게 된다. 전자에 비해 후자의 입장은 1907년의 부흥운동을 통해 단순한 '복고주의'나 '회고주의'를 넘어 창조적 변혁을 추구하자고 한다는 점에서 '여기 오늘'의 한국 교회의 책임의식을 더 부각시키려 한 것으로 보인다. 『영적대각성 100주년기념 학술연구』, 8-12. 한편, 성서적 문맥에서 고려할 때, 이것은 해석과 적용에 있어 '연속성'과 '비연속성'의 이슈가 된다.

87. 이만열은 1907년 평양대부흥운동에 대한 역사적 자료들의 혼선과 동일한 사건에 대한 다른 해석들에 있어서 기독교 역사학자들로부터 더욱 체계적인 연구와 평가가 요구된다고 밝혔다. "1907년 평양 대부흥운동에 대한 몇 가지 검토", 8.

보록2

*본 글은 본인이 재직하고 있는 아세아연합신학대학교 신학대학원 2006년 신입생 오리엔테이션 특강으로 내용의 일부가 보편적이지 못함에 양해를 구한다. 하지만 글의 대부분은 타학교 신학대학원(또는 학부 신학생) 학생에게도 유익하리라 생각하면서 보록으로 소개하고자 한다.

그리심 신학서적 저(역)서 안내

- 쉬운 주석 (마태복음) - 시리즈 1
  정훈택 저 / 양장 / 408면
- 주의 날 어떻게 이해할 것인가
  Paul R. House · 장세훈 공저 / 반양장 / 184면
- 본문의 의미를 찾아서(21세기 구약신학과 해석)
  장세훈 저 / 반양장 / 272면
- 계시록의 구속사적 연구
  J.B. Jordan /이동수 역 / 반양장 / 396면
- 구약 속의 그리스도
  E. 빌 /권호덕 역 / 반양장 / 371면
- 하나님과 인간, 그리고 시간 (역사)
  어얼 E. 케이른스 / 박영실 역 / 반양장 / 258면
- 하나님 나라와 윤리 (주제별 논문)
  김경진 / 반양장 / 303면
- 누가신학 연구
  R. 화이트 / 김경진 역 / 반양장 / 197면
- 배경으로 본 히브리서 강해
  정우홍 / 양장 / 406면
- 베드로전서의 메시지(주해)
  오광만 / 반양장 / 283 면
- 산상설교(기록 이유와 목적)
  정훈택 / 반양장 / 176면
- 성경무오 역사적 증명
  정규철 / 반양장 / 335면
- 성경에 나타난 제사법 연구
  로저드 백위드 / 반양장 / 261면
- 신명기 1(1-8장) (주해)
  김영욱 / 양장 / 468 면
- 신학의 종을 어떻게 울릴 것인가 (논문)
  허 주 / 양장 / 388면

복음과 삶을 위한 성경신학

이 책의 제목인 "신학의 종을 어떻게 울릴 것인가"는 지난 약 8년(1998-2005) 동안 신학 교수로 사역하면서 줄곧 제 자신에게 물었던 질문이기도 합니다. 제게 있어 이 질문은 신학의 방법론만을 의미하지는 않습니다. 실제로 이 질문은 제게 신학의 본질과 더불어 신학의 형식과 내용과 목표를 동반한 물음입니다.…"신학의 종을 어떻게 울릴 것인가"라는 질문은 이와 같이 이 땅을 사는 동안 제가 관계하는 사람들에게 늘 끊임없이 묻고 또 제 스스로 '나의 복음'과 '나의 삶'으로 진실되게 답변해야 될 것을 요구하는 소리입니다.…이로 인해 하나님이 인정하지 않는 다수 또는 하나님을 무시하거나 망각하는 다수보다는, 깨어있어 하나님을 두려워하고 자신과 공동체의 죄와 허물을 회개하는 소수의 한 사람 한 사람이 우리 한국 교계 안에, 우리 신학교 안에, 우리 교회 안에, 우리 가정 안에 허락되어지기를 기도해야 할 때입니다. "도대체 우리는 지금 누구를 위하여, 우리는 지금 무엇을 위하여 신학의 종을 울리고 있는 것입니까?"

PART 1

복음을 위한 성경신학

PART 2

일상적 삶을 위한 성경신학